第一卷　绪　论　王余光　陆滢竹◎著

第二卷　先秦秦汉魏晋南北朝图书馆学史　何官峰◎著

第三卷　隋唐五代图书馆学史　赵　晓◎著

第四卷　宋辽夏金元图书馆学史　钱　昆◎著

第五卷　明代图书馆学史　熊　静◎著

第六卷　清代图书馆学史　熊　静◎著

第七卷　民国图书馆学理论　王莞菁◎著

第八卷　民国图书馆学教育　郑丽芬◎著

第九卷　民国图书馆学学术团体　王　玮◎著

第十卷　民国图书馆学学者　李诗苗◎著

民国文献学学者　李诗苗◎编著

国家社科基金重大项目『中国图书馆学史』（13&ZD153）结项成果

中国图书馆学史

第七卷

主编 王余光
副主编 熊 静 吴永贵

郑丽芬 著

时代出版传媒股份有限公司
安徽教育出版社

图书在版编目（CIP）数据

中国图书馆学史. 第七卷 / 王余光主编；熊静，吴永贵副主编；郑丽芬著. -- 合肥：安徽教育出版社，2024.5
ISBN 978-7-5748-0247-6

Ⅰ.①中… Ⅱ.①王… ②熊… ③吴… ④郑… Ⅲ.①图书馆学史－研究－中国 Ⅳ.①G250.92

中国国家版本馆 CIP 数据核字(2024)第 093928 号

中国图书馆学史·第七卷
ZHONGGUO TUSHUGUANXUE SHI·DI-QI JUAN

出 版 人:	费世平
策划编辑:	江　舟
统筹编辑:	江　舟　陶忠娣
责任编辑:	刘义平　余润桑　徐　宇
装帧设计:	张鑫坤
技术编辑:	陈善军

出版发行:安徽教育出版社
地　　址:合肥市经开区繁华大道西路 398 号　邮编:230601
网　　址:http://www.ahep.com.cn
营销电话:(0551)63683012,63683013
排　　版:安徽时代华印出版服务有限责任公司
印　　刷:安徽新华印刷股份有限公司

开　　本:710 mm×1010 mm　1/16
印　　张:34
字　　数:415 千字
版　　次:2024 年 5 月第 1 版
印　　次:2024 年 5 月第 1 次印刷
定　　价:198.00 元

（如发现印装质量问题，影响阅读，请与本社营销部联系调换）

1920年北京高师图书馆暑期图书馆学讲习会合影

1923年北京高师新图书馆落成纪念

文华公书林背面图［一楼为图书馆，透过窗户能看到书架，二楼为司徒厅（Stokes Hall）］

文华公书林外景图侧面

文华公书林外景图正面

新图书馆运动中推广公共图书馆的展览与讲座

中华民国第二任总统黎元洪招待美国图书馆学家鲍士伟、韦棣华及学者政要

沈祖荣演讲展示《中国为什么需要公共图书馆》

文华公书林巡回文库准备出发

武汉圣米迦勒堂阅览室：几名军校学生在阅读文华公书林巡回文库送来的书刊

国立北平图书馆阅览室

国立北平图书馆梁启超纪念专室

国立北平图书馆期刊阅览室

国立北平图书馆手稿阅览室

国立北平图书馆主书库

国立北平图书馆报纸阅览室

国立北平图书馆地图阅览室

国立北平图书馆图书传送台

麦维尔·杜威

1893—1897年纽约州立图书馆学校自习室

1913年纽约州立图书馆学校自习室

文华图书科首届开班师生合影（居中女士为韦棣华，左四系领结者为胡庆生，右四着白色西装者为沈祖荣）

文华图书科师生（中间三名外籍人士从左到右分别是韦棣华、文华大学校长孟良佐及其夫人）

文华公书林的图书馆课堂训练。站在后面的女士为韦棣华,学生们正在将杜威分类法翻译成中文

文华图专上课现场

1930年《文华图书科季刊》韦棣华专号　　　曾宪三1923—1925年度就读文华图书科成绩单

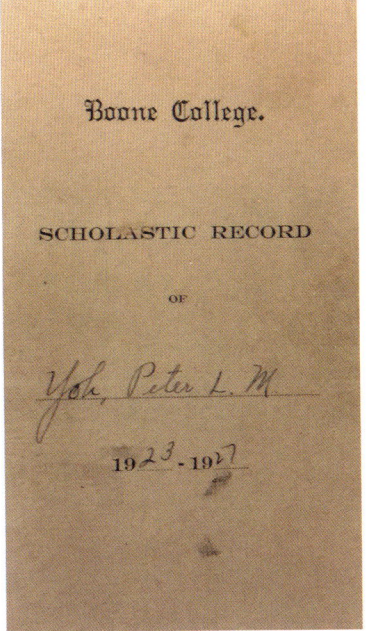

岳良木1923—1927年就读文华大学成绩册

徐家麟文华图书科证书

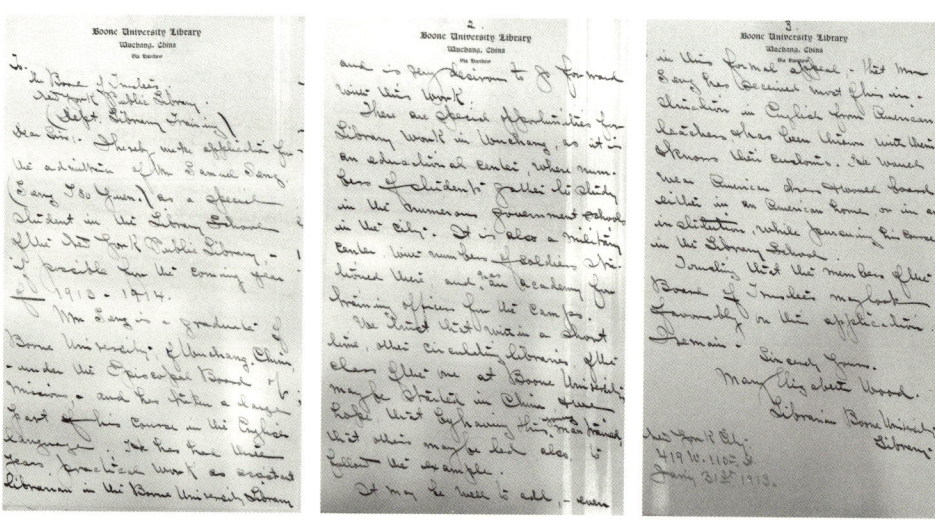

1913年韦棣华女士致纽约州立图书馆学校推荐沈祖荣先生入学的手写信

文华图专外籍教师毕爱莲

沈祖荣就读纽约州立图书馆学校的入学登记卡

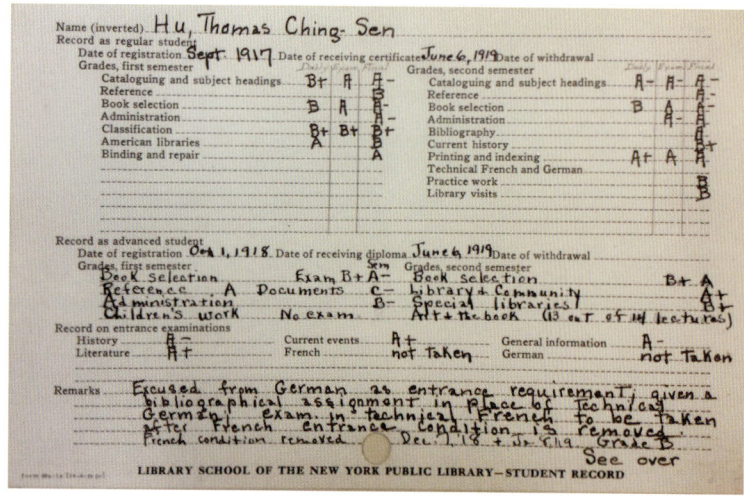

胡庆生就读美国纽约公共图书馆学校的成绩卡

桂质柏就读于哥大图书馆学院的学生登记卡

金陵大学开具的吴光清成绩单

黄维廉就读哥大图书馆学院的登记卡

1946年喻友信申请哥大法学院时东吴大学法学院开具的证明信

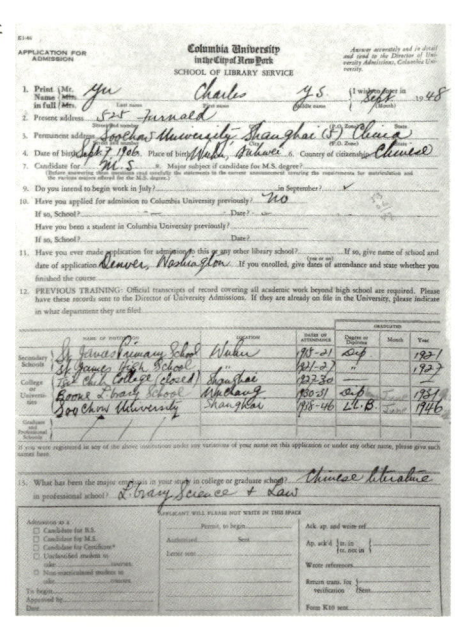

1948年喻友信就读哥大图书馆学院的入学申请表

总　序

1925年，梁启超先生在中华图书馆协会成立会上呼吁，建设"中国的图书馆学"，明确指出"对于中国的目录学（广义的）和现代的图书馆学都有充分智识"之人，才能将中国的图书馆学建设成一门独立的学科，成为"中国的图书馆学"（《中华图书馆协会成立会演说辞》）。自此之后，经过几代图书馆学学人的共同努力，中国现代图书馆学走完了从孕育到成熟的发展历程。

中国古代藏书文化源远流长，自刘向、刘歆父子校理群书起，积累了丰富的藏书经验与整理理论；以清末西学东渐、西方图书馆学思想传入为起点，现代意义上的图书馆在中国生根发芽，一代图书馆学家完成了中国图书馆学学科体系构建的历史使命。数千年来，一代代爱书人聚书万卷、丹黄不辍，谱写了世界文化史上关于书的学问最为绚丽的篇章。

近百年来，数代图书馆学家筚路蓝缕，将中国传统藏书管理、整理的方法和理念，与西方图书馆学思想相结合，完成了中国图书馆学的本土化进程。在这个过程中形成的思想、理论、著作、学术流派，为学科发展作出贡献的人物，以及学科教育、学术组织、刊物等，都属于中国图书馆学学科史的重要内容。今天，我们重视学科史、学术史，既为表彰前辈学人开山辟路之功，同时也是在回顾成就的基础上，为中国图书馆学的发展厘清思路。

按照学界惯例,学术史是体现学科成熟度的重要标志。然而,中国图书馆学虽历史悠久,但学科史的研究一直比较薄弱,成果较少且叙述都较为简略,未能建立起纵贯古今的图书馆学史研究框架。2017年,四卷本《中国图书馆史》出版,填补了我国图书馆史系统性研究的空白,我担纲其中《古代藏书卷》的主编。图书馆事业与图书馆学,为一体之两面,也是我长期以来重点关注的研究领域。在爬梳史料的过程中,我深感古代藏书与近现代图书馆事业之间的紧密联系,以及建立中国图书馆学史研究体系的必要性。

随着学界同道对"中国图书馆学史"研究意义认识的不断深入,我们愈发感到推进"中国图书馆学史"研究的紧迫。因此,2013年初,笔者向国家社科基金委提交了"中国图书馆学史"重大项目选题。选题通过后,我们组建了一支由国内知名高校图情领域中青年研究者组成的团队,共同完成课题申报,并于2013年11月获得立项,项目名称就是"中国图书馆学史",项目号为"13&ZD153",该项目的预定目标就是推出一套多卷本的《中国图书馆学史》。

2014年,我们于北京大学信息管理系召开开题报告会,徐雁教授、王子舟教授、姚伯岳教授、吴永贵教授等参会,就研究计划与实施方案提出了大量切实可行的建议。课题组根据专家意见,重新修改完善了研究大纲并确定分工,正式展开中国图书馆学史的资料收集与研究工作。

经过一年多的准备,2015年11月28日至29日,课题组在北大信息管理系召开第二次全体工作会议。经过两天的讨论,会议确定了各卷的主要内容、写作大纲,讨论开列了各时期重要图书馆学学人名录,进一步明确了研究思路,课题研究转入攻坚阶段。2016

年初至 2019 年底，是各分卷按照分工独立展开研究的阶段。其间，我们多次召开小型研讨会，就各卷研究遇到的问题展开讨论，同时协调进度，统一写作思路。为保证书稿质量，2020 年元月 2 日至 3 日，课题组在北京召开第三次全体工作会议，从体例统一的角度，对各分卷初稿逐一审读并提出修改意见。2020 年 4 月底，各分卷按计划完成了初稿。经过近半年的修改，2020 年 10 月 14 日至 18 日，课题组在苏州召开结题审稿会，邀请苏州图书馆邱冠华、金德政、费巍和苏州大学李雅等专家学者与会，就审稿过程中发现的问题进行研讨。充分吸纳专家意见并对书稿进行修改后，2020 年 11 月底，"中国图书馆学史"重大课题结项报告最终定稿，并于 2021 年 3 月通过鉴定，获批结项。

我与安徽教育出版社渊源颇深，2017 年底，由我主编的十卷本《中国阅读通史》由安教社出版。在十余年"漫长"的合作中，安教社始终支持我们的工作，对作者的"拖延"保持了足够的宽容，并为出版做了大量认真细致的工作。因此，在与作者团队商议后，我们决定"再续前缘"，延续我们因《中国阅读通史》而结下的良好合作关系，共同做好《中国图书馆学史》的出版工作。2021 年，安徽教育出版社将该项目的结项成果按照出版规范加以调整后，申报了国家出版基金，并于 2022 年 3 月正式获批。此后，按照国家出版基金时间要求，根据专家审读意见再次修改书稿，完善内容，打磨细节。

2023 年 10 月 14 日至 15 日，在安徽教育出版社、河南大学新闻传播学院的支持下，我们在河南开封召开"《中国图书馆学史》出版推进会"，讨论了出版规范、书稿体例等问题。2024 年 3 月 14 日至 17 日，为了解决出版过程中遇到的问题，安徽教育出版社在合肥召开了一次由作者和全体责编参加的终审会，对书稿进行最后的修改。至此，基本完成全书定稿工作，最终的成果就是这套即将与读者见面的十卷本《中国图书馆学史》，目次为：

第一卷　绪论　先秦秦汉魏晋南北朝图书馆学史

第二卷　隋唐五代图书馆学史

第三卷　宋辽夏金元图书馆学史

第四卷　明代图书馆学史

第五卷　清代图书馆学史

第六卷　民国图书馆学理论

第七卷　民国图书馆学教育

第八卷　民国图书馆学学术团体

第九卷　民国图书馆学学者

第十卷　民国文献学学者

第一卷分为《绪论》和《先秦秦汉魏晋南北朝图书馆学史》两部分。《绪论》重点解决中国图书馆学史研究中的重要理论问题，阐释我们对中国图书馆学、图书馆学史等基本概念的理解，梳理前人研究成果，确立研究的疆域与边界，构建全书总体框架，为后续研究奠定基础。按照我们的理解，中国图书馆学既应包括西学东渐、近代学术转型以来，西方图书馆学思想本土化后的成果，更应继承古代藏书整理的经验、方法、理论。近代学科体系的突出特征，就是分科越来越细，交叉越来越多。在近代学科体系建立的过程中，许多原本有密切联系的知识门类独立为专门的学科，图书馆学与文献学就是其中的代表，但从学术史的角度看，相关学科之间的客观联系是无论如何不应被忽视的。因此,在对前人研究成果进行梳理时,我们将之分为图书馆学与文献整理学两部分,以求更为全面地展现本领域的既有进展,帮助我们厘清思路,提炼重点研究问题。

从《先秦秦汉魏晋南北朝图书馆学史》至《清代图书馆学史》,属于中国图书馆学史的古代部分。我们认为,中国古代关于藏书的文化传统,是滋养中国图书馆学发生、发展的土壤,而系统的西方学科理论,奠定了中国图书馆学学科化、体系化的基石。中国古代藏书文化中关于藏书建设、整理、管理的思想与方法,是中国图书馆学的重要内容,也是"中国的图书馆学"的文化土壤与特色所在。因此,我们按照时间顺序将古代图书馆学划分为五个时段,分论每个时段图书馆学的历史发展、主要成就、代表人物,重点梳理各时段藏书管理与藏书整理思想、理论。具体内容有:古代藏书管理的思想与方法,即古代藏书收集、保存、利用等相关经验的总结;古代藏书整理的思想与方法,重点放在分类、编目、版本等藏书整理实践中总结的方法和理论。

民国是中国图书馆学学科体系建立的关键时期,有对传统藏书经验和理论的总结与继承,更有随近代学科体系建构而形成的新领域、新思想;也是中国图书馆学发展的关键阶段,在形塑学科体系结构、引领学科发展方向等方面产生了深远影响。此外,这一时期学人、著作不断涌现,学术团体、学科教育等学术建制的萌芽与成熟对于学科发展意义重大,同样应当进入学术史的范畴。而学人、著作是学术史的"主角",以人为纲,学案体的写法更利于展现学派、学术发展之内在关联。故中国图书馆学发展至民国以后,有必要对其进行进一步的细分,以契合民国图书馆学在中国图书馆学史上的重要地位。在写作思路上，采用总分式结构。以一卷的篇幅总论民国图书馆学的发展背景、理论进展、学科建制；再以四卷的规模，择取民国图书馆学教育、学术团体、图书馆学与文献学学者等不同侧面，多维度展现民国图书馆学的发展面貌与主要成就，力求揭示近代中国图书馆学学科建构与转型的路径及其发展的内在机理。

"中国图书馆学史"的研究过程中，我的研究生、博士后也参与了课题讨论，从中选取相关论题撰写论文，为课题积累了丰富的前期成果和研究资料。由于工作变动，其中部分成员没有参与书稿的撰写，在此对他们的付出表示感谢。他们是北京大学范凡、许欢、张慧丽、李世娟、衡明明、张婵娟，清华大学王嫒，中国人民大学王丽丽，河北大学赵元斌，青岛大学刘悦。

需要说明的是，在中国图书馆学史研究领域，许多基本概念尚存争议，学科史的研究框架与内容亦无成例可循，本书的观点仅代表一家之言。限于学力、时间，疏漏之处在所难免，诚盼学界同人不吝批评，就书中涉及的问题与我们展开讨论。

对学科史研究的重视，是学科发展到一定程度之后的学术自觉。对几千年来中国图书馆学成就的系统梳理，能够帮助我们找寻图书馆学史闪耀的思想光芒，确认值得今天借鉴的精神成果。当前图书馆学的发展也需要我们时常回望来路，通过反思历史，审视今天的问题，厘清前进的方向。当前，随着国民经济的快速发展，中国图书馆事业突飞猛进，取得了令世界瞩目的成就，图书馆是重要文化设施的理念深入人心。然而，与事业发展相伴的是图书馆学学科及其教育发展面临的困境。一方面，信息技术的革新赋予了以图书馆学为代表的信息学科无限的想象空间；另一方面，与现实脱节，对事业发展重大现实问题回应力不足，以及由此而生的关于学科必要性、独立性的悲观情绪，正在学科内部蔓延。历史总是相似的，如今，中国的图书馆学又走到了一个需要选择何去何从的关口。我们梳理图书馆学学术史时，不仅要铭记前辈先贤为构建学科作出的努力与贡献，更重要的是从历史经验中汲取养分，对今天的图书馆事业、图书馆学发展进行深入思考，厘清思路、拓展视野，透过纷繁的现象，为中国图书馆学未来的发展作出正确的道路选择。这也是时代赋予当代图书馆学学人的重大使命与责任！

十卷本《中国图书馆学史》的出版，仅是我们为上述目标所作的初步努力，而学术史的完善，仍需更多关心图书馆学的发展、深入理解"中国的图书馆学"内涵的学者共襄其事。我相信，图书馆是人类文明生活的"第二起居室"；中国的图书馆学，将有一个光明的未来！

是为总序。

王余光

2024年4月于北京

目录

引言 / 1

第一章 / 6
民国图书馆学教育的背景及发展历程

第一节　近代图书馆思想的传入和发展 / 7
  一、西方图书馆思想的传播 / 7
  二、清末官办图书馆事业 / 10
  三、新图书馆运动 / 12

第二节　出版、文化思潮与图书馆 / 15
  一、出版与新学传播 / 15
  二、新文化运动与新式图书馆 / 16

第三节　高等教育、社会教育与图书馆 / 19
  一、新式教育和高等院校的发展 / 19
  二、高校图书馆的建设与发展 / 22
  三、社会教育事业与图书馆 / 28

第四节　退还之庚子赔款与中国图书馆事业 / 32

第五节　民国时期图书馆学教育的发展历程 / 36

第二章 / 43
民国政府、教育学术团体与图书馆学教育

第一节 教育部门对图书馆事业的管理 / 43
  一、教育部关于图书馆管理的行政建制 / 44
  二、社会教育领域有关图书馆管理的法规 / 47
  三、高等教育领域有关图书馆及图书馆学教育的规程 / 54

第二节 专业团体与图书馆学教育 / 64
  一、中华教育改进社与图书馆学教育 / 64
  二、图书馆协会与图书馆学教育 / 80
  三、中华教育文化基金董事会与图书馆学教育 / 97

第三章 / 101
民国图书馆学教育的影响因素

第一节 中国传统图书馆学理论与图书馆学教育 / 101

第二节 西方图书馆学译著与中国图书馆学教育 / 108

第三节 美国对中国图书馆学教育的影响 / 112
  一、20世纪50年代之前的美国图书馆学教育 / 113

二、民国时期美国东亚图书馆的发展 / 122

三、民国时期赴美的图书馆学人 / 124

第四章 / 219
民国图书馆学教育的办学形式

第一节 高等教育层次的图书馆学教育 / 220

一、南京金陵大学图书馆学系 / 220

二、从文华大学图书科到私立武昌文华图书馆学专科学校 / 225

三、上海国民大学图书馆学系 / 229

四、江苏省立教育学院民众教育系图书馆组 / 234

五、国立社会教育学院图书博物馆学系 / 236

六、国立北京大学图书馆专修科 / 241

七、其他大学的图书馆学教育 / 245

第二节 附设于大学的图书馆学暑期培训 / 248

一、北京高等师范学校暑期图书馆学讲习会 / 249

二、南京东南大学图书馆学暑期班 / 253

三、东吴大学暑期学校图书馆学组 / 255

四、其他大学开设的图书馆学暑期班 / 256

第三节　大学以下各类学校开展的图书馆学教育 / 257

　　一、师范及职业学校的图书馆学教育 / 257

　　二、私立中等学校的图书馆学教育 / 258

第四节　各地教育行政部门组织的图书馆学短期班 / 259

　　一、广东省教育部门组织的图书馆学培训 / 260

　　二、安徽省教育厅组织的图书馆学培训 / 261

　　三、河北省教育部门举办的图书馆学培训 / 264

　　四、四川省教育厅组织的图书馆学培训 / 265

第五节　图书馆学函授教育 / 266

　　一、上海图书馆学函授学校 / 267

　　二、私立商务印书馆函授学校 / 271

　　三、中华图书馆函授学校 / 273

　　四、上海文化函授学校 / 274

第六节　图书馆举办的专门培训 / 275

　　一、穆耀枢与四川图书馆专门学校 / 276

二、商务印书馆暑期图书馆学讲习班 / 277

　　三、上海图书学校 / 278

　　四、国立中山大学图书馆的职员培训 / 280

　　五、北平市立图书馆学讲习班 / 281

　　六、其他图书馆举办的短期培训 / 282

第五章 / 286
民国图书馆学办学机构
——以文华图专为中心

第一节　组织沿革和办学条件 / 287
　　一、沿革与设施 / 287
　　二、组织与管理 / 289
　　三、经费来源 / 291

第二节　师资培养和选聘 / 298
　　一、国外培养途径 / 299
　　二、兼职教员或合班开课 / 300
　　三、直接聘请外籍教师 / 302
　　四、聘请本校毕业生 / 307
　　五、聘请本地学者 / 310

第三节　学生招考和来源 / 312
　　一、录取标准 / 312
　　二、入学动机 / 315
　　三、地域分布与性别比例 / 319

第四节 教学、研究与社会服务 / 323
    一、课程设置 / 323
    二、实践与实习 / 332
    三、研究与出版 / 335
    四、校园活动与社会服务 / 339

第五节 毕业与就业 / 343
    一、毕业程序 / 343
    二、就业情况 / 346
    三、毕业生的"文华情结" / 350

第六章 / 353
民国图书馆学教育家

第一节 来华的外籍图书馆学家 / 354
    一、韦棣华——中国图书馆学教育的开创者 / 354
    二、克乃文与金陵大学图书馆人才的培植 / 367

第二节 中国早期本土图书馆学教育家 / 371
    一、沈祖荣——中国图书馆学教育之父 / 372
    二、李小缘、刘国钧与图书馆学教育 / 383
    三、杜定友的图书馆学教育实践和思想 / 393

四、王重民与北京大学图书馆学专修科 / 402

第三节 其他图书馆学家与图书馆学教育 / 411
  一、本土培养的图书馆教育家 / 411
  二、图书馆学教育活动家 / 417

第七章 / 422
民国图书馆学教育的贡献与不足

第一节 民国时期图书馆事业和图书馆学教育的困难 / 423
  一、民国时期图书馆事业的困难 / 423
  二、民国时期图书馆学教育的困难 / 428

第二节 民国时期图书馆学教育的特点 / 431
  一、多层次、多主体的办学体系 / 432
  二、从服务社会教育逐步推进到国立高等教育体系 / 434
  三、重视实践,办馆与办学相促进 / 437
  四、重视外语,与美国对接的办学思路 / 440

第三节 民国时期图书馆学教育的贡献 / 444
  一、课程体系建设 / 445
  二、图书馆学术研究 / 448
  三、人才培养 / 454

第四节 民国时期图书馆学教育的不足 / 457

第五节 民国时期图书馆学教育的启示 / 464

附 录 / 473

附录1 民国时期图书馆学教育年表 / 473

附录2 沈宝环与美国图书馆协会白朗签订的文华图专与某所大学合并的纲要 / 480

主要参考文献 / 483

索 引 / 507

后 记 / 521

引 言

教育和学术具有天然的互动关系。学术通过教育的传递而得以推广，教育通过学术的发展而得以演变。早在1990年，美国教育家、卡内基教学促进基金会主席欧内斯特·博耶（Ernest L. Boyer）就提出了"教学学术"的思想。他认为："教学支撑着学术。没有教学的支撑，学术的发展将难以为继。"① 高等教育是由生产知识的学术群体构成的，其与学术的关系则更为紧密。

图书馆学是一门既古老又年轻的科学。1808年出版的马丁·施雷廷格（Martin Wilibald Schrettinger，1772—1851）的著作《图书馆学全教程试论》最早使用"图书馆学"一词。② 在书中，他提出图书馆学的理论体系，强调了图书馆职业的独立性，并建议设置专门机构传授有关图书馆学的知识和技能。实际上，在此之前已有很多学者对图书馆的管理、分类、实践活动进行了研究。随着实

---

① 博耶著，涂艳国、方彤译：《关于美国教育改革的演讲（1979—1995）》，教育科学出版社，2002年，第78页。
② 加藤一英著，东北工学院图书馆译：《图书馆学导论：建立学科体系的探讨》，吉林省图书馆学会，1989年，第2页。

践经验的积累，图书馆学教育也随之产生。1886年，德国的齐亚茨科创办了世界上第一个图书馆专业培训机构——哥廷根大学图书馆讲座，开设目录学、书写及印刷史、古文书学、图书馆经营法等科目。① 到19世纪后期，西方国家的很多大学陆续开设了图书馆学的课程。早期的图书馆学教育者本身就是图书馆学理论的开创者，如杜威（Melvil Dewey，1851—1931）不仅创办了世界上第一所图书馆教育学校——"哥伦比亚学院图书馆经营学校"，还推动了美国图书馆学会（American Library Association，简称ALA）的建立，参与创办《图书馆学刊》（Library Journal）并任首位主编，其发明的"杜威十进分类法"为世界上影响最大、流传时间最长的一部分类法。②

在中国，现代图书馆学与图书馆学教育的关系可谓互为因果。黄宗忠先生在提出中国图书馆学基础理论体系时，就直接将图书馆专业队伍建设和图书馆学教育作为图书馆建设的一部分。③ 图书馆学术的发展为图书馆学教育提供了理论来源和支撑，图书馆专业人才培养、课程体系建设均需以图书馆学理论为依据。图书馆学教育的开展，涉及学科建设、教材编写、人才培养、理论研究等诸多方面，其教育活动的主体同时也是图书馆学研究的主体。

20世纪20年代是中国现代图书馆学学科确立和发展的关键时期，也是我国现代图书馆学教育的发轫时期。民国时期图书馆学家金敏甫在讨论图书馆学学术时指出：

---

① 孙海英等主编：《读者心理学导论》，知识产权出版社，2018年，第135页。
② 胡述兆：《胡述兆文集》（上），中山大学出版社，2014年，第427页。
③ 黄宗忠编著：《武汉大学百年名典·图书馆学导论》，武汉大学出版社，2013年，第4页。

> 以前并无圕学之名词，自民国九年，武昌办圕科，民（国）十一（年），广东办圕管理员养成所，而圕学之名词成立；自民国十二年，杨昭悊之圕学出版，圕学之名词遂流行矣。在此十数年间，圕学术之发达，颇堪记述。①

这个时期图书馆学专门教育或短期培训所使用的大多为自编教材，教材的内容或转译自西方，或由图书馆学人自撰，如杨昭悊编译的《图书馆学》（商务印书馆，1923 年），杜定友《图书馆学概论》（商务印书馆，1927 年），刘国钧《图书馆学要旨》（中华书局，1934 年），徐旭《民众图书馆学》（世界书局，1935 年），程伯群《比较图书馆学》（世界书局，1935 年），俞爽迷《图书馆概论》（中国图书馆服务社，1936 年），喻友信《实用图书馆学》（中国图书馆服务社，1937 年），等等。可见，社会对教育的需求促进了图书馆学理论的总结和探索，这一时期的图书馆学教育始终将研究专门学术作为其目标之一。民国时期的图书馆学学术思潮，如新图书馆运动、新索引运动、分类法的讨论等，无不体现在当时的教育实践活动中。周洪宇认为，近代中国图书馆学的知识生产是从 1920 年文华大学图书科创办开始的。② 文华大学图书科是文华图书馆学专科学校（以下简称"文华图专"）的前身，其知识生产集团的首要群体是教师，很多教师都是图书馆学各领域具有较高水准的专家，例如，沈祖荣在近代率先将杜威十进分类法引入中国，并第一个编制了中文新型分类法，在此基础上出现的各种分类法均有文华

---

① 金敏甫编：《中国现代图书馆概况》，广州图书馆协会，1929 年，第 28—29 页。
② 周洪宇：《创新与建设：教育史学科的重建》，华中科技大学出版社，2016 年，第 647 页。

图专教师的成果。在图书馆学理论的其他层面，如图书馆管理，图书订购、采编和排列，以及参考、书目等方面，文华图专师生也有相当研究。

由于特定的社会环境，民国时期图书馆事业尚处于萌芽状态，专门人才匮乏，投身图书馆事业的先驱们在推动实践发展的同时也积极开展理论探索。由图书馆学家牵头在各地成立的图书馆协会，大部分都设有专门的图书馆学术研究委员会，旨在筹备学术演讲，指导图书馆实际工作。如 1921 年中华教育改进社成立后设立的图书馆教育组，以留学归国的图书馆学家为主体，可被看作中国最早的图书馆学组织。在中华教育改进社年会上，就曾有图书馆学家提出宣传和讨论图书馆学的紧迫性，并拟发行关于图书馆的专门杂志。对这些图书馆学家的教学活动、教育思想、学术贡献，甚至他们的生平、教育背景和职业发展历程的研究，都应纳入图书馆学学术史的研究范畴。20 世纪 20 年代以来，对图书馆学理论起到开创和引领作用的许多名家大家，大多经由图书馆学专业教育培养，如文华师生沈祖荣、胡庆生、裘开明、房兆楹、蒋复璁、皮高品、吕绍虞、汪长炳、查修、桂质柏等。因此，图书馆学教育史在一定程度上代表了图书馆学学术史，其发展的阶段划分与民国时期图书馆学学术史具有相对一致性。

随着图书馆事业的发展，中国现代图书馆学有了近百年的积累，但总体而言，不同于文史哲等传统学科，作为基础理论的图书馆学学术史研究在整个学科研究领域中处于相对边缘的地位。近年来，对图书馆学学术史的梳理大多集中在人物、机构、地域、重要事件等研究方面。作为与图书馆学学术史密切相关的教育史，囿于"文献不足征"，大多为个案研究或单一的史料考证，既无横向的比较，又无纵向的梳理。当前教育史的研究已相对成熟，并形成了教育思想史、教育制度史、教育实践史三个维度的研究范式。而图书馆学教育史的研究则相对零散和孤立。

图书馆学教育的发展和繁荣离不开图书馆学术的传承和创新。近年来，传统图书学、书史学、目录学等学科逐渐式微，图书馆学越来越强调向技术范式的转型。反映在图书馆学教育上，一方面是图书馆学专业的频繁更名，从传统的图书馆学，到图书情报学，再到信息管理、信息系统；另一方面是在一味趋新的技术导向下，现有的图书馆学教育逐渐脱离了图书馆工作和图书馆学研究的初衷。民国时期的图书馆学教育具有特定的办学理念和办学特色，先是对西方的简单模仿、借鉴，逐渐本土化进而落地生根，这一发展轨迹本身就值得梳理和挖掘。回顾我国图书馆学教育的起源，梳理我国图书馆学教育的发展脉络，总结重要图书馆学教育家的思想和实践，有助于我们认清图书馆学教育的本质，正确看待当前的图书馆学教育改革，明确我国图书馆学研究的目标和方向。

第一章
民国图书馆学教育的背景及发展历程

图书馆作为收藏和传播文化的机构,其产生及发展与社会文化环境息息相关,社会变革必然深刻地影响图书馆事业的发展。我国自古就有藏书楼,但主要服务于皇(王)室贵族,不具有公共文化服务的功能。新式图书馆是伴随着晚清皇权统治的瓦解和西方政治、文化思想的洪流而传入中国的。从内部来看,一批维新进步人士极力想改变中国穷困落后的局面,发起各种运动,政治和外交上的不断失利使得清政府也开始进行诸方面的变革,先后开展洋务运动、维新变法和筹备立宪等改良运动。清廷垮台后,各方混战,政治和社会的动荡使得文化和思想分外活跃,各路学者纷纷办刊办报,著书立说,出版业也因此繁荣。加之晚清以来废科举、兴学堂的教育改革,中国的新式教育尤其是高等教育有了一定程度的发展。思想的自由、出版的繁荣、现代高等教育的初兴这三方面既互为因果,又互相促进。在这样的社会文化背景下,中国新式图书馆事业逐渐萌芽和起步,为图书馆学教育的发展打下了基础。

第一节 近代图书馆思想的传入和发展

一、西方图书馆思想的传播

鸦片战争以后,西方用坚船利炮打开了我国的国门,腐朽的清廷开始"睁眼看世界"。一些开明之士主张向西方学习,师夷长技以制夷。在这样的背景下,洋务运动兴起,翻译西书、出国游历、派遣使臣等使得国人对西方文明的认识和感受逐渐加深。林则徐辑译的《四洲志》在介绍欧洲的历史、疆域、政治等情况时,提及德国、丹麦、土耳其、英国、俄国、西班牙六国的图书馆情况。魏源编纂的《海国图志》对英、法、奥地利、西班牙等欧洲国家和美国的图书馆和藏书均有描述。但林、魏二人对西方图书馆的介绍,信息主要是从西方书籍和来华的外国人中获得的,缺乏亲身经历和感性认识。此后,一些清廷官员前往国外参观、考察、游历,对于西方近代图书馆才有了直观的感受。如王韬于1867年到欧洲游历,在其《漫游随录》中详细介绍过英、法图书馆和博物院的情况。而清廷第一位外交使臣郭嵩焘亦在其《使西纪程》中有过类似的描述。洋务运动失败后,维新思潮开始涌现,改良者开始认识到图书馆的社会功用,如郑观应、李端棻等,他们主张通过普设"书藏"

来开启民智,这极大地促进了图书馆观念的传播。1892年,郑观应在其《盛世危言·藏书》中提出了建立公共藏书楼的具体建议:"宜饬各直省督抚,于各厅、州、县分设书院,购中外有用之书藏贮其中,派员专管。无论寒儒博士,领凭入院,即可遍读群书。"①

到戊戌变法时期,以康有为、梁启超为首的维新派和一些开明士绅、官员,提出了以面向大众、传播新知、开启民智为主要内容的主张。1895年,康有为在著名的"公车上书"中感慨西方各国图书馆事业之发达:"其每岁著书,美国乃至万余种,其属郡县,各有书藏,英国乃至百余万册,所以开民之智者亦广矣。"②当时维新变法的总机关为强学会,该会"群中外之图书器艺,群南北之通人志士,讲习其间"③。强学会还广募义捐,建立了新型藏书机关——强学会书藏。强学会书藏不仅补充大量新学、西学书籍,注意对报纸的收藏,而且超越了封建藏书楼的闭锁制度,向社会开放藏书。其管理制度虽比不上近代图书馆,但挣脱了封建藏书楼的束缚,吸收了一些近代图书馆的管理经验。此种具有中国近代图书馆雏形的学会藏书楼虽然随着强学会被查封而夭折,但影响颇大,此后二三年间,全国各地的一些维新组织学会相继建立,而且都设有藏书较丰富的藏书楼,有明确的办馆宗旨和阅览制度,实际上已具有公共图书馆的性质。④变法失败后,梁启超逃往日本,与康有为一起在横滨创办了《清议报》。1899年,他在该报上发表了《论图书馆为开进文化一大机关》一文,认为图书馆为学校之外的教育机

---

① 郑观应著,曹冈译:《盛世危言》,内蒙古人民出版社,2006年,第39—40页。
② 中国史学会主编:《戊戌变法》(第二册),神州国光社,1953年,第148—149页。
③ 吴晞:《斯文在兹》,海天出版社,2014年,第46页。
④ 周棉主编:《留学生与中国的社会发展》(第一卷),中国矿业大学出版社,1997年,第204页。

关，并将图书馆的功能总结为"八用"。①在这篇文章里，梁启超不仅总结了图书馆在保存文献、传播知识、服务参考研究上的作用，还认识到了图书馆的社会教育职能。

八国联军侵华后，有识之士认为中国屡屡在对外战争中失败，就是因为固守旧学、不思进取，不少热血青年东渡扶桑去寻求救国真理。留日知识分子归国后，在国内宣扬推广日本及西方在社会、文化、教育机构和制度建设方面值得借鉴之处。留日归国而热心图书馆事业者如王国维、罗振玉等，于1901年4月创刊《教育世界》，常常译介欧美图书馆学发展近况。1902年，罗振玉提出了新教育制度，倡导建设"全国民众图书馆及博物馆的系统"，建议在京师及各省、府、州、县普设公共图书馆与博物院，每一所图书馆应收藏中、日、西文书籍，并开放供民众阅览。可惜这种呼吁未被采纳。②1907年，罗振玉再次提出创设图书馆的想法，认为：

> 保固有之国粹，而进以世界之知识，一举而二善备者，莫如设图书馆。方今欧、美、日本各邦，图书馆之增设，与文明之进步相追逐，而中国则尚阒然无闻焉。鄙意此事亟应由学部倡率，先规划京师之图书馆，而推之各省会。③

除了维新人士对新式图书馆的主动接受外，西方传教士对近代图书馆的传播也起了积极作用。为服务于传教事业，他们在中国兴

---

① 梁启超：《论图书馆为开进文化一大机关》，《清议报》1899年6月10日第17版。
② 宋建成：《清代图书馆事业发展史》，台湾油印本，1972年，第86页。
③ 李希泌、张椒华编：《中国古代藏书与近代图书馆史料（春秋至五四前后）》，中华书局，1982年，第123页。

建了各种基督教图书馆。晚清以来,仅上海一地就集中了诸多教会性质的图书馆,如1847年成立的上海徐家汇天主堂藏书楼、1849年建立的工部局图书馆、1871年成立的亚洲文会北中国支会图书馆、1901年建立的格致书院藏书楼等。这些基督教图书馆不仅在馆舍建筑、设备上体现了新式图书馆的特点,采用了比较先进的管理方法,在文献收集和开放利用上也与中国传统的旧式藏书楼有着鲜明的对比。虽然大部分基督教图书馆仅对教会成员开放,但也间接地引入了西方图书馆的思想和管理模式。如1877年3月的上海《申报》就曾载文报道:

  本埠西人,设有洋文书院(注:即工部局公众图书馆,当时称上海图书馆),计藏书约有万卷,每年又添购新书五六百部。阅者只须每年费银十两,可随时取出披阅,阅毕交换,此真至妙之法也。①

从该报道字里行间的欣羡之情即可看出,西式图书馆的流通利用之法给长期以来"入架者不复出"的旧式藏书理念带来了革命性的改变。相较于出洋考察者的描述和呼吁,传教士兴办的图书馆直接在中国落地生根,更具有示范效应,让更多的民众对新式图书馆有了直观的认识,其"文化使者"的作用是不可忽视的。

二、清末官办图书馆事业

在西学东渐的影响和进步人士的积极努力下,一些地方政府开始发展图书馆事业。1904年,湖南图书馆(初名湖南图书馆兼教

---

① 熊月之、张敏:《上海通史·第6卷:晚清文化》,上海人民出版社,1999年,第197页。

育博物馆）由湖南巡抚赵尔巽倡设，有留日背景的梁焕奎、开明人士龙绂瑞等募资兴办，其宗旨为"保存国粹、输入文明、开通智识"。1905年，时任湖南巡抚的端方、庞鸿书先后增拨库银，扩建馆舍，派人采办图书，10月正式定名湖南图书馆。湖南图书馆的建立为我国近代图书馆事业的发端，此后政府公办的各类型图书馆次第产生。①

1909年，清廷学部上呈给朝廷的《学部奏分年筹备事宜折》中明确提出"颁布图书馆章程""京师开办图书馆（附古物保存会）"，并明确指出，"京师及各直省省治，应先设图书馆一所"，分别定名为"京师图书馆"与"某省图书馆"；"各府、厅、州、县治应各依筹备年限以次设立。……曰某府、厅、州、县图书馆"。②实际上，在学部计划之前，全国大部分省都已建立了图书馆。学部命令下达后，尚未设立图书馆的省加快了建设速度。至1910年，几乎每省都设有图书馆。

除了广设图书馆，这一时期关于图书馆的规程也零星出台。1905年，学部奉旨成立，教育行政系统正式从礼部独立出来，图书馆事务亦由其兼管，我国图书馆建设由此被正式列入国家管理的范围。1910年，学部颁布《京师图书馆及各省图书馆通行章程》，明确规定图书馆的目的为"保存国粹，造就通才，以备硕学专家研究学艺，学生士人检阅考证之用。以广征博采，供人浏览为宗

---

① 范并思等编著：《20世纪西方与中国的图书馆学——基于德尔斐法测评的理论史纲》，北京图书馆出版社，2004年，第169—170页。
② 李希泌、张椒华编：《中国古代藏书与近代图书馆史料（春秋至五四前后）》，中华书局，1982年，第126、129页。

旨"①。该章程还对图书馆的收藏范围、职责、管理制度,以及流通方法等作出了详细的说明。这是中国近代社会第一个官方的图书馆法规,它以相当于法律的形式支持了包括京师图书馆在内的近代公共图书馆建设,明确了它们的社会地位与职能。1915年,北洋政府教育部颁布《图书馆规程》和《通俗图书馆规程》,为图书馆的发展提供了法规依据。此后民国政府于1927、1930、1939年多次对规程进行修正,一次比一次进步。"举凡设立条件、图书设备、人员资格、私立图书馆奖励等项,均有详尽规定,肯定图书馆的功能,保障其地位,使图书馆界有准则可循,从此走上专业化、标准化的途径。"②

三、新图书馆运动

民国以后,随着新文化运动的展开,图书馆事业也步入了一个普及化阶段,这一使命是由"新图书馆运动"来完成的。"新图书馆运动"自1917年兴起,持续发展了十年左右。1917年,留美学习图书馆学的文华大学毕业生沈祖荣学成归国,与文华校友、中国基督教青年会全国协会干事余日章一道,携带有关美国图书馆的各种影片、模型和统计表等,前往上海、湖南、江西、江苏、浙江、河南、山西、河北等地广为宣传。1917年5月,沈祖荣先后在江苏教育会和全国基督教青年会宣讲"图书馆之功用及办法",向民众

---

① 北京图书馆业务研究委员会编:《北京图书馆史资料汇编(1909—1949)》,书目文献出版社,1992年,第950页。
② 严文郁:《中国图书馆发展史:自清末至抗战胜利》,台湾枫城出版社,1983年,第22页。

普及图书馆意识；同年 6 月，他在上海报界俱乐部演讲《图书馆与教育之关系》，抨击封建藏书楼的保守，呼吁将图书馆变成社会教育机构。他的演讲取得了较好的宣传效果，掀起了创建美式图书馆的"新图书馆运动"。① 此后，另一名留美学习图书馆学的文华校友胡庆生归国，也加入宣讲队伍之中。1923 年 5 月，胡庆生在杭州演讲《公共图书室之需要》，在南京青年会演讲《教育与公共图书馆》；1924 年，胡庆生和沈祖荣一起在中华教育改进社会议上演讲《中学图书馆的几个问题》。他们不仅宣传公共图书馆在民主社会中的功能和作用，而且克服重重困难创办巡回文库，让民众切实感受到图书馆的服务。韦棣华女士曾经在《今日之文华公书林》中记述了创办巡回文库的情况：

> 最大的困难是吸引这些外面学校的学生到公书林来读书。我们作了不断的努力，但是都不太理想。主要是因为这些官办学校离得太远，规矩又很多，于是我们决定通过流通图书馆的形式把公书林的服务带给他们。……过去的 12 个月中我们办了 18 个流通图书馆，精选了 1800 多种书出去。……在翻译的西书上，我们都选择最好的，包括英美人物的自传（其中华盛顿和林肯自传一直是最受欢迎的），《大卫·利文斯顿的生活》《约翰·吉·佩顿自传》诸如此类，科学类的图书则包含各个领域，如罗素的著作，这些书在破除迷信和愚昧方面有着特殊的使命。②

除了直观的宣传、演讲、提供流通图书馆服务外，第一批受过

---

① 来新夏等：《中国图书事业史》，上海人民出版社，2009 年，第 401 页。
② 韦棣华：*The Boone Library Up to Date*，文华公书林，1917 年，第 4 页。

美式图书馆学训练的图书馆员还积极开展田野调查，通过实地走访、寄送调查问卷，对现有的各类图书馆进行统计，以摸清我国图书馆事业发展的现状，继而针对性地提出改良现行图书馆事业的意见。1918年，沈祖荣在《教育杂志》上发表《中国全国图书馆调查表》，指出进行图书馆调查的目的在于建立各馆之间的联系、互相砥砺："一以调查各省之办法，列为总表，俾阅者取长弃短，以为改良之借鉴；一以全国图书馆逐年调查表，互相比较，以觇将来之成绩；且更欲借调查表，与各省馆长为声气之应求，互相联络。"① 其他留学归来的图书馆学家如刘国钧、李小缘、杜定友等人也在各地开展演讲，在报章上撰文，抨击旧式藏书楼，大力宣传新式图书馆的理念，介绍新式图书馆管理的技术与方法，并阐释对于建设新图书馆事业的设想。

与古代藏书楼"以藏为主"、仅为贵族及上层人士服务的思想不同，现代图书馆的发展理念在于尽量扩大服务范围，使更多的人享有利用图书馆的权利。新图书馆运动的宗旨与目的，是要创建一种与藏书楼完全不同的、免费的、面向公众的、能自由阅读的近现代图书馆。以沈祖荣为代表的专业人员摒弃了藏书楼的保守理念，大力推行新式图书馆的思想和管理、技术。由于当时新式图书馆处于发展初期，民众的图书馆意识非常薄弱，这些图书馆学家不仅自己在图书馆岗位上摒旧推新，还积极携带资料和实物在全国各地巡回演示和宣讲，在报刊上撰写文章来推介图书馆的作用，扩大图书馆的影响，普及公共图书馆的理念，传递公共图书馆的精神。这不仅有利于广大民众认识和接受现代图书馆这一新生事物，也促进了

---

① 丁道凡搜集编注：《中国图书馆界先驱沈祖荣先生文集（1919—1944年）》，杭州大学出版社，1991年，第1页。

图书馆体系在全国的建立。

第二节 出版、文化思潮与图书馆

一、出版与新学传播

鸦片战争后,随着通商口岸的开辟,大批西方传教士涌入中国,他们办学校,开医院,出书刊,新思想、新学科、新知识也随之被带入国内。1811年,伦敦会传教士马礼逊在广州出版了第一本中文西书,揭开了西学东渐的序幕。传教士所翻译出版的图书种类众多、题材广泛,既有基督教书籍也有世俗书籍,涵盖了教育、文化、医疗、法律、政治等诸多方面,其目的虽主要在于传教,但客观上也传播了新学,开启了民智。

此后,随着印刷技术的进步和民众对新知的渴求,西书翻译的题材和规模不断扩大,不同类型的翻译出版机构同时存在,民营出版机构在新书翻译出版中占据了优势地位。这一时期的翻译出版活动,先后经历了以下几个阶段:一为政府官办译书活动,如上海江南制造局翻译馆、京师同文馆、天津机器局、天津武备学堂等,在书籍选择上有明确的导向性,局限于科学技术、国际公法等当时国家急需的西方书籍,对政治、社会、哲学类、思想类书籍翻译较少;二为林纾、严复等人翻译的著述,主要为社会科学以及文学作品,尤其是严复翻译的以《天演论》为代表的八大经典,对中国社会思想启蒙具有开创性的意义,不仅使得西方的科学、民主思想广泛传播,也为中国近代社会经济政治变革和文学的发展打下了基础;三为新文化运动以后的翻译活动,这一时期不仅译者数量、译著的质量和题材都超越从前,其对于民众和社会的影响也更为广泛和深刻。

除了书籍的翻译、编印外,形形色色的报纸、杂志也开始出现。这些出版物从最开始的知识分子表达思想的载体,逐渐转型为对话、交流的平台,一些城市如上海、香港、宁波等成为西学在中国的传播中心。新思想的传播从先前较为零散、无序的状态向集中、有序的状态发展。

二、新文化运动与新式图书馆

1915年9月,早年留学日本、参加过反清斗争的陈独秀在上海创办《青年杂志》(即后来的《新青年》),并以此为阵地,宣传新思想、新文化。1916年底,陈独秀受蔡元培邀请前往北京,《新青年》杂志社随之从上海迁到北京。北京大学聚集了一批具有新思想的留学人士,如李大钊、鲁迅、胡适等,他们成为《新青年》的主要撰稿人,于是以杂志为核心,形成了一个新文化阵营。[①] 新文化运动的一个重要内容即白话文运动。接受西方民主思想的知识分子希望以白话文这一新形式来灌输新文化运动的精神和内容,借此来

---

① 彭明:《五四运动在北京》,北京出版社,1979年,第37页。

斩断传统落后文化的"脐带"。白话文运动以形式上浅显易懂的白话语言取代了"子曰诗云"，内容上的"科学""民主""平等""自主"取代了"三纲五常"。[①] 它通过推行白话，将白话作为写作的工具，在"文学革命"的口号下发动，成为新文化运动的重要组成部分。语言、书写的简化和通俗化极大地加速了启蒙文化运动的社会影响，并促进了学生爱国救亡运动与民众启蒙的大联合。1919年，反帝反封建的五四运动爆发，唤醒了民众了解新文化、新思想的意识，并使得白话文得到进一步的发展。一年之内，白话报至少出版了400种。1920年，北洋政府教育部命令，小学教科书改用白话文。新文学团体如文学研究会、创造社等也相继成立。[②]

新文化运动借助出版而发展，又促进了出版事业的兴旺。白话文运动高举文学革命旗帜，大量白话新诗、小说纷纷出现，文学创作异常繁荣，文学流派百花争艳。此外，思想的解放，也使得各种新学说、新观点层出不穷，各路人士著书立说，报纸杂志品类繁多。中国图书出版业迎来了发展契机，一些民营机构抓住时代机遇，不断扩充出版品类。除了出版译书，还大量刊印古籍、出版丛书，为图书馆发展提供了馆藏储备。当时商务印书馆出版的《四部丛刊》《丛书集成》《万有文库》成为许多图书馆的基本馆藏。南京国立中央图书馆筹备期间，其负责人蒋复璁还曾与商务印书馆积极接洽刊印四库未刊本。商务印书馆的《万有文库》也直接促成了中国通俗图书馆运动的发展。其仿照中国丛书体例，分期印刷，第一

---

① 李夫生、薛其林编著：《敢为人先：辛亥长沙精神》，湖南教育出版社，2011年，第54页。
② 中国大百科全书总编辑委员会编：《中国大百科全书·语言 文字》，中国大百科全书出版社，2002年，第14页。

期有书籍 1010 种,分装 2000 册,为世界名著、中文创作或译作的通俗本的结集。文库完全按杜威分类法分类,并在每册书的后面标有索书号码。随文库发行的有一套约 3000 张的目录卡片,上面印有索书号码及序列号码,教育部及内政部于 1932 年 10 月发布训令,要求各县市须购备《万有文库》一部。此外,出版机构对图书馆学思想和学术的传播也起到了积极作用。据统计,这一时期商务印书馆出版了 86 种图书馆学著作,中华书局出版了 37 种,正中书局出版了 10 种,世界书局出版了 7 种,加上其他各类出版机构一共出版了 330 余种图书馆学著作。[①]

在封建时代,书籍不易得,刻印、校对、出版图书的成本较高,只有少数特权阶层才有藏书楼。私家藏书楼重在"守藏",鲜有流通的功能。新文化运动从多方面为新式图书馆的出现和发展提供了前提和条件。新式出版机构的发展,使得书籍的生产制作成本降低,品种增多,丰富和扩大了图书馆的藏书来源,为新式图书馆事业的发展提供了条件。新学的输入,新书的大量出版促进了中国传统知识体系的重新划分,经、史、子、集的知识分类体系被打破,这对原有藏书楼式的服务模式也提出了挑战。从文化传播的角度来看,新式出版使书籍的生产流通加快,带动了知识由社会精英阶层下移到普通民众,扩大了西学的影响,进一步开启了民智。新式图书馆强调为普通民众提供服务,保障大众对于知识获取的平等权和公民受教育的权利,这与新文化运动所宣扬的科学、民主思想不谋而合。而普通民众对于知识的占有和利用的需求,也需要相应的公共文化服务场所和设施。

[①] 范凡:《民国时期图书馆学著作出版与学术传承》,国家图书馆出版社,2011 年,第 40—41 页。

第三节　高等教育、社会教育与图书馆

图书馆学是一门应用学科，无论学术研究还是人才培养，必须要依托于图书馆事业发展的现实基础与需要，同时与高等教育、社会教育对知识服务的需求有共生联系。

一、新式教育和高等院校的发展

清代以来的维新人士认识到了教育之于启迪民智的重要性，逐步推动政府进行教育改革。1898 年成立的京师大学堂是中国第一所现代意义上的新式高等教育学堂。从清末到民国，政府颁布了一系列的高等教育规章制度，促进了中国高等教育的发展。据统计，至 1925 年全国已有大学 47 所，学生 2 万多人。全面抗战时期，大学与独立学院不仅数量没有萎缩，而且得到了进一步发展。到 1948 年底，全国共有大学和独立学院 138 所，其中国立大学 32 所，私立大学 27 所，国立独立学院 22 所，省立独立学院 26 所，私立独立学院 31 所。[①] 一些公立大学如北京大学、中央大学、复旦大学、南开大学、厦门大学、四川大学、浙江大学、清华大学等聚集了一

---

① 参见郑登云编著《中国高等教育史》（上），华东师范大学出版社，1994 年，第 267—268 页。

大批研究人才，学校配套设施不断改善，为满足教学科研的要求，很多大学都开始兴建或扩建图书馆。①

晚清以降，西方传教士也积极在中国兴办教育，培养西学人才。英华书院、马礼逊学堂等新式学校的开办，标志着传教士在华人中进行教育活动的开始，为中国本土培养了第一批西学译才。戊戌变法以后，特别是 20 世纪初清政府废除科举、实行新的学制以后，基督教和天主教都加快了在华教育事业的发展，教会学校数和在校学生数均大幅度增长。1922 年，由北美和英国教会本部组织的中国基督教教育调查委员会发布中国各级教会学校报告，其中指出：

> 在中国有一百三十个差会，大部分都兼做教育工作。……教会学校中现在有外籍教师一千二百名左右，中国教师一万一千名，初级小学有十五万名学生，高等小学有三万三千名学生，中学生一万五千名，师范生六百名，大专学生两千名，总数达二十万五千名左右。……大约中国人数每四、五百人中就有一个就读教会学校。②

就高等教育而言，民国时期，西方在中国一共建立了 16 所教会大学，其中由基督教新教各差会及基督教人士创立的共 13 所，包括燕京大学、齐鲁大学、金陵大学、金陵女子大学、东吴大学、圣约翰大学、沪江大学、之江大学、华中大学、华西协和大学、福建协和大学、华南女子学院及岭南大学，另外 3 所是天主教会创办的辅

---

① 郭丽君、吴庆华编著：《中外大学比较》，经济管理出版社，2012 年，第 58 页。
② 中国教育调查委员会编：*The China Educational Commission*：*Christian Education in China*，上海商务印书馆，1922 年，第 21 页。

仁大学、震旦大学、天津工商大学。全面抗战爆发前夕，教会大学占"全国大学总数约为百分之十二，学生亦为全国大学生百分之十二"①。

伴随着近代化所带来的政治文化的变迁，大学的数量和规模有所扩张，大学的学科体系也有所改进。清末至民国，政府不断调整着学科分类方案，尤其是在高等教育课程设置中不断权衡着中西学的比例。1896年，京师大学堂首位管学大臣孙家鼐在《议覆开办京师大学堂折》中以"中体西用"的思想为指导，将京师大学堂拟设课程分为十门，西学课程在学科配置上超过了中学课程。② 1902年，由清廷管学大臣张百熙主持制定的"壬寅学制"，将大学分为政治、文学、格致、农业、工业、商务、医术等7大学科。翌年，张之洞主持的"癸卯学制"中又将大学学科分为8科46门，并将"经学"置于群学之首。民国政府成立以后，教育部相继公布了《大学令》《大学规程》，对大学所设置的学科及课程作了调整，取消了经学科，分设文科、理科、法科、商科、医科、农科、工科7科，至此，中国传统的四部之学在形式上完成了向近代分科性质的"七科之学"的转型。③

---

① 李楚材辑：《帝国主义侵华教育史资料——教会教育》，教育科学出版社，1987年，第148页。
② 陈学恂主编：《中国近代教育史教学参考资料》（上册），人民教育出版社，1986年，第431页。
③ 郭德侠：《中国近代高等学校课程设置研究》，中国海洋大学出版社，2007年，第26页。

二、高校图书馆的建设与发展

高等教育需要相当规模的图书馆作为教学及学术支持，因此，高校图书馆是高等教育的重要组成部分。1898年，京师大学堂创立。《京师大学堂章程》第一章第六节就指出："学者应读之书甚多，一人之力必不能尽购。京师大学堂为各省表率，体制尤当崇宏，今设一大藏书楼，广集中西书籍，以供士林浏览而广天下风气。"[①] 1902年，管学大臣张百熙分别提取各省官书局或购买民间旧书、时务新书及外文图书，归入藏书楼，正式建立京师大学堂图书馆。[②] 京师大学堂图书馆基本是仿照西方大学图书馆的模式建立起来的。虽然它身上还多少带有封建藏书楼的痕迹，但已经确定了为学校的教师和学生服务的办馆方针，制定了较完整的规章制度，采用了较先进的管理方法，扩大了新书的收藏，是以近代新型图书馆的面貌出现于世的。

民国时期，政府对高校图书馆之于教学研究的作用有比较明确的认识。1912年，著名教育家蔡元培甫任教育总长，便积极推行教育改革，加强高校图书馆的建设。他所拟定的教育方针中，曾把大学图书馆列为"革新之起"的重要地位。许多教育家也提倡培养学生自主学习和研究的能力，强调图书馆"第二课堂"的作用，把学校图书馆称为"学校教育成全的要素""无舌的教师""大学的命

---

① 吴晞编著：《北京大学图书馆九十年记略》，北京大学出版社，1992年，第167页。
② 焦树安：《中国藏书史话》，商务印书馆，1997年，第151页。

脉"。① 高校设立图书馆也陆续有了法律及制度上的规定，如 1913 年的《高等师范学校规程》、1924 年的《国立大学条例》、1929 年的《大学规程》等。民国前期，政府官办高校主要有北京大学、北洋大学和山西大学，这三所大学的图书馆是基于原有的大学堂藏书楼发展起来的。随后，遍布全国的各级师范院校以及省立大学的兴起，使得附属的图书馆也有了一定程度的发展。1911 年，清华学校图书馆成立；1917 年，北京高师图书馆成立；1921 年，厦门大学图书馆成立；1928 年，南开大学木斋图书馆成立。但国民政府成立初期，大部分省市教育经费并未实现独立，高校图书馆在建设馆舍、购买藏书上的开支很难得到保障，往往需要通过募捐来补充校方的拨款。② 1921 年，东南大学成立时即向社会募捐图书馆经费，校长郭秉文多方奔走，获得江苏督军齐燮元捐助，独资建馆并购置配套设备。该馆 1923 年落成，耗资 16 万银元，以齐父之名将其命名为孟芳图书馆。又如天津南开大学图书馆，"数年以来所集图书，计自购者约值十万余元，捐入者约值三万数千元。普通读物，于兹略具。惟以学子阅书之所，每觉不敷应用"③。1928 年由南开前校董、湖北沔阳实业家卢靖（字木斋）捐资十万元，为该校图书馆建筑费用，因此又名木斋图书馆。1927 年在上海的国立暨南大学设立的洪年图书馆，主要由校董郑洪年先生捐资建筑。1931 年 8 月 31 日，时任教育部长朱家骅在中央党部总理纪念周上讲演

---

① 郭明蓉：《中国高等教育发展进程中的高校图书馆研究》，四川人民出版社，2009 年，第 189 页。
② 1920 年《申报》《神州日报》上登载了《北大筹备图书馆之计划》，提到动员教职员及学生募集资金和图书，由筹备处专任募捐事宜。
③ 中国第二历史档案馆编：《中华民国史档案资料汇编》第五辑第一编《教育（一）》，江苏古籍出版社，1994 年，第 99 页。

《中国大学教育的现状及应行注意各点》，特别提到要充实高校图书仪器设备，他指出：

> 大学的目的要使学生得到一个良好的基础，并且引起他们对于学术的兴趣，指导他们慢慢能够单独工作；他方面要供教授以研究高深学术机会，增进国家和社会的文化。倘图书不足以供参考，仪器不足以供试验，教授固然没法研究，教育学生的目的也难得完全达到的呢！[①]

这一时期，原来十分有影响的国立大学图书馆继续获得了发展，如国立北京大学图书馆、清华大学图书馆、上海交通大学图书馆、厦门大学图书馆、国立中山大学图书馆等。

除了国立大学，各个教会大学自创办之初就设有自己的图书馆，并且不断地改建、扩建，不少在经费、设备和管理理念上甚至超过了国立大学图书馆。如北京燕京大学图书馆于1919年建立，1924年新馆动工，1926年落成，1927年12月对外开放，1936年改建。广东岭南大学图书馆于1905年建立，1915年迁至格兰堂，1928年迁到马丁堂二楼，后扩至一楼及三楼部分。教会大学是按照西方高等教育的模式兴建的，图书馆等配套硬件是必备设施。此外，教会大学与国立大学在生源上存在竞争关系，自清政府开始发展高等教育以来，他们便感受到了危机，不仅努力吸引优秀师资，还积极完善相关设施。传教士们意识到"教会学校如果不再增加完备的实验室和图书馆，不聘请更多更好的教师的话，那末优秀学生

[①] 转引自左玉河《中国近代学术体制之创建》，四川人民出版社，2008年，第240页。

将被政府学校吸引去"①。从经费来看,除了西方教会的拨款外,教会大学图书馆还得到了国外热心教育者及校友的捐助,在经费上较为充裕。如1922年山东齐鲁大学图书馆借助加拿大危培革之奥古士丁长老会支会捐赠的巨款建成新馆,称奥古士丁图书馆。上海圣约翰大学罗氏图书馆,最初由美国纽约罗氏兄弟资助,1914年夏该校学生和校友捐洋两万元,又建成新的独立馆舍,并获得校友施肇基捐助一千银元的书籍。②从馆藏结构来看,外文图书、期刊和报纸在教会大学图书馆中占据了较大比例。以1921年3月南京金陵大学图书馆的馆藏为例,其拥有中文藏书8914册,英文藏书8141册,还有13022本小册子,数千期杂志,中英文藏书数量不相上下。③当时,中国基督教联合会对中国教会高等学校藏书设立的最低标准为中英文图书各4000本。1928年,该会对中国高校图书馆作了一个普遍的调查,其中,高于这一标准的著名的国立大学和教会大学图书馆(统计数据不包括当时的清华学校)馆藏结构如下表所示:

表1.1 1928年部分国立大学及教会大学图书馆馆藏统计④

学校名称	中文藏书(册)	英文藏书(册)	期刊(册)
北京大学	140000	2600	

---

① 卢茨著,曾钜生译:《中国教会大学史(1850—1950年)》,浙江教育出版社,1987年,第96页。
② 孟雪梅:《近代中国教会大学图书馆研究》,国家图书馆出版社,2009年,第31页。
③ University of Nanking, "Catalogue 1920—1921," *University of Nanking Bulletin*, NO.1 (1921): 21.
④ 苏云峰:《从清华学堂到清华大学(1911—1929):近代中国高等教育研究》,生活·读书·新知三联书店,2001年,第116页。

续表

学校名称	中文藏书（册）	英文藏书（册）	期刊（册）
岭南大学	44890	19000	200
中央大学	49592	14121	228
东南大学	38553	4921	
中山大学	36629	3498	
复旦大学	19500	45500	
燕京大学	15000	12024	
圣约翰大学	14000	17000	140
苏州大学	15000	6000	104
南开大学	8100	8900	
金陵大学	6418	4828	50

从管理人员来看，教会大学馆长多由国外具有图书馆学专业理论知识和实践管理经验的人士担任，如文华大学公书林馆长韦棣华（Mary Elizebeth Wood）毕业于西蒙斯图书馆学院，任纽约州里奇蒙德图书馆馆长十余年。金陵大学图书馆馆长克乃文（H. C. Clemons）曾任美国普林斯顿大学图书馆参考部主任。金陵女子大学的玛瑞安·埃文（Marian Ewing）来自美国波罗拉学院图书馆。圣约翰大学的海施（Florence C. Hays）曾在美国十余处图书馆任职。① 随着国内公私立大学的发展，建设和完善配套图书馆的任务也日益紧迫，由此产生了对图书馆专业管理人才的需求。然而，国内尚无图书馆学教育基地，专门人才的缺乏成为图书馆建设和管理的瓶颈。对于国立大学而言，无论是馆舍建筑还是图书选购、管

---

① 孟雪梅：《近代中国教会大学图书馆研究》，国家图书馆出版社，2009年，第29页。

理，既没有基础，也没有现成的经验可以借鉴。中国虽不乏传统的文献学、目录学人才，但对于新式图书的选择、采购、分类、编目、流通各种业务并无专长。另一方面，大学图书馆处在发展初期，很多学生对于图书馆没有什么概念，也不知如何利用图书馆。

如前所述，教会大学图书馆馆长的职位多由外籍人士担任，有的直接从西方聘请有经验的图书馆员，有的由学校教员兼任。如1919年美国图书馆学家特嘉（Jessie Douglass）女士到岭南大学图书馆工作前，该图书馆馆长均由教员兼任。① 即使教会大学可以依托基督教会从国外聘请图书馆员，但这类人员存在着极大的不稳定性，往往服务几年，便出于种种原因离任或回国。如上海圣约翰大学图书馆"在黄维廉任命为助理图书馆员之前，图书管理员曾走马灯似地换过"②。另外，教会大学的西方图书馆员虽然具有一定的图书馆学理论和实践基础，然而囿于语言障碍和文化的差异，对中文藏书的管理显得力不从心。随着馆藏中外文图书不断增加，馆藏结构愈加多样化，文献涉及的语言、学科范围日益广泛，对图书的管理和服务提出了新的要求。1913年上海沪江大学的《董事会年度报告》中提到："图书编目工作尚须等有了一位常设馆长后方能进行……"然而，直到1915年时该馆仍没有找到合适的常任馆长，只任命了一个常务副馆长。③ 为更好地开展工作，教会大学的外籍图书馆员往往通过聘请中国学生助理，兼开图书馆学课程，或者以带学徒的方式对中国籍馆员进行培训。20世纪20年代，中国民族主义勃兴，发生"非基督教"运动，国人要求收回教育主权，教会

---

① 岭南大学图书馆：《岭南大学图书馆一览》，岭南大学图书馆印行，1936年，第1页。
② 费玛丽著，王东波译：《圣约翰大学》，珠海出版社，2005年，第126页。
③ 海波士著，王立诚译：《沪江大学》，珠海出版社，2005年，第51页。

学校由西人领导的权力体制开始改变,开始了"中国化""本土化"历程。这使其图书馆也受到影响,人员结构和馆藏结构变化比较明显。一是外国图书馆管理人员减少,中国图书馆管理人员增加;二是外国人退出行政管理岗位,中国人开始执掌教会大学图书馆。[①]教会大学图书馆管理人员的本土化,一方面扩大了图书馆学专门人才的需求,另一方面也使本土图书馆学人才开始走上管理岗位。

三、社会教育事业与图书馆

晚清以降,知识分子曾广泛地掀起一场"教育救国论"。启蒙思想家严复提出要鼓民力、开民智、新民德,"三者皆今日至切之务",而"三者又以民智为最急"。[②] 民国初年辛亥革命短暂胜利的果实为袁世凯所窃取时,一些知识分子对革命救国的道路不再抱希望,转而投身教育救国的事业。新文化运动时期,军国民教育、实利教育、义务教育、职业教育、科学教育、通俗教育、公民教育、教育独立等诸多思潮,无不与教育救国的理想相关。一些教育团体纷纷成立,如全国教育会联合会、中华职业教育社、新教育共进社、中国科学社、中华教育改进社、平民教育社、实际教育调查社、中华平民教育促进会等。这些教育团体兴办刊物,发起各种运动,宣传新式教育思想。早期关于图书馆学方面的文章大都登载于教育类刊物,如中华教育改进社的《新教育》、中华书局的《中华

---

① 参见孟雪梅《近代中国教会大学图书馆研究》,国家图书馆出版社,2009年,第50—51页。

② 丁守和主编:《中国近代启蒙思潮》(上卷),社会科学文献出版社,1999年,第174—175页。

教育界》就曾连续多期刊载图书馆教育相关的文章。而以晏阳初、陶行知等为代表的中华平民教育促进会，在各地开办平民识字读书处和平民学校，刊行《平民千字课》等教材，进行乡村平民教育试验，不仅传播了新知，启发了民智，也在一定程度上为民众图书馆和民众教育馆的发展打下了基础。

民国时期各种教育思潮虽然在名称上各有不同，但其根本目的，都是利用社会教育来弥补学校教育的不足，提高民众的智识水平，保障平民受教育的权利。社会教育与其他教育形式有所重合，但涵盖的内容更广，并一直受到政府的重视和支持，因而其影响更大。早在1912年，教育总长蔡元培即倡导在教育部下设社会教育司：

> 先生在欧洲多年，感于各国社会教育之发达，而我国年长失学之人占全国之大多数，以此立国，危险孰甚！因竭力提倡社会教育，而于草拟教育部官制时，特设社会教育司，与普通教育司、专门教育司并立，此官制后来通过于参议院，至今仍之。①

蔡元培不仅重视社会教育，而且将图书馆作为社会教育事业的重要部分。他认为："教育并不专在学校，学校以外，还有许多的机关。第一是图书馆。"② 他把清末学部的五司改为三司，在普通、专门两司外，增设社会教育司，分管宗教、礼俗、图书馆、美术馆、博物馆、通俗教育、讲演会等事项，派社会教育司司长夏曾佑全面负责图书馆，请鲁迅担任社会教育司第一科科长，主管图书馆的实际工

---

① 璩鑫圭、唐良炎编：《中国近代教育史资料汇编·学制演变》，上海教育出版社，1991年，第637页。
② 高平叔编：《蔡元培教育论著选》，人民教育出版社，1991年，第280页。

作。社会教育司作为推行图书馆事业建设与发展的行政机关，为民国初年图书馆事业的发展提供了组织保障。1919 年，教育部拟定的《全国教育计划书》中将社会教育类事业分九项进行，第一项即关于图书馆："以图书馆之启导学术，其功用等于学校，乃就原有国立图书馆，大加整理扩充，并拟择国内交通便利文化兴盛之地，分别建设，以资观览。"①

南京国民政府不仅将社会教育纳入教育行政系统，确立社会教育的五项目标，颁布各种法律法规，并采取措施保障社会教育经费。社会教育以民众学校、民众教育馆为主要实施机关，再以图书馆、博物馆、体育场、音乐剧院、教育电影巡回放映区、播音教育指导区等为辅助设施，以较为经济的方法，在较短的时间内对未受过教育的文盲施以生活所需的基本教育，对于已经受过教育的则增加其受教育的机会，提高其知识与技能。国民政府时期，社会教育的重心是以民众教育为中心，推行民众教育和识字运动。社会教育家通常把图书馆作为普及、推广社会教育的重要设施。傅葆琛指出："民众图书馆是一个普通社会教育的机关，也是一个社会式民众教育机关。"② 教育家姜琦曾作过演讲《图书馆教育的意义和使命》，以国外的经验来阐述图书馆教育与终身教育对社会生产力的促进作用。在社会教育思潮的带动下，这一时期的民众图书馆得到了较大的发展。公共图书馆亦主要围绕社会教育目标来提供服务，县、市立图书馆无论在藏书购置还是在服务内容方面均围绕民众教育展开，而省级图书馆在收集和保存文献之外，主要承担针对县、市立图书馆的业务指导，人员进修以及培训方面的职责。

---

① 雷国鼎：《中国近代教育行政制度史》，台湾教育文物出版社，1983 年，第 179 页。
② 王雷：《近代中国社会教育事业与管理》，黑龙江人民出版社，2002 年，第 224 页。

对图书馆界人士来说,图书馆服务于社会教育的思想多受到国外的影响。曾在日本学习社会教育的马宗荣就说:

> 图书馆在教育上占重要之位置,已允为各国教育家所公认。盖以其对于社会,既可为民众进德,修业,慰安,娱乐之所,复能补助家庭教育,学校教育及社会教育,而增长其效能。①

李大钊指出:"现在图书馆已经不是藏书的地方,而为教育的机关……图书馆和教育有密切的关系,和社会教育更有关系。"②沈祖荣、杜定友、刘国钧、李小缘、洪焕椿、钱亚新、徐旭等诸多图书馆学人均论述过图书馆与社会教育的关系,甚至认为图书馆在社会教育上的意义超过了其他各种类型的教育活动。沈祖荣认为:"国家的富强,其表面在政治和经济,而促成政治和经济发展的重要条件,实际上在国民具有较高的各种学问水平。图书馆是有助于国民提高各种学问水平的重要机关,是导致国家富强的社会教育机关。"③从海外留学归来的图书馆学者们,深受西方图书馆开放、平等、自由、免费的理念影响,而这些理念,与社会教育随时随处服务大众的理念亦不谋而合。由于民国时期特定的国情和施政方针,图书馆的建设、发展、人才培养都是围绕着社会教育事业展开的。

与民国时期社会教育的蓬勃发展相悖的是专门人才的缺失。马宗荣就曾提到,图书馆事业各地都缺乏专才,"对于图书馆学一知

---

① 马宗荣:《现代图书馆序说》,中华学艺社,1928年,"序"第1页。
② 李希泌、张椒华编:《中国古代藏书与近代图书馆史料(春秋至五四前后)》,中华书局,1982年,第169—171页。
③ 丁道凡搜集编注:《中国图书馆界先驱沈祖荣先生文集(1919—1944年)》,杭州大学出版社,1991年,第8页。

半解的人，斤斤于造分类表，而不知现世图书馆最主要之事务，首推编目与参考事务。对于阅览者所必需之标题目录，能知从事编制者，寥若晨星"。马宗荣曾向某馆馆长进言改良图书馆，该馆长回答曰："并非不改良，怎奈不才，素养太浅，想进修却苦无图书馆学校，参考书籍亦难获得。"① 可见，即便馆长意识到了业务能力与馆务发展之间的差距，但因缺乏提升专业技能的渠道和资源，亦只能勉力维持现状。

第四节　退还之庚子赔款与中国图书馆事业

1900年，英、美、德、法、意、日、俄、奥八个帝国主义国家组成联军入侵中国，镇压义和团运动，迫使清政府于翌年9月在北京签订了丧权辱国的《辛丑条约》，条约规定中国须向十四国（除参加联军的八国外，尚有荷兰、比利时、西班牙、葡萄牙、瑞典、挪威）"赔偿"海关银四亿五千万两，分39年付清，年息四厘，本息总数九亿八千二百三十二万八千一百五十两，其中美国分得7.32%，计三千二百余万两（合2444万美元），减去自称"实应赔偿"的部分，尚多出1100余万美元。② 1906年，传教士明恩溥（Authur Henderson Smith，也译作欧叟·H. 史密斯）首先提议

---

① 马宗荣：《社会教育事业十讲》，商务印书馆，1936年，第299页。
② 详情请参考徐仲迪等译《美国退还庚子赔款余额经过情形》（商务印书馆，1925年）。

"退款办学",同年,美国伊利诺伊大学校长詹姆士(Edmund J. James)写信给美国总统西奥多·罗斯福,认为要从知识和精神上支配中国,就要将当时中国向日本和欧洲派遣大批留学生的热潮引向美国。① 在中国驻美公使梁诚的多次交涉和争取下,美国于1909年首开"退款"之先例,与清廷达成协议,自退款的第一年起,中国政府每年至少应派留美生一百人,如果到第四年派足两百人,则自第五年起,每年至少要派五十人,直到退款用完为止;在所派留学生中,规定百分之八十学农、机、矿、物理、化学、铁路、银行等,其余百分之二十学法律、政治、财经、师范等。双方还商定,在派遣学生的同时,由清政府外务部负责在北京设立一所留美训练学校,即后来的清华学校。

  1908年庚子赔款的退还和清华学校的成立,使得派遣留学生成为当时国家教育政策的一部分。清华学校获得庚子赔款后,主要目标就是帮助和资助中国学生赴美留学。1910年以后,民国早期留日的风潮逐渐为留美所取代。1921—1925年,共计有934名学生赴美留学,占据了此期中国全部留学生的78.63%。② 这些留学生虽然未能公费学习图书馆学,但他们在国外学习期间,感受到了西方图书馆事业的发达和服务之便利,培养了使用图书馆辅助学术研究的习惯。对于图书馆的认识和图书馆事业在国内的推广,这批人是有积极的推动作用的,其中最具有代表性的就是胡适,他不仅是中华教育文化基金董事会的成员,对图书馆学教育襄助颇多,还积极推动图书馆建设和图书馆学研究。

---

① 董宝良:《中国教育史纲(近代之部)》,人民教育出版社,1990年,第309页。
② 舒新城、张传燧校点:《近代中国留学史·教育通论·近代中国教育思想史》,湖南教育出版社,2010年,第156页。

1917年，美国又决定第二次退款，将全部未得之六百余万元（连同利息共一千二百余万美元）再次"退还"给中国，并指定完全用于推动中国文化教育事业。① 美国退还庚子赔款补助教育文化事业的消息传出，国内教育文化相关团体和个人闻风而动，纷纷在报章上撰文，提出庚款保管、分配的主张，以争取庚款，发展所在领域的事业。1923年，文华毕业生余日章向武昌文华公书林馆长韦棣华女士提议，美国若能把庚款退还中国，其中一部分可以用来在中国建设现代式的图书馆。韦棣华因此与文华大学图书科同仁对争取庚款作了周密的计划。1923年8月，她专程赴北京参加中华教育改进社第二届年会，代表文华大学图书科全体提出了"呈请中华教育改进社，转请政府及美国政府，以美国将要退还庚子赔款的三分之一，作为扩充中国图书馆"的议案，并由大会修正通过。会后她在北京拜访了美国驻华公使舒尔曼博士，以及其他对庚款分配有影响的中美人士。9月，她返美拜谒数百名国会议员，进一步争取美国政府要员的同情，并于1924年6月美国图书馆协会召开年会之时，请该会赞助派员来华调查中国图书馆事业现状，以明确地争取庚子赔款用于图书馆事业。各方的努力取得了效果，1924年9月13日，中美双方成立了中华教育文化基金董事会（以下简称"中基会"），以管理庚款分配。1926年2月，中基会第一次年会中通过两项决议：（一）补助北京图书馆建筑设备费一百万元；（二）补助武昌华中大学文华图书馆学教席及助学金三年，每年一万元。此后中基会历届年会，均有补助我国图书馆事业的议案。②

---

① 中国社会科学院近代史研究所近代史资料编辑室编：《近代史资料总70号》，知识产权出版社，2006年，第76页。
② 洪焕椿：《美国退还庚款补助图书馆事业之由来及经过》，《图书展望》1947年第2期。

继美国退还庚子赔款以后，其他国家也纷纷效仿。1925年英国通过"中国赔款案"，规定将退还庚子赔款的息金用于兴办教育文化事业，分为五类。甲类即建设中央图书馆、中央博物馆，并保存国有文化史迹、古物，每年支配息金的百分之二十五；乙类为补助高等教育及研究机关，亦占百分之二十五。[①] 1934年5月，中英庚款董事会召开第24次全体董事会议，同意拨给中央图书馆建筑费150万元。这是中英庚款董事会资助图书馆的项目中最大的一笔款项，此后该会又零星地赞助了其他图书馆相关事业。1939年因战事关系，中英庚款息金锐减，总计可支配金额为国币三百零二万零五十一元二角七分，其中对图书馆事业的补助有：（一）私立武昌文华图书馆学专科学校建筑设备费五千五百元；（二）四川省立图书馆图书费三万元；（三）国立西南联合大学及国立北平图书馆编纂中日战史购书及出版费一万元；（四）教育部出版品国际交换处一万二千元整。[②]

英美之外，日、俄、法等国退还的数量不等的庚子赔款，大多都有对教育文化事业的专项补助。文教事业的发展与图书馆事业息息相关，庚子赔款退还在一定程度上为中国图书馆事业发展提供了经费支持，而且使中国图书馆事业与国际尤其是美国等图书馆事业发达的国家实现了源头上的联系，这为此后图书馆学留学教育的发展奠定了基础。

---

① 中国第二历史档案馆编：《中华民国史档案资料汇编》第五辑第二编《教育（一）》，江苏古籍出版社，1997年，第274页。
② 《管理中英庚款董事会本年度对于图书馆事业之补助》，《中华图书馆协会会报》1938年第2期。

第五节　民国时期图书馆学教育的发展历程

专业人才的培养和专门事业的发展互为因果。一种事业的发展，往往需要有专门人才的推动。而人才的成长及其价值的发挥，亦依赖于该项事业的强大。西方图书馆学教育与其成熟发达的图书馆事业是紧密相关的。就我国国情而言，无论是图书馆事业本身还是高等教育发展的国情，都和西方存在阶段性的差异。晚清以降，政府谋求革新图强，废科举、兴学校、建图书馆，打破了藏书楼只为少数特权阶层服务的传统，在国人心中初步树立起图书馆的意识。[①] 但这个时期还只是图书馆基础设施建设的第一步，对专门人才的需求并不明显。

民国以后，军阀割据，内乱频仍，文化事业停滞不前，清末各省留下来稍具雏形的公共图书馆只能抱残守缺，有名无实。此期，国立大学开始模仿西方的办学模式，教会大学亦有所发展，高校图书馆的藏书增多，管理和服务变得复杂，因而产生了对专业人才的需求。现代图书馆由国外传入中国，因而我国缺乏图书馆人才培养的传统和基础。教会大学的图书馆外籍管理人员虽然大多在国外接受过图书馆学的专门训练，但是面对中国特有的图书馆管理现状，

---

① 严文郁：《中国图书馆发展史：自清末至抗战胜利》，台湾枫城出版社，1983年，第15页。

不得不依赖本土人才来解决语言、分类等各方面的问题。因此，教会大学及其附属的图书馆成为我国本土图书馆人才成长的摇篮。早在1913年，南京金陵大学图书馆外籍馆长克乃文（H. C. Clemons）就面向全校文科学生开设了图书馆学课程，标志着我国图书馆学专业教育的发端。但是，由于教员是业余兼职授课，学生也只是出于兴趣选修图书馆学课程，因此影响并不大。为了培养图书馆专门人才，位于武昌的文华大学图书馆馆长韦棣华女士在1914年和1917年分别资助中国图书馆员沈祖荣、胡庆生赴美国纽约公共图书馆学校学习图书馆学。而金陵大学图书馆馆长克乃文则从本校图书馆管理的实际需要出发，于20世纪20年代初先后帮助他的三个学生洪有丰、李小缘、刘国钧寻找去美国接受专业图书馆学训练的机会，后来他们分别就读于纽约州立图书馆学校和威斯康辛图书馆学院。除了教会大学，这一时期，国立大学出于图书馆建设和人才储备的需要，亦派遣人员到国外接受图书馆学的专门训练，其中，北京大学资助了袁同礼，清华学校资助了戴志骞，上海交通部工业学校资助了杜定友，交通部资助了北京法政专门学校图书馆馆长杨昭悊，中国有了第一批图书馆学人才储备。

  这一批留学海外的图书馆学人归国后，迅速成为我国早期图书馆学教育的先驱。1920年3月，文华公书林馆长韦棣华女士，加上从美返国的沈祖荣、胡庆生，在文华大学校长孟良佐（Alfred Alonzo Gilman）主教、圣公会湘鄂教区主教韦卓民（Francis C. M. Wei）的支持下，于文华大学创办了图书科，从此开始了我国现代图书馆学专门教育的尝试。而戴志骞、洪有丰、李小缘、袁同礼、杜定友等归国图书馆学人也积极参与图书馆学教育的实践。1920年8月，戴志骞、沈祖荣连同北平其他几位图书馆馆长在北平高等师范学校开设了暑期图书馆学讲习会，第一次对图书馆在职人员进行业务培训，戴志骞编订了讲习班教材《图书馆学术讲稿》。讲习班结束后，时任北京法政专门学校图书馆主任的杨昭悊在《晨报》上撰文指出：

> 图书馆的组织和管理，再在需人、编目分类，尤非专员不可，欧美各国，对于这项人才，除大学校教授专科以外，并有专门学校来造就他们。就美国说罢，图书馆学校一共有十多个，二年或四年毕业，入学资格，都要专门或大学毕业。回头看我们中国教育界，只有养成学校教职员的师范学校，所以这项人才非常缺乏。在外国留学回国的，只有戴先生和沈先生两位，不啻凤毛麟角。恐怕就是想设学校，也没有人来当教员。①

可见，图书馆事业先于图书馆学教育发展起来后，产生了专门人才供需上的矛盾。1922年，杜定友在广州市立师范学校增设了图书馆学课程，并在广州创办"图书馆管理员养成所"，1925年又在上海国民大学设图书馆学系。1923年，洪有丰任职的南京东南大学开办图书馆学暑期讲习科，此后又连办数期。1924年底，袁同礼在北京大学教育系开设了"图书馆学""图书利用法""目录学"三门功课，学生选课非常积极。1927年秋，留美的图书馆学家刘国钧、李小缘会同金陵大学图书馆员万国鼎等在该校文学院设立了图书科。由海外培养的第一批图书馆学家，开始为中国本土的图书馆学教育事业谋篇布局。这一时期，为了增长图书馆员的业务知识、培养师生图书馆意识和利用图书馆的技能，一些图书馆和学

---

① 杨昭悊：《杨昭悊集》，武汉大学出版社，2017年，第61—62页。

校自发地组织了各种形式的图书馆学短训班,如1922年冬武昌高师面向毕业生开设的图书馆教育科、1924年上海圣约翰大学的图书馆讲习会、河南开封小学校教员讲习会、四川成都的暑期图书馆讲习会、1927年湖北省立图书馆举办的暑期图书馆学讲习科等。

基于推动图书馆学教育和图书馆事业发展的共同目的,图书馆学教育人士通过在各地举办讲习会,加强了彼此的联系,增加了认同感,从而形成了图书馆学教育的共同体。1921年冬,全国中华教育改进社成立,其下设"图书馆教育组",此可谓图书馆界的第一个全国性专业团体,集聚的专家大部分为海外留学归来的图书馆学家,如沈祖荣、戴志骞夫妇、洪有丰、杜定友、李小缘等。这些图书馆学家利用自身的影响力和号召力,学习美国图书馆界组建行业组织的做法,推动成立地方性和全国性的图书馆协会,并定期组织年会,以集体议案的形式向政府提出发展图书馆学专门教育的建议,一定程度上也影响了政府对图书馆学教育的态度和决策。

一些大学开设的讲习班往往具有持续性,如北京高师、苏州东吴大学、南京东南大学等,通过在各地开展暑期培训班,第一代图书馆学教育家们在短期课程的设计、讲义的编写方面也积累了一定的经验。总的看来,这一时期图书馆学教育实现了初步发展,但举办图书馆学专业教育的多为私立院校,如文华大学图书科、上海国民大学图书馆学系、金陵大学图书馆科,图书馆学教育尚未纳入官办教育体系。

1927年,南京国民政府成立,国内进入政局相对稳定的十年,图书馆事业渐有所发展。同年,武昌文华大学图书科向国民政府备案,以私立武昌文华图书馆学专科学校(以下简称"文华图专")的名义办学。文华图专开办后,由于各方面条件的限制,其招生规模一直较小，并不能满足当时图书馆事业建设的需要。为弥补图书馆学专门教育的不足，其他一些私立机构、学校、图书馆开始了兴办图书馆学教育的尝试。如1928年上海商务印书馆东方图书馆举办了图书馆学暑期讲习班，广州市立职业学校、上海清心中学、上海创制中学开办了图书馆科，中国国际图书馆和世界书局合作开办了上海图书学校，上海中华图书馆服务社和上海商务印书馆开办了图书馆学函授科。

在一些民众教育发展较快的区域，为训练社会教育人才，政府组织了图书馆学短期培训。如浙江省教育厅、湖北省教育厅、河北省教育厅先后举办了暑假图书馆学讲习会。从这一时期的图书馆学教育办学的师资看，文华图专所培养的第一批图书馆学本土人才开始发挥作用，在一些机构所组织的图书馆学专班上，文华毕业生担纲了主要教学任务。如苏州东吴大学暑期学校图书馆学组的教员黄星辉为文华图专本科第二届毕业生；天津市立师范学院图书馆学讲习班讲师陆华深为文华图专本科第五届毕业生；上海商务印书馆函授学校图书馆学科主任徐亮为文华图专本科第九届毕业生；安徽省教育厅图书馆学专班教员董明道、刘华锦分别为文华图专本科第五届、第八届毕业生。

1937年7月7日卢沟桥事变后，北平、上海、天津等重要城市相继失守，敌军有意炸毁我国教育文化机构，图书馆事业损失惨重。躲过战火的，却因战时经费困难，机构被精简、裁撤，很多省立图书馆甚至并入民众教育馆管理。抗战时期有近四十所大学跟随政府迁往后方，国立者如中央大学、武汉大学，私立者有金陵大学、文华图专等，其中私立武昌华中大学迁往云南大理喜洲。这些学校的图书馆也随之西迁，虽历经磨难，总算保存了图书馆事业的火种，图书馆学教育得以艰难维持。这一时期，由于中央重要部门及一些图书馆学教育家均集中于四川、重庆，人才和地域的优势使得川渝地区的图书馆学教育有所发展。如1940年3月，重庆蟾秋图书馆举办图书馆学短训班，委托文华图专教授毛坤及学生担任教员。1941年11月，四川省教育厅委托省立图书馆举办中等学校图书管理员讲习班，聘请当时入川的专家刘国钧、李小缘、戴安邦等讲课，并以金陵大学图书馆为主要实习场所。1943年6月，四川省成都女子职业学校开设了图书馆管理科。

川、渝之外，其他地方所办的图书馆学教育机构寥寥无几，民办图书馆学培训机构则更少。唯杜定友在广东曲江主办了广东省图书馆教育人员训练班，广西省立民众教育馆和上海中华图书馆服务社举办了图书馆学函授课。这一时期，文华图专西迁重庆，由于接近政权中心，争取到了政府的重视和支持。文华图专不仅增设了档案科，而且扩大了招生规模。1941年8月15日，国民党教育部在重庆璧山成立社会教育学院，内设图书馆博物馆学系，这标志着图书馆学教育在正规化、专门化的道路上又进了一步。

1945年抗战胜利后，政府各部门陆续迁回南京，各项事业百废待兴，各图书馆亦开始了复员工作。复员初期的工作往往集中于馆舍的修复、馆务的整顿及馆藏的整理和接收上，较少有图书馆学短期培训。图书馆学家们在图谋图书馆事业复兴的同时，亦积极争取政府的支持，以推动图书馆学教育朝着正规化、专门化的方向发展。1946年，教育部举行第二届留学生考试，设图书馆学额，自费生录取孙云畴一人，公费生录取张铨念、顾家杰两人。以往留学欧美、研究图书馆学者，多为大学资助或由外国给予奖学金，此次政府公费给予图书馆学名额，对图书馆学界来说是很大的进步。

1947年，在袁同礼、王重民、胡适等人的积极努力下，北京大学图书馆学专修科开设，图书馆学教育开始走向新的纪元。

民国时期，政府和民众对图书馆学教育的认识从无到有，图书馆教育从短期职业培训到大学专门教育，这与早期图书馆学家奔走呼吁、筚路蓝缕的首创之功是密不可分的。据不完全统计，1920—1949年，全国各地开办的图书馆学讲习会（班）、养成所共30多。杜定友、刘国钧、李小缘等专家不辞辛苦，到全国各地培训图书馆业务人员，接受培训的人员数量超过1000。图书馆学专门人才逐渐开枝散叶，有的还能独当一面，这为图书馆事业复兴和建设作出了重要贡献。从这一点看，图书馆学教育可谓图书馆事业发展的基石。

第二章

民国政府、教育学术团体与图书馆学教育

图书馆是一项公共文化服务事业,其发展与政府的重视和扶持密不可分。民国时期政府的教育政策直接影响着图书馆学教育的发展。而教育学术团体的活动又进一步对政府的决策产生影响。政府对于图书馆学教育的直接管理、教育学术团体与图书馆学教育的关系,直接构成了民国时期图书馆学教育的外部环境。

第一节 教育部门对图书馆事业的管理

民国时期,图书馆属教育部门管辖范围。政府为发展教育,普及文化,颁布了一系列法规,有不少涉及图书馆事业和图书馆学教

育。这些法规为图书馆事业的建设和发展提供了法律保障,对图书馆学教育有着直接的影响。

一、教育部关于图书馆管理的行政建制

民国成立后,于1912年设立教育部,1914年7月11日,北洋政府公布《教育部官制》,教育部下设总务厅及普通教育司、专门教育司和社会教育司。按1918年12月7日公布的《教育部分科规程》规定,总务厅机关下辖文书、会计、统计、庶务四科。其中庶务科掌管事务包括了以下几种:

一、本部所辖学校图书馆、博物馆等修建事项;二、本部所置官物及建筑物等保管修建事项;三、调查公立私立学校图书馆、博物馆等之设置及图案事项;四、学校卫生事项;五、其他不属于各科或各司之事务。

《教育部分科规程》中规定,社会教育司下设第一科、第二科,其中"博物馆、图书馆事项"分属第一科管辖,"通俗图书馆、巡回文库事项"为第二科掌管。①

1925年7月,广州国民政府成立,设教育行政委员会,掌理中央教育行政。1927年,南京国民政府成立,蔡元培提出以大学区为教育行政单位,由大学校长处理区内教育行政的建议。1927年7月4日,国民政府公布《中华民国大学院组织法》,随着蔡元培于

---

① 宋恩荣、章咸选编:《中华民国教育法规选编》(修订版),江苏教育出版社,2005年,第59—60页。

10月1日就任大学院院长之职,大学院即取代教育行政委员会,成为国民政府最高学术及教育行政机关。大学院成立之初,内设教育行政处,主持全国教育行政事宜,该处分六组,图书馆亦占其一。图书馆组掌理下列事项:(一)关于国立图书馆事项;(二)关于学校图书馆事项;(三)关于公立图书馆事项;(四)关于保存文献事项;(五)关于钞印稀有图书事项。1928年1月30日,《修正大学院各组组织条例》公布,规定教育行政处改设学校教育、社会教育、法令统计、书报编审、图书馆等六组。图书馆组下设图书馆计划及国际出版品交换处二组。1928年2月17日,国民政府公布《全国教育会议规程》二十二条,其中第七条规定:

> 大学院选派之专家应包括:(一)教育专家六人;(二)自然科学专家三人;(三)应用科学专家三人;(四)艺术专家一人;(五)国语专家一人;(六)图书馆专家一人;(七)财政专家一人;(八)其他专家二人。[①]

当时任大学院行政处图书馆组组长的为刘国钧。1928年4月17日,《第二次修正中华民国大学院组织法》发布,变更教育行政处六组为高等教育处、社会教育处、文化事业处,每处分管不同事项,图书馆归于社会教育处掌管。1928年6月13日,《大学院组织法》最后一次修订,将原来第九条中规定的由社会教育处执掌"关于图书馆事项"改为归文化事业处掌理。[②]

1928年10月,国民党政府改组,废除大学院制,仍以教育部

[①] 中华民国大学院:《全国教育会议报告》,商务印书馆,1928年,第9页。
[②] 参见雷国鼎《中国近代教育行政制度史》,教育文物出版社,1983年,第271—282页。

为主持教育行政和学术行政的最高机关。1929年9月16日，国民政府立法院通过《教育部组织法》，规定教育部分总务司、高等教育司、普通教育司、社会教育司、蒙藏教育司及大学委员会、参事处、督学处、编审处，将"图书馆与文献保存事项"归并社会教育司。此后《教育部组织法》自公布到1947年2月12日，一共修订了10次，图书馆则始终处于社会教育司掌管之下。

可见，民国前期，由于政府不断改组，每一任教育部门都对教育法规进行了修订或重新发布。加之教育制度多模仿国外，如民国初年教育部官制仿日本，1927年的大学院制则模仿法国，与国内教育发展的实际情况不尽适应，这使得原有政策的信度和效力均大打折扣。早期教育界领袖蔡元培很重视图书馆事业，将图书馆作为学术机关单独列出，归教育行政处直接管辖。但随着教育行政制度的调整，图书馆事业最终被划归于社会教育司，其发展与各级政府对社会教育的支持息息相关，同时还须与博物馆、民众教育馆、音乐、电影等其他社会教育事业在政策、经费各方面竞争资源。

除了政府部门关于图书馆管理的行政建制，1915年成立的全国教育联合会也对图书馆事业的改进和发展产生了一定的影响，该会每年集会一次，各省轮流召开，直到1926年停止活动。教育联合会成员代表多是留学日本和欧美的教育界官员及社会贤达，历届年会都十分关注包括图书馆在内的社会教育事业，如1915年教育部颁布的《通俗图书馆规程》即根据该联合会的《社会教育进行计划案》中的提议制定。①

从地方政府对图书馆的管理来看，其行政建制多遵循中央，各

---

① 王兆辉等：《民国时期我国图书馆事业的建设与发展》，《山东图书馆学刊》2012年第3期。

省市教育厅下设社会教育科,各县市教育局设社会教育课(科)。值得注意的是,1921年10月,广东全省教育行政实施委员制,设全省教育委员会,委员五人,其中一人专管图书馆事业,名曰图书仪器事务委员,由广州市立师范学校校长杜定友担任。[①] 这是第一次在省级教育行政部门中设置专人管理图书馆事业。杜定友先生还曾建议专设图书馆教育科,并详细拟定了组织计划,可惜次年该委员会即告解散。

二、社会教育领域有关图书馆管理的法规

民国政府将公共图书馆按性质分为通俗图书馆、普通图书馆、专门图书馆三种,这三类都属于社会教育机关。教育部成立后到1936年10月,国民政府各级教育行政部门公布之各项社会教育法令和规章中直接和图书馆有关的有二十余种,主要分为以下几类:

第一,关于图书馆宏观管理方面的规定。如《通俗图书馆规程》(1915)、《图书馆规程》(1915)、《修正图书馆章程》(1939)等图书馆基本法,以及《图书馆条例》(1927)、《私立图书馆立案办法》(1930)、《解释区设图书馆名称及馆长任免疑义》(1934)、《图书馆工作实施办法》(1944)、《图书馆规则》(1947)等解释性法规。

第二,关于国立及中央图书馆具体管理的规定。主要是国立图书馆管理和组织条例,如《国立中央图书馆筹备处组织大纲》(1923)、《中华教育文化基金董事会与国民政府教育部合组国立北

---

① 王子舟:《杜定友和中国图书馆学》,北京图书馆出版社,2002年,第211页。

平图书馆办法》(1929)、《国立北平图书馆委员会组织大纲》(1929)、《国立北平图书馆组织大纲》(1929)、《国立中央图书馆组织条例》(1930)、《国立中央图书馆聘任人员遴聘规则》(1948)、《国立兰州图书馆组织条例》(1948)。除了国立图书馆的具体组织管理规定，还有出版类的《新出图书呈缴规定》(1930)、《各书局呈缴新书除缴部一份外并应分别改寄中央图书馆筹备处暨北平图书馆》(1933)等。①

第三，关于图书馆开展社会教育活动的规定。如《华侨商会倡办民众图书馆或附设民众书报阅览处办法》(1930)、《图书馆工作大纲》(1939)、《图书馆辅导各地社会教育机关图书教育办法大纲》(1939)、《各级学校及各机关团体设置图书馆室供应民众阅览办法》(1941)、《县、市立图书馆设置巡回文库办法》(1941)、《普及全国图书教育方法》(1941)等。

图书馆法规随着政府对图书馆事业认识的深入和图书馆事业发展变迁而不断更新，以适应具体需要。如《图书馆规程》就修订多次（1915、1930、1939），并在此基础上衍生了一些补充和细分条例。从内容看，这些法令和条例体现了政府对图书馆事业的宏观布局和微观管理，广泛涉及人才、经费、服务、组织各个方面。以下仅择几个方面略述之：

第一，关于人员待遇、资格和选聘方面的规定。按照国民政府的规定，社会教育机关工作人员的任用资格及手续，有的"依照一般公务员任用法规规定办理"，有的则由"主管教育行政机关另订办法办理"，如"国立中央北平图书馆馆长及职员，则其任用手续

---

① 参见简耀东《中日韩三国图书馆法规选编》，文华图书馆管理资讯股份有限公司，1994年，第216—261页。

均由教育部另订办法，不适用一般公务员任用法令"。[①] 1915 年 11 月，教育部颁布《图书馆规程》十一条，其中第六条规定"公立图书馆馆长及其他馆员，关于任职、服务俸给等事项，准各公署所属教育职员之规定"。这一条从岗位性质和待遇上确定了图书馆工作人员隶属于教育系统编制。[②] 1927 年 12 月公布的《图书馆条例》第十三条规定了图书馆馆长的任职标准："（一）在国内外图书馆专科毕业者；（二）在图书馆服务三年以上且有成绩者；（三）对于图书馆事务有相当学识及经验者。"其中第三项的规定非常模糊，之所以存在这样的伸缩性条文，主要是考虑到当时图书馆事业尚不发达、缺少专门人才的现实情况。[③] 此后的规定中，不仅图书馆馆长需要具备图书馆学知识，社会教育机关主要职员招考时，在考试科目中也加入了图书馆学一项。1934 年 11 月 15 日，教育部社会教育司第 55569 号部令修正公布《省市县社会教育机关工作人员检定规程》，其中规定："省市县立社会教育机关主任、指导员需要参加考试，必试科目有总理遗教及总裁言论，国文、社会教育概论，选试科目有图书馆学等。"[④]

[①] 蒋致远：《中华民国教育年鉴（第二次）第 9 册》，台湾宗青图书公司，1991 年，第 26 页。
[②] 参见杨昭悊《图书馆学》，上海书店出版社，1989 年，第 458 页。
[③] 喻友信：《我国图书馆应有之法规》，《中华图书馆协会会报》1938 年第 3 期。
[④] 蒋致远：《中华民国教育年鉴（第二次）第 9 册》，台湾宗青图书公司，1991 年，第 26 页。

表 2.1 1930 年山东省立图书馆职员表①

姓名	职别	性别	年龄	籍贯	学历
王献唐	馆长	男	37 岁	山东日照	青岛特别高等专门学校及礼贤书院文科毕业
李蓉盛	编藏部主任	男	32 岁	辽宁沈阳	东北大学文科学士,武昌文华图书馆学专科学校毕业
牟祥农	编藏部主任	男	27 岁	山东日照	青岛大学毕业
邵协寅	阅览部主任	男	28 岁	山东定陶	河南开封中山大学毕业
秦惟桢	事务部主任	男	48 岁	山东日照	天津法政学校毕业
隋少亭	馆员	男	42 岁	山东诸城	北平中国大学法科毕业
屈万里	馆员	男	27 岁	山东鱼台	北平郁文学院国文系毕业
刘锡增	馆员	男	25 岁	山东莱芜	山东省立第一师范毕业
董坚叔	事务员	男	40 岁	山东邹县	山东高等学堂毕业
丁竹铭	事务员	男	48 岁	山东诸城	日照县师范传习所毕业
杨晋三	事务员	男	40 岁	山东泰安	泰安萃英中学毕业

从上表可以看出,在 20 世纪 30 年代,省立图书馆的正式馆员一般都具有大学学士学位,但真正具有图书馆学教育背景者则寥寥无几。

随着图书馆专门人才的增加和图书馆事业的发展,政府对于公立图书馆人员配置、任职标准又有了更明确的规定。根据 1947 年 4 月发布的《图书馆规程》第十二条:"图书馆每部或每组设主任一人,干事若干人……馆长应兼一部或一组主任,但不得兼薪。"同时,该规程第十三条至第十七条对省市县各级图书馆负责人的资质

---

① 《山东省立图书馆概况》,山东省立图书馆编印,1933 年,第 42—43 页。

规定更为细化：

第十三条 省立图书馆馆长，须品格健全，才学优良，且具有下列资格之一者：（一）图书馆专科学校或图书馆专科毕业，曾任用图书馆职务一年以上，著有成绩者；（二）师范学院教育学院或教育科系毕业，曾任图书馆职务二年以上，著有成绩者；（三）大学或其他专科毕业曾受图书馆专业训练并曾任图书馆职务三年以上，著有成绩者；（四）在学术上确有特殊贡献，并对图书馆学素有研究者。

第十四条 省立图书馆各部主任，品格健全，其所任职务，为其所擅长，且具有下列资格之一者：（一）图书馆专科学校或图书馆专修科毕业者；（二）师范学院教育学院或教育科系毕业者；（三）大学或其他专科学校毕业曾受图书馆专业训练者；（四）中等学校毕业曾任图书馆职务三年以上者。

....

第十六条 县市立图书馆馆长，须品格健全，才学优良且具有下列资格之一者：（一）图书馆专科学校或图书馆专修科毕业者；（二）师范学院教育学院或教育科系毕业者；（三）大学或其他专科学校毕业，曾受图书馆专业训练者；（四）在学术上确有贡献并对于图书馆学素有研究者。[①]

从以上规定可以看出，1947年修订颁布的《图书馆规程》对图书馆馆长或主任的任命资格要求更加严格，更注重图书馆学专业背景。由此说明，政府已经承认图书馆事业是一项专门事业，须有专门人才来管理。

---

① 王振鸣编：《图书馆法规文件汇编》，河北大学图书馆学系，1985年，第38—39页。

第二，关于人员培训和业务指导方面的规定。由于民国时期社会教育事业蓬勃发展而专门人才有限，政府为了提高人员素质、充实其知识技能，要求对在职人员进行短期训练，并规定省市立图书馆承担起相应的社教机构图书教育辅导和人员培训的责任。1939年7月颁布的《图书馆工作大纲》第五条规定："图书馆之施教任务，除办理本馆一切事务外，应负辅导或协助本区内各社会教育机关及各级学校有关图书事项之责。"《图书馆工作大纲》规定，省市立图书馆应设置研究辅导部，"举办图书馆员暑期讲习会，促进图书馆事业之发展……举办全省图书馆员研究会，交换专业知识……办理其他关于研究辅导事项"。① 1939年11月4日，教育部又颁布了《图书馆辅导各地社会教育机关图书教育办法大纲》，其中第二条规定"图书馆应以辅导各地社会教育机关教育为主要任务之一"；第四条规定省市立图书馆应承担辅导工作，"接受地方机关与文化团体之委托，设计改进图书馆事业，并得派专门指导员随时前往指导"，"接受教育行政机关之委托，办理关于本区图书馆馆员实习训练事项"。② 1944年起，教育部补助经费，通令各省根据需要举办各种社会教育训练班。1944年颁布的《普及全国图书教育办法》第十三条规定："各省市教育厅局及国立图书馆对于图书馆干部人员应积极设法训练，以应各方面需要。"③

第三，关于图书馆建设和经费的规定。1915年民国政府教育部发布的《图书馆规程》第八条规定："公立图书馆之经费应于会计年度开始之前由主管公署列入预算具报于教育部。公立学校附设

---

① 王振鸣编：《图书馆法规文件汇编》，河北大学图书馆学系，1985年，第22—24页。
② 王振鸣编：《图书馆法规文件汇编》，河北大学图书馆学系，1985年，第26—27页。
③ 王振鸣编：《图书馆法规文件汇编》，河北大学图书馆学系，1985年，第34页。

图书馆之经费列入主管学校预算之内。"1927年大学院发布的《图书馆规程》第十一条规定："公立图书馆之经费应于会计年度开始之前，由主管机关列入预算，呈报大学院，但不得少于该地方教育经费总额百分之五。"1944年，教育部公布了《普及全国图书教育办法》（简称《办法》），明令各省市、县、乡、学校、机关团体必须设置图书馆，有条件的地方要增建、扩建图书馆，并结合实际情况设置分馆或书报阅览室。《办法》第十条规定了各级图书馆的最低经费标准，"图书馆经常费省市立者每年不得少于五万元，县市立者每年不得少于一万五千元，乡镇书报阅览室每年不得少于二千元"[1]。1947年发布的《图书馆规程》第十六条规定："图书馆经常费分配之标准，薪工不得高于百分之五十，事业费及图书馆购置费不得低于百分之四十，办公费占百分之十。"[2]

民国时期教育部门颁布的图书馆法规的主要目的在于谋图书馆的普遍设立及依法设立，多以地方图书馆为主，缺乏对全国各级各类图书馆的整体规划以及在管理、辅导及合作体制上的合理建制[3]。但这些法规对于公共图书馆在全国的普遍设置与推广是有利的，其中对图书馆人员任职资格、宣传推广、编纂研究的细则规定正是图书馆事业专业性的体现，由此也确定了图书馆工作的职业化、专门化，间接影响着图书馆学教育的发展。一些图书馆工作指导类法规明确了省市立图书馆对于社教事业辅导的义务，直接促成了各省市立图书馆所开展的各类短期在职培训。

---

[1] 教育部参事室编：《教育法令》，中华书局，1947年，第320—321页。
[2] 王振鸣编：《图书馆法规文件汇编》，河北大学图书馆学系，1985年，第337页。
[3] 参见简耀东《中日韩三国图书馆法规选编》，文华图书馆管理资讯股份有限公司，1994年。

三、高等教育领域有关图书馆及图书馆学教育的规程

(一)高校图书馆建设有关规定

相对于社会教育领域的公共图书馆事业,高校图书馆事业发展较快,这与政府对高等教育的重视和政策倾斜有关。民国时期政府对高校图书设备的配套都有硬性规定,对不达标的学校还提出整改意见。如1924年2月,教育部颁布的《国立大学条例》第九条规定国立大学要设图书馆。1928年国民政府召开第一次全国教育会议,会上王云五提出的《请大学院通令全国各学校均须设置图书馆并于每年全校经常费中提出百分之五以上为购书费案(附并案一)》,要求全国各类学校均应建设图书馆,并保证购书经费专款专用。该项议案获得通过。至此,学校图书馆的建设有了制度保障。[①] 1929年颁布的《大学规程》第十一条规定:"大学或独立学院须有相当校地、校舍、运动场、图书馆、实验室、实习室,及图书、仪器、标本、模型等设备。"[②] 1934年7月14日,教育部向东北大学发出训令,指出该校"文、法、工各学院图书极形缺乏,亦应择要次第添置"[③]。1934年7月和1935年8月,教育部两次向北平师范大学发出训令,分别提到其"图书馆及礼堂均不合用,整套科学杂志极少","一年来添置图书设备不过二万余元,图书馆及礼堂亦尚未兴建,殊属不合;今后应在该校全部经费九十余万元内,

---

① 参见中华民国大学院编纂《全国教育会议报告》,商务印书馆,1928年,第618页。
② 教育部编:《教育法令汇编》(第一辑),商务印书馆,1936年,第126页。
③ 王振乾等编著:《东北大学史稿》,东北师范大学出版社,1988年,第39页。

指定至少百分之二十为扩充设备或建筑之用"。① 1948 年 1 月 12 日，国民政府公布的《大学法》第十四条规定："大学各处得分设各组馆，各置主任一人，办理各组馆事务，由各处主管人商请校长任用之。大学图书馆规模完备者，得置馆长一人，由校长聘任之。"② 除了大学，对于师范院校，教育部也有类似的规定。如 1912 年教育部颁布的《师范学校规程》第七十六条中规定，师范学校应备图书室，教具必备图书、器械、标本模型及其他用品。③ 1935 年修正发布的《师范学校规程》第五十条规定，师范学校应具备图书馆等"重要场所"，并在第五十三条中补充规定："师范学校图书馆之图书，须足供教员及学生参考阅览之用，其常供学生参考者，尤须具备多数复本。"第一○六条规定，师范院校应设"图书馆、仪器、药品、标本及图表管理员二人至三人"。④ 从高等教育各类规程中有关图书馆条文的演变可以看到，教育行政部门对高校图书馆的建设要求日益明确、具体，在一定程度上促进了近代高校图书馆事业的发展。

（二）与图书馆学教育有关的规定

这一时期，无论是社会教育还是高等教育领域，其中关于图书馆的管理和法令，在很大程度上都推动了图书馆事业的发展。事业

---

① 中国第二历史档案馆编：《中华民国史档案资料汇编》第五辑第一编《教育（一）》，江苏古籍出版社，1994 年，第 210—211 页。
② 宋恩荣、章咸选：《中华民国教育法规选编》（修订版），江苏教育出版社，2005 年，第 418 页。
③ 宋恩荣、章咸选：《中华民国教育法规选编》（修订版），江苏教育出版社，2005 年，第 439 页。
④ 教育部编：《教育法令汇编》（第一辑），商务印书馆，1936 年，第 206 页。

的发展必然带来人才的需求,但图书馆学专门教育并未得到相应的发展,这同样受制于政府的教育政策。

1. 大学分科政策与图书馆学教育

民国时期教育部门奉行的是实利教育,西方自然科学和实用技术在高等教育中占据着重要地位。1912年教育部颁布的《大学令》第二条规定:"大学分为文科、理科、法科、商科、医科、农科、工科。"第三条规定"大学以文理二科为主;须合于下列各款之一,方得名为大学:一、文理二科并设者;二、文科兼法商二科者;三、理科兼医农工三科或二科一科者"。① 1929年8月14日公布的《大学规程》第二条指出大学教育应该"注重实用科学之原则,必须包含理学院或农工医各学院之一",规定大学分文、理、法、农、工、商、医等各院,各学院得分两科,各科下面设系,"学系遇必要时得再分组",同时规定"大学各学院或独立学院各科得分别附设师范、体育、市政、家政、美术、新闻学、图书馆学、医学、药学及公共卫生等专修科"。② 从这两项法规可以看出,政府在高等教育的学科分配上从一开始就存在明显的倾向,重实类,轻文类。国难之后,国民政府教育部采取"注重实科并限制文法科设立与招生"的政策,并通令全国"除边远省区外,不得再招文法等科学生",还规定各大学"文类学院各系所招新生及转学生之平均数,不得超过实类之平均数"。除女校外,"专办文类之独立学院,每系不得过50名"。③ 这项政策几乎一直延续到中华人民共和国成立。按照学科属性来看,图书馆学应归于文科,而传统的文科包括中国

---

① 《法令:大学令》,《中华教育界》1913年第2期。
② 教育部编:《教育法令汇编》(第一辑),商务印书馆,1936年,第125、127页。
③ 左玉河:《中国近代学术体制之创建》,四川人民出版社,2008年,第255页。

文学、外国文学、哲学、史学、语言学、社会学、音乐学等，在文科整体招生学额都受到严重挤压且图书馆学师资、教材、理论研究等学科基础都比较薄弱的情况下，作为舶来之学的图书馆学要想在国立大学获得一席之地，自然是困难重重。

2. 留学政策与图书馆学教育

现代图书馆学起源于西方，中国没有图书馆学教育的基础，初期培养新式图书馆管理人才，很大程度上要通过留学教育来实现。留学生分为公费生和自费生，"由各省市教育行政机关考取或由公共机关遴选，派赴国外研究专门学术，并供给其研究期间全部费用者"称为公费生，"凡自备留学费用或由私法人遣派赴国外研究专门学术供给其费用者"称为自费生。[①] 依照教育部出国留学办法规定，无论是公费还是自费留学生，均须经过留学考试且合格者方可出国。教育部1933年4月29日公布的《国外留学规程》规定留学考选者的资格为："一、国内外公立或已立案之私立专科以上学校毕业，并曾任与所习学科有关之技术职务二年以上者；二、国内外公立或已立案之私立专科以上学校毕业后曾继续研究所习学科二年以上，而有有价值之专门著作或其他成绩者；三、国内外公立或已立案之私立大学或独立学院毕业而成绩优良者。"考试分为初试和复试。留学考选者体检合格后，须先参加普通科目和专门科目的考试。普通科目分党义、国文、本国史地、外语（作文、翻译、会话）四项。专门科目视所考各学科而定，但最少须考三种科目。复试则只考外语和专门科。在留学选派的专业上，规定"应注重理、

---

① 宋恩荣、章咸选编：《中华民国教育法规选编》（修订版），江苏教育出版社，2005年，第621页。

农、工、医等专科"。① 实际上,在 1929 年 1 月 16 日,教育部就专门发布过《选派留学生应注重理工二科》的训令。国难以后,中国陷入战争的泥沼,经费紧张,抗战时期,教育部还公布了《修正限制留学暂行办法》,规定:"公费留学生,非经特准派遣者,一律暂缓派遣;自费留学生,除得有国外奖学金或其他外汇补助费,足供留学期间全部费用无须请购外汇者外,一律暂缓出国。"②

在这样的政策规定下,通过公费出国学习图书馆学几乎没有可能。为此,担任华中大学图书馆主任的文华毕业生徐家璧曾专门在《华中大学图书馆馆刊》上撰文指出:

英美两国庚款归还而后,派遣留学欧美者,联(连)将十届,但试察其学门,则什九均为理工,而文法学门,则仅居其什一……最多亦仅一名,且常规定为女生特额,而男子不与焉。如此负提倡学术发扬文化之责者,得谓之平乎?再就文法学门而言,所招考者,多为经济学、教育学、外国文学、史学及法律等科,而图书馆学未曾一次列入,是习图书馆学者,将永远摒诸门外永无深造之机焉?然图书馆之为学,乃为综合的科学,其内容如详加剖析,无虑百十余门,虽穷毕生精力,亦难□行一,焉得谓无深造之理?然美教育发达,从小学以迄大学,无不有图书馆利用法之教学,加之全国图书馆学研究院林立,程度高深,在校学子,大都系大学毕业修养有素之士,故研究之风甚盛。昔日认为附庸内容肤浅之末学,近已蔚为大国矣。且我国民智低弱,教育尚未普及,盖为既定之事实。值此抗战建国之时,启迪民智,

---

① 宋恩荣、章咸选编:《中华民国教育法规选编》(修订版),江苏教育出版社,2005 年,第 622—623 页。
② 中国第二历史档案馆编:《中华民国史档案资料汇编》第五辑第二编《教育(一)》,江苏古籍出版社,1997 年,第 865 页。

推进民众教育、社会教育，尤赖图书馆为之辅导。将来抗战胜利，学校教育、社会教育，以及学术研究事业，必将益臻发达，而图书馆之需求，亦将愈趋迫切，诚非言之过甚。是则专门人才之训练培植，实为急不可待之举，预为筹谋，正在此时。

犹忆美国庚款退还，得力于武昌文华图书馆专科学校创办人韦棣华女士运动游说之功不少，且于各分配款项用途中，并曾明义□指培养中国图书馆事业一项，其最初厘订之计划，则为全国各大都市中建立设备完备、规模宏大之图书馆一所，以为发展城区图书馆事业之中心。民国十四年初，我国特聘美国公立图书馆协会鲍士伟博士来华指导，并调查全国图书馆实情，勘定适宜地点，以为华拟计划之佐证。结果首先得以成立者……中华图书馆协会，发动推进全国图书馆事业，盛会重重，不禁令人兴奋，而为我国图书馆界举目迎贺！……时局动荡，建立……良可慨也！建议于庚子赔款留学名额内，专设韦棣华女士图书馆学纪念奖学金，亦不为……通。何况与彰显吾国教育前途者，深且巨乎！未知庚委诸公以为如何？①

在图书馆界人士的积极呼吁和争取下，留学考试中终于有了图书馆学名额。1943年，教育部《第一届国外自费留学生考试章程》发布，规定自费留学生以600名为限，理工医农等实科占十分之六，文科（包括文法商教育等科）占十分之四。应考专业具体分为六十个学门，其中第四十个学门为"图书馆学"，该门考试的科目为"图书分类法"。这应该是政府第一次在留学名额中设置图书馆学专业。② 1946年第二届留学考试，图书馆学仍在应考学门中，考

---

① 徐家璧：《庚款留学考试学门之检讨》，《华中大学图书馆馆刊》1941年第1期。
② 中国第二历史档案馆编：《中华民国史档案资料汇编》第五辑第二编《教育（一）》，江苏古籍出版社，1997年，第870—871页。

试科目分普通科目、专门科目及口试，普通科目考三民主义及本国史地、国文、留学国语文，口试考留学国语言。专门科目考编目和分类、参考三个科目。[①] 这一年图书馆学自费留学考试录取孙云畴一人，公费生录取张铨念、顾家杰两人。

3. 私立专科学校管理政策与图书馆学教育

民国时期，开展图书馆学专门教育的主体为私立学校。政府对私立学校的管理政策对图书馆学教育的发展有着重要影响。1922年3月9日，清华学校中的非基督教学生宣布组织"非基督教学生同盟"，以此为开端，中国开始了非基督教运动，这场运动引发了后来的收回教育权运动，并持续了将近十年的时间。自1926年起，国民政府教育行政委员会先后公布了对私立学校的一些管理条例，原来教会学校的管理权逐渐回归到中国人手中。如1926年的《私立学校规程》《私立学校校董会设立规程》，1927年12月公布的《私立大学及专门学校立案条例》，要求"私立大学及专门学校须经中华民国大学院立案"；"私立大学及专门学校，必须试办三年以上……方得呈请立案"；"校长由中国人充任"，"教职员能合格胜任"，"专任教员应占全数三分之一以上"；已立案之学校，"如措施失当，或成绩不良时，大学院得撤销其立案"；未立案的学校，"其肄业生及毕业生不得与已立案之私立大学及专门学校学生受同等待遇"。[②] 1928年，中华民国大学院又公布了《私立学校条例》和《私立学校校董会条例》，更加明确了私立学校本土化发展的方向。1931年3月26日，教育部公布《修正专科学校规程》，规定专科学

---

① 《自费留学生考试五月十五日开始报名》，《申报》1946年4月24日第6版。
② 国民政府教育行政委员会：《私立大学及专门学校立案条例》，《大学院公报》1928年第1期。

校以"教授应用科学,养成技术人才"为宗旨,修业年限二年或三年,入学资格以"曾在公立或已立案之私立高级中学或同等学校毕业,经入学试验及格者";并将专科学校分为工业专门学校(甲类)、农业专科学校(乙类)、商业专科学校(丙类)和其他如药学、艺术、音乐、体育、市政、商船、图书馆等专科学校(丁类)。其中图书馆学专科学校属于丁类,开办费(包括建筑费、设备费)不少于6万元,每年经常费不少于5万元,且每年扩充设备费至少应占经常费百分之十五。专科学校必须进行试验(考试),包括入学试验、临时试验、学期试验、毕业试验四种。其科目得采用学分制,所有专科学校应有党义、军事训练、国文、外国语等共同必修科目。

这些条例公布后,一部分私立学校停办,一些私立大学纷纷按照立案要求进行改组。至1931年底,向国民政府立案的私立大学或学院共计三十余所(包括教会大学),其中1930年已经立案的专科学校包括国立4所,省立1所,私立3所。如下表所列:

表2.2 1930年国民政府教育部立案之专科学校

国立	省立	私立
国立北平艺术专科学校,北平	河北省立水产专科学校,天津	私立武昌文华图书馆专科学校,武昌,1929年8月准予立案
国立杭州艺术专科学校,杭州		私立东亚体育专科学校,上海,1929年9月暂准用此名
国立音乐专科学校,上海		私立无锡国学专科学校,无锡
中法国立工业专科学校,上海		

1920年创办的文华大学图书科为中国最早的图书馆学办学机构。文华大学位于武昌,由美国圣公会创办并提供经费。1927年

夏，因时局紧张，文华大学（后改为华中大学）被迫停办，图书科则单独继续办学。为了谋求图书馆学教育的发展，沈祖荣先生以文华图书科基金会代理主任的名义，于1929年初向国民政府教育部呈交了成立文华图书馆学专科学校的报告，当年8月获得批准。1930年，文华图专正式从华中大学独立，华中大学档案记载："兹以教育部颁定大学规程图书馆学不能列为主修学系，故将文华图书馆学专科学校暂与华中大学分开，以符定章。"① 由上表可知，当时获得政府批准立案的独立专科学校为数不多。文华图专作为只有单一专业的袖珍型学校，能获得政府的首批立案，正是其办学条件和办学质量过硬的表现。

1930年教育部又分别制定了私立大学、专科学校奖励与取缔办法，规定：

（一）凡已经立案之私立大学、学院及专科学校成绩优秀（良）者，得由中央或省市政府酌量拨款补助，或由教育部转商各庚款教育基金委员会拨款补助。（二）某学院或某科系在教育学术上有特殊贡献者，得由教育部或省市教育行政机关褒奖或给补助费。②

文华图专立案后，教育部曾多次派员到该校视察办学情况，如1935年5月22日，教育部专员孙国封、谢树英赴鄂视察各校教育，并到文华图专视察，"对于本校办理情形及毕业同学在外服务之勤

---

① 周洪宇：《不朽的文华——从文华公书林到文华图书馆学专科学校》，华中师范大学出版社，2013年，第207页。
② 中国第二历史档案馆编：《中华民国史档案资料汇编》第五辑第一编《（教育一）》，江苏古籍出版社，1994年，第180页。

恳,颇为满意云"①。1934年起,文华图专即获得教育部补助,按照1935年教育部公布的《私立专科以上学校补助费分配办法大纲》,补助对象为"立案私立专科以上学校之办理成绩优良而经费困难未得公私机关之充分补助者……约以百分之七十补助扩充设备,以百分之三十补助添设特种科目之教席"②。当年补助费总额为72万元,申请的41所学校中有32所得到了补助。从补助的科别来看,实类占80%,文类占19%,设备费占81%,教习费占18.5%,文华图专获得5822元的补助。③ 文华图专规模虽小,但补助金额不下于国内其他著名大学,"盖最高教育当局认定全国专门研究图书馆学者,只本校一处,而上年度补助费所指定之用途(设置档案研究之讲座及其书籍用品)所得成绩亦复认为满意也"④。1936年,文华图专再次获得补助7000元,1937年,补助费总额为86万元,文华图专获得8000元。⑤ 同时,省级政府教育部门也对文华图专给予酌量资助,如1935年湖北省教育厅补助文华图专600元专款用于添置图书、仪器。政府的资助金额虽不多,但表明文华图专自立案后已正式纳入国民政府教育管理系统,其办学成绩也得到官方认可。

---

① 《校闻:教育部专员到校视察》,《文华图书馆学专科学校季刊》1935年第2期。
② 教育部编:《教育法令汇编》(第一辑),商务印书馆,1936年,第380页。
③ 《廿四年度私专以上校补助费总数为七十二万元》,《申报》1935年7月4日第13版。
④ 《校闻:二十四年度补助费复蒙核定》,《文华图书馆学专科学校季刊》1935年第3—4期。
⑤ 《教部核定科专以上校补助费共计八十六万元》,《申报》1937年7月8日第12期。

第二节　专业团体与图书馆学教育

随着图书馆事业的发展、从业人数的增长以及管理经验的日渐积累，图书馆界的联系和交流变得十分必要。从欧美的经验来看，图书馆行业组织和专业团体相对成熟，对图书馆事业和教育发展起到了积极影响。随着第一批留学海外的图书馆学家相继学成归国，我国图书馆界也开始通过参与组建相关的学术团体，谋求图书馆事业更大的发展。

一、中华教育改进社与图书馆学教育

晚清以来，教育救国思潮深入人心，知识界持不同教育论者纷纷组建专业团体，形成了宣传发展自身教育理念的平台。1921年12月，中国实际教育调查社、新教育共进社和新教育编辑社三个团体在北京合组，成立了中华教育改进社（其后有一百多个机关加入），旨在"调查教育实况，研究教育学术，力谋教育进行"，为当时全国最大的教育学术团体。[①] 中华教育改进社在成立之初便附设图书馆，以辅助专家对于教育学术的研究，并帮助其总事务所所在

---

① 李华兴主编：《民国教育史》，上海教育出版社，1997年，第580页。

地的教员增进学识。同时,中华教育改进社还下设图书馆教育组,这是我国第一个全国性的图书馆学术团体。

从组织架构来看,中华教育改进社由年会、董事部、总事务所三个机构组成。年会是最高权力及决策事务大会,董事部则是主持社务开展和实施的领导机构。董事有范源濂、张伯苓、郭秉文、熊希龄、蔡元培、袁希涛、黄炎培、汪兆铭等,名誉董事有杜威、梁启超、严修、孟禄、张謇、张一麟、李石曾。[①] 董事成员主要为留美人士和教育界名流,在当时具有相当的影响力,对图书馆事业持理解和支持的态度。中国第一批图书馆学家大多加入了中华教育改进社图书馆教育组,并积极在年会上就图书馆事业发展和人才培养提出多项议案,以团体的力量争取社会和政府对图书馆事业的重视与支持。

(一)中华教育改进社第一届年会图书馆教育组议案

1922年7月3日至7日,中华教育改进社第一届年会在济南召开,图书馆教育组正式代表有沈祖荣、洪有丰、戴超(志骞)、朱家治、孙心磐5人,戴超为分组会议主席,朱家治为书记,此次年会一共提出了13项议案,议决通过案有以下8项:

表2.3 中华教育改进社第一次年会图书馆教育组分会议决案(1922年)

序号	议决案名称	提案人
1	各校应添设教导用图书方法案	洪有丰
2	中国师范学校及高等师范学校应增设图书馆管理科案	戴超

---

① 陈志科:《留美生与中国教育学》,南开大学出版社,2009年,第132页。

续表

序号	议决案名称	提案人
3	呈请教育部推广学校图书馆案	杜定友
4	拟呈教育部通咨各省长转饬各教育厅长除省内必须建设省立图书馆外凡所属之重要商埠（如上海汉口等处）亦必有图书馆之建设案	沈祖荣
5	拟呈请教育部会同财政部筹拨相当款项建设京师国立图书馆案	沈祖荣
6	凡著作家出版书籍欲巩固版权须经部审查注册者宜将其出版之书籍尽两部义务一存教育部备案一存国立图书馆以供众览案	沈祖荣
7	各市区小学应就近联合于校内创设巡回儿童图书馆以补充教室内之教育案	洪有丰
8	请中华教育改进社组织图书馆教育研究委员会案	戴超

这一届年会上直接与图书馆学教育相关的有三件提案，即由洪有丰提议的"各校应添设教导用图书方法案"、由戴超提议的"中国师范学校及高等师范学校应增设图书馆管理科案"和"请中华教育改进社组织图书馆教育研究委员会案"。这些议案包括提案理由和具体实施方法，对教育决策部门有很好的参考作用。现分别将议案内容列举如下：

各校应添设教导用图书方法案

理由：

一、现在学生不知馆中图书，以致阅书发生困难；

二、养成一种好读书习惯及自动的教育；

三、学生毕业后对于学校服务，当明参考图书之方法；

四、学生中途无力升学，藉此可以利用图书馆修养；

五、为备学校图书馆之建设。

办法：各校如得相当教员，得列为正科。（中等以上学校）如校中不能得教员长期教授，则另寻专家课外演讲，总期学生能得利用图书馆之知识。

附利用图书馆之方法：一、图书之保护；二、利用参考之方法；三、图书分类法大纲；四、目录之用法；五、图书之出纳法。①

该提案基于当时各类学生的图书馆意识薄弱、学生不知道如何利用图书的现状，希望通过在各类学校开设图书馆学相关课程，使学生掌握利用图书的方法，养成自觉阅读的习惯，同时也为将来学校图书馆建设提供人才储备。其列举的课程已经涵盖了图书保护、参考、分类、目录、出纳等图书应用与管理的各个方面。这样的课程安排无论是对学生学习研究抑或是了解图书馆基本工作原理都是大有裨益的。

中国师范学校及高等师范学校应增设图书馆管理科案

理由：

一、予以图书馆常识，以管理图书；

二、使师范毕业生能利用图书，提倡公共生活；

三、与师范学校课程无矛盾；

四、予师范毕业生将来教授时，有指导学生用图书馆之能力；

五、设立此科应学生之需要。

办法：

一、师范学校选择图书馆重要教材，编入学校管理法中，此外，

---

① 分组会议记录：《第十八图书馆教育组》，《新教育》1922年第3期。

仍得附设图书馆学科，令学生选习，以有图书馆学识者担任教授；

二、教材大概授以各种参考书用法，简单分类法、编目审择用书法、儿童图书馆之购书登入法、图书馆办理法等；

三、编入学校管理法者，每星期授课一小时，半学年完毕。编入选科者，每星期授课一至二小时，一学年完毕。

附注：凡学校未附设图书馆者，不宜举办图书馆科或图书馆员训练所。①

戴超（志骞）的提案在对象和目标上更为明确，办法上更加具体。1912年教育部公布的《师范教育令》中规定，"师范学校以造就小学校教员为目的"，"高等师范学校以造就中学校、师范学校教员为目的"。② 师范生毕业后承担着教书育人的责任，加之我国自清末以来大力推行师范教育，师范生在受中高等教育者中占有相当的比例。在师范院校添设图书馆学选修科亦具有较强的可行性。师范院校开设图书馆学科目，不仅能使在校师范生了解和掌握图书馆学基本知识，进一步培养图书馆学储备人才，同时因为师范生从事教育工作的性质，还能进一步把图书馆教育全面推广下去。文华图书科教员沈祖荣提出，"凡学校未附设图书馆者，不宜举办图书馆科或图书馆员训练所"，作为该提案附注。该附注也体现了沈祖荣先生对图书馆学专门教育职业性、实践性的认识。如果没有配套的图书馆设施，图书馆学训练就失去了具体的实践场景。

---

① 分组会议记录：《第十八图书馆教育组》，《新教育》1922年第3期。
② 宋恩荣、章咸选编：《中华民国教育法规选编》（修订版），江苏教育出版社，2005年，第423页。

请中华教育改进社组织图书馆教育研究委员会案

理由：

一、图书馆教育与改进问题，本有密切之关系。例如美国图书馆协会与教育会互相独立原非妥当办法，以致常生隔阂。

二、中华教育改进社已设立各处办事机关，并以图书馆教育为新教育问题之一，设立图书馆教育研究委员会于中华教育改进社内，对于经济上既属节俭，而与教育事实上亦大有裨益。

组织：

一、定名：中华教育改进社图书馆教育研究委员会；

二、宗旨：本会以研究图书馆教育问题为宗旨；

三、委员：委员名额暂定十五人，由改进社函请国内研究图书馆教育及热心研究教育者充之。

四、职员：本委员会设干事一人、副干事一人、书记一人，由本委员会互选之；并由中华教育改进社聘任之。

五、研究计划：本会研究计划分两种。

  甲、共同研究：以分组研究之结果，应由全体委员讨论决定之。

  乙、分组研究：暂分四组，遇必要时增减之。

  （1）图书馆行政与管理；

  （2）征集中国图书；

  （3）分类编目研究；

  （4）图书审查。

六、出版：研究结果暂由《新教育》发表。①

---

① 分组会议记录：《第十八图书馆教育组》，《新教育》1922 年第 3 期。

戴超（志骞）这一提案实际上源于第三次会议上杜定友提出的"添设图书馆教育行政机关案"，当时议决将该案保留，由提案人修改重新再提。杜定友将其修改为"请教育部添设图书馆教育司案"后即返粤，委托孙心磐在7月7日上午图书馆教育组第四次会议上提出，议决结果为"此案咸以现在尚非其时，故亦主张暂为搁置"。①在此基础上，戴超（志骞）提出组建图书馆教育研究委员会，与会代表一致认可并当场讨论决定了组织大纲。由于当时图书馆事业的发展还不够成熟，图书馆教育刚刚萌芽，只能先谋学术上之发展，继而影响政府。图书馆教育研究委员会的成立使得各代表工作落到了实处，除了每年的年会，代表们可以在各地从事图书馆学相关研究，并将研究成果发表在中华教育改进社刊物上；可以通过调查研究，宣传图书馆和图书馆教育，促进图书馆改良和发展。据统计，在第一届年会之后，《新教育》上连续刊发了近20篇图书馆学论文，如杨泽民的《图书馆之价值及管理者应注意之要点》、戴志骞的《图书馆学简说》等。还有代表对原先的议案进行了更深入的研究和论证，如朱家治的《师范教育与图书馆》不仅论述了师范学校开设图书馆的必要性，并针对性地提出了师范学校图书馆的组织和管理章程。《新教育》杂志每期发行量均在万份以上，风行全国，有力提升了中国新式图书馆理念和图书馆学教育的社会影响力。

（二）中华教育改进社第二届年会图书馆教育组议案

第一届年会结束后，图书馆教育委员会成为中华教育改进社下

---

① 分组会议记录：《第十八图书馆教育组》，《新教育》1922年第3期。

属的32个委员会之一,下设委员6人。戴超被选为正主任,洪有丰为副主任,程时煃为书记。[①] 1923年8月19日至24日,中华教育改进社第二届年会在北京清华学校召开,图书馆教育组正式代表23人,前后开了4次分组会议,提出议案共14项,通过者5案,保留者7案,移交者1案。

表2.4 中华教育改进社第二次年会图书馆教育组分会议决案(1923年)

序号	议决案名称	提案人
1	呈请中华教育改进社转请美国政府以美国将要退还之庚子赔款三分之一作为扩充中国图书馆案	文华大学图书科全体
2	省立图书馆应征集省县志及善本书籍案	洪有丰、施廷镛
3	呈请中华教育改进社转请全国各公立图书馆将所藏善本及一切书籍严加整理酌量开放免除收费案	洪有丰、冯陈祖怡、韦棣华
4	组织各地方图书馆协会案	沈祖荣
5	请中华教育改进社备函向国内各大图书公司接洽凡各地学校公立私立公开图书馆购书应与以相当折扣案	戴超

以上五项议案中"呈请中华教育改进社转请美国政府以美国将要退还之庚子赔款三分之一作为扩充中国图书馆案",为我国图书馆事业和图书馆学教育的发展壮大奠定了基础。以韦棣华女士为代表的文华大学图书科从我国社会发展的实际出发,在各地办馆经费无着、政府补助无望的情况下,希望通过美国退还赔款,"用为改良中国原有之图书馆,经营若干模范图书馆,划一各种制度标准,管理手续,以为全国公、私、省、县、市、村图书馆之赞助"。兹将其议案具体实施办法摘录如下:

---

① 章洪熙:《社务报告》,《新教育》1924年第2期。

办法

（1）于此后二十年内，就尚未退还之庚子赔款项下，每年提出美金二十万元。其第一年提出之全数，另行存储，作为久远基金，以年利六厘计，每年可得息金美金一万二千元，专供中华图书馆委员会之用。第二年提出之二十万金元，应存妥实之银行生息，俟第三年之款提出（连第二年之母子金共计金元四十一万二千元），可拨金元二十一万二千元，以充大图书馆一所建筑及设备之用。余剩之金元二十万元，以六厘生息，年得金元一万二千元，可供维持之费。此后每间一年，可增设类于第一次所建之图书馆一所。迨至各最大城市已有大图书馆五所后，其后九年，可于较小城市中，年增小图书馆一所。每所拟用金元十万元作建筑及设备之用。而以余剩之金元十万元作为基金，以六厘生息，年得金元六千元，藉供维持。

（2）凡接收此项公共图书馆之城市，须履行以下条件：

（甲）拨给为建筑该图书馆基地一块。

（乙）每年拨给该馆津贴费若干元。其数目之多少由图书馆委员会详定之。但其用途，须半作购置新书费，半作扩充等费。

（3）组织：

（A）选举部——由美国驻京公使，中国外交部，教育部，及全国高等教育联合机关（如中华教育改进社、中华职业教育社、中国科学社）总商会等组织之。

选举部之职权：选举图书部，董事部。（人数多少，由选举部另定之）

（B）董事部——由选举部推选之。（但能代表中美两国者方为及格）董事部之职权：

（a）对于图书馆计划，担负完全责任；

（b）监督各种款项及其用途；

(c) 议决图书馆一切进行事宜；

(d) 交付议决案件于委员会，并监督其实行；

(e) 受理图书馆委员会各种建议；

(C) 图书馆委员会——由董事部派选之。其职权为：

(a) 委员会执行董事部议决案件；

(b) 委员会得建议于董事部；

(c) 委员会应编制每年预算表及各种进行计划，送呈董事部审定；

(d) 委员会得扶助中国图书馆协会组织及其发展；

(e) 委员会得随时审查各地图书馆进行情形；

(f) 委员会如得同意时得资助各地公私图书馆进行事业；

(g) 委员会有辞聘各地"赔款"所建设之图书馆馆员之全权，等等。

该案得到了图书馆教育组全体代表的认同，经过讨论后，他们修正了其中的办法条款，对庚款的数额、目的、使用分配作了更为明确的说明：

庚款余额退还之全数美金6137522，所请愿之图书馆费占全数三分之一，约美金2000000用此款建设及经营之图书馆共八所，分布于中国各要地，为各该区域之图书馆模范。①

中华教育改进社对该项提案给予了支持，并通过沟通与活动赢得一些外籍人士的信任。正如长沙雅礼大学的胡美博士就庚款议案

---

① 图书馆教育组（议决通过案五件）：《（一）呈请中华教育改进社转请政府及美国政府以美国将要退还之庚子赔款三分之一作为扩充中国图书馆案》，《新教育》1923年第2—3期。

对美国国会议员的回答：

我在北京时，曾和两个有名的教育团体的会员聚会。如果美国政府通过这个议案，这些教育团体，一定可以经过他们的政府，容纳这里的提议，并且做成各样计划。我刚才所提到的两个教育团体，是在中国的两个很有力量的教育机关。一个是中华教育改进社，一个就是全国省教育联合会。假如这个议案能够通过，我想他们一定能由正当的手续，将他们的意见送达美国总统。①

韦棣华在与国会议员的谈话中也特意提到中华教育改进社对图书馆事业的态度：

大概这个中华教育改进社若肯提出退还庚子赔款，最好的用途是用在教育方面，这种拟议一定很有力量的。这个团体已经全体一致赞成两种计划：一种就是在中国设立一个实用科学的学校；还有一种就是将美国公共图书馆制度介绍到中国试行。②

至于沈祖荣提出的"组织各地图书馆协会案"，中华教育改进社也积极促成推行。1924年2月19日，该社致函图书馆委员会主任戴志骞，并通知图书馆教育组社员克日发起组织图书馆协会会员。中华教育改进社如此迅速地组织全国图书馆协会，除了有落实年会议决案的用意外，也是为争取美国庚款用于图书馆事业作准备。该社在给各地图书馆的通函中强调：

---

① 徐仲迪等译：《美国退还庚子赔款余额经过情形》，商务印书馆，1925年，第44—45页。
② 徐仲迪等译：《美国退还庚子赔款余额经过情形》，商务印书馆，1925年，第65页。

在某地方图书馆协会未能成立以前，或遇必要时，中华教育改进社图书馆教育研究委员会，由社员报告，应妥派本社社员在该地者，充当发起人或交际员。社员于收到上项委派书后，六个月内，须将该地图书馆协会进行情形（如调查统计报告困难疑问等）详细呈报图书馆教育研究委员会，以便有所资助。①

1924年3月30日，北京图书馆协会成立大会在中华教育改进社事务所召开，到会者有江庸、杨杰、戴超、冯陈祖怡、查修等30余人，现场修正并通过筹备会所拟定章程，并选定戴超为正会长，冯陈祖怡为副会长，查修为书记。此外，中华教育改进社还委托韦棣华女士邀请美国图书馆学家鲍士伟来华讲演及考察，并请图书馆教育委员会主办鲍士伟来华事宜。

（三）中华教育改进社第三届年会图书馆教育组议案

1924年，中华教育改进社第三届年会在南京东南大学召开，图书馆教育组被列为第26组，7月4日宣读论文，5日研究议案，6日宣读论文，7、8日研究议案，共开会5次，提出9项议案，宣读2篇论文，通过议决案5件。② 其中查修宣读了《图书馆教育组：中文书籍编目问题》，沈祖荣、胡庆生宣读了《中学图书馆几个问题》。③

---

① 《通告组织图书馆协会》，《教育杂志》1924年第4期。
② 李刚、叶继元：《中国现代图书馆专业化的一个重要源头——中华教育改进社图书馆教育组的历史考察》，《中国图书馆学报》2011年第3期。
③ 吴江等主编：《世纪华章：信息管理学院教师代表性学术论文专辑》（上），武汉大学出版社，2020年，第47、21页。

表 2.5 中华教育改进社第三次年会图书馆教育组分会议决案（1924 年）

序号	议决案名称及受理情况		提案人
1	名称	请中华教育改进社转请部省凡公立图书馆一律免除券资案	章箴
	受理	陈请教育部鉴核查照并各省省长公署查照施行	
2	名称	刊行图书馆学季报由本组筹备组织案	裘开明
	受理	函请本组主任洪范五先生拟定计划于全国图书馆协会成立时提议施行	
3	名称	各省公立图书馆得附设古物陈列所，由本社呈请教育部通令施行	裘开明
	受理	函请教育部鉴核查照并各省省长公署查照施行	
4	名称	请中华教育改进社转请教育部及各省教育厅于留学科内添图书馆教育科案（上届保留议案）	冯陈祖怡、陆秀
	受理	陈请教育部鉴核查照并函各省区教育厅教育科酌量施行	
5	名称	各省宜酌设农村图书馆由本社建议各省署通饬各县	相菊潭
	受理	函请各省省长查照施行	

第 4 项由冯陈祖怡、陆秀于 1923 年以"呈请中华教育改进社转请各省教育厅增设留学图书馆学额培植师资案"提出，其具体内容如下：

理由：

（1）图书馆之设立日见增加，而缺乏曾经训练之馆员。推原其故，实以无专门学校以培植之，今之从事斯业者类皆知之。欲补此缺憾，惟有急行筹备设立图书馆专门学校，以广育人才，普及全国图书馆事业。惟以现在情形而论，除少数专门家现在从事于图书馆事业之实行，奔走于宣传之不暇，何能分身兼任教授。纵使设立学校，亦缺乏教师。

此不得不先行培植师资之理由也。

（2）我国向无图书馆专门学问。原有旧法失于简略，是否合用，亦有待于研究而后始能规定施行，以期统一之效。研究之标准，则不能不借取先进国以为鉴镜。此必须遣派留学外国之又一理由也。

办法：

（1）由教育部及各省教育厅于每年派送留学名额内，加派图书馆科。

（2）先行选派国内已有图书馆经验人员，以便随时研究本国图书馆应行采取或改良方法。

（3）毕业人才归国后，或任教师，或办图书馆，应实行负责。①

由于该议案提交时已逾期限，经过主席戴志骞召集代表投票表决，最后决定保留该议案。到第三届年会，该案最终议决通过。这一最早在我国提出通过留学培植图书馆学人才的设想，表明我国图书馆事业仍处于草创阶段，其发展受制于专门人才的匮乏，迫切需要通过留学教育来培养后备人才。

第三届年会除了正常召开会议，还举办了一场规模宏大的"全国教育展览会"。洪有丰担任展览会图书馆教育组主任，他还与戴志骞一同负责展览送缴品的鉴别。展览会采用分组陈列办法，各地大学图书馆和省市立图书馆都有展品陈列，包括版刻、碑帖、古籍等馆藏珍品，也包括馆报、事务用印刷品、照片、模型、章程规则等图书馆业务和管理中所涉及的物品。其中文华公书林提交了16件展品，包括：①中美两国出版物比较表木制图书模型19册；②

---

① 图书馆教育组：《（丙）议决案汇录：（Ⅲ）保留案七件：（七）呈请中华教育改进社转请各省教育厅增设留学图书馆学额培植师资案》，《新教育》1923年第2—3期。

中国图书馆之模型1个；③英美法中日五国图书馆出版物之比较模型5个；④英美法德中日六国图书经费比较表模型6个；⑤英美法德中日六国阅书人数比较模型6个；⑥英美法德中日六国图书比较表模型6个；⑦英美法德中日六国图书馆比较表木架画片6张；⑧美国图书馆之建筑；⑨美国公共图书馆；⑩美国特别图书馆；⑪美国儿童图书馆；⑫美国乡村图书馆及巡回文库；⑬美国图书馆出纳之方法；⑭美国图书馆专门学校（以上⑧至⑭各种照片共177张）；⑮仿杜威书目十类法1册；⑯中国各省图书馆调查表1册。① 图书馆与教育的关系本身就密不可分，借助此次全国性大规模教育展，图书馆学家们不遗余力地向教育界直观地展示新式图书馆的形态、管理、中外图书馆的对比，并进行宣传讲解，希望能引起教育界人士的关注，使其了解新图书馆的理念和模式，发现图书馆之于教育的意义。这也可以算是教育领域的"新图书馆运动"了。

（四）中华教育改进社第四届年会图书馆教育组议案

1925年第四届年会在太原山西大学召开，会期为8月17—23日，袁同礼任图书馆教育组会议临时主席，朱家治仍然为书记，图书馆教育组提出4项议案，通过议决案2项。

表2.6 中华教育改进社第四次年会图书馆教育组分会议决案（1925年）

序号	议决案名称	提案人
1	规定学校图书馆购书经费案	邹笑灵
2	请公立图书馆及通俗图书馆增设儿童部	黄竞白

---

① 朱家治：《图书馆教育组报告》，《新教育》1924年第5期。

这一年，上海发生"五卅"惨案，全国各地罢课、罢工、罢市，掀起轰轰烈烈的反帝运动，北洋政府摇摇欲坠。南方以广州为中心，酝酿北伐。① 年会的召开经历了重重困难，正如该社干事陶行知指出的："这一年是近来中国最不幸的时期，也是中国教育最不幸的时期。全国国民简直是在天灾、人祸、内乱、外患里翻筋斗，大家弄得朝不保夕。本社也是东倒西歪地随着大家翻筋斗。"② 实际上，这一年的图书馆教育组只在8月20日上午举办了第一次会议，除了主席和书记，另有杨立诚、陈长伟、施廷镛等12人出席，而图书馆教育委员会成员戴志骞、沈祖荣、洪有丰均未到场，因此提案和议决案很少。本届年会中华教育改进社修改了社章，提出将年会改为每两年举行一次。然而北伐战争后，中华教育改进社即宣告解散，《新教育》杂志亦于当年10月停刊。1925年9月，中华图书馆协会成立图书馆教育委员会，图书馆事业有了全国性的专业团体，中华教育改进社图书馆教育组的历史使命也宣告终结。

(五)中华教育改进社举办的其他有关图书馆的活动

中华教育改进社从成立之初就很重视图书馆对于研究工作的价值，并且率先示范，在社内建设了专业的教育图书馆。《中华教育改进社十二年度计划》中提道："图书为研究教育之重要工具，本社拟设立一具有研究性质之图书馆，以便研究员之参考。此外为增进中小学教员教育学识起见，兼备普通教育书籍。"③ 1923年教育

---

① 《山西文史资料》编辑部：《山西文史资料全编》第1卷第8辑，自印，1998年，第591页。
② 陶行知：《年会感言》，《新教育》1925年第2期。
③ 中华教育改进社：《中华教育改进社十二年度计划》，《新教育》1923年第1期。

图书馆开始筹备，聘请图书馆教育组专家，由清华学校图书馆主任戴志骞负责设备的计划，东南大学图书馆洪有丰、朱家治联系国内外出版机构征集图书。其"馆址占东配殿之全部，面积约二千方尺。所备书架有图书二万以上之容量，桌椅坐位，同时可供百人阅览之用"①。在馆藏的建设上，一方面通过采购，如国文类的委托章鸿熙依据胡适拟定的《一个最低限度的国学书目》购买，专业期刊则通过派遣该社图书馆主任高仁山到欧美各国订购。一方面该社也向各出版社征集到一批赠书，如商务印书馆赠送科学书籍、辞典、中小学课本、英文课本、挂图等992种，2000多册，中华书局赠送图书600多种，1700多册。另有美国各大学寄赠章程，出版机构赠送目录，研究会寄送研究报告400余种。1923年7月，该社还邀请图书馆家朱家治来京整理藏书。该馆不仅在馆藏建设上兼顾中西，并且还通过编制书目、发表书评等工作来宣传介绍馆藏，提供参考咨询服务。如1924年，该社根据从国外采购的四十五种英文教育学杂志发表《欧美教育杂志之介绍与批评》，帮助国内学者了解国外教育刊物出版概况；国内中文教育杂志则请章鸿熙编成目录，并准备发表以供国内教育界参考。② 一旦有新书入藏，则积极在《新教育》上发布公告，为相关学者追踪研究前沿提供了便利。

二、图书馆协会与图书馆学教育

民国时期，新式图书馆还处于发展初期，现代图书馆学研究刚

---

① 中华教育改进社：《中华教育改进社第四次社务报告》，中华教育改进社，1925年，第27页。
② 中华教育改进社：《中华教育改进社第四次社务报告》，中华教育改进社，1925年，第27—28页。

刚起步。图书馆事业要想取得较快的发展，并且在社会上得到承认和重视，光靠一个馆或几个人的努力是不行的。正是在这种情况下，当时图书馆界和教育界人士认识到群策群力的必要性，提出了组建图书馆协会的倡议。①

1918年3月，戴志骞等人与中华教育改进社联合创办了北京图书馆协会，这是我国最早的图书馆联合群体。1920年，北京高等师范学校举办图书馆学讲习会后，图书馆学家杨昭悊就提出了建立全国图书馆协会的倡议。1923年，中华教育改进社第二次年会通过了沈祖荣提出的组建各地图书馆协会的议案。翌年，为争取美国所退还庚子赔款，该社函请各地加速组建图书馆协会。1924年3月30日，北京图书馆协会首先在中华教育改进社总务所成立；4月26日，浙江省图书馆协会成立；5月，开封图书馆协会、南阳图书馆协会、南京图书馆协会先后成立；6月，上海图书馆协会、天津图书馆协会成立；8月3日江苏图书馆协会成立。各地图书馆协会的组建，不仅加强了内部合作与交流，也有利于图书馆界团结起来争取行业权益。

(一)中华图书馆协会与中国图书馆学教育

1925年4月25日，各地图书馆界人士在上海广肇公学召开中华图书馆协会成立会，我国第一个全国性现代图书馆专业学术团体正式成立。该会前期设董事部和执行部，第一任董事部部长为梁启超，书记为袁同礼，执行部长为戴志骞，副部长为杜定友、何日章。为进一步扩大影响，1925年6月2日中华图书馆协会在北京欧

---

① 邓咏秋：《评〈中华图书馆协会会报〉》，《大学图书馆学报》2010年第2期。

美同学会举行规模盛大的成立仪式，各省图书馆界与会代表 100 多人出席，美国图书馆协会代表鲍士伟、中华图书馆协会董事部长梁启超及韦棣华发言，并发表《中华图书馆协会宣言》。梁启超在演讲中明确提出，中国图书馆界面临"建设中国的图书馆学"和"养成管理图书馆人才"两大任务。① 自成立后，中华图书馆协会亦一直以这两大任务为中心，协会出版有《中华图书馆协会会报》（双月刊）及《图书馆学季刊》，并且编有多种索引。图书馆界人士就编目、分类、检字、索引、参考等专门问题纷纷提出意见，以求提升我国图书馆业的管理和学术水平。为促进人才培养，协会成立之初即设图书馆教育委员会，洪有丰为主席，胡庆生为副主席，朱家治为书记。1929 年委员会改组，胡庆生为主席，毛坤为书记。1932 年又改以沈祖荣为主席，徐家麟为书记。图书馆教育组主要成员均为文华图书馆学专科学校专任教员，他们对图书馆经费的确定、法令的颁布、专门人才的培养及保障、图书馆专科学校课程的拟定及增设等都有贡献。

中华图书馆协会模仿美国图书馆协会的形式，采用会员制，会员分四种：机关会员（以图书馆为单位）、个人会员（图书馆员或热心于图书馆事业者）、赞助会员（凡捐助经费五百元以上者）、名誉会员（凡于图书馆学术或事业上有特别成绩者）。第一次董事会议即推选美国图书馆专家 10 人为名誉会员，包括原纽约州立图书馆学学校创办人、杜威十进分类法发明人麦维尔·杜威（Melvil Dewey），美国国会图书馆馆长普特兰（Herbert Putnam），纽约州立图书馆馆长怀勒（James I. Wyer），纽约公共图书馆馆长安德森

---

① 梁启超：《中华图书馆协会成立会演说辞》，《时事新报》（上海）1925 年 6 月 6 日第 2 版。

(Edwin H. Anderson），以及其他一些大学图书馆和公共图书馆馆长。到1933年6月，中华图书馆协会已经有机关会员258名，个人会员477名。会员构成十分多元，个人会员既有董康、叶恭绰、柳诒徵、胡鸣盛、张元济、傅增湘等熟谙目录学、版本学的旧学大家，也有沈祖荣、胡庆生、戴志骞、李小缘等早期留美的图书馆学家，以及受过本土图书馆学教育或从事图书馆实际工作的新生代。①沈祖荣曾指出，中华图书馆协会是除中国古代目录学、分类学以及现代图书馆学科体系外，推动中国图书馆学发展的又一主力。②

1. 中华图书馆协会历届年会与图书馆学教育有关之议案

民国时期，中华图书馆协会总计举办了6次年会，其中前2次单独举行，后4次均与其他团体联合举办。历次年会中，图书馆教育组均集思广益，提出培养图书馆学人才、施行图书馆学教育的议案，很多议案多次呈报，以期逐渐引起政府的重视。兹列历届年会有关图书馆学教育的议案如下：

第一届年会于1929年1月28日到2月1日在南京金陵大学举行，图书馆教育组通过议案5件：（1）训练图书馆专门人才案；议决办法：①呈请教育部指定国立大学添设图书学系；②应在一二处设图书馆学校；③补助已有之图书馆学校（请中华教育文化基金委员会继续并增加补助已有之图书馆学校）；④另添设一图书馆学校（请国府于相当地点设一图书馆学校）。（2）请中华图书馆协会在暑期内聘请专门人才在各地轮流开办图书馆讲习所案。（3）中学或师范学校课程中增加图书馆学，每周一二小时案；议决方法：呈请教

---

① 蒋致远：《第二次中国教育年鉴第六编》，台湾宗青图书公司，1948年，第53页。
② 沈宝环：《图书·图书馆·图书馆学：沈宝环教授图书馆学论文选集》，学生书局，1983年，第83页。

育部通令各省教育厅转饬各校加授，在师范学校为必修科，在中学校为选科。(4) 各种各级学校应有有步骤的图书馆使用法指导案；议决方法：请教育部通令全国各级公私立学校，按照下列图书馆使用法指导，步骤列入正课，并于入学试验时举行。幼稚园以培养爱护书籍之习惯，小学以灌输关于书籍之基本造法及图书馆目录性质功用等，中学以指导图书馆管理法及其使用法，大学以训练目录用法及实用目录学。(5) 由中华图书馆协会拟定图书馆学课程请教育部核定施行案。①

第二届年会于1933年8月28日到9月1日在北平清华大学召开，此次年会主要侧重两个议题：一是保障图书馆经费的"安定与独立"，二是发展民众图书馆事业。这一届图书馆教育组通过了以下5项议案：(1) 请协会建议行政院及教育部指拨的款于北平设立图书馆学专科学校；议决办法：①由本会分呈行政院及教育部聘请专家组织北平图书馆专门学校委员会，拟定计划，以资进行；②由政府指拨的款以为该校基金及开办等费；③图书馆专校在创设之初，先设于北平，统筹一切，次设于各重要都市。(2) 再请教育部令国立大学添设图书馆学专科案；议决办法：中华图书馆协会呈请教育部令国立中央大学、交通大学、武汉大学、北京大学等校，务必于二十二年度添设图书馆学专科。(3) 请本会函各省市图书馆人才经费设备充足者附设图书馆学讲习所以培育人才案；议决办法：①请执行委员会通函国内各大图书馆附设图书馆学讲习所，聘当地名宿富于经验者为讲师，招生讲授，概免学费，其课程以讲授、实习两者兼施，然后甄别确属才学兼优者授以相当职任；②凡在图书

---

① 参见《中华图书馆协会第一次年会报告》，中华图书馆协会事务所，1929年，第173—190页。

馆学讲习所毕业学员，其资格与图书馆学专科学校出身者相同，一经考试合格，除由该讲习所发给文凭外，并由该教育厅发给证明书，以资鼓励。（4）函请各省教育厅每年考选学生二名分送国内图书馆学校肄业，其学膳宿费由教育费中指拨；议决办法：由中华图书馆协会以广育人才，发展图书馆事业之理由，函请各省教育厅，自二十二年度起，每年考选学生二人，分送国内图书馆学校读书，其学膳宿费由省教育费中指拨。如不能奏效，再请各省图书馆协会，于省教育会开会之际，派员出席力争。（5）由本会函请图书馆学校应注重语言案；议决办法：请本会执行委员会函请国内现有校班，即加注意。① 这5项议案的通过，说明即使在特殊时期，人才的培养仍然是非常紧迫的问题，有些议案是再次重提，表现了各会员对于发展图书馆学教育紧迫性的认识。这些议案不仅涉及对图书馆学教育将来发展的计划，也提出了当前存在的问题和解决之道。

第三届年会于1936年7月20日至24日与中国博物馆协会一起在青岛山东大学举办。此次年会的重点是讨论教育部的"关于改进图书馆行政要点七项"，主要涉及基层县立图书馆的各项工作标准。图书馆教育组亦有5项议决案通过，包括：（1）呈请教育部明令中等以上学校增设图书馆学课程案；（2）请各省教育当局办理图书馆学暑期讲习会，并请以训练图书馆服务人员案；（3）为图书馆员谋进修机会请设定方案案；（4）武昌文华图书馆学专科学校增设图书馆学函授部案；（5）呈请教育部在每届英庚款及清华留美公费生名额内，列入图书馆学一科俾资深造案。

第四届年会于抗战后召开，当时会员分散各地，交通梗阻，难

---

① 参见《中华图书馆协会第二次年会报告》，中华图书馆协会事务所，1933年，第62—66页。

于召集，为办事便利与集中意志起见，决定与各教育学术团体举行联合年会，推选洪有丰、蒋复璁、沈祖荣三位理事代表负责筹备。首届联合年会的讨论中心为"抗战建国中之各种教育实施问题"，1938年11月27日至30日在重庆新市区川东联立师范学校举行，中华图书馆协会第四次年会也随之召开。理事长袁同礼因公不能来渝，由沈祖荣担当大会主席团成员之一。由于是各团体联合年会，因此不可能单独列组讨论，图书馆被合编入"社会教育、图书馆及电影组"。有关图书馆事业的议案一共13件，提交联合会讨论的有8件，通过5件。[①] 讨论案中有两项涉及图书馆学教育：（1）鉴于此前内地几乎没有图书馆学专门人才，提出"开办西南、西北各省图书馆服务人员讲习会"议案；（2）由于迄今国内没有一所公立图书馆学校，加之诸多大学学生不知利用图书馆及参考书，因此提出"筹设图书馆专科学校，在未成立之前先于师范学院添设图书馆学系并指定'目录学'及'参考书使用法'作为大学一年级必修课程"的议案。

战时图书馆事业遭受重创，艰难维持也都侧重服务抗战。第四届年会以后，中华图书馆协会的凝聚力逐渐式微，栖身于各教育学术团体联合会阵营，无法得到重视。加之协会办事处并未随政府迁渝，主要会员也都各自分散，因此号召力和执行力都不如从前。第五届年会基本上属于临时讨论会，该次年会上主要提出关于协会经费、分设驻渝办事处和扩大宣传的议案。第六届年会于1944年5月5日到6日随教育学术团体第三届联合会在国立重庆中央图书馆举办，图书馆组以"战后图书馆复员计划"和"战后图书馆所需人

[①] 梁桂英：《中华图书馆协会年会述略》，《图书馆理论与实践》2013年第9期。

才培养计划"为议题，提交 8 项议案，仅 2 项提交联合年会讨论，其他 6 项单独讨论议案中与图书馆教育有关的为：（1）充实原有图书馆人才培养机构以应战后复兴需要案；（2）请教育部修改图书馆工作人员待遇规程以提高其待遇案。

从六次年会的发展历程即可看出，中华图书馆协会成立以后，虽然面临重重困难，但图书馆界代表亦始终未曾放弃过对于专门人才培养方面的呼吁和努力。协会上提出的相关议案，也引起了政府教育部门的注意。教育部于 1930 年 6 月 18 日对图书馆学教育类的提案作了如下批示：

关于注重图书馆专门人才者：

（一）图书馆专门学校应暂缓设立，至津贴已开办之图书馆学校，应照私立学校条例办理；

（二）准予通令各大学于文学院或教育学院内酌量添设图书馆学课程或图书馆学系；

（三）准予通令各省教育厅、各特别市教育局及清华大学于每年所送留学生时，酌定图书馆学名额；

（四）本部颁布《中小学课程暂行标准》正在试验，俟将来修正时，图书馆学可酌量增添；各级学校应有系统的图书刊用法之指导，暂时毋庸由部规定。①

虽然通令中所用字眼均为"准予""酌量"，没有太大的强制性，但毕竟属于政府正式发文，对各地方各级教育机关也产生了一定的影响。其中辽宁省教育厅即因为对以上通令贯彻得力，得到了

---

① 《教部对中华图书馆协会之批示》，《申报》1930 年 6 月 18 日第 11 版。

教育部的嘉奖。该省针对图书馆学专门人才培养方面的指令采取了以下措施:

> 聘请专家指导图书馆事业:拟于寒假期内召集各县图书馆职员来省组织图书馆学讲习会,聘请图书馆学专家讲习指导。考取图书馆学留学生:俟本省所送留学生毕业归国续行考送时,即酌定图书馆学名额一人,最近并由省立图书馆选送馆员一二人,赴国内大学肄习图书馆学。……转饬各大学设图书馆学程或图书馆学系:已转知东北大学、冯庸大学酌量办理。①

第二次年会后,中华图书馆协会又函请江苏省立国学图书馆、河南图书馆、国立北平图书馆、山西公立图书馆、湖南省立中山图书馆、广西省立第一图书馆、江西省立图书馆附设图书馆学讲习所,并通函各省教育厅、各市教育局、社会局或管理公署,每年考选图书馆学官费生二名分送国内各图书馆学校读书。②

通过协会的不断倡导和争取,政府和各级教育部门逐渐认识到图书馆学的专业性和专门人才培养的重要性,在政策推行和人员培养上有所行动,并采取了一些灵活、可行的措施来解决图书馆学人才短缺的问题,一些院校如厦门大学、上海大夏大学、无锡江苏省立教育学院、湖北省立教育学院、上海暨南大学、开封河南大学、天津河北女子师范学院等都尝试开设了图书馆学课程。③

---

① 《教部嘉许辽宁教厅注重图书馆事业》,《申报》1930年9月4日第12版。
② 中华图书馆协会执行部编辑:《中华图书馆协会会报》,国家图书馆出版社,2009年,第18—19页。
③ 沈祖荣:《中华图书馆协会第三次年会图书馆教育委员会报告》,《中华图书馆协会会报》1936年第2期。

2. 支持参与专门人才培养

中华图书馆协会对图书馆学教育的问题一向十分重视,该会曾委托文华图书馆学专科学校校长沈祖荣先生视察国内图书馆,以促进图书馆教育改革。图书馆教育委员会成立之始,原本有创办图书馆学校的打算。因种种困难,难以实施,于是一致表决在南京试办暑期学校。当时恰逢南京东南大学、中华职业教育社及江苏省教育会也有举办暑期学校的计划,于是几处合组,下设图书馆学组,于1925年7月15日至8月15日在东南大学授课,开设分类法、儿童图书馆学、学校图书馆学、图书馆学术辑要等四科,由中华图书馆协会组织师资。1926年6月,主管美国庚子赔款分配的中华教育文化基金董事会在武昌华中大学文华图书科内设图书馆学助学金,并打算扩充其课程,中华图书馆协会推荐戴志骞、刘国钧与文华图书科共同组成考试委员会,负责文华图书科招生工作,并制定了《中华教育文化基金董事会图书馆学助学金规程》和《招考图书馆学免费生规程》。1931年底,中华教育文化基金董事会接受中华图书馆协会的请求,每年给文华图书馆学专科学校增加补助费3600元,一部分用于聘置教席,其余作为该校基本急需补助费。①

1937年第三次年会以后,中华图书馆协会图书馆教育委员会负责人沈祖荣提出了每年联络各省教育厅办理暑假讲习班的设想。由于具有专业教育背景的图书馆学家大多就职于高校图书馆,可以利用暑假时间专职授课,通过短训班集中而快速地提升基层图书馆员的核心业务能力。沈祖荣对开办讲习班的方法作了详细的计划:

---

① 《本校消息(三)增加补助费及添设教席》,《文华图书科季刊》1931年第4期。

讲习会名称：某某省或市图书馆学暑期讲习会

讲习时间：四礼拜至八礼拜

受训人员：省县市及民众图书馆在职馆员

进行方法：每年春假时即由本会函各省政府教育厅或某市政府教育局，询问是否愿办此项讲习会。如有愿办者，即可与之筹划一切，如不只一处愿办者，可分别缓急，审度力量，或同时办理，或先办一处，再办他处。

课程：每周假定十八小时，四礼拜共六十四小时，设立图书馆行政 16（小时），分类编目 16（小时），选择与购求 8（小时），目录与参考 8（小时），检字与排列 8（小时），其他 8（小时）。

教员：尽先向讲习会所在地聘请，该地无相当人才时亦可向他处聘请。由本会聘请三人，完全义务职。但川资及住食费由本会及合办之官厅供给。本会及合办之官厅，得叙明情由，代向被聘任之工作机关请假。

经费及设备：学生住食地及教具等，由省市教育当局负责筹划。教员之川资及食宿费，本会得酌量补助一部分。

毕业：学生修业期满后，是否加以考试，临时决定。毕业学生应由本会及合办之省市当局，发给图书馆暑期讲习会毕业证书。①

虽然在大学开设图书馆学教育的议案没有实现，但对于图书馆员的短期培训，协会图书馆教育委员会还是取得了一定的成效。河南、湖北、安徽、山东、河北、四川、广东各省教育厅都曾组织过图书馆学讲习科或者短训班。

---

① 《中华图书馆协会第三次年会图书教育委员会报告》，《中华图书馆协会会报》1936年第 2 期。

3. 推动图书馆学术发展和业界联络

中华图书馆协会成立后，编印有两种刊物，一种是《中华图书馆协会会报》，为双月刊，每期定价一角；一种是《图书馆学季刊》，订阅全年一元五角。这两种刊物对会员均免费赠送，在图书馆界的影响力不容置疑。《图书馆学季刊》由刘国钧主持，是最早的全国性图书馆专业期刊。该刊秉承"形成一种合于中国国情之图书馆学"的编辑宗旨，"一方参酌欧美之成规，一方稽考我先民对于斯学之贡献"，以将中国传统图书馆学理论与西方图书馆学的思想融会贯通。①《图书馆学季刊》内容包括实际问题、理论问题、图书馆界消息和图书报介绍等四大门类，从创刊到终止，历经11年，刊载图书馆领域内各类文章1079篇，包括专业性译文44篇，各类学术文章227篇。②其中研究我国传统图书馆学和介绍外国图书馆事业及理论的内容占了相当比例，具体涵盖了文献学、目录学、专门图书馆学、编目、图书馆工作与管理、国外图书馆学等各个方面。《图书馆学季刊》融合中西的编辑宗旨，推动了本土图书馆学的发展，对当时的图书馆学教育产生了影响。该刊也积极刊登关于国内外图书馆学教育和人才培养方面的消息，介绍相关的论著，如康普东的《图书馆职业之训练》、沙尔斯的《图书馆人才培植的限制》等，使图书馆界人士能及时了解国内外图书馆学教育的最新动向。《图书馆学季刊》的作者群以中华图书馆协会的核心会员为主，如刘国钧、李小缘、袁同礼、洪有丰、杜定友等人，他们既接受过欧美图书馆学的专业训练，同时又具有国内图书馆的实际管理经

---

① 梁启超：《发刊辞》，《图书馆学季刊》1926年第1期。
② 刘宇、宋歌：《〈图书馆学季刊〉载文计量研究》，《图书馆》2008年第3期。

验，其文章学术水平较高，专业性强，为后来者的研究和学习指明了方向。

《中华图书馆协会会报》是民国时期持续时间最长的图书馆学专业刊物，自1925年到1948年，共发行21卷102期，目的在于传递我国图书馆界的相关信息，如学术动态、业务往来、国内外要闻、会员情况等，常设栏目有启事、学术研究论文、要目、新书介绍和图书馆界。相较于《图书馆学季刊》的学术性、专业性定位，《中华图书馆协会会报》则更关注普通会员，一方面向会员发布图书馆领域的各类信息，一方面为会员提供发表研究成果和工作心得的平台。对于研究性来稿，协会则依托专家会员给予指导和把关。如会员陈重寅编有针对中学和师范学校的图书馆学教材，脱稿已数年，向各书局接洽出版，书局均以销路无把握为由拒绝，于是希望协会代为出版。协会收到稿件后，当即决定"送请执行委员李小缘君审定，如无不妥之处即为付印"[①]。这不仅鼓励了普通会员开展研究著述的热情，也有利于推动图书馆学学术教育的发展。

《中华图书馆协会会报》对会员免费赠阅，读者群十分稳定，成为分布各地的普通会员了解外界信息、学习专业知识、实现群体认同的阵地。该报常设《会员消息》一栏，登载会员近况，如结婚志喜、留洋归国、职任迁转、寓所变更、著述出版等，不仅增强了会员的归属感和荣誉感，也通过与会员之间的联络沟通，增强了协会的凝聚力。协会还利用这一平台给会员提供实实在在的服务，该会从1937年开始办理图书馆界介绍事项，在《中华图书馆协会会报》上开辟《介绍专才》栏目为会员提供求职招聘的便利，如：

---

① 《图书馆界：图书馆学教本稿本之审查》，《中华图书馆协会会报》1931年第6期。

本会会员某君，曾留学欧美，得硕士学位，对于图书馆学研究有素，著作丰富，历任各大学图书馆学教授，兼图书馆主任职务。各学校各图书馆各机关倘有意延聘，请即函向本会接洽，本会当可负责介绍也。①

抗战以后，出于"各方人事大有变动需才或待聘之处实多"，协会继续办理人才介绍事宜，并在《中华图书馆协会会报》上发出通告：

凡需才者，请开具：职务、待遇、资格、性别、年龄及需要何项保证，能否发给到职川资，有无聘约期限等项。待聘者请开具：姓名、年籍、性别、资历、著作、专长技能、希望待遇，及能出何项保证（如学校、业师或他项保证），愿到之地方省份，如不发川资能否到职等项。函送本会登记，以备遇机介绍。②

这在战时信息不畅通、图书馆专门人才缺乏、图书馆学教育还极其不发达的情况下，对人才的有效配置起到了桥梁作用。

4. 参与国际交流与合作

中华图书馆协会通过《图书馆学季刊》和《中华图书馆协会会报》登载有关国外图书馆学说的译作，及时报道国外图书馆界动态，还向国外寄赠样刊，代办国内外图书馆界的联络事宜。如伦敦大学图书馆学专科学校就曾委托该会代为征集我国重要图书馆概况及书目，该会即致函各馆代为征求，收到后又转寄该校。巴黎国际

---

① 《中华图书馆协会介绍专才》，《中华图书馆协会会报》1937年第4期。
② 《图书馆界·本会消息·本会代为介绍职业》，《中华图书馆协会会报》1941年第3—4期。

展览会亦曾通过该会征集我国图书馆内外部摄影,以供展览陈列。而在与国际图书馆界的学术交流活动上,中华图书馆协会也不遗余力地支持和争取经费,派出代表参与其中。如 1925 年国际图书馆联合会之国际图书馆委员会第六届会议,1926 年美国图书馆协会五十周年大会,1927 年秋英国不列颠图书馆协会五十周年纪念会等,协会均派代表参加并提交论文,增进了国外对我国图书馆事业的了解,为后来我国图书馆事业获取国际支持和援助建立了基础。1926 年 5 月,中华图书馆协会推举沈祖荣代表中国参加在罗马举办的国际图书馆第一次大会,行前,协会委员长袁同礼特别为其介绍了西方图书馆界的情形,并草拟了给国外各主要图书馆的介绍信,以作参考。沈祖荣在会上宣读了中华图书馆协会所选的《中国之图书馆员教育》等 5 篇论文,同时参观了书业组、图书馆教育组和图书馆国际协作组的分组会议,以了解国外图书馆教育的趋势。同时,沈祖荣还顺便考察了欧洲各重要图书馆中文收藏、编目、分类以及馆员的遴选和训练情况,并与各馆建立了联系。[①]他回国后还在协会会刊上发表了详细的考察报告,极大地开阔了国内图书馆人士的视野,增进了他们对国外图书馆界的了解。

(二)地方图书馆协会与图书馆学教育

地方图书馆协会的作用主要体现在对本地图书馆事业的促进方面。中华图书馆协会成立之前已有北平、天津、上海、南京、开封、广州等地方图书馆协会,中华图书馆协会成立后,各地方图书馆协会的组建更加积极。1927—1937 年,全国先后成立了十个省

---

① 沈祖荣:《参加国际图书馆第一次大会及欧洲图书馆概况调查报告》,《中华图书馆协会会报》1929 年第 3 期。

市级图书馆协会。① 在各地方图书馆协会中，以北平和上海两地的图书馆协会影响最大。上海图书馆协会于1924年6月27日成立，宗旨为"研究图书馆之学术，谋图书馆事业之改进，谋各图书馆之联络与互助，图各图书馆事业之发展"②。协会成立之初，主要是调查上海本地图书馆状况，组织名人演讲，提升民众的图书馆意识，推动图书馆的开放阅览。1925年，上海图书馆协会还积极促成了中华图书馆协会的成立以及美国图书馆学家鲍士伟来华事宜。其对图书馆学教育的贡献，主要表现在以下几点：

第一，提倡、支持、推进图书馆学专业教育。1925年5月，上海图书馆协会受各地图书馆委托，训练管理员，专门添设函授学校，由协会会员陈伯达、宋景祁、沈文华等担任教职员，并编写了图书馆学讲义，受到学员的欢迎。该函授学校持续了7年之久。1926年上海国民大学图书馆学系成立，教员杜定友、孙心磐均为上海图书馆协会会员，协会亦积极为该校介绍生源。1928年，上海东方图书馆举办图书馆学暑期讲习班，亦由协会提供师资支持，由孙心磐、沈丹泥（沈学植）、陈伯逵、宋景祁、陈友松等五人分别演讲图书馆学及其他应用学术。③ 上海图书馆协会历次年会上也有关于人才培养的议案，如1927年10月第三次年会提出了"如何补救上海缺乏图书馆人才案"，经会议讨论决定商请上海中学师范科增加图书馆学科。④ 1929年，会员常会上议决了"呈请教育部指

---

① 来新夏等：《中国近代图书事业史》，上海人民出版社，2000年，第325页。
② 中共上海市委党史资料征集委员会等合编：《上海革命文化大事记1919—1937》，上海书店出版社，1995年，第104页。
③ 凌一鸣：《孙心磐及其图书馆活动》，《大学图书馆学报》2011年第5期。
④ 《上海图书馆协会常会纪》，《申报》1927年10月26日第8版。

定任何国立大学一所，添设图书馆学科，造就专门人才"；1930年3月5日，执委会议决了"各地图书馆需才孔亟，女管理员尤见缺乏，推陈伯达、宋景祁组织图书馆学函授学校"，并于当年3月30日组织会员编制讲义，首先编制需求最紧切的图书馆行政方面的讲义。1931年5月24日协会执委会上又通过了"筹办图书馆学暑期讲习会，推定马宗荣、孙心磐、杜定友为筹办委员"的决议。[①] 此外，上海图书馆协会还曾委托会员邓演存赴华盛顿大学求学期间代为考察图书馆事业。

第二，编著图书馆学书籍，推动图书馆学研究。上海图书馆协会成立后，有感于图书馆学专门研究者如凤毛麟角，图书馆学出版物稀缺的现实情况，协会执行会长杜定友决议模仿美国图书馆协会《图书馆经营学手册》（*A Manual of Library Economy*）的做法，编印"上海图书馆协会丛书"，并委托商务印书馆出版。该丛书"详论图书学原理，及对于中国图书馆之管理及设施方法，以求适于实用，每种印成小册，以便于应用"[②]。该套丛书计划出版21种，截至1925年11月已出版8种，包括杜定友的《汉字排字法》《图书馆分类法》《著者号码编制法》《图书目录学》《图书选择法》《图书馆通论》《学校图书馆学》，吕绍虞的《怎样利用图书馆》。除了积极从事著述编撰外，该会还联合国民大学图书馆学系共同组织图书馆学图书馆，搜集现代图书馆学书籍500余种，供会员和学生参考。

---

① 秦亚欧、孙旸：《地方图书馆协会对民国图书馆事业的促进及影响研究——以上海图书馆协会为例》，《图书馆学研究》2011年第22期。
② 杜定友：《图书馆通论》，商务印书馆，1925年，"'上海图书馆协会丛书'总序"第1页。

三、中华教育文化基金董事会与图书馆学教育

1924年5月,美国国会通过第二次退还庚子赔款的议案。为防止庚款被挪用,1925年,由中美两国15名知名人士组成中华教育文化基金董事会(以下简称"中基会"),共同管理这笔款项。在韦棣华女士的积极争取和美国图书馆协会代表鲍士伟博士的建议下,美国退还的庚款中一部分被指定用于图书馆事业。从1924年到1949年,中基会对我国图书馆事业的补助主要包括国立北平图书馆、北京大学图书馆、武昌文华图书馆学专科学校、清华大学图书馆、中国科学社明复图书馆等。

1925年9月28日,中基会第一次执行委员会确定了"图书馆学教席和助学金"的补助分配,并作了以下说明:

> 顾图书馆学一科,系属专门学术,苟非培养专才,改进固难着手。查武昌华中大学文华图书科,为国内唯一之图书馆学校,开办有年,成绩甚佳。主任韦棣华女士,对于我国图书馆事业,夙具热心。现拟委托该校为全国各地培养图书馆人才,就该校设置图书馆学教习,关于中国图书之编要等项,另聘专员主讲。复于该校特设助学金名额,于南北要区招选合格生入校专修,分年资助,以示鼓励而宏造就。①

中基会第一年年会决议,1926—1929年,每年补助文华图书馆专科学校10000元,其中5000元用于聘请教席、扩充课程,另5000

---

① 中国社会科学院近代史研究所近代史资料编辑部编:《近代史资料(总101号)》,中国社会科学出版社,2001年,第189页。

元为学生助学金，补助学生 25 名，每人每年补助 200 元。1929 年后历年的补助为：1929—1932 年，每年补助 13500 元；1933—1935 年，增加了维持费和补充设备费，每年补助 15000 元；1936 年 12 月，文华图专宿舍华德楼"内部之厨房、洗澡房及厕所等，因经费有限，仍为旧式。虽每年加工修理所费不赀，但房屋以年代过久，卒不适用"，于是"函请中华教育文化基金董事会，将补助本校结余之款，拨一部分，作此改造用途。即蒙允准，拨款一千六百元"。① 1936—1939 年，中基会每年补助该校 15000 元，1940 年补助 18000 元，1941 年拨发紧急补助 25000 元。自 1939 年起，国民政府推行"战时财政"，大量增发货币，造成物价上涨，货币贬值。而中基会的补助费相对固定，因此该项补助的作用逐渐减弱，直至 1946 年补助中止。

中基会补助的免费生委托中华图书馆协会和文华图书馆学专科学校共同招考，具体要求如下：

中华教育文化基金董事会图书馆学助学金规程

第一条 本会为提倡图书馆学起见，自民国十五年八月起，每年设图书馆学助学金额二十五名，每名国币二百元，至十八年六月止，由本会委托武昌华中文华图书科给予之。

第二条 凡欲得助学金者，须具有下列各项之资格：

（一）有关于图书馆事务之经验或兴趣者；

（二）至少大学本科二年级程度肄业期满成绩及格者；

凡具上项资格者，皆得报名应入学考试，考试地点在北京、南京、武昌、上海、广州五处。

---

① 《校闻·（一）宿舍内部新建筑》，《文华图书科季刊》1936 年第 4 期。

第三条　入学考试，由本会委托中华图书馆协会与武昌华中大学文华图书科合组考试委员会执行之。

第四条　凡试验及格者，须按照武昌华中大学文华图书科所定课程，在该校选习，并须填具志愿书，声明毕业后志愿服务于图书馆事业。

第五条　每年给予之助学金，应按照投考者省籍，略采均用轮递之意。

第六条　助学金额如本年不得相当之人，则宁缺毋滥，此项学额所存之款项，应留为下学年之助学金额。[①]

中基会的补助对于文华图书馆学专科学校这样一所小规模的私立专门学校具有重要意义。尤其是在20世纪20年代末全国爆发大规模的非基督教运动，华中大学被迫停办期间，中基会的补助保障了文华图书科的正常运转。正如该校教师毛坤所说："图书科近年始终能于风雨飘摇之中，破浪前进者，其原动力大部分当归功于基金董事会。"[②] 通过补助金设置的免费生制度，对于保证生源、吸引优秀学生学习图书馆学起到了积极作用，而对教席的资助则保障了师资的稳定。

中基会每年多次派人视察文华图专办学情况，在一定程度上也促进了该校教学质量的改进和提升。文华图书馆学专科学校所办刊物《文华图书馆学专科学校季刊》（以下称《季刊》）上常有关于中基会到校视察的报道，如1936年6月的《季刊》上就登载了

---

① 《图书馆界：中华教育文化基金董事会图书馆学助学金规程》，《中华图书馆协会会报》1926年第6期。

② 毛坤：《华中大学文华图书科十周年纪念》，《文华图书科季刊》1930年第2期。

"基金会派人来查并继续补助本校"的消息：

四月某日中华教育文化基金董事会派秘书林伯遵先生及特约视察员万册先先生来本校视察。由沈校长逐事加以说明。林氏对于本校档案管理之法特感兴趣，于其他各事亦表示满意。故本年该会董事会聚会，又复通过本校之补助费一万五千元。一面固由于本校同人竞业自持，力谋发展图书馆事业因邀该会之赞许，一面亦由该会董事诸先生热心提倡文华事业而然也。五月十五日基金董事会干事孙洪芬先生偕同董事顾临先生前来本校视察，承其指示本校将来应行发展努力之点甚多云。①

---

① 《校闻·基金会派人来查并继续补助本校》，《文华图书馆学专科学校季刊》1936年第2期。

第三章

民国图书馆学教育的影响因素

第一节 中国传统图书馆学理论与图书馆学教育

学术研究和学科的发展是相辅相成、互相促进的。一门学科，如果没有学术基础，就没有理论，只能称之为技艺，而不能称之为科学。而学科建设在一定程度上也是学术的建设，随着学科日臻成熟完善，学科建设成果自然会推动学术研究的繁荣。图书馆学成为专门学科，与图书馆学研究内容的确立有关。1925年6月，梁启超在《中华图书馆协会成立会演说辞》中明确地提出"建设中国的图书馆学"必须对中国书籍史、目录学史和藏书史上的理论和方法加以传承。在梁任公看来：

> 中国书籍的历史甚长，书籍的性质极复杂，和近世欧美书籍有许多不相同之点。我们应用现代图书馆学的原则去整理他，也要很费心裁，决不是一件容易的事。从事整理之人，须要对于中国的目录学（广义的）和现代的图书馆学都有充分智识，且能神明变化之，庶几有功。这种学问，非经许多专门家继续的研究不可，研究的结果，一定能在图书馆学里头成为一独立学科无疑，所以我们可以叫他做"中国的图书馆学"。
>
> ……………
>
> 中国从前虽没有"图书馆学"这个名辞，但这种学问却是渊源发达得很早；自刘向、刘歆、荀勖、王俭、阮孝绪、郑樵，以至近代的章学诚，他们都各有通贯的研究，各有精到的见解。所留下的成绩，如各史之艺文经籍志，如陈振孙、晁公武一流之提要学以至近代之《四库总目》，如佛教之几十种《经录》，如明清以来各私家藏书目录，如其他目录学专家之题跋和札记，都能供给我们以很丰富的资料和很复杂的方法。我很相信：中国现代青年，对于外国图书馆学得有根底之后，回头再把中国这种目录学（或用章学诚所定名词叫他做校雠学）加以深造的研究，重新改造，一定能建设出一种"中国的图书馆学"来。①

我国自周朝设"守藏史"以来，在书籍编校、刊印、整理、保存、利用方面积累了丰富的经验和智慧。这一类知识，无论对于旧式藏书楼还是新式图书馆的管理，都是十分重要的。新式图书馆文

---

① 梁启超：《中华图书馆协会成立会演说辞》，《中华图书馆协会会报》1925年第1期。

献类型多样，既有西学新书，又有古籍线装书，甚至金石拓片，在继承前人文献的同时亦不得不知晓传统的藏书理论。仅就分类法而言，基于线装书和新学书籍并存的现状，不少图书馆对于新旧图书仍然是分别进行分门别类，如商务印书馆东方图书馆、湖北省立图书馆、河南省立图书馆、清华学校图书馆等，其旧学书籍仍然沿用四部分类法。图书馆学家在编制各种不同的新式图书分类法时，也必然要基于原有的基础。我国书籍从内容到形制上都有其自身的特点，因此，西方图书馆学并不能解决我国图书馆实际工作中的全部问题。作为贯通中西、继古开今的民国图书馆学，中国传统目录学、版本学、校雠学的相关内容自为题中应有之义。现代图书馆学教育中必须要重视对中国传统图书馆学理论的传承和吸收。

实际上，民国时期传统图书馆学理论的确在我国本土图书馆学的构建中占据了重要地位。1925年，《中华图书馆协会会报》第1卷第3期针对图书馆学初学者开具的《图书馆学书目举要》中，就明确将祁承㸁的《澹生堂藏书约》、曹溶的《流通古书约》、孙从添《藏书纪要》、叶昌炽《藏书纪事诗》、叶德辉《书林清话》列为初学书目。[①]《图书馆学季刊》编刊主旨则强调"稽考先民之贡献"，"以期形成一种合于中国国情之图书馆学"，在收录的文章中"尤注重于目录学"。[②] 据统计，《图书馆学季刊》十余年所刊载的227篇学术论文中，有关文献目录学内容的达85篇，占总量的37.4%。[③] 以该刊第5卷所发表的研究论文为例，就有黎锦熙的《元杂剧总集曲目表》、李文裿的《版本名称释略》、叶启勋的《拾经楼群籍题

---

① 《图书馆学书目举要》，《中华图书馆协会会报》1925年第3期。
② 《本刊编辑部：本刊范围及宗旨》，《图书馆学季刊》1926年第1期。
③ 刘宇、宋歌：《〈图书馆学季刊〉载文计量研究》，《图书馆》2008年第3期。

识》、李俨的《增修明代算学书志》、杨维新的《中国印刷之起源》、清代许宗彦的《鉴止水斋藏书目四卷》、张允亮的《故宫善本书志》等多篇关于传统目录学、版本学、图书史方面的。就著作来看，按照内容对民国时期图书馆学著作的数量进行排序，文献目录学研究排在第四位。①

民国早期图书馆学教育者虽然大都接受过美式图书馆学训练，但在教学当中亦十分注重中西学的结合。杜定友先生将图书馆学研究的科目分为书目学、专门的科目、行政的科目、历史的科目、辅助的科目等五种。其中书目学中的"校雠学""版本学""善本学"，历史的科目中的"印刷史""造纸史""图籍史"等课程均属于中国传统图书馆学的内容。②文华大学图书科创办早期就开设有"中国目录学""中西参考书举要""中西文书籍编目学""中西文书籍分类法""中国图书馆史略"等课程，1930年起还进一步加大了"中学"的份额，增设了"中文书选读""中国版本学""金石学""古器物学"等课程，并邀请湖北著名的藏书家徐行可、金石学家易均室担任相关课程的教授。金陵大学图书馆学系开设有"目录学""书史学""印刷史""中国重要书籍研究"；上海国民大学图书馆学系有"古书校读法""目录学"；国立社会教育学院图博系开有"目录学""版本学""金石学"；国立北京大学图书馆专修科开设有"善本书目"。从各校开设的课程看，均有目录学的内容，而文华图专更是单独开设"中国目录学"课程，由毛坤讲授，其在讲义中

---

① 范凡：《民国时期图书馆学著作出版与学术传承》，国家图书馆出版社，2011年，第45页。
② 参见钱亚新、白国应编《杜定友图书馆学论文选集》，书目文献出版社，1988年，第3—4页。

指出:

> 乾嘉以降,凡为学者无不研究目录学。一般人大抵认为目录学乃治学之一种工具,略认藩篱者多,深研细究者少。故中国目录之学,普遍而不精深。今后为斯学者宜以为毕生专门之学。①

这些课程的讲义多由各校教员自行编印,内容讲求实用。以文华图专毛坤讲授的"中文参考书举要"课程为例,讲义包括丛书章、字典章、史地章、科学章、文艺章、通论章、经哲章、类书章等8章共88页,并设置了练习题考查学生对传统目录学工具的应用,如:"试从永乐典目录查《千字文》《太玄经》《庄子逍遥游》《唐书》《河南府》《宋仁宗》《孝经外传》《单刀会》在何卷中?"又如:"试从图书集成查个人自己所属之县份及自己之姓氏在何编何典何部?又卓刀泉、汉水、牡丹、梦、易经、明史、纸、墨在何编何典何部?"②从分类法来看,1946年,钱亚新在国立社会教育学院讲授"图书分类法"课程时,就特重"中国分类法的历史",讲述了我国图书馆分类法的产生、发展及其派别,介绍汉班固《汉书·艺文志》的六分法,六朝阮孝绪《七录》的七分法,唐《隋书经籍志》的四分法,郑樵《通志艺文略》的十二分法,等等。③

文华图专师生在研究中也十分重视对中国传统图书馆学知识的继承和利用。文华学子李景新在讨论图书馆学的学科范围时将图书

---

① 四川省政协文史资料研究委员会、四川省文史馆主编:《四川近现代文化人物续编》,四川人民出版社,1989年,第254页。
② 党跃武、姚乐野主编:《毛坤先生纪念文集》,四川大学出版社,2010年,第22页。
③ 钱亚新:《钱亚新别集》,南京大学出版社,2013年,第223页。

馆科学分为历史的图书馆学和系统的图书馆学,其中历史的图书馆学又分为图书学史(书写史、分类学史、印刷史、编目学史、装潢史、校雠学史、收藏史、书影学史),图书馆史,图书馆学史三部分。① 汪长炳提到,"研究图书馆学者,应对于目录、类书、丛书、历史、传记、金石、艺术、文学等须有相当知识","对于每科之书目,考证、辞书、概论、历史等类书籍之编纂及用法亦应知其大略"。② 该校毕业生裘开明也认为:

  昔日的中国图书管理者大都为学者,目录学是他必读的学科也是他求学的工具。……保藏图书的知识并未尝轻视。孙从添[生于十八世纪(应为十七世纪——引者注)]在他所著的《藏书纪要》里面(是书1810年首次刊行)论藏书之法极其精细。③

裘开明在哈佛大学汉和文库藏书的编目上亦主要依据张之洞和缪荃孙编撰的《书目答问》,在图书分类上则主要依据清代学者孙星衍、缪荃孙和其他学者之理论。④ 其《哈佛燕京大学图书馆中文图书分类法》的编制原则为:

  以中法为经,西法为纬。大纲则根据魏(晋)荀勖新簿、经、子、史、集及清张之洞《书目答问》别立丛书之次序,扩充为经学、哲学、

---

① 李景新:《图书馆学能成一独立的科学吗?》,《文华图书馆学专科学校季刊》1935年第2期。
② 汪长炳:《一种研究图书馆学之方法》,《文华图书馆学专科学校季刊》1936年第4期。
③ 裘开明:《世界民众图书馆概况——中国》,《文华图书馆学专科学校季刊》1934年第2期。
④ 程焕文编:《裘开明年谱》,广西师范大学出版社,2008年,第18页。

宗教、史地、社会科学、语言文学、美术、自然科学、农林工艺、总计等九类。①

该法将中国传统的图书分类法较好地与西方图书分类法进行了融合，裘开明也成为"我国最早向欧美图书馆界输出'中国传统的图书馆思想理论'的学者之一"。

由此可见，以文华图书馆学专科学校为代表的办学机构在教学研究中，均十分重视传统文献学、目录学、校雠学、版本学的内容。师生们针对历史文献或考据辨伪，或整理目录，或综合述评，或编制索引，将传统图书馆学的思想和方法融入新式图书馆学的研究中去。以下列出了《文华图书科季刊》和《文华图书馆学专科学校季刊》上所发表的有关传统图书馆学的文章目录：

表3.1 《文华图书科季刊》和《文华图书馆学专科学校季刊》登载的中国传统图书馆学论文

序号	卷期	篇名	作者
1	1929年第1卷第1期	《藏书绝句的著者》	冯汉骥
2	1929年第1卷第1—2期	《丛书之研究》（1）（2）	耿靖民
3	1929年第1卷第2—3期 1930年第2卷第2期	《中国美术书举要》（1）（2）（3）	周连宽
4	1930年第2卷第1期	《评四库总目史部目录类及子部杂家类》	张秀民
5	1931年第3卷第4期	《清代印刷史小纪》	净雨
		《古今伪书考述评》	董铸仁
		《朱彝尊经义考》	翁衍桢

---

① 裘开明：《哈佛大学中国图书分类法凡例》，《文华图书科季刊》1929年第3期。

续表

序号	卷期	篇名	作者
6	1931年第3卷第2期	《编制四库全书总简目录索引简述》	邓衍林等
7	1932年第4卷第1期	《刘略研究之概要》	李蓉盛
8	1932年第4卷第3—4期	《译日本两书目志》	易忠箓
9	1933年第5卷第1期	《新绛帖目录》	易忠箓
9	1933年第5卷第1期	《太平御览索引》	钱亚新
9	1933年第5卷第1期	《册府元龟引得》	陈鸿飞
10	1933年第5卷第2期	《寰宇贞石图分类目录》	易忠箓
11	1934年第6卷第1、3期	《子部分类管窥》（上、下）	汪应文
12	1934年第6卷第1期	《经书之编目》	毛坤
13	1935年第7卷第1、2期	《字典简论》	戴镏龄
14	1936年第8卷第1期	英译《藏书纪要：收藏篇》	胡延钧译
15	1936年第8卷第2期	英译《藏书纪要：鉴别篇》	胡延钧译

第二节　西方图书馆学译著与中国图书馆学教育

图书馆学是由国外引入中国的，1920年之前，图书馆学的译作不多，且主要从日本转译。从内容看，侧重对图书馆理念和国外图书馆事业的介绍，关于图书馆学研究的著作不多。随着图书馆事业的发展，图书馆学和图书馆教育在我国萌芽，需要更广泛地吸收和借鉴国外图书馆学的理论和研究成果。早在1920年8月，北京法政专门学校图书馆主任杨昭悊就在《晨报》上撰文呼吁要建立专门的"图书馆学译书会"。他指出：

> 中国图书馆所以不能发达的原因，一来是一般人不注意，一来是缺乏专门人才。要引起一般人的注意，固然非书报不可，若是养成专门人才，更其要有专书籍。若是没有专书，专靠留学，是缓不济急的，若是国内没学校，也只教一点粗浅的讲义，不能参考研究，也是枉然。所以我的意思，是要多译点书籍，以供同志。中国现在关于这种译著非常的少，统一名词，极其容易，当这个时候，把西洋图书馆学字典译一本出来，一面翻书的人可以应用，一面看书的人可以参考。①

他指出了译书的步骤，提倡先译入门的书籍和辞典，然后再译专门的书。1929年《文华图书科季刊》创刊之际，文华图书科校长沈祖荣就指明了文华图专学子学术研究的方向："凡有何英美新出版之图书馆学名著，或业经人实验之改良新法，已发表于英美图书馆学刊物者，当量力翻译介绍，俾大家研究，而采行其与我国情相合者。"② 同年，文华图专教师毛坤又提出："我们想拟定一个书单，将值得翻译介绍的东西放在里面，再请有知识的人加以相当的审定，供有心作这件事业的人的采择。"由于专门学术图书的出版比较困难，他希望中华图书馆协会能承担这项工作。1935年，毛坤又提出图书馆学上的"拿来主义"：

> 我们对于图书馆学术，在著作一方面，最近五年或十年之内，应

---

① 杨昭悊：《杨昭悊集》，武汉大学出版社，2017年，第57—58页。
② 沈祖荣：《我对文华图书科季刊的几种希望》，《文华图书科季刊》1929年第1期。

该特别努力于外国图书馆学书籍之翻译。……我们如果能大量的介绍别人的理论与方法，大量的表白我们的事实与问题，于图书馆的学术的讨论不难热闹起来的。①

毛坤明确指出了中西方在图书馆实践业务与理论上的差距："我国在图书的流通、图书的使用、图书馆的建筑、图书馆用具的制造上，差不多很少有建树，即使在分类法、目录学、版本鉴别方面，西方图书馆学对我国图书馆学有启发作用。"我国图书馆学教育起步晚，直接翻译国外教材和论著，能实现对西方图书馆学的快速吸收和转化，也是奠定我国图书馆学理论基础的较为经济的办法。这种迫切的需求也成为当时图书馆学教育者的共识。

在图书馆事业发展的实际需要和鼓励翻译的研究风气下，留美归国的图书馆学家和文华图专学子成为翻译国外图书馆学论著的主力。文华公书林本身收藏有较多美国图书馆学原著，又向来有重视外语的传统，因此文华学子在翻译和介绍国外图书馆学著作方面具有得天独厚的优势。根据李钟履编《图书馆学书籍联合目录》与《图书馆学论文索引》（第一辑），从20世纪初到中华人民共和国成立，我国共出版图书馆学译作432件（译著35种，译文389篇）（统计的译著明确带有"译"或"编译"字眼），在所统计的35种译著中，有10种为"文华图专丛书"，另有10种为文华图专校友所译，二者占到了总数的57.1%。②《文华图书科季刊》和《文华图书馆学专科学校季刊》上一共登载了76篇译作，约占全部译文的20%。除了直接翻译，文华图专的师生还编译了大量外文文献，

---

① 毛坤：《图书馆当前的问题》，《文华图书馆学专科学校季刊》1935年第2期。
② 彭敏惠：《论文华图专的学术风格及其深远影响》，《中国图书馆学报》2011年第1期。

如钱亚新的《索引和索引法》一书，所引用的参考文献全为英文。从内容来看，这些译著广泛涵盖了图书馆学理论到应用的诸多主题，如分类、编目、图书馆行政、设备、建筑、宣传推广、图书馆员职业、儿童图书馆学、国外图书馆史、图书馆教育等。仅以分类法为例，这一时期，我国引进的图书分类法就有杜威十进分类法、卡特展开式分类法、美国国会图书馆分类法、布朗主题分类法等20多种。有关图书分类法方面的著名译著有：Richardson著、沈丹泥译的《图书分类原理》，Sayers著、章新民译的《图书分类规则》和《图书分类法的理论》，金敏甫译的《图书分类条例》。对图书分类法进行批评研究的有白黎斯著、林斯德译的《欧洲的三种图书分类法之批评研究》，对某种具体分类法进行介绍与评论的有李毓麟译的《杜威图书分类表》、严文郁译的《美国国会图书馆及其分类法》。这些译著不仅充实了图书馆学的学科内容，繁荣了图书馆学的研究，也加深了我国图书馆学者对西方图书馆事业和具体工作的认识，促进了对中国传统图书馆工作方法的改革。

文华图专成立时多使用西方原版教材，如胡庆生讲授的外文参考工具书的教材为 L. G. Mudge 的《参考书指南》（*New Guide to Reference Books*）。随着教学的开展，该校开始翻译西方图书馆学经典教材。如毛坤翻译了萨费基的《西洋图书馆史略》作为该校"西洋图书馆史料"课程的教材。另外，图书分类学、西洋图书编目法、儿童图书馆学、西洋图书馆史、西洋目录学、西洋书籍史、西洋参考书、索引检字法等主要专业课的指定参考书均为欧美图书馆学著作。1932年，该校成立了研究部，其主要任务就是从事编译工作。不仅教师通过译著进行早期教材的建设，学生也可以翻译国外图书馆学专著作为毕业论文。1933届毕业生吕绍虞的毕业论文《图书馆利用法》则直接译自美国 Z. D. Brown 的 *Library Key: An aid in Using Books and Libraries*。1937 年，该校公布的《毕业论文规则》中明确规定毕业论文包括著作、编纂和翻译三种形式，其中翻译作品字数须在三万字以上。在建设"中国的图书馆学"的道路上，文华师生首先通过"拿来主义"的方式译介、引进西方图书馆学著作，继而逐步研究改造，以转化为适合中国国情的图书馆学理论与方法。

第三节　美国对中国图书馆学教育的影响

中外教育交流与留学教育一直以来就受到教育史学界的重视。民国时期通过教育界人士和图书馆学家的译介，国人得以了解美国图书馆学教育概况。早在 1920 年，《教育公报》上就登载了陈新民的《美国大学专门与师范学校之图书科》。1921 年 11 月，李大钊在北京女子高等师范学校演讲了《美国图书馆员之训练》，介绍了美国早期十七所图书馆学校及其课程，想引起女子对图书馆职业的兴趣。1923 年杨昭悊、李燕亭在美期间翻译的 J. A. Friedel 的《图书馆员之训练》是第一部引入我国的、与图书馆人才培养有关的专著。另外杨昭悊在《图书馆学》、杜定友在《图书馆学的内容和方法》中都曾介绍过美国的图书馆学校。《文华图书馆学专科学校季刊》上先后发表过桂质柏的《纽约哥伦比亚大学图书馆学专校杂述》(1932)、汪长炳的《哥伦比亚大学图书馆学研究院五十周年纪念》(1937)、范国仁译的《美国图书馆学校史略》(1937),这些文章在当时的图书馆员和学子中产生了一定的影响。

一、20世纪50年代之前的美国图书馆学教育

从世界范围来看,图书馆学产生于美国。美国的图书馆学教育是基于图书馆事业扩张的需求而发展起来的。19世纪最后25年美国国内兴建了大批图书馆,这些图书馆尤其是公共图书馆和学术机构的发展,产生了对专业图书馆员的大量需求。早期的图书馆员多为人文专业出身,通过实践积累获得图书管理的知识。图书馆学专业教育起源于图书馆内学徒式的训练。1887年1月5日,麦维尔·杜威(Melvil Dewey)创办了美国第一所图书馆学校——哥伦比亚学院图书馆经营学院(School of Library Economy at Columbia College),第一届共招收20名学生,由此使得图书馆学教育从早期的个人化、临时性的训练向正规化、标准化转变。到1937年,全美经过美国图书馆协会认证的图书馆学校共有26所。

在不断的发展中,美国图书馆学专业教育大致衍变出以下几种形式:(1)公共图书馆附设的图书馆学校:如洛杉矶公共图书馆学校、纽约公共图书馆学校、加州图书馆学校、纽约州立图书馆学校、圣路易公共图书馆学校等,公共图书馆办馆的同时办学,以培养后备人才,这是早期图书馆学教育最简单也最普遍的形式。(2)大学或学院开设的图书馆学专业:如1893年成立的芝加哥阿莫尔学院图书馆学系,1911年成立的华盛顿大学图书馆学系,1919年成立的加州大学伯克利分校图书馆学系等。早期美国大学或学院以

开设一年制的培训班为主，20世纪20年代后不少大学开始设立图书馆学系，图书馆学教育趋于正规化。（3）大学下设的图书馆学院：最早的为1902年西蒙斯学院下设的图书馆学院，20世纪20—40年代，图书馆学院的开设成为风潮，不少图书馆学系成为学院，图书馆学院的发展达到鼎盛时期，图书馆学专门教育开始规模化。（4）图书馆学研究院，这是以培养图书馆学教学研究人员为主的院校，数量不多，以伊利诺伊大学图书馆学研究生院和芝加哥大学研究生院最为有名。此外，其他类型的图书馆学教育还包括短训班、暑期学校、函授学校，以及由卡耐基慈善基金会捐助的卡耐基图书馆学校。这几种不同类型的图书馆学教育形式在相当长的时间内同时存在，说明这一时期美国的图书馆学教育经历了一个从职业化、非正规化到专门化、学院化发展的历程。以下列举几所比较有代表性的图书馆学教育机构作简介。

(一)哥伦比亚大学图书馆服务学院

该校起源于1887年麦维尔·杜威创办的哥伦比亚学院图书馆经营学院，开始只是尝试办学，第一届限招学生20名。最初计划开设3个月的课程，后来在学生的一致要求下，又增加至4个月。然而第二年开班时，很多学生又再次注册，甚至还有学生要求第三年继续开课。最初的尝试证明了图书馆界对于专业培训的实际需求远远超过预期，因此第二年开班的时候延长为一个学年共7个月的课时，并对之前以图书馆经营和目录学为主的课程内容进行了扩展，在对第一学年课程回顾的基础上，提供更高层次的训练和研究。① 两年后，随着杜威转任纽约州立图书馆馆长，该校随之迁往奥尔巴尼（Albany），改名为纽约州立图书馆学校，隶属于纽约州立大学，并按照纽约州立大学的管理条例办学。自1902年起，录取标准变为专科以上学校的毕业生才能申请入学，学制仍为两年。第一年集中于各类图书馆管理工作的训练，第二年的课程偏于技术方面。学生入学年龄一般在20—35岁，一般要求有图书馆工作的经验，没有经验者则被要求在入学前尽可能地在当地图书馆实习或者从事一段时间的志愿者工作。该校为一所州立学校，但也招收来自全美甚至国外的学生。纽约州立图书馆超过50万册的藏书和数以万计的各类手册、手稿、文件资料，为学生们提供了实习的资源。②

1925年之前，除了纽约州立图书馆学校，纽约另外一所著名的图书馆学教育机构是纽约公共图书馆学校。1911年5月8日，纽约公共图书馆馆长安德逊（Edwin H. Anderson）拜访了钢铁大王卡耐基先生，向他展示了开办一所图书馆学校的计划，并寻求资金上的支持。卡耐基先生对这项计划非常感兴趣，同意提供每年15000美金、连续5年的资助，以作为学校的启动资金。③ 1911—1926年，卡耐基集团共赞助该校255000美金。④ 纽约公共图书馆学校的首任校长为玛丽·怀特·普拉默（Mary Wright Plummer）

---

① New York State Library School, *New York State library school*. Albany, New York, 1897, pp. 11—12.
② New York State Library School, *New York State library school*, Albany, New York, 1897, pp. 7—8.
③ New York Public Library, *New York State library school*, Register of the library school, 1924, p. 10.
④ Churchwell and Charles D, *The shaping of American library Education*, American Library Association, 1975, p. 69.

女士，她是杜威开设的哥伦比亚学院图书馆经营学院 1887—1889 学年的学生。纽约公共图书馆学校成立之初有两个目标：一是为本馆培训助理馆员，二是为其他图书馆提供人才储备。入学需要考试，并需提供正规专门学校以上毕业证明，招收学生的年龄限于 20—35 岁，首批通过考试录取的学生有 32 名。第一年开设基础课程的学习，完成后可以得到修业证书；第二年为高级课程的学习，包括选修课、专业课、非技能课程和实习，完成后可以拿到图书馆学学士学位。纽约公共图书馆学校办学的 15 年间，一共有 520 名学生获得学业认证或学位。

卡耐基集团连续 15 年的资助，为纽约公共图书馆学校提供了稳定的资金保障，但纽约州立图书馆学校却时常面临经费紧缺的问题。1923 年以后，美国图书馆协会发布了对图书馆学校的认证标准，一些办学条件不足、质量难以保障的图书馆学校将不能获得认证。在美国图书馆协会的协调下，1926 年 3 月，纽约公共图书馆馆长安德森（Edwin H. Anderson）向董事会建议将纽约公共图书馆学校迁入哥伦比亚大学，同年 4 月，纽约州立大学负责人亦向哥伦比亚大学移交了纽约州立图书馆学校，两所学校合并为哥伦比亚大学图书馆服务学院（School of Library Service），由威廉姆森（C. C. Williams）担任图书馆服务学院院长，并兼任哥伦比亚大学图书馆馆长。为促成合并，卡耐基公司制定了向哥伦比亚大学图书馆服务学院每年提供 25000 美金共计 10 年的资助计划。[①] 新成立的图书馆服务学院，第一年（1926—1927）仅举办一年制的普通班，共招收学生 109 人，学生完成学业后可以获得图书馆学士学位。

---

① John Vinson Richardson Jr., "The spirit of Inquiry in Library Science: the Graduate Library School at Chicago 1921—1951" (PhD diss, Indiana University, 1978).

1927—1928年增加二年级课程，卒业后可得图书馆学硕士学位。合并后的哥伦比亚大学图书馆服务学院成为美国现代图书馆学教育的基地和典范，1927—1949年共培养图书馆学专门人才近4000人，其毕业生遍布全美甚至全世界。[①]

（二）伊利诺伊大学图书馆学院

伊利诺伊图书馆学校可谓美国早期图书馆学教育的中心之一。其前身为1893年芝加哥阿莫尔学院所设的图书馆学系，当年9月招收了首批12名学生，系主任凯瑟琳·卢森达·夏普（Katharine Lucinda Sharp）于1892年毕业于纽约州立图书馆学校，在办学上秉承了杜威的理念，开始主要提供一年制的图书馆日常管理方面的课程和训练，以满足该地区对于图书馆助理一类低级职务的需求。但情况很快就发生了改变，为了学院的长远发展，该系开始限制入学标准，规定申请者必须具备专门学校以上的学历，并且要经过入学考试。第一学年分为三个学期，每学期三个月。1894年第一批学生获得了毕业认证。第二年学院进行了重组，增加了两年制的课程，但同时保留一年制的课程项目。在阿莫尔学院存在的四年间，一共录取了59名学生，其中有25人修读一年制的认证课程，还有11人完成了两年制的课程并获得了学位。1897年，该校迁入伊利诺伊大学，入学要求相应变为招收大学二年级以上的学生，完成两年的图书馆学专业课程后，可以获得伊利诺伊大学图书馆学学士学位。这标志着图书馆学得到了学术界的正式认可，成为大学的一个专业。伊利诺伊大学图书馆学系开设的课程类似于阿莫尔学院时

---

① Ray Trautman, *A history of the school of Library Service：Columbia University*, Columbia University Press, 1954, p. 79.

期、参考、目录学、图书选择、图书馆史和书籍制作、印刷史列为单独的课程，而图书订购、借阅、流通、编目等业务技能课程则合并在一门称作"图书馆经营学"的课程下。到 1911 年 9 月，该系的入学标准变为招收大学毕业生，虽然仍然授予图书馆学学士学位，但实际上已经具备了研究生院的性质。① 1927 年始，该校规定凡修读完一年课程者可授予学士学位，修完两年课程者可以授予图书馆学硕士学位，1928 年与 1929 年每年有 9 人获得硕士学位。自 1920 年代末以来，该校的招生数量逐年上升，1929—1930 学年共招收 177 名学生。该校一向注重毕业生的就业问题，1930—1931 年度一共有 195 名毕业生找到工作，然而随着经济大萧条的到来，翌年则仅有 29 名毕业生获得工作岗位。1936 年美国图书馆协会教育委员会视察该校并提出了三点建议：（1）应该继续限制录取人数；（2）提高入学学生的录取标准；（3）不断调整课程设置使之符合现代教育理念。1943 年以后，该校在教学上更加强调发展图书馆学教育的职业性，并注重图书馆的社会价值。②

（三）芝加哥大学图书馆学研究院

随着美国图书馆体系和服务的不断发展，许多图书馆长，尤其是高校图书馆长感到了建设一所研究型图书馆学校以提供更高层次的专业训练的需要。但囿于资金的缺乏，这一计划始终没有付诸实现。1926 年，卡耐基基金会捐资 138 万美金成立芝加哥大学图书馆

---

① Laurel Grotzinger, "The University of Illinois Library School," *The Journal of Library History*, NO. 2 (1967): 130—135.

② Laurel Grotzinger, "The University of Illinois Library School," *The Journal of Library History*, NO. 2 (1967): 139.

学研究院，美国诞生了第一所旨在培养图书馆学师资和高级研究人才的图书馆学研究生院。该校于 1928 年 10 月开学，由乔治·沃克斯（George Alan Works）担任首任院长，他的办学宗旨在于以最大的资源支持保证办学质量，曾计划为每一位学生提供奖学金，在招生上严格限制录取人数，且入学者均经精心挑选，至少满足以下三项要求：（1）正规专门以上学校毕业；（2）完成了经过认证的图书馆学课程；（3）至少有一年正式的图书馆工作经验。最初开设的课程除了传统的图书馆学知识，还强调跨学科知识，具体包括阅读学、编目和分类学、图书馆史和书史、目录学及方法、图书馆利用、专门图书馆学、调查研究法、教育学、社群学等课程。同时该校还编印有《图书馆学季刊》（*Library Quaterly*）和《芝加哥大学图书馆学研究丛刊》（*University of Chicago Studies in Library Science*）两种学术刊物。创办十年以来，该院的主要宗旨约演变为下列五种：（1）基于研究性质，教授图书馆学中之特殊问题；（2）训练图书馆学教学人才；（3）指导图书馆学问题研究方法；（4）除参与本院研究事务外，并与图书馆或其他相关院系学生开展合作研究；（5）促进研究成果的出版。① 该院开办第一年，仅招收学生 10 人，截至 1940 年总共毕业也不过 63 人，可谓真正的图书馆学精英教育。其毕业生大多在美国高校图书馆、公共图书馆和图书馆学校担任重要职务。②

---

① 范国仁：《美国图书馆学校史略》，《文华图书馆学专科学校季刊》1937 年第 2 期。
② John Vinson Richardson Jr., "The spirit of Inquiry in Library Science: the Graduate Library School at Chicago 1921—1951" (PhD diss, Indiana University, 1978).

（四）卡耐基与美国图书馆学教育

"钢铁大王"安德鲁·卡耐基（1835—1919）是全美著名的慈善家，他笃信自我教育和社会教育的重要性，声称其学问不是从学校里得来的，而完全是从图书馆里得来的。他建立了一系列基金会支持美国的教育事业，把家产的三分之二都捐给了美国的图书馆。美国的卡耐基图书馆和北京的中国政治学会图书馆，每年都有一部分图书是他捐的。① 1889年到20世纪20年代中期，卡耐基公司在全美1412个社区捐建了1681座公共图书馆馆舍，同时也为108所学术图书馆提供了建筑经费的支持。② 随着卡耐基建立的免费公共图书馆的发展，图书馆服务和馆员培训的问题也随之提上日程。1919年3月28日，卡耐基基金会请时任纽约公共图书馆经营部主任的威廉姆斯（C. C. Williamson）负责研究美国的图书馆学教育。威廉姆斯于1923年发布了名为《图书馆员之训练》（*Training in library service*）的调查报告，这项报告指出，几乎所有的图书馆学校都面临着经费不足、缺乏培养图书馆学教育人才的机构，各个学校办学水平不一、师资匮乏、毕业生达不到图书馆岗位要求的问题。针对这些问题，他提出了推动图书馆学校合并入大学、学生入学资格应为专门学校以上学历的建议。实际上，1924年以前，只有纽约州立图书馆学校和伊利诺伊大学图书馆学院的录取要求是专门以上学校毕业。报告还进一步指出，这些学校应提供一年制的适用于各类型图书馆管理业务的基本课程，而第一年成绩优秀的学生可以进入第二年高级课程的学习，高级课程应该是针对专门图书馆

---

① 戴志骞：《图书馆学》，《清华周刊》1924年第305期。
② Bobinski and George S. , "Carnegies," *American Libraries*, NO. 4 (1990): 296.

的管理工作，包括但不限于如学校图书馆工作、编目和分类、图书馆管理、儿童图书馆、乡村图书馆等。威廉姆斯的报告直接促成了1924年美国图书馆协会"图书馆教育委员会"的成立，这一委员会也受到卡耐基集团的赞助，其在制定图书馆学专业教育标准和图书馆学认证方面起到了非常重要的作用。

1925年，卡耐基集团启动了一个"图书馆服务十年计划"（Ten Year Program in Library Service），指定了500万美元的专项资金用于发展图书馆事业，其中251万美元用来支持现有的图书馆学校（占1125000美元）和资助建立一个新的图书馆学研究机构——芝加哥大学图书馆学研究院（占1385000美元），其余的249万美元资助美国图书馆协会。[1] 在1926年之前，只有亚特兰大大学、纽约公共图书馆、匹兹堡大学、西储大学下属的四所图书馆学校得到卡耐基集团的资助，而随着"图书馆服务十年计划"的启动，越来越多的图书馆学校受益于此。卡耐基集团对各个图书馆学校的资助计划非常倚重美国图书馆协会"图书馆教育委员会"的意见和推荐。1925年到1942年间，卡耐基集团共资助芝加哥大学图书馆学研究院462750美元，还捐献了300000美元给各图书馆学校用于举办各种会议、研究、出版等学术活动。卡耐基集团还针对图书馆学校学生提供奖学金，1928—1930年间，共向30名学生提供了50200美元的奖学金，1931—1939年，该集团通过美国图书馆协会向全美、加拿大、波多黎各赞助了总计134000美元的奖学金。[2]

---

[1] White and Carl Milton, *A Historical Introduction to Library Education*: *Problems and Progressto 1951*, Metuchen, N. J.: Scarecrow Press, 1976, p. 170.

[2] Florence Anderson, *Carnegie Corporation Library Program 1911—1961*, New York: Carnegie Corporation, 1963, p. 11.

二、民国时期美国东亚图书馆的发展

20世纪初期美国国内图书馆的中文收藏与当时美国的内政外交政策有关。1800年成立的国会图书馆是美国最早开始收藏中文书籍的机构,其早期馆藏主要来源于各方的捐赠。1869年,同治皇帝向该馆赠送了中国古典和科学书籍十种共933卷;1879年,美国首任驻华全权公使顾盛(Caleb Cushing)捐赠了所藏的237种汉、满文图书2500卷;1901—1902年,曾出使中国的外交官柔克义(William Rock hill)将他历年收集的汉、满、蒙、回文书籍6000卷捐赠给了国会图书馆;1904年,清政府在圣路易斯安娜国际博览会结束后,选出198种计1965卷图书赠送给国会图书馆。1908年,因美国退还庚子赔款,中国将5040册的大类书《古今图书集成》作为答谢送给美国。到1912年,国会图书馆中文馆藏已达169000册。①

美国进入帝国主义发展阶段以后,作为专门为国会服务,为美国政府决策层提供文献服务的国会图书馆,急速发展成为收藏、编辑整理和研究中国社会政治、经济、历史、文化的重要基地之一。民国时期国会图书馆曾多次派人到华主动搜购中文书籍,如美国国会图书馆馆长施廷格(Water T. Swingle)、东方部主任恒慕义(Arthur H. Hummel)、江亢虎等。早在1917年,在加州大学教授中国文化的江亢虎就曾利用暑假时间回国代国会图书馆向中央政府

---

① 李良佑:《美国国会图书馆中文藏书介绍——记与王冀博士的一次谈话》,《上海外国语学院学报》1990年第1期。

及地方政府请求交换各省地方志书。① 施廷格在 1914—1927 年负责美国国会图书馆的中文收藏，他先后于 1915、1918—1919、1926 年三次亲自来华收购中文书。② 1921 年，国会图书馆还派凯瑟琳·卫德（Katharine H. Wead）女士到南京金陵大学学习中文及中文图书的编目。③ 恒慕义 1915 年到中国传教，在华 13 年，除学习中文外，还对中国文化非常着迷，与冯友兰、胡适、顾颉刚等学者有着深厚的友谊。1928 年美国国会图书馆正式设立"中文部"（1931 年改称"中文及日文部"，1932 年改称"东方部"），恒慕义担任中文部主任，在任时间长达 27 年。国会图书馆收藏有大量中国善本书籍和地方志，民国时期，国会图书馆中文部几乎成为赴美图书馆学人的实习和研究基地，洪有丰、李小缘、袁同礼、刘国钧、王文山、汪长炳、李芳馥、房兆楹、王重民、曾宪三、朱士嘉等都曾在国会图书馆实习或工作。1934 年，文华图书馆学专科学校毕业生房兆楹还参与了恒慕义及哥伦比亚大学中文系教授富路德牵头的《清代名人传略》（*Eminent Chinese of the Ch'ing Period*）编纂工作，这一部书及后来的《明代名人传略》在海外汉学界产生了重要影响。1939 年，北平图书馆馆员王重民受恒慕义之邀，为该馆鉴定其所藏的中文善本书，撰写了善本书提要 1600 多篇，后来成书为著名的《中国善本书提要》。

除了国会图书馆，晚清以来中西方的交流也促进了各大学的中

---

① 辽宁省档案馆选编：《编修地方志档案选编》，辽沈书社，1983 年，第 89 页。
② Shu Chao Hu, *The Development of the Chinese Collection in the Library of Congress*, Boulder: Westview Press, 1979, p. 133.
③ *New York State Library School Records*, 1887—1967, Series III: 1992, Columbia University Archive, box22.

文图书收藏，如中国第一位留美生容闳向耶鲁大学捐赠的书籍成为该校第一批中文馆藏，哈佛大学的中文馆藏始于其第一位中文教师戈鲲化的捐赠，哥伦比亚大学早期中文馆藏源于华工丁龙的捐赠及清廷赠送的 5044 卷的《古今图书集成》等。19 世纪 20 年代后期，由于学术团体的提倡和基金会的资助，美国国内一批青年汉学家成长起来，一些大学成立了东方语言系，开始有系统地教授有关中国语文、历史、哲学、宗教、美术和其他方面的学科，并正式设立图书馆，收集有关资料，以辅助教学和研究。[①] 随着政府对中国研究的重视和汉学的发展，一些中文图书馆如哈佛汉和文库（哈佛燕京图书馆前身）、哥伦比亚大学图书馆中文部、芝加哥大学东亚馆、普林斯顿大学葛思德图书馆等也得到了较大的发展。为服务中文收藏和管理，这些图书馆产生了对中文图书管理和研究人员的需求，在一定程度上也促进了民国时期中美图书馆界的交流与合作，为在美的图书馆员提供了实践和工作的机会。

三、民国时期赴美的图书馆学人

美国对中国图书馆学教育的影响可谓深远，从早期图书馆学思想的传入，到指定退还庚子赔款中的一部分用于发展图书馆事业和图书馆学教育，以及师资、人才培养各方面，无不体现出美国的影响。

中国最早的图书馆学家均来自美国。以教会大学图书馆为例，其最早由明清之际来华的西方传教士创立，图书馆管理人员多为在

---

① 钱存训：《〈裘开明图书馆学论文选集〉序言》，《中国图书馆学报》2003 年第 6 期。

西方接受过专业训练的外籍人士,如文华公书林的韦棣华女士1889年起担任美国纽约州巴达维亚图书馆馆长,并分别于1906年和1918年到纽约普拉特学院图书馆学校以及西蒙斯大学图书馆学校进修。[①] 以韦棣华为代表的外籍图书馆学人,不仅带来了美国图书馆管理理念和技术,还借由他们与国外图书馆界的联系,为中国图书馆学人赴美求学提供了帮助。

笔者根据搜集到的资料,统计出民国时期赴美接受图书馆学专业训练的图书馆员约80人。这些人既包括这一阶段到美国攻读图书馆学学位者,也包括到美国图书馆从事具体工作的交换馆员。这一群体因为赴美的时期不同,对我国图书馆事业的影响也各不相同。

(一)民国时期赴美的第一批图书馆学人

笔者将完全由美国培养、直接接受美式图书馆学训练者定义为赴美的第一批图书馆学人。他们赴美的时间集中在1914—1924年间,人数大约14人(包括赴菲律宾接受美式图书馆学训练的杜定友先生),他们对于我国图书馆事业和图书馆学教育的发展起到了奠基性的作用。现将这14人名单列表如下:

表3.2 民国时期赴美的第一批图书馆学人名录

序号	中英文姓名	生卒年	留美经历
1	沈祖荣 Samuel Seng	1883—1977	1914—1916年留学美国纽约公共图书馆学校

---

① 孟雪梅:《近代中国教会大学图书馆研究》,国家图书馆出版社,2009年,第29页。

续表

序号	中英文姓名	生卒年	留美经历
2	徐燮元 Hsu Hsienyuan	1891—1923	1916.10—1917.1，就读于美国纽约公共图书馆学校
3	胡庆生 Thomas Hu	1895—1968	1917—1919年，留学美国纽约公共图书馆学校
4	冯陈祖怡 T. Y. Chen	1895—1975	1917—1918年，留学美国加利福尼亚图书馆学校
5	戴志骞 Tse. Chien. Tai	1888—1963	1917—1918年，留学美国纽约州立图书馆学校，1924—1925年，获美国爱荷华大学教育学博士学位
6	杜定友 Ding U Doo	1898—1967	1918—1921年，留学菲律宾大学
7	洪有丰 Hung Yo-feng	1893—1963	1919—1921年，留学美国纽约州立图书馆学校
8	袁同礼 Yuan Tung-li	1895—1965	1920—1921年，留学美国哥伦比亚大学历史系，1921年获文学学士学位，1921—1923年，留学纽约州立图书馆学校；1923年夏在美国国会图书馆中文部任实习编目员，此后还在伦敦大学及巴黎Ecole Nationale des Chartes从事研究
9	姬振铎	1892—1943	1920年公费留学美国，入纽约布法罗大学主修职业教育，兼修图书馆学
10	李小缘 Li Siao-yuan	1897—1959	1921—1923年，留学美国纽约州立图书馆学校；1923—1925年，攻读哥伦比亚大学师范学院教育学硕士学位
11	刘国钧 Liu kwoh chuin	1899—1980	1922年留学美国威斯康辛大学，1925年获威斯康辛大学哲学博士学位
12	杨昭悊 Yang Tsao-tsu	1894—1939	1922—1923年，就读美国洛杉矶公共图书馆学校，1923年获得美国南加州大学政治学硕士学位，1924—1925年，就读于伊利诺伊大学图书馆学院

续表

序号	中英文姓名	生卒年	留美经历
13	李燕亭 Li Yen-ting	1893—1964	1920—1923 年，就读于美国南加州大学，获生物学硕士学位，1922—1923 年与杨昭悊同在洛杉矶公共图书馆学校就读
14	王京生 Yang Ging seng	1900—1972	1923 年获得美国南加州大学生物系学士学位，1924—1925 年，第二学期就读于伊利诺伊大学图书馆学院

1. 第一批图书馆学人赴美的动机和途径

在中国图书馆事业初兴之期，第一批图书馆学人赴美大多受到外部的支持或影响。上文列出的 14 名留美图书馆学人中，一共 12 名男性，2 名女性。其中沈祖荣、胡庆生、洪有丰、李小缘、刘国钧、徐燮元等 6 人赴美前已经在教会大学图书馆就职，他们均通过外籍馆长的推荐到美接受图书馆学训练。而戴志骞、袁同礼、杜定友、杨昭悊 4 人则因国立大学建设新式图书馆、储备人才之需而被资送赴美学习图书馆学。李燕亭是在美攻读其他学位的同时辅修了图书馆学的课程。虽然民国时期普遍认为"图书馆员的职业，于女子最为相宜"[①]，但当时有机会接受国内高等教育的女性已是小众，留学西洋者更是凤毛麟角。早期留美学习图书馆学的 2 名女性，多是受到他人影响。如冯陈祖怡是受到返国的加州大学讲师江亢虎的安排，而王京生修读图书馆学则受到夫君杨昭悊的影响。

（1）教会大学的推荐

服务于教会大学的图书馆学人，本身接受的是教会大学的西式

---

① 李大钊著，朱文通等整理：《李大钊全集》（第三卷），河北教育出版社，1999 年，第 344 页。

教育，同时积累了一定年限的图书馆工作经验。早期教会大学把推广英语作为向学生宣传西方文化的媒介，学生要花大量的时间学习英语，教科书也大都使用英文原版，这使他们在语言上具有一定的优势，并能提前适应国外的文化。如沈祖荣、胡庆生毕业于由美国圣公会等教会组织创办的武昌文华大学，就职于当时隶属于该校的文华公书林；洪有丰、李小缘、刘国钧毕业于由美以美会、浸礼会等多个教会组织联合创办的南京金陵大学，就职于金陵大学图书馆；戴志骞、徐燮元毕业于美国圣公会资助的上海圣约翰大学，曾就职于圣约翰大学图书馆。从1893年起，中国教会大学陆续向加拿大、美国的大学或者政府机构申请办学执照，截至1929年，除齐鲁大学外，其他教会大学都取得了美国颁发的临时或正式办学许可，以颁发执照大学的分校身份办学。因此，这类教会大学的课程设置与教学模式往往与美国国内接轨，不少教师也是直接从美国派遣，学生的学分和成绩也为美国教育界承认。如上海圣约翰大学早在19世纪90年代中期，全部课程已基本上用英语教学，1905年获得美国哥伦比亚特区颁发的办学许可证，学生入学考试用的是与美国纽约州立大学入学考试相同的试卷。[1] 1909年，文华书院在校长翟雅各（James Jackson）的活动下，获得美国纽约州立大学评议会（Regent）的特许，并在哥伦比亚特区注册，正式综合神学、文学、理学各科，改组升为大学，改名为文华大学（Boone University）。南京金陵大学则于1911年4月起得到美国纽约州立大学评议会的认可，该校学生的学位亦由纽约州立大学授权颁发。[2] 其他获得纽

---

[1] 徐以骅：《教育与宗教：作为传教媒介的圣约翰大学》，珠海出版社，1999年，第29页。
[2] University of Nanking, "Catalogue 1920—1921," *University of Nanking Bulletin*, NO.1 (1921): 21.

约州立大学评议会认证的中国教会学校还有岭南大学（1893年获得认证）、燕京大学（1929年获得认证）、华西协和大学（1934年获得认证）、福建协和大学（1934年获得认证）等。东吴大学则于1900年在美国田纳西州注册。[①] 美国图书馆学校一般只接受经过认证的专门以上学校的毕业生，因此毕业于教会大学的学生在申请美国图书馆学校时不存在本科教育不被承认的问题。

教会大学图书馆在发展初期，往往由差会派遣外籍人士担任馆长或者顾问，具体工作则由中国人负责。这些外籍馆长在来中国之前大多已经具有图书馆工作经验，但是语言的障碍和对中文图书认识水平的不足，使得他们必须依赖中国助手来解决实际管理中的问题，如分类、编目等，因此培训中国图书馆员成为必然的选择。沈祖荣、胡庆生进入美国州立图书馆学校学习均得益于韦棣华的推荐和帮助。克乃文（H. C. Clemons）1913—1927年主持金陵大学图书馆，同时也担任该校英语教师，洪有丰、李小缘、刘国钧都是他的学生。洪有丰1916年从金大毕业后成为克乃文的第一个学生助理馆员，1919—1921年克乃文准许洪有丰三年的假期并安排他进入纽约州立图书馆学校学习。1921年洪有丰归国后，接受了新成立的东南大学图书馆的职务邀约。克乃文又向纽约州立图书馆馆长怀勒（James L. Wyler）推荐了李小缘、刘国钧。[②] 1922年2月，上海圣约翰大学聘请美国图书学家海施（Florence C. Hays）女士为图书馆长，她任职四年内训练了数名图书馆助理，而徐燮元亦由

[①] 芳卫廉著，刘家峰译：《基督教高等教育在变革中的中国》，珠海出版社，2005年，第251—252页。

[②] Kuang-pei Tu, "Transformation and Dissemination of western Knowledge and Values: the Shaping of Library Service in Early Twentieth Century China" (PhD. diss, University of California, 1996).

她派遣，赴纽约州立图书馆学校研究图书馆学。[①]

（2）国立大学的资助

除了教会大学，民国时期中国的高等教育事业开始发展，国立大学在硬件配套上逐步完善，纷纷募资建设图书馆，由此产生了图书馆专门人才的需求。为了本校图书馆发展的人才储备，一些国立大学也资送馆员出国接受美式图书馆学教育，戴志骞、袁同礼、杜定友、杨昭悊便是早期的代表人物。

戴志骞1907年毕业于上海圣约翰大学预科，1909年秋应聘到圣约翰大学图书馆任馆长。1914年夏，他辞去圣约翰大学图书馆馆长职务，就任清华学校图书馆馆长。1916年4月校长周诒春主持建造新图书馆馆舍，为了提高新馆建成后的管理水平，派遣戴志骞作为清华庚款津贴生赴美考察图书馆事业。1917年8月，戴志骞以留美学生监督处（The Chinese Educational Mission）书记员的身份随校长周诒春第一次赴美。[②] 同年晚些时候，他进入奥尔巴尼的纽约州立图书馆学校就读。1919年秋，戴志骞返回中国，继续主持清华学校图书馆工作。[③] 1924年8月，他与挪威籍夫人戴罗瑜丽（Julie Rummelhoff）等作为清华学校留美学生护送员再次赴美，并调查大学图书馆管理事业。[④] 1925年，戴志骞获得爱荷华大学教育学博士学位。

戴志骞赴美期间，由袁同礼代理清华学校图书馆馆长职务。

[①] 熊月之、周武主编：《圣约翰大学史》，上海人民出版社，2007年，第431页。
[②] 《寰球学生会欢送赴美学生》，《申报》1917年8月16日第11版。
[③] 顾烨青等：《探究图书馆学家戴志骞转行与归宿之谜——戴志骞生平再考》，《大学图书馆学报》2013年第1期。
[④] 《清华赴美生放洋前之酬酢》，《申报》1924年8月13日第14版。

1916年，袁同礼从北京大学英文预科毕业，进入清华学校图书馆参考部工作。由于此期北京大学有派遣毕业生赴欧美留学的资助计划，1920年，袁同礼与北大商定了服务合同，由北大"每年补助美金四百八十元，以三年为期，川资费、治装费等由袁君自筹"①。经北大校长蔡元培先生推荐，袁同礼先是插班哥伦比亚大学历史系，得文学学士学位，后又在纽约州立图书馆学校学习图书馆学。1923年，袁同礼从纽约州立图书馆学校毕业后，向北大申请延长一年资助期，以便到欧洲各国游历学习，考察图书馆事业，并得到北大总务长蒋梦麟的批准："在合同规定之期限外，延长一年，其余条件概不变更。"②

1918年2月20日，上海工业专门学校开始动工兴建图书馆，因有一笔捐给该校图书馆的善款存于菲律宾，学校图书馆董事会便提出派一名学生赴菲律宾研习图书馆学，以备图书馆落成之用。校长唐文治选取了中学毕业的杜定友，双方签订赴菲律宾大学专修图书馆管理科的合同。合同规定从图书馆捐款中每年拨付杜定友学膳宿费及书籍费610班沙（Peseta，菲币），共计四年，并报销其赴菲旅费70元、回国旅费50元，另给整装费200元。毕业后杜定友须在该校图书馆服务6年。由于上海工业专门学校图书馆尚在筹建中，经费并不充裕，无法派遣杜定友入美国大学。但合同也提到，倘2年后图书馆经费充裕，可转派杜定友入美国大学。实际上，当时菲律宾为美国殖民地，1908年，美国政府在马尼拉城设立菲律宾大学，其管理与课程均仿美国大学制度，图书馆学专业则是由毕业于美国哥伦比亚图书馆学院、从事图书馆事业40余年的波尔卡

---

① 北京大学教授评议会档案，档号：BD1919002。
② 北京大学教授评议会档案，档号：BD1923010。

女士（Miss Mary Polk）负责。① 所以，杜定友接受的仍是一脉相承的美式图书馆学训练。

杨昭悊1915至1919年就读于北京法政专门学校，毕业后任该校图书馆馆长。除了主持图书馆工作，他还于1919至1921年分别在北京女子师范学院讲授逻辑学，在北京朝阳大学讲授经济学，并兼任交通部职员。② 1920年，他在工作之余译介了日本学者田中敬的《图书馆学指南》，这本小册子在当年北京高师的图书馆学暑期讲习会上被作为教材使用，第二年他又参考国外图书馆学专著写出了通论性的《图书馆学》一书。1921年他由交通部派往美国专门学习图书馆学。1922—1923学年，他在洛杉矶公共图书馆修读图书馆学课程，1923至1924年在南加州大学攻读政治学硕士学位，1924至1925学年又专门到伊利诺伊大学图书馆学院修读图书馆学。③ 1925年杨昭悊归国，担任北京法政大学图书馆馆长，1929年到江西省图书馆任职。

（3）个人兴趣或他人的影响

除了公派留学外，还有几位是出于个人兴趣或受到他人的影响而修读图书馆学的。如王京生、李燕亭和冯陈祖怡等。王京生是杨昭悊在美国的同学，后来成为他的夫人。她到美国比较早，先是在美国教会学校读高中，毕业后获教会资助进入美国南加州大学习生物，1924—1925年，与杨昭悊一同就读于伊利诺伊大学图书馆学

---

① 参见王子舟《杜定友和中国图书馆学》，北京图书馆出版社，2002年，第197—199页。
② American Library Association Archives, University of Illinois, Urbana-Champaign, Graduate School of Library and Information Science, Director's office, Alumni File, 1893—1999, Series18/1/42, Box33.
③ 汤旭岩：《续写我国早期图书馆学家杨昭悊》，《图书情报论坛》2009年第1期。

院。李燕亭 1920 年毕业于北京大学化学系,在李大钊的介绍下,他赴美半工半读,在南加州大学攻读化学硕士学位。他也于 1923 年到洛杉矶公共图书馆学校上了一个学期的课,并与杨一同翻译了《图书馆员之训练》这本书。他修读图书馆学的课程,应该是受到杨昭悊的影响。冯陈祖怡是我国第一位赴美的女图书馆学人,毕业于北京女子师范学校第一期。1917 年暑假,时任加利福尼亚大学讲师的江亢虎受美国国会图书馆委托回国收集地方志,在上海组织留美俭学会,为自费学生出国留学提供途径。报名者"无论男女,以十二岁至十八岁为限,不问现在程度如何,以将来能在美国高等学校毕业为限……每人须备川资、整装费约四百元……年费六百元。"① 江亢虎负责护送并安排他们到加州后的生活学习。冯陈祖怡为第一批报名自费赴美的 13 名学生之一。② 她抵美后进入加利福尼亚图书馆学校学习。冯陈祖怡选择图书馆学,应与江亢虎的影响和安排有关。

2. 第一批图书馆学人在美留学经历

美国图书馆学校入学前都必须填写申请表,包括个人基本情况(如姓名、籍贯、宗教信仰、教育背景等),语言能力,阅读情况(如阅读了哪些书刊,最有印象的图书书名、作者名,最喜欢的阅读主题和最想要阅读的书等),打字能力,教学和图书馆工作的经历,并需要提供 2 到 3 名推荐人。图书馆学校收到申请表后,往往会联系申请人提供的推荐人,作进一步的了解。通过资格审核者,还要参加图书馆学校组织的入学考试,考察科目包括语言能力、英

---

① 《留美俭学会之简章》,《教育周报》1917 年第 174 期。
② 《纪欢送留美俭学会第一次出洋诸君》,《环球》1917 年第 3 期。

美文学、历史、时事及常识，合格者才能被正常录取。美国图书馆学校特别重视入学者的外语能力，西方文献涉及多个语种，因此图书馆员需要掌握几门主要的外语，如法语、德语、拉丁语、希腊语、西班牙语等。中国申请者入学时也要参加考试，若考试有不达标的科目，经过校方讨论后有条件地录取或者作为特别学生入学。

（1）留学纽约公共图书馆学校者——沈祖荣、胡庆生、徐燮元

纽约公共图书馆学校提供全科、在职馆员选修课程、D类试读课程等三种不同的训练形式。其中全科的课程分为初级学年和高级学年两种，仅修读初级学年并通过考试者可以获得证书，完成初、高级两年的学习并通过考试者则可以获得图书馆学学士学位。授课的形式分为专题讲授和实习，有不少课程由纽约州立图书馆馆员来讲授，也邀请其他各地的图书馆员作一些专题讲座。1912学年，文华公书林的韦棣华女士就曾受邀请到该校作了《一个图书馆员在中国革命中的经历》（"A librarian's experience in the Chinese revolution"）的演讲。[①]

美国图书馆学教育兴起之际，其图书馆事业已经走过了一段较长的发展期。图书馆类型多样、层级完善，图书馆业务分工明确。纽约公共图书馆学校的课程大多集中于图书馆具体工作方面，如儿童、编目、参考及学校图书馆工作等。该校也开设很多特色课程，如图书馆与移民、纽约州立图书馆系统、图书馆分馆制、意大利小说等，这些课程并不都适用于当时中国图书馆事业发展的需要，因此中国学生选修的多为国内亟需或通用性的课程。而一些基础核心课程，无论初级班或者高级班都需要修读。其中以图书馆行政管理

[①] *Annual Report of the Library School*, New York: The New York Public Library, 1912, p. 13.

课程时间最长，内容最多。该课类似专题讲座的性质，每一项专题请不同的人来讲，有的只讲一次，每次1小时，有的专题内容较多，需要分几次讲授。

除了授课和讲座，实习也占了很大比例，初级学年的学生们每周要到印刷厂、图书装订厂或者本地的图书馆实习。每年春季学期固定有一周的参访活动，由教员带领高级学年的学生到附近各州一些重要图书馆或相关机构参观交流，经常去的有华盛顿州的国会图书馆、哥伦比亚公共图书馆、费城免费图书馆等。① 笔记也是课业考核中的重要部分，不仅包括教师指定的参考书目读书笔记，还包括到各处实习的笔记，学期末教师会对学生的笔记进行检查。除强调实习和实地参观考察，该校还鼓励学生开展研究，一些学生在校期间还撰写了学术论文，发表在图书馆学刊物上。

沈祖荣先生1911年于武昌文华大学毕业，在武昌文华公书林工作3年后，由公书林馆长韦棣华女士募集资金，推荐其赴美。1914年6月9日，他参加了纽约公共图书馆学校的入学考试，考试科目及成绩为时事（B−）、综合（C）。由于他的异国背景，校方对他免除了法语、德语、历史和英美文学等科目的考试，并特别安排了他的课程计划，以适应其回国从事图书馆工作的需要。他入学后各门功课表现出色，不仅学习了图书馆学专业课程，还广泛学习了其他语言类的课程。他的学籍卡上显示，经过两年的学习，他能阅读拉丁文、西班牙文、希腊文和意大利文。沈祖荣所修读图书馆

---

① *Annual Report of the Library School*, New York: The New York Public Library, 1912, p.7.

学专业课程及其成绩见下表:①

表 3.3 沈祖荣于纽约公共图书馆学校
1914—1915 初级学年修读课程及成绩表

课程名称	第一学期	第二学期
图书选择 Book Selection	A—	
编目 Cataloguing	B	B
分类 Classification	B—	B+
小说专题讨论 Fiction Seminar	B	
索引 Indexing	A	
图书馆建筑 Library Buildings		C+
图书馆经营 Library Economy	B+	B+
连续出版物 Periodicals	A—	
参考工作 Reference Work	A—	B+
标题 Subject Heading	A—	A—
专业德语 Technical German	B+	
书业书目 Trade Bibliography	B+	
政府文书 U. S. Documents	B—	

(注:A 为优秀,B 为良好,C 为一般,D 为较差,E 为不及格,后同)

纽约公共图书馆学校每个学年要求有三次不带薪实习,纽约公共图书馆下属的 13 个分支馆作为实习点可供学生选择,也有极少数的学生被指定到总馆的一些参考部门实习。沈祖荣先生第一学期的实习是在纽约公共图书馆的东方部,实习共计 54 小时,分为借

---

① *The New York Public Library School Records 1900—1927*,Series Ⅶ, Columbia University Archives,Box22.

书 Charging（11 小时）、还书 Discharging（7 小时）、文献传递 Application（2 小时）、注册 Registration（9 小时）、备书 Preparation of books（1 小时）、字母顺序归档 Alphabetic filing（8 小时）、书架整理 Arrangement of shelve（9 小时）、杂项 Sundries（7 小时）。1914 年 10 月 1 日到 12 月 8 日，他每周二和周四下午在纽约公共图书馆且林士果广场分馆（Chatham Square）实习，每次三个小时，同样涉及图书借还、读者注册、图书上架整理、字母顺序归档以及图书馆事务性工作等方面。① 沈祖荣先生于 1915 年 1 月 11 日完成初级学年的学习，顺利拿到证书。②

1915—1916 年，沈祖荣先生升入高级学年，该年开设课程有中学和大学图书馆、高等参考和编目、图书馆行政与管理、儿童图书馆学。他主要修读了图书馆行政与管理（B）的课程。这一学年他分别到纽约公共图书馆且林士果广场分馆、纽约公共图书馆东方系及巡回书库（travelling library）进行了三个阶段的实习。在校期间，他还在 1916 年的《图书馆杂志》(*Library Journal*) 上发表了论文《美国图书馆系统能适用于中国吗？》（"Can the American Library System be Adapted to China?"）。根据纽约公共图书馆学校的规定，高级学年的学生完成课程后，可以以毕业论文或编纂书目的形式申请学位。1916 年的毕业生中有 13 人撰写了毕业论文，还有 12 人提交了书目。沈祖荣先生提交了题为《中国图书馆事业的困难》（"Difficult problems of libraryship in China"）的论文。

---

① *The New York Public Library School Records 1900—1927*，SeriesⅦ，Columbia University Archives，Box22.
② *Annual Report of the Library School*，New York：The New York Public Library，1912，p.12.

他的毕业典礼于 1916 年 6 月 9 日周五 11 点在纽约公共图书馆学校举行，由该校校董会秘书查尔斯·霍兰德·罗塞尔（Charles Howland Russell）主持并授予学位。①

徐燮元于 1916 年 10 月 11 日进入纽约公共图书馆学校，入学时该校已经开学两周，他作为一名"特别生"（Special Student，指没有达到入学标准的学生，只选课不拿学位者）注册入初级学年班，学习到 1917 年 1 月 8 日。1914 年徐燮元毕业于上海圣约翰大学，获文学学士学位，毕业后即任职于该校图书馆。入学时他年 24 岁零 8 个月，语言方面懂一点法语，可以利用字典阅读法文，他在大学四年级期间曾有一年的教学经验，平时喜欢阅读中国国际关系方面的书籍。他选修的课程及成绩见下表：②

表 3.4　徐燮元 1916 年 10 月—1917 年 1 月于纽约公共图书馆学校修读课程及成绩

课程	平时成绩	期末成绩
图书分类学 Classification	B	A—
公共文书 Public Document	C+	—
参考咨询 Reference	B	B—
标题 Subject Heading	B—	B
书业书目 Trade Bibliography	C	—
索引 Indexing	B+	—
图书馆经营 Library Economy	B—	—

---

① *Annual Report of the Library School*，New York：The New York Public Library，1912，p.13.
② *The New York Public Library School Records 1900—1927*，Series III，Columbia University Archives，Box22.

该校校长对徐燮元的评价为：

虽然徐君入学伊始直到整个学年身体一直不太好，又不太熟悉美国图书馆学方法，但是他在校期间仍然非常努力，无论是学习还是精神状态都很让人满意，他的各科成绩也证明了他的优秀。他是图书馆学校每一个人的朋友。①

出于身体的原因，徐燮元还曾经缺过几天的课。尽管有重重困难，随着他对语言的熟悉以及不断的努力，他在学业方面的表现仍然不错。

胡庆生于1917年5月21日向纽约公共图书馆学校递交了入学申请表，他申请了全科课程的学习。1915年，胡庆生毕业于文华大学，服务于武昌文华公书林。1917年6月21日，纽约公共图书馆学校致函胡庆生的入学推荐人中华圣公会湘鄂区主教鲁池和翟雅各，了解其入学前的情况，询问他是否胜任图书馆的工作、工作的准确性、方法和判断力、是否有比较系统的教育和广泛的阅读，以及最大的不足之处，等等。②通过资格审查后，胡庆生参加了纽约公共图书馆学校的入学考试。由于之前未曾学习过德语及法语，除了英语，他只会一点拉丁语。校方将他作为特别生录取，免去了德语和法语入学考试，而考查了其目录学方面的知识。他的入学考试科目及成绩为：

---

① *New York State Library School Records 1887—1967*，Series Ⅲ：1992，Columbia University Archives，Box60.
② *New York State Library School Records 1887—1967*，Series Ⅲ：1992，Columbia University Archives，Box60.

表 3.5　胡庆生纽约公共图书馆学校入学考试科目及成绩

科目	成绩	科目	成绩	科目	成绩
历史 History	A—	时事 Current Events	A+	综合信息 General Information	A—
文学 Literature	A+	法语 French	未考	德语 German	未考

1917年9月29日，纽约公共图书馆学校致函在华盛顿的中国留美学生监督处负责人周诒春博士，介绍胡庆生入学不久后的情况：

胡先生和其他一些之前没有图书馆工作经历的学生一起在纽约公共图书馆学校注册入学，并且接受了两周的图书馆初级助理课程的训练，这项课程由我负责。他这两周的课业非常让人满意，尽管对语言和专业术语的表述还比较陌生。他是最认真的一个学生，非常注重细节，能够抓住重要的原理及其应用，并且投入了极大的热情和努力去完成课程任务。他的课堂笔记及课程考试成绩证实了这一点。他平时的课业和态度也是值得称道的。我相信他在图书馆学校的学业也将达到同样高的水准。①

纽约公共图书馆学校1917—1918学年的课程公告中列出了该学年的主要课程及其内容：

---

① *New York State Library School Records 1887—1967*，Series III：1992，Columbia University Archives，Box60.

图书馆行政与管理 Library Administration（第一学期）：时间从1917年9月24日到1918年1月28日，讲授的主题有图书馆与城市（附带有阅读作业）；纽约及纽约公共图书馆指南；如何做调研笔记；图书馆组织法；纽约公共图书馆阅览室介绍；纽约公共图书馆分馆服务；纽约公共图书馆儿童阅览服务（幻灯片）；纽约公共图书馆信息服务部；纽约公共图书馆图书排架工作；纽约公共图书馆印刷及装订室；针对外国人的图书馆服务；面向特定研究者之服务；图书订购部门之工作；书商、价格及图书版本选择；纽约公共图书馆流通部；美国报纸出版物；纽约州境内的图书馆（2次）；参观城市学院；图书订购的主要原则；版权保护和引进；图书馆建筑（4次）；图书馆及全国服务；图书借阅及收费制度（9次）；纽约公共图书馆参考部（2次）；图书馆人力资源管理；明细表（2次）；纽约公共图书馆之读者俱乐部；图书馆统计资料；年度报告；参观调研（2次）；图书馆讲故事活动；读者访问报告（2次）；图书馆儿童服务方法；人事工作。

图书馆行政与管理 Library Administration（第二学期）：时间从1918年3月5日到5月29日，讲授的专题内容包括馆长和职员；预算、规章制度；照片维护和复制；图书插图；专门图书馆；院校图书馆；组织图书馆俱乐部活动；现代期刊出版现状；儿童阅览室的设备和装修；读者访问报告；图书馆工作的社会性；中小学图书馆；分馆组织与管理；图片及其他特殊形式馆藏；图书馆讲故事活动；意大利小说；图书馆补给与供应；参观普拉特学院图书馆；简报和活页；市政参考图书馆；移民出版物；图书馆宣传与推广；图书馆出版物；图书馆史；礼品、交换和副本；社区调查（2次）；文书工作方法；针对特殊人群的图书馆；馆长和董事会关系；节约人工之图书馆设备。

书籍装订和修复 Binding & Repair：时间从1917年10月2日到1918年1月22日，每次上课时间为下午两点到五点，地点多是在装订工厂或者车间。内容包括活页和小册子装订；图书制作；小册子制作；文件夹制作；参观装订厂（安排2次）；档案装订；书脊刻印；装订机械；上架和盘点；连续出版物的检查；明细表。

编目和标题 Cataloguing & Subject Heading：时间从1917年9月24日持续到3月17日（含考试），讲授的内容包括档案著录；人名参考；人名及著者卡；小说；一般参考文献；编者、译者等主次关系；共同作者；连续出版物；内容提要；法人登记；讨论教科书编目；假名及首字母署名；匿名及共同署名；标题（17次课）；期刊；其他版本；字母表（2次）；题名变更；《圣经》及其著录（2次）；国会图书馆及其他著录卡；关联主题；其他各类编目杂项；再编目及编目部门的分支工作。

印刷及索引 Printing & Indexing：时间从1918年4月2日到5月17日，讲授的专题包括印刷；插图；准备样本（2次）；编辑（2次）；校对（3次）；索引编制（3次）。①

胡庆生的学习同样分为两个学年，第一学年为初级班的学习，他于1917年9月注册，1918年6月4日获得证书。这一学年共有两个学期，其选修课程及成绩如下：

---

① *The New York Public Library School Records 1900—1927*, Series III, Columbia University Archives, Box22.

表3.6 胡庆生在纽约公共图书馆学校 1917—1918学年修读课程及成绩

	科目名称	平时	考试	最终		科目名称	平时	考试	最终
第一学期	编目和标题 Cataloguing & Subject Heading	B+	A	A−	第二学期	编目和标题 Cataloguing&Subject Heading	A−	A−	A−
	参考工作 Reference			B		参考工作 Reference			A−
	图书选择 Book Selection	B	A	A−		图书选择 Book Selection	B	A	A−
	图书馆行政与管理 Administration			A−		图书馆行政与管理 Administration		A−	A
	分类学 Classification	B+	B+	B+		书目学 Bibliography			A
	美国图书馆概况 American Libraries			B		历史及时事 Current History			B+
	书籍装订与修补 Binding & Repair			A		印刷和索引 Printing & Indexing	A+	A	A
						法语和德语 Technical French & German			
						实习 Practice work			B
						图书馆参观 Library Visits			B

1918年10月1日,胡庆生注册了纽约公共图书馆学校高级学年的课程,并于1919年6月6日获得图书馆学学士学位。他在高

级学年修读的课程和成绩如下表所示：

表 3.7 胡庆生在纽约公共图书馆学校 1918—1919 学年修读课程及成绩

	课程名称	成绩		课程名称	成绩
第一学期	图书选择 Book Selection		第二学期	图书选择 Book Selection	A
	参考咨询 Reference			图书馆社群学 Library Community	A+
	公文 Documents				
	图书馆行政与管理 Administration			专门图书馆 Special Libraries	B+
	儿童图书馆学 Children's Work	无考试		艺术与图书 Art & the Book	14 场讲座，参加 13 场

　　除了上课，胡庆生在校期间还参与了多项实习工作，如 1918 年 2 月 11—18 日为警察局挑选图书，整理并装订人名档案，核对收书记录等，他在各处的实习都获得了良好的评价。在修习图书馆学课程的同时，胡庆生还一直在哥伦比亚大学师范学院学习，并于 1919 年获得哥伦比亚大学师范学院硕士学位。

　　在美学习期间，沈祖荣和胡庆生积极向美国同学、同行介绍我国图书馆事业的发展情况，并争取他们对中国图书馆事业的支持。纽约州立图书馆学校校友会专门成立了"为中国捐书委员会"。1921 年元旦，该会给沈祖荣、胡庆生任职的文华公书林"寄来书籍一箱共计一百五十册，皆系历史科学、社会学、文学、传记等类佳篇善本"①。1921 年 5 月第 8 卷第 3 期纽约州立图书馆学校的《图

---

① 《公书林佳音汇志》，《文华月刊》1921 年第 2 期。

书馆消息》(Library School Notes) 中特别刊登了向中国捐赠图书的消息:"本委员会希望今年暑假再次为沈先生和胡先生寄送一批书。校友们若有相关图书请速于 6 月 20 日之前送到图书馆学校来。"①

(2) 留学纽约州立图书馆学校者——戴志骞、洪有丰、李小缘、袁同礼

纽约州立图书馆学校起源于 1887 年杜威开办的哥伦比亚学院图书馆经营学院,是美国最早的图书馆学专业教育机构,从成立到 20 世纪 20 年代接受中国图书馆学者,已经历了较长的发展历程。纽约州立图书馆学校课程同样分为初级学年、高级学年两种。该校入学条件比较严苛,须提前填写入学申请表,在语言方面,需要有法语或其他语言的基础,同时要求会使用打字机,因为该校不提供打字的课程。每个学生入学前要进行打字的测试,打字速度须达到每分钟至少 30 个字。不能满足这些条件而暂时准予入学者,需要在第一学年结束之前达到该项要求的标准。② 若直接参加图书馆学高级班并希望获得图书馆学学士学位,申请者需要具备在纽约州立大学校委会认可的图书馆学校一年的学习经历,同时要满足入学的其他标准。该校毕业的条件包括:完成所有的课程并且通过考试,平时读书笔记和实习观察笔记也要通过审阅并取得相应的分数。每学年 36 周,每周 42 个学时,授课时间从当年 9 月的第三个周三开始,到次年 6 月的第二个周五。学校为每个人提供一张私人书桌和

---

① "Library School of the New York Public Library," *Library School Notes*, NO. 3 (1921): 9.
② New York State Library School, *New York State library school records 1887—1967*, Columbia University archives, SeriesII: 1981, Box14.

书箱。对于非纽约州居民，初级学年的学费为 100 美金，高级学年的学费为 50 美金，加上实习费用、书本费、编目卡片费，学校各项费用加起来大约每学年需要数百美金。对于特别生，可以按月支付讲课费和指导费，非纽约州居民大概每月 20 美金。每门课课堂学习、实习和考试均达标者可以得到一张通过卡，第一年功课全部通过者可以得到认证书。① 通过初级、高级学年全部课程考核并至少在学校脱产学习一年者，即可获得图书馆学学士学位。

纽约州立图书馆学校开设了必修课和选修课，初级学年和高级学年的必修课程一共 110 学分（初级学年 58 学分，高级学年 52 学分）。其中图书馆行政管理类课程初级学年和高级学年各 8 个学分，目录学有关课程初级学年 21 个学分，高级学年 27 个学分，实习工作两个学年分别为 8 个学分，技术类的课程（如修复、编目、分类、借阅、上架、印刷、订购登记等）初级学年 21 个学分，高级学年 9 个学分。选修课只针对高级学年的学生，开设有目录学实习（2 学分）、编目（4 学分）、编目实习（4 学分）、中学图书馆（4 学分）、索引（4 学分）、图书馆推广（2 学分）、法律图书馆及立法参考实习（2—4 学分）、参考咨询（3 学分）、参考咨询实习（2 学分）、经营性图书馆组织（3 学分），每个高级学年的学生应至少选修 4 个学分的课程。②

戴志骞于 1917 年 6 月 6 日填写了纽约州立图书馆学校申请表，他希望于 1917 年 9 月至 1918 年 7 月在该校学习一年。他 1903—

---

① New York State Library School，*New York State library school records 1887—1967*，Columbia University archives，seriesⅡ：1981，Box14.
② New York State Library School，*New York State library school records 1887—1967*，Columbia University archives，seriesⅡ：1981，Box14.

1907年就读于上海圣约翰大学预科；1907—1909年，在一所中学教授英语；1909—1912年，升入圣约翰大学中文系，仅花了三年半时间就拿到大学学位，念书期间，他还兼任该校图书馆馆长(1909—1914)。由于圣约翰是一所教会学校，十分重视外语的学习，除了英语，他还在大学学习了两年的法语和半年的拉丁语。大学毕业后，他曾花了一年的时间系统阅读哲学和社会学方面的书籍，此后的阅读主题则集中在国学和图书馆学领域。1914年，他转任清华学校图书馆馆长，赴美之前他经常阅读《图书馆杂志》(*Library Journal*)、《公共图书馆》(*Public Libraries*)和美国图书馆协会所编印的图书。他的入学推荐人为上海圣约翰大学校长华克(Hawko Pott)以及清华学校校长周诒春。纽约州立图书馆学校写给中国留美监督处的信件中这样评价戴志骞：

我高兴地告知您戴先生这一年的学习非常值得称道。他仅花了一年的时间就完成了两年的功课并且达到了图书馆学学士学位的要求，除了他的论文，似乎很长，像是在做硕士论文。不过一切都在进行中，我想他很快就能完成了。我将戴看作本校今年招收到的最优秀的学生之一，祝贺中国有这么一位有潜力和资质的年轻人，他将推动图书馆事业在中国的发展。①

---

① *New York State Library School Records 1887—1967*, Series III: 1992, Columbia University archives, Box60.

表3.8 戴志骞在纽约州立图书馆学校1917—1918学年修读课程及成绩

课程名称	成绩	课程名称	成绩
图书馆建筑 Library Building	90	排架工作 Shelf Work	85
国家书目 National Bibliography	87	标题 Subject Heading	76.5
参考工作 Reference Work	89.6	高级目录学 Senior Bibliography	77.5
图书选择 Selection of Books	89.5	商业图书馆组织 Business Library Organization	91
图书装订 Book Binding	89	图书选择 Book Selection	82
编目 Cataloguing	84	比较编目 Comparative Cataloguing	86.5
分类 Classification	90	订购和登记 Order and Accession Work	75.5
借阅工作 Loan Work	75	分类学 Classification	75.5
印刷 Printing	85	书籍史和图书馆史 History of Books and Libraries	75
政府文件 Government Document	93		

1924年秋，戴志骞再次赴美调查大学图书馆管理事业，并在爱荷华大学校长沃特（Walter A. Jessup）的邀请下，到该校从事教育管理方面的博士论文研究。一开始他结合自己的工作计划，将研究主题定为"大学图书馆管理"，后来又变更为"图书馆学教育理论的现状"。他于1924年12月31日参加了"美国图书馆协会图书馆教育委员会"的开放会议，并且在会上提出了关于研究型图书馆学校的课程体系和内容设计。1925年6月5日，戴志骞完成了《图书馆专业教育：关于成立爱荷华大学图书馆学院的建议》

("Professional Education For Librarianship")的博士论文。在美国,这篇论文通常被认为是第一篇以图书馆学为主题的博士论文。戴志骞在论文中指出,爱荷华大学图书馆学院应该从三个方面来培养人才:

一、本科阶段培养中型图书馆馆长或大型公共图书馆助理人员;二、研究生阶段培养大型公共图书馆、专门图书馆、大学图书馆的馆长及研究馆员;三、培养一批将来能从事图书馆学教学工作的师资。①

1921年8月18日,李小缘填写了纽约州立图书馆学校的入学申请,他希望在该校进行2年的图书馆学专业学习。由申请表上的信息可知,1911—1914年,李小缘就读于金陵大学预科;1915—1916年,就读于初级学院;1917—1919年,就读于高级学院;1920年夏,获得金陵大学文学学士学位。入学时他的英语阅读水平约为每小时10页,虽然口语不算很流利,但能准确地表达意思。他平时喜欢阅读教育学、社会学和哲学方面的书籍。入学前没有机会阅读任何图书馆学有关的期刊,有一个月的使用打字机的经验。他在金陵大学担任过2年的编目人员,也从事过教学工作,同时也负责金陵大学校刊的编辑校对工作。在入学申请中,李小缘写道:来美国学习图书馆学是一种新的使命,不仅仅是为金陵大学,也是为中国。他对于社会福利这方面的研究非常感兴趣,希望接受图书馆学训练的同时学习教育社会学,认为这不仅有助于开拓视野,还能与图书馆学的学习相得益彰。金陵大学校长包文(Dr. A. S.

---

① John Vinson Richardson Jr., "The spirit of Inquiry in Library Science: the Graduate Library School at Chicago 1921—1951," PhD diss, Indiana University, 1978.

Bowen）和图书馆馆长克乃文（H. C. Clemons）为李小缘写了非常有力的推荐信。包文写道：

> 我对他的了解始于他的孩童时代，实际上，他父亲在 24 年前是我的家庭教师，教我中文，他是一个非常出色的老师。李小缘一直在金陵长大，背景清晰且优秀，他是个好学生，有着出色的人格和理想，并且定会回到我们图书馆工作。希望等他回来时我们的图书馆已经修建好了。……为他来美国，他的家庭付出了很多，大多数资费都是负债，所以我们坚信他会感谢并且珍惜贵校提供的学习机会，一如他对金陵一样。①

纽约州立图书馆学校要求学生全职学习，在校期间不能从事其他工作，因此初级学年学生很少有兼职工读的机会。进入高级学年后，李小缘利用寒暑假到图书馆从事编目工作。他于 1922 年 9 月 22 日到 1923 年 1 月 15 日在纽约州立图书馆兼职编目。1922 年和 1923 年暑假在美国国会图书馆中文部做兼职编目员。他还在各大图书馆搜集有关中国的英文文献并编成书目，这为他回国后从事《西人论华书目》的研究打下了基础。李小缘于 1923 年 6 月获得纽约州立大学图书馆学学士学位，于次年入哥伦比亚大学教育研究院，获教育学硕士学位。

---

① *New York State Library School Records 1887—1967*，Series Ⅲ：1992, Columbia University archives，Box60.

表3.9 李小缘在纽约州立图书馆学校所修课程及成绩

初级学年课程/名称	成绩	高级学年课程/名称	成绩
小型图书馆管理（讲座，按出勤给学分）Administration of Small Libraries	通过	大型图书馆管理（讲座形式，按出勤得学分）Administration of Large Libraries	通过
美国图书馆史 American Library History	79	图书馆调查 Library Visit	通过
图书馆建筑 Library Building	85	专题讨论课 Seminar	86
图书馆调查 Library Visit	通过	政府文件 Government Document	75
儿童图书馆工作 Library Work With Children	85	书籍史和外国图书馆事业 History of Books and Foreign Libraries	75
专题讨论课 Seminar	88	图书选择 Selection of Books	79
国家书目 Bibliography（National）	80	书目学 Bibliography	96
主题书目 Bibliography（Subject）	90	实习 Practice Work	通过
参考咨询 Reference Work	82	分类 Classification	78
图书选择 Selection of Books	88	参考咨询 Reference Work	92
实习 Practice Work	通过	原始书目 Original Bibliography	通过
图书装订 Book Binding	通过		
编目 Cataloguing	88		
分类 Classification	87		
借阅工作 Loan Work	85		
笔记和样本 Notes & Sample	通过		

续表

初级学年课程/名称	成绩	高级学年课程/名称	成绩
订购和登记工作 Order And Accession Work	78		
印刷 Printing	95		
排架工作 Shelf Work	89		
标题 Subject Heading	83		

袁同礼于1921年10月18日填写了纽约州立图书馆学校入学申请表，根据申请表上的信息，他1916年毕业于北京大学，1916—1920年，就职于清华学校图书馆，先后担任助理馆长、代理馆长和参考部主任，1915—1917年从事教学工作。他能阅读英语、德语和法语，曾在哥伦比亚大学修习历史和社会学，并于1921年获得哥伦比亚大学学士学位。他的推荐人有周诒春、张伯苓、蔡元培、戴志骞等人。1922年他正式进入纽约州立图书馆学校学习，1924年6月获得图书馆学学士学位。[①] 袁同礼在纽约州立图书馆学校所修课程及成绩见下表：

表3.10　袁同礼在纽约州立图书馆学校所修课程及成绩

初级学年课程/名称	成绩	高级学年课程/名称	成绩
图书馆管理（讲座）Administration	通过	图书馆管理（讲座）Administration	通过
美国图书馆史 American Library History	86	图书馆调查 Library Visit	未完成

---

① *New York State Library School Records 1887—1967*，Series Ⅲ：1992，Columbia University Archives，Box60.

续表

初级学年课程/名称	成绩	高级学年课程/名称	成绩
图书馆建筑（讲座）Library Building	通过	专题讨论 Seminar	89
图书馆调查 Library Visit	免除	政府文件 Government Document	89.7
儿童图书馆工作 Library Work with Children	通过	图书和外国图书馆史 History of Books and Foreign Libraries	82
专题讨论课 Seminar	75	图书选择 Selection of Books	75.5
国家书目 Bibliography（National）	84	国家书目 Bibliography（National）	85
主题书目 Bibliography（Subject）	76	主题书目 Bibliography（Subject）	90.5
参考工作 Reference Work	77	实习 Practice Work	通过
图书选择 Selection of Books	81	分类 Classification	80
实习 Practice Work	免除	参考工作 Reference Work	未完成
图书装订 Book Binding	87	原始书目 Original Bibliography	未完成
编目 Cataloguing	86		
分类和排架 Classification & Shelf Work	90.5		
图书借阅 Loan Work	通过		
笔记和样本 Notes & Sample	免除		
订购和登记工作 Order and Accession Work	90		
印刷 Printing	94		
标题 Subject Heading	77.5		

(3) 洛杉矶公共图书馆学校——杨昭悊、李燕亭

洛杉矶公共图书馆的图书馆学课程始于 1891 年，最初为学徒式教育，旨在为本馆训练储备人才。该馆是全美首批开展图书馆学教育的公共图书馆之一。随着加州地区图书馆的发展，产生了大量对符合资质的图书馆员的需求。1914 年，洛杉矶公共图书馆学校正式设立了一年制的图书馆学课程，并于 1918 年加入美国图书馆学校委员会。该图书馆学校位于洛杉矶公共图书馆中心馆的第十层，有单独的书桌，并提供 8 台打字机供实习用，还有一个宽大的参考资料室，收藏有供教学用的各种图书、小册子、期刊及其他类型的文献。1922—1923 学年，霍顿（Marion L. Horton）女士任洛杉矶公共图书馆学校校长，她于 1917 年毕业于纽约州立图书馆学校，是杜威的学生。该校招收 20—35 岁的学员，要求最少具有高中或同等以上学历，最好是大学毕业。如果不具有大学学历，则需要通过入学考试，考试的科目为英美文学、历史、时事以及综合知识，并要考一门外语的翻译。学生开学的几周内还要进行打字测试，打字速度不合格者，需要进行额外的培训。入学后，所有的学生都要经过两个月的考察期，如果校方发现学生明显不适合图书馆工作，该学生可能会被要求退学。对于非洛杉矶当地的学生，每年学费为 75 美金。洛杉矶公共图书馆学校的学分得到加州大学、斯坦福大学、西方学院、波莫纳学院、南加州大学、俄勒冈大学及新墨西哥大学的承认。该校专业课程主要有图书馆技术、目录学、图书馆管理和专门图书馆学。每年的六月是实习季，所有学生都必须参加实习。此外，每年冬天学生们会被分配到洛杉矶公共图书馆及

其分馆开展每周三次的指导实习。①

杨昭悊和李燕亭（长春）均于1922年至1923年在洛杉矶公共图书馆学校修读。赴美前杨昭悊任北京法政专门学校图书馆馆长，李燕亭任河南大学图书馆馆长。毕业后他们又同时申请了伊利诺伊大学图书馆学院。1923年5月24日，洛杉矶公共图书馆学校校长霍顿女士在寄给伊利诺伊大学图书馆学院辛普森女士（Miss Simpson）的信中介绍了他们的情况：

> 杨是一个典型的中国学生，有理想，勤奋刻苦，彬彬有礼。他的缺点在于视力不太好，并且对英语经典著作缺乏了解。基于不同的教育体系，我觉得我们对外国学生和英语国家的学生应该采取不同的录取标准。杨拥有北京法政学院的法学士学位，虽然我们规定专门学校以上的学生可免于入学考试，但去年6月份我们还是建议杨和李（指李燕亭）参加了一个专门的考试。上学年我们为他们开设了英美文学的课程，他们很缺乏这方面的知识，直到现在还是不能辨认出作者和书名。然而，杨还是通过了目前所有的考试：出版机构、书业书目、儿童图书学、分类法。随即我会寄送他的成绩单。当然，他经过了很多私下的辅导。他英语听力尚可，但不能很流利地表达，分不清单数或者复数。另外，他的近视使得他在归档和上架工作上有一些困难，他经常把要说的写下来上课的时候再念。……他是一个谦虚、敏感、热情的年轻人，当我们为他特别安排一些课程时，他经常会因为麻烦我们而表示歉疚。他在中国有诸多有影响力的朋友，并且计划经过两年多的学习和旅行就回国。他也曾经申请奥尔巴尼纽约州立图书馆学

---

① Public Library of Los Angeles and the library school of the Los Angeles Public Library, *Circular of Information 1923—1924*, California, 1923, p. 17.

校的学士学位课程，但是在那边他只能作为特别生入学，因为他在中国毕业的母校并不在纽约州立大学认证的大学名单里。我认为这就是最好的办法，因为在一些特别的课程里他更能学到中国需要的内容。……他的实习课程常常在一些富有同情心的馆长那边得到很高的分数，他是一个有理想有抱负的人，有一些分馆的馆员会以帮助他为荣。当然，并不是每个地方都如此。……我这里寄送了一份他关于儿童图书馆学课程的书评。……聪明、勤奋且纯粹，这就是他！①

1925年1月3日霍顿女士寄给伊利诺伊大学图书馆学院的成绩证明，一年中杨昭悊修习了以下12门共计30个学分的课程：图书选择Book selection（4学分），参考工作Reference work（6学分），书业书目Book-Trade Bibliography（1学分），儿童图书工作Children's Books（1学分），编目及主题著录Cataloguing and Subject heading（3学分），分类Classification（3学分），订购、登记及上架Ordering, accession and shelf-listing（2学分），图书装订Book Binding（2学分），图书馆行政与管理Library Administration（1学分），借阅管理Loan Administration（1学分），图书馆史History of libraries（2学分），实习Practice（3学分）。②

（4）伊利诺伊大学图书馆学院——杨昭悊、王京生

伊利诺伊大学图书馆学院提供的是两年制的图书馆学课程，主

---

① American Library Association Archives, University of Illinois, Urbana-Champaign, Graduate School of Library and Information Science, Director's office, Alumni File, 1893—1999, Series18/1/42, Box33.

② American Library Association Archives, University of Illinois, Urbana-Champaign, Graduate School of Library and Information Science, Director's office, Alumni File, 1893—1999, Series18/1/42, Box33.

要面向将来要从事图书馆工作的学生，本校其他系的学生也可以选修。第一年为初级班的课程，主要集中在图书馆工作常用的方法和实践，学生完成了这一年的课业后即可进入图书馆工作。第二年为高级班的课程，侧重图书馆工作或开展史学研究和比较研究，以便学生将来能胜任更高级别的图书馆工作，学生在毕业之前需要提交图书馆学领域的原创研究论文。无论哪一级别的课程，都很重视通过在伊利诺伊大学图书馆各个部门的实习来加强学生对理论的应用。初级学年的学生实习时间为每周9个小时，高级学年的学生则需要花一整个月的时间到学院认可的图书馆实习。[①] 如果学生尤其是高级学年的学生对毕业后将从事的图书馆工作有特定的计划，则可以针对性地定制课程和实习安排。学生在伊利诺伊大学脱产学习一年以上，完成62个学分的必修课程，且每门成绩不低于C，即可以授予图书馆学学士学位。

杨昭悊入学伊利诺伊大学图书馆学院的过程较为曲折。早在1922年5月18日，他就曾致函伊利诺伊大学图书馆学院询问入学的情况：

> 我是北京法政专门学校的毕业生，有两年的图书馆工作经验，请问能否作为一名全日制的学生入学？如果我在洛杉矶公共图书馆先修读一年的图书馆学课程，是否就可以申请贵校高级学年的课程呢？是否可以给我寄送一份贵校当前的课程说明？

从这封信可以看出杨昭悊当时已做了两手准备，他的第一选择

---

① The university of Illinois, *The university of Illinois Library School 1924—1925*, Urban, Illinois, 1926, p. 9.

是伊利诺伊大学图书馆学院，同时他也担心北京法政专门学校的学位不被伊利诺伊大学认可，因此又试探性地询问该校是否接受洛杉矶公共图书馆学校的学分，以便"曲线救国"。1922年5月25日，伊大图书馆学院回复已经将他的入学申请报告给大学注册处，需要一段时间等待结果。因为图书馆学院没有直接录取学生的权限，只有大学注册处才是唯一的官方招生机构。此外，由于洛杉矶公共图书馆学校不是大学所办的图书馆学院，而伊大图书馆学院的入学标准之一是必须有经过认证的大学学士学位，他们也没有招收此类学生的先例，是否录取他仍取决于大学注册处对其北京法政专门学校法律学士学位的认可。

在这种情况下，杨昭悊于1922年9月先进入洛杉矶公共图书馆学校学习，并同时在南加州大学攻读政治学硕士学位。但他并没有放弃申请伊利诺伊大学图书馆学院，仍通过在伊大就读的朋友打听图书馆学院的入学情况。1923年春，杨昭悊再次填写了入学申请表，并请洛杉矶公共图书馆学校校长霍顿女士担任他的推荐人。1923年6月4日，伊大图书馆学院助理院长辛普森女士（Miss Frances Simpson）回复霍顿女士，告知该校录取杨昭悊为特别生：

> 杨先生将作为一名特殊的学生到这里学习，因为我们没有看到他在中国的正式的学籍证明，并且我们的学籍注册管理处也不太可能将他在中国的法律学士学位等同于这边的文学学士学位，不过，即使是特别生，也能和其他人一样享有同等的学习机会，只要他能够做到。……鉴于他将来回中国图书馆服务的情况，也许杨并不需要修习我们所开设的所有课程。作为特别生，他并不需要拿学位，因此我们可以给他精选一些课程。尽管我们以前并未这么安排过，即使对待特

别生也是如此。这里的特别生是指的不符合入学的所有条件，并非指申请某个特定课程。这类学生通常比较容易被录取。①

然而，1923年杨昭悊并没有入学，直到1924年他再次联系伊利诺伊大学图书馆学院，提出希望把洛杉矶公共图书馆学校一年的学分转到该校，以直接进入高级学年课程的学习。经过该院讨论决定，杨昭悊于当年9月份以临时生的身份入学。1924年12月13日，伊大图书馆学院院长向该校负责学生入学注册管理的塔特先生（Mr. C. P. Tuttle）递交了杨昭悊在北京法政专门学校、洛杉矶公共图书馆学校及南加州大学的学位证明文件，他的入学申请最终获得了该校的认可。第一学期自1924年9月22—23日注册到1925年2月4日，第二学期从1925年2月9日到6月15日。根据伊利诺伊大学图书馆学院1924—1925年的课程表，该校主要有以下课程：②

---

① American Library Association Archives, University of Illinois, Urbana‐Champaign, Graduate School of Library and Information Science, Director's office, Alumni File, 1893—1999，Series18/1/42，Box33.

② The university of Illinois, *The university of Illinois Library School 1924—1925*, Urban，Illinois，1926，p. 17.

表3.11 伊利诺伊大学图书馆学院1924—1925学年初级班课程

	编号	课程名称	学分		编号	课程名称	学分
第一学期	Lib.2a	参考工作	3	第二学期	Lib.2b	参考工作	3
	Lib.3a	图书选择	2		Lib.3b	图书选择	2
	Lib.16	订购及登记	2		Lib.30	实习	3
	Lib.17	分类	3		Lib.7	图书馆史	2
	Lib.31a	编目	2		Lib.21	印刷、装订、索引	2
	Lib.20	图书借阅	1		Lib.33b	图书馆管理与推广	3
	Lib.33a	图书馆管理与推广	2		Lib.31b	编目	2
	总计：		15		总计：		17

表3.12 伊利诺伊大学图书馆学院1924—1925学年高级班课程

	编号	课程名称	学分		编号	课程名称	学分
第一学期	Lib.41a	标题目录	1	第二学期	Lib.41b	标题目录	1
	Lib.8*	高级参考工作	2		Lib.9	印刷史	2
	Lib.40a	实习	3		Lib.40b	实习	3
	Lib.13a	政府公文	2		Lib.42*	政府公文	3
	Lib.15a	专题研讨	2		Lib.15b	专题研讨	2
	Lib.24a	图书选择	2		Lib.24b	图书选择	2
	Lib.26a	图书馆管理	2		Lib.26b	图书馆管理	3
	Lib.27*	目录学指南	1		Lib.28*	实习	1—4
	总计：		15		Lib.29	比较分类学	2
					Lib.43	中学图书馆管理	2
					总计：		21—24

（注：打星号者为选修课）

由上表可以看出，在课程设计上，伊利诺伊图书馆学院初级班的课程侧重图书馆使用技术和基本业务，如图书选择、登记、分类、编目、推广等，而高级班的课程则更侧重理论和研究方面，同时也有专门图书馆学的课程。无论是初级班还是高级班的课程，实习所占的比例都很重。

表 3.13　杨昭悊 1924 年 10 月—1925 年 2 月于伊利诺伊大学图书馆学院结业的课程及成绩

	课程名称	学分	成绩		课程名称	学分	成绩
1924年10月24日	政府公文	2	C+	1925年2月9日	图书馆史	2	B
	专题研讨	2	C		专题研讨	2	W
	图书选择	2	E		印刷、装订、索引	2	W
	图书馆管理	3	C		图书馆管理	3	W
	目录学指南	1	C−		实习	4	W
	实习	3	C−		比较分类	2	W
	标题目录	1	B−		实习	3	C
	建筑学		C		标题目录	1	W
	编目	2	C		政府公文	3	W

（注：W 表示 Withdraw，退课，即中途退出的意思）

从上表可以看出，杨昭悊所修的课程应该是经过特别选择的，他不仅修习了图书馆学院的课程，还修读了建筑学的课程。1925 年 2 月 13 日，杨昭悊放弃了比较分类学 2 个学分的课程，而将实习增加到 4 个学时（每周）。1925 年 6 月 3 日他因病缺席"Lib. 7 图书馆史"（History of libraries）的考试，后来在负责该门课的教授辛普森女士主持下于当年 6 月 25 日补考，成绩为 B，才获得 2 个学分。然而从总体来看，他在 1925 年春季学期的课程成绩均不理

·161·

想，大部分都中途退出。

按理说，杨昭悊是准备拿学位的，在修读课程的同时，他还完成了一篇题为《中国图书馆史》（"History of Chinese Library"）的论文。1925年美国图书馆协会派圣路易斯公共图书馆馆长鲍士伟（Arthur E. Boswick）访华之前，杨昭悊找到伊利诺伊大学图书馆学院院长温莎先生（Mr. Winsor），说自己正在写一篇有关鲍士伟的中文文章，想通过访谈获得一些新的信息，以便在鲍士伟抵华之前发表。为此温莎先生特别致信鲍士伟介绍了杨昭悊的情况。1925年2月20日，在杨昭悊赴圣路易斯之前，该院助理院长又再次致函鲍士伟：

……他已经为这篇文章收集了一些材料，在他拜访您的时候应该能看到已经成型的文章，还请您给他提供更多其他方面的信息以满足他的宣传文章的需要。我不知道这个想法是否来自他自己，但我认为这是个不错的主意。……他毕业于北京法政专门学校，并且在南加州大学获得硕士学位，我们也希望他能在今年夏天获得图书馆学学士学位；来美国之前他担任他们学校的图书馆馆长，并且在中国出版了图书馆经营方面的作品。他的英语可能不算好，但是他很聪明。……另外，杨是一个有点害羞的人，在他的采访中您可能也需要主动地跟他聊一聊。我不确定他是否知道如何进行访谈，我猜这个访谈计划不是他拟定的，但我觉得这个主意不错，我也很高兴他有足够的勇气来做这件事。另外比较有意思的是，杨的夫人，也是南加州大学的毕业生，她的英语很好，也在我们图书馆学院的初级班修课。她非常聪明、果断,很受我们的欢迎。我想她也可以为杨提供一些关于文章方面的帮助。①

信中提到的杨昭悊夫人王京生,1919—1921年就读于教会学校华南女子学院,1921年9月13日进入南加州大学,就读于文理学院(Liberal Arts),专业为生物学,1923年6月21日毕业,获得副学士学位。她在本科期间学习了两年的法语,毕业后仍于1923—1924学年在该校修读了历史学和社会学的课程。1924年9月16日,王京生申请伊利诺伊图书馆学校修读初级学年的课程,顺利被录取。她修读的具体课程及成绩如下:

表3.14 王京生1924年10月—1925年2月结业于
伊利诺伊大学图书馆学校课程及成绩

课程名称	学分	成绩
Lib. 21 Printing,binding,Indexing 印刷、装订和索引	2	C
Lib. 7 History of Libraries 图书馆史	2	C
Lib. 20 Loan 图书借阅	3	W
Lib. 30 Practice 实习	3	W
Lib. 31a Cataloguing 编目	3	D
Lib. 33a Library Administration&Extension 图书馆管理与推广	2	C
Lib. 33b Library Administration&Extension 图书馆管理与推广	3	D

---

① American Library Association Archives,University of Illinois,Urbana-Champaign,Graduate School of Library and Information Science. Director's office,Alumni File,1893—1999,Series18/1/42,Box33.

续表

课程名称	学分	成绩
Lib. 17 Classification　分类	3	B
Lib. 26a Library Administration　图书馆行政与管理		W

（注：W 表示 Withdraw，退课，即中途退出的意思）

从这个成绩表可以看出，王京生这学期的课程成绩同样不太理想，而且有三门课都中途退出。再比照杨昭悊同期的课程成绩，1925年2月9日的学年结业考试中，9门课有7门中辍，颇让人费解。笔者后来从1929年3月22日王京生写给伊利诺伊大学图书馆学院辛普森女士的信中找到了答案：

我现在是两个孩子的妈妈了，一个男孩，一个女孩。大的孩子正如你们知道的，现在4岁，小的孩子出生在北平，现在已经2岁。①

从时间上可推断出王京生和杨昭悊的第一个孩子应该出生在1925年2—3月，正好是秋季学期的结业考试时间。这也可以解释为何这一学期两人有多门课程成绩不佳甚至中途退出。在那个年代，身处异国他乡，求学不易，又面临生活的挑战，以至于到1925年上学期末杨昭悊也病倒，错过了多门考试。

（4）威斯康辛大学图书馆学院——刘国钧

1905年，美国威斯康辛州颁布了一项法案，拨给州内的威斯康辛免费图书馆委员会（Wisconsin Free Library Commission）一

---

① American Library Association Archives, University of Illinois, Urbana–Champaign, Graduate School of Library and Information Science, Director's office, Alumni File, 1893—1999, Series18/1/42

笔专款。该委员会负责州内所有图书馆业务的监督、指导和推广，最终他们议决建立一所图书馆学院。翌年，威斯康辛州图书馆学校正式成立。1909年，州政府授权州立大学与该图书馆学校合并，原来独立的图书馆学校成为威斯康辛州立大学下属的一个学院，位置在威斯康辛州免费图书馆的二楼，靠近市中心，离州立大学不到一英里。合并以后，学院的管理权仍属于威斯康辛州免费图书馆委员会。该学院旨在通过一系列课程培养图书馆工作的多面手。因此在课程设计上，不仅有大量的图书馆技术与管理方面的内容，还特别注重与图书馆工作相关的文学和更广泛领域的通识课程。从1920年代图书馆学院的师资看，不仅有本专业的专门教师队伍，还从大学图书馆及各个学系邀请授课教师，讲授如图书馆教育、新闻学、历史学、商业管理等方面的课程。另有校外特邀嘉宾讲授职业相关的理论和经验，以拓宽学生的视野，并建立与社会的联系和合作。该校学生每年有8周的时间到图书馆做田野调查，通过这样的实践，学生们可以接触到各种流通图书馆体系、研究中心、立法图书馆、图书馆与学校的合作、推广方式、图书选购、图书馆成立和重组等不同的业务。① 每一个期望进入该校学习的学生都必须填写入学申请表，寄给图书馆学校校长黑泽尔·泰恩女士（Miss Mary Emogene Hazeltine，以下简称黑泽尔），同时需要参加每年固定于6月份第二个周五举行的入学考试。参加入学考试者应具有高中以上学历，考试除了考查学生的综合能力外，还特别注重历史、大众文学、时事方面的内容，另外还有一门外语翻译的考试。

刘国钧先生1920年毕业于南京金陵大学，他仅花了三年半的

---

① Library School of The University of Wisconsin, "Catalogue 1920—1921," Madison: Wisconsin Free Library Commission, 1920, p.15.

时间就获得了学士学位,并且自学生时代起就担任金陵大学图书馆助理,后来又成为代理馆长。他与威斯康辛图书馆学校的联系是通过该校1921年毕业的郎登(Ruth Agnes Longden)女士建立的,郎登毕业后即来到中国东吴大学任图书馆馆长。1921年12月,她写信给黑泽尔,代刘国钧了解图书馆学校的课程信息。她提到刘国钧打算进入该校学习图书馆学,同时攻读哲学硕士学位。虽然刘国钧并不熟悉打字机,但他正在编纂的关于中国期刊的索引——《中文读者指南》是非常有价值的。① 1922年2月,黑泽尔热情地回信了,并向金陵大学图书馆馆长克乃文了解刘国钧的情况。克乃文在信中评价刘国钧为:

金陵大学毕业生中最为优秀的学生之一,熟稔哲学和中国文学,对英国文学有一定了解,作为图书馆员,受过良好训练,聪明,幽默,并且博学……对中国图书馆事业有远大的理想。

在克乃文看来,刘国钧具有人格魅力,他"静水流深般的勇气"和"真挚的人格"使他们成为最好的朋友。

1922年6月10日,刘国钧向威斯康辛图书馆学校递交了入学申请表,并于当年9月正式入学。然而,一年之后,由于经济困难,他向黑泽尔提出,想要退出图书馆学的课程而专心攻读哲学学位,以便回国后能够在大学谋一份教职。刘国钧表示如果不能按照当初所商定的那样把大量的时间用在图书馆学专业的学习上,而只是选修其中的少部分课程,这对图书馆学校来说是不公平的。对刘

---

① Robbins and Louise S, "Liu Guojun's American Studies," *American Libraries*, NO. 11 (1999): 61—62.

国钧来说，做出这个决定让他感到非常挣扎：

> 退出图书馆界而成为哲学教师，这对我是一个重大转变，我是经过了激烈的斗争，忍受着极大的痛苦而下的这个决定。尽管如此，我对图书馆工作的兴趣并未消褪，我对美国图书馆工作的偶然一瞥，已使我内心的兴趣生动而长久地存留。尽管我将失去作为一个实际工作的图书馆员跻身图书馆界的殊荣，但我一直会是中国现代图书馆运动的忠实信徒和热诚的鼓动者。我国是如此需要受过专业训练的图书馆员，我很难过我无法成为其中一员。尽管如此，我坚信，在不远的将来，会有年轻人出国来学习图书馆学。很有可能其中某个人会来到这所图书馆学校，真正从中获得教益。我有幸在这里学习一年，受益良多，并努力成为一名好学生。而现在我不能完成这些课程，这让我倍感伤心。我已无法再宣称自己是威斯康辛图书馆学校的中国学生，我希望能有后来者。①

然而，也许是黑泽尔的劝说，也许是对图书馆事业难以割舍，刘国钧克服经济上的拮据，最终没有放弃图书馆学专业的学习，他顺利获得了哲学硕士学位，在攻读哲学博士学位的同时修习图书馆学。1924年春，刘国钧前往威斯康辛州境内的沃特敦（Watertown）、密尔沃基（Milwaukee）、拉辛（Racine）、基诺沙（Kenosha）等地的图书馆实习。鉴于当时美国国内的排华情绪，黑泽尔专门为他写了推荐信给各地馆长："他是我校最为优秀的学生之一，跟国籍无关。他每门课程的成绩都在90分以上，无论是学习、工作还是思想，他都是真正出类拔萃者。"她还建议拉辛

---

① 《公共图书馆》编辑部：《公共图书馆文萃：2010》，海天出版社，2010年，第283页。

(Racine)公共图书馆为刘国钧介绍图书馆分馆推广的相关工作：

中国长期以来没有图书馆分馆的推广工作，我希望您给他展示一个真正的学校图书馆分馆，一个小的卡耐基图书馆分馆，让他了解即使是小馆也包含很多业务内容：如何吸引读者，如何作计划，如何在有限的空间里很好地展开工作。

在介绍信中她提出，"不仅让刘先生了解你们现在的工作，还要让他知道你们正在考虑的将来的计划……想想如果你访问中国并期望有所收获地回到美国，你会想了解些什么，以此引导他去看那些可能要带回中国的相关内容"，暗示对方以平等、换位思考的态度来接待刘国钧的参观，使其有所启发和收获。黑泽尔还指导他从不同的细节观察这些图书馆的业务工作，如图书装订修缮的各个环节、一些大型有特色的流通柜台、儿童图书馆工作的开展、参考部如何设置、目录卡片如何摆放等。①

刘国钧十分珍惜在美国的学习时光，抓住一切机会了解和学习美国图书馆各方面的知识。1924年夏天，他参加了芝加哥大学举办的暑期学校，并在芝加哥大学图书馆担任助理馆员，还借机参观了芝加哥地区的图书馆。1924年7月，他被授予图书馆学学士学位，1925年5月获得威斯康辛州立大学哲学博士学位后返国，在金陵大学教授哲学并兼任图书馆中文编目主任。②

---

① Robbins and Louise S, "Liu Guojun's American Studies," *American Libraries*, NO. 11 (1999): 61—62.
② Robbins and Louise S, "Liu Guojun's American Studies," *American Libraries*, NO. 11 (1999): 64.

3. 第一批赴美的图书馆学人的贡献和成就

这些受过美式图书馆学训练的学者归国以后,便积极投入到了中国的新图书馆运动中。他们组建了图书馆专业学术团体,发表演说,利用专业所长,推动中国图书馆的建设和专门人才的培养。如沈祖荣和胡庆生执教于文华图专,致力于未来图书馆专业人士的培养,并将美国新式图书馆的管理方法和技术引入国内,先后出版了《仿杜威书目十类法》《简明编目法》《标题总录》等专业著作。1917年夏,徐燮元从美国学习图书馆学归来,复任圣约翰大学图书馆馆长一职,据后来担任该馆馆长的黄维廉回忆:

> (徐燮元)对于管理上及组织上,大加整顿,同时添置书籍甚多。旋徐君撄疾,然视事仍不稍懈,竭力谋所以改善之道,并重编目录,西文依杜威之法编号分类,各种书籍依号为序。每类以著者之先后为序,依序陈列,有条不紊,检书手续,不更如前之困难矣。书目则采用卡片制,以便随时增减,卡片凡分著者、类别、书名三种,依字母之次第排列之。片目则以印字机印就,盖期美观而便检阅也。①

戴志骞、冯陈祖怡回国后除担任大学图书馆管理职务外,还参与组建了北京图书馆协会,筹办了北京高师图书馆学讲习会。冯陈祖怡针对图书馆学人才匮乏的现状,提出了《图书馆教育急宜发展之理由及其计划》,建议从设图书馆学专修科、设专门学校、成立讲习会、组织协会、派遣留学等方式来造就图书馆人才。② 戴志骞

---

① 李希泌、张椒华编:《中国古代藏书与近代图书馆史料(春秋至五国前后)》,中华书局,1982年,第506—507页。
② 冯陈祖怡:《图书馆教育急宜发展之理由及其计划》,《教育丛刊》1923年第6期。

著有《图书馆职业》《图书馆与民众教育》《图书馆学讲义》《图书馆学与师范教育》《分类图书的几条原则》，还有英文著述多种。袁同礼、刘国钧、杜定友除了执掌不同的图书馆外，还曾担任过有影响力的政府公职，参与、推动了图书馆教育的发展。洪有丰、李小缘在东南地区组织参与了不同形式的图书馆学训练。杨昭悊回国后分别在北京法政大学图书馆与江西省立图书馆工作，王京生亦在多个图书馆任职，并翻译了《儿童图书馆学》。

(二)民国时期赴美的第二批图书馆学人

如前所述，笔者将民国时期文华图专培养的，或在国内具有图书馆工作经验，于1920年代中期以后赴美学习图书馆学或从事图书馆具体工作者称为留美的第二批图书馆学人。从第二批赴美求学的图书馆学家的背景来看，他们均毕业于教会大学，如南京金陵大学、上海圣约翰大学、文华图专（文华大学）、北平燕京大学等，且均具有一定年限的图书馆工作经验。这也是由美国图书馆学校的入学标准所决定的。如哥伦比亚大学（以下简称"哥大"）图书馆服务学院硕士学位的申请者需要满足以下三点要求：（1）具有经过认证的大学毕业文凭；（2）完成经过认证的图书馆学校一年的课程；（3）具备正规图书馆至少一年的职业经验。[①] 这些教会大学多在美国本土注册，有的学校学位亦由美国大学董事会授权，因此其学分能够得到美国的承认。而文华图专起源于教会性质的文华大学，其课程设置与美国图书馆学校接轨，且文华学子毕业后多在国内图书馆界担任管理职位，因此更容易为美国图书馆学校所接受，

---

① American Library Association Archives，University of Illinois，Urbana‐Champaign School of Library Service，Series：28/2/50，Box2—4.

占据赴美学习图书馆学人群的绝大多数。根据文华图专历年的毕业生统计表可以看到,该校图书馆学专科毕业生共 148 人,而先后赴美的则有 45 人,比例高达 30%。

表 3.15　民国时期赴美的第二批图书馆学人名录

序号	中英文姓名	本科毕业院校	毕业时间	留美时间	在美经历
1	裘开明 Alfred K'aiming Ch'iu	文华大学图书科	1922	1924	1924—1925 年就读于纽约公共图书馆学校,1925 年起任哈佛图书馆汉和文库管理员,1933 年获哈佛大学农业经济学博士学位,同年任哈佛燕京图书馆馆长
2	桂质柏 John C. B. Kwei	文华大学图书科	1922	1926	1926—1928 年于哥大半工半读,获图书馆学硕士学位,1931 年获芝加哥大学图书馆学博士学位
3	王文山 Wang Wen-san	文华大学图书科	1923	1927	1927 年 1 月获南开大学半费资助,由韦棣华女士推荐赴美;1928 年 9 月获哥大图书馆学硕士学位,后获华盛顿大学政治学硕士、博士学位,曾任美国国会图书馆中文部编目员
4	查修 Lincoln Hsu. Cha	文华大学图书科	1922	1928	1928—1929 年就读于伊利诺伊大学图书馆学院,获图书馆学士学位,1933 年获伊利诺伊大学政治学博士学位

续表

序号	中英文姓名	本科毕业院校	毕业时间	留美时间	在美经历
5	葛受元 Andrew Son Yuen Ko	华中大学文华图书科	1926	1929	1929年入美国明尼苏达州卡尔顿大学学习历史和政治学，1929、1930年暑期在哈佛大学汉和文库任初级图书馆助理
6	谭卓垣 Cheuk-woon Taam	岭南大学	1922	1930	1930年经岭南大学教务长香雅各（James M. Henry）博士推荐，获卡耐基国际和平基金资助入哥大图书馆服务学院，不久转入政治哲学研究院并兼修图书馆学，1931年获哥大图书馆学硕士学位，同年获芝加哥大学奖学金攻读该校图书馆学博士，1933年获博士学位
7	田洪都 Tie Hung-Tu	文华大学图书科	1924	1930	1930—1931年接替回国做博士论文调查的裘开明，在哈佛燕京汉和文库交换一年，曾在哥大图书馆学院进修
8	严文郁 Yen Wen-yu	华中大学文华图书科	1925	1930	1930年通过北平图书馆与哥大交换馆员项目进入哥大工读，1932年获哥大图书馆学硕士学位

续表

序号	中英文姓名	本科毕业院校	毕业时间	留美时间	在美经历
9	吴光清 Kwang-Tsing Wu	金陵大学	1927	1930	获卡耐基国际和平基金资助赴美,1931年6月获哥大图书馆学学士学位,1932年获密歇根大学图书馆学硕士学位,1938年到美国国会图书馆东方部实习。1941年进入芝加哥大学图书馆学研究院,师从国际印刷史权威卜特勒(Pierce Butler)教授,1944年获博士学位
10	梁思庄 Liang Ssu chuang	加拿大麦吉尔大学	1930	1930	1930年自费留学哥大图书馆服务学院,1931年获图书馆学士学位
11	冯汉骥 Han Ye Feng	文华大学图书科	1923	1931	经裘开明推荐,于1931—1933年服务于哈佛燕京汉和文库
12	汪长炳 Wong Ch'ang-Ping	华中大学文华图书科	1926	1932	1932年起在哥大图书馆服务学院及中文馆半工半读,1934年获硕士学位,同年9月在美国国会图书馆东方部服务,参与合编《清代名人传略》,1936年归国任文华图专教务长
13	刘廷藩	华中大学文华图书科	1925	1932	1932年底任清华大学驻意监督处秘书,随赵元任赴美,在公余之暇入华盛顿大学攻读图书馆学

续表

序号	中英文姓名	本科毕业院校	毕业时间	留美时间	在美经历
14	房兆楹 Fang Chao-ying	文华图专	1930	1933	1933年11月入哥大图书馆服务学院，1934年2月1日至6月30日在哈佛燕京图书馆汉和文库协助编目和分类工作，1934年7月经裘开明推荐到美国国会图书馆工作，1947年任哥大中国历史项目研究人员
15	杜联喆 Tu Lien-che	燕京大学	1924	1933	1933—1934年间在哈佛燕京图书馆工作，曾在国会图书馆协助编撰《清代名人传略》（Eminent Chinese of the Ch'ing Period）
16	黄星辉 Julius Hsin-hui Huang	文华大学图书科	1923	1934	1934年受裘开明之邀到哈佛燕京汉和文库编目，1935年6月离职赴密歇根大学图书馆学院就读（又说攻读密歇根大学经济学硕士）
17	岳良木 Yoh,（Peter）Liang-mu	华中大学文华图书科	1927	1934	1934年起在哥大图书馆服务学院及哥大中文馆工读，1936年获图书馆学硕士学位
18	李芳馥 Augustine F. Li	华中大学文华图书科	1927	1934	1934—1935年于哥大图书馆服务学院攻读硕士学位，1935—1936年赴芝加哥图书馆学研究院攻读博士，1936—1938年到国会图书馆实习，任中文编目，后于哥大图书馆主持中文编目

续表

序号	中英文姓名	本科毕业院校	毕业时间	留美时间	在美经历
19	陆秀	华中大学文华图书科	1928	1934	哥大学前教育硕士，曾在哈佛燕京图书馆就职
20	张葆箴 Hsu Pao-cheng chang	文华图专	1931	1934	丹佛大学图书馆学院硕士，曾任职于国会图书馆
21	徐亮 Liang Hsu	文华图专	1931	1934	丹佛大学图书馆学院硕士，后任职于国会图书馆，从事中文编目工作
22	黄维廉 Wong Vilien	上海圣约翰大学	1919	1935	由洛克菲勒基金会赞助，1935—1937年就读于哥大图书馆服务学院，先后获图书馆学学士和硕士学位
23	徐家麟 James Chia-lingHsu	华中大学文华图书科	1926	1935	1935年9月应邀赴哈佛燕京图书馆，担任了三年技术助理和代理馆长，后于1939年7月1日辞职，1939年获哥大图书馆学硕士学位
24	陈晋贤 Chen Paul Tsing-Hsien	金陵大学	1926	1935	1937—1938年就读于伊利诺伊大学图书馆学院，1938年6月获伊利诺伊大学图书馆学士学位，1949—1951年，就职于伊利诺伊大学图书馆，1951年后任职于加州伯克利大学东亚图书馆

续表

序号	中英文姓名	本科毕业院校	毕业时间	留美时间	在美经历
25	曹祖彬 Tsao Tsu Ping	金陵大学	1927	1935	由洛克菲勒基金会赞助，就读于哥大图书馆服务学院，1936年获硕士学位，毕业后前往哈佛学院图书馆实习
26	陈东原	北京大学	1929	1935	1930年始任安徽省立图书馆馆长，1935年8月赴美国密歇根大学教育学院就读，次年2月入哥伦比亚大学师范学院，1937年1月获哥大硕士学位
27	赵廷范 Chao T.F.	北京财商学校	1920	1935	1935—1936年，经北平协和医学院派往哥大图书馆服务学院学习一年，同时在纽约医学院图书馆实习
28	曾宪三 Tsing Hsien-san	华中大学文华图书科	1925	1936	由洛克菲勒基金会资助，1936—1937年在哥大图书馆服务学院就读，获硕士学位，1939年7月进入哈佛燕京图书馆担任中文和西文书技术助理，1944年服务于普林斯顿大学图书馆
29	曾宪文 Katherine Yu Tseng	文华图专	1930	1937	1937—1938年，获密歇根大学巴伯奖学金，就读于密歇根大学图书馆学院，曾服务于国会图书馆东方部、哈佛燕京图书馆汉和文库

续表

序号	中英文姓名	本科毕业院校	毕业时间	留美时间	在美经历
30	邓光禄 Gwang-lu Den	文华图专	1933	1937	毕业于美国 Pasadena College Academy, Bible Institute of Los Angeles，曾修读于哥大图书馆服务学院，美国南加州大学图书馆学研究院毕业
31	朱士嘉	燕京大学	1928	1939	1939年受邀至美国国会图书馆工作，1943年入美国哥伦比亚大学研究院深造，获博士学位，1946年到美国国家档案馆学习档案管理法，为期半年
32	王重民 Wang Chung-Min	北平师范大学	1928	1939	1939年受美国国会图书馆远东部主任恒慕义之邀前往鉴定善本书并撰写提要
33	耿靖民 Jin-min Ken	文华图专	1930	1939	1939年由裘开明推荐赴加利福尼亚大学图书馆工作
34	刘修业 Siu-Yeh Liu Weng	燕京大学	1931	1939	与王重民同赴美国著录善本书
35	于震寰 Zunvair Yue	文华图专	1933	1939	1939年受哈佛燕京图书馆馆长裘开明邀请赴美协助日文书编目工作，1946年回国，1948年后又返哈佛燕京图书馆，任副馆长

续表

序号	中英文姓名	本科毕业院校	毕业时间	留美时间	在美经历
36	陈鸿舜 Chen Hung-shun	燕京大学	1929	1941	1929—1941年，任职于燕京大学图书馆，1941—1942年，于哈佛燕京汉和文库服务，1942—1943年，毕业于哥大图书馆服务学院
37	常春明（音译）Chang Chun-Ming	伊利诺伊大学	1926	1927	1927年夏就读于伊利诺伊大学图书馆学院，肄业
38	王恩保 Wang Joseph En-pao	北平辅仁大学	1935	1943	1937年赴美，曾在布鲁克林公共图书馆临时工作，1943年获雪城大学图书馆学士学位，1943—1947年，服务于宾夕法尼亚大学图书馆，1947年后到国会图书馆工作
39	蒋元枚	文华图专	1936	1944	1944年由中央图书馆派往美国留学并在哈佛燕京学社汉和图书馆实习
40	邓衍林 Teng Yen-lin	文华图专	1931	1946	1946年任哈佛燕京图书馆中文书技术助理，同年在哥大图书馆服务
41	童世纲 Tung Shih-Kang	文华图专	1933	1946	1946年8月任哈佛燕京汉和文库中文书技术助理，后服务于普林斯顿大学葛思德东方图书馆
42	徐家璧 Chia-pi Hsu	文华图专	1930	1947	1947—1949年，于哥大图书馆服务学院半工半读，获硕士学位

续表

序号	中英文姓名	本科毕业院校	毕业时间	留美时间	在美经历
43	钱存训 Tsuen-Hsuin Tsien	金陵大学	1932	1947	1947年芝加哥大学远东图书馆交换馆员，芝大图书馆学博士
44	吴元清 Wu Yuengcheng	文华图专	1933	1947	1947—1948年，西蒙斯大学图书馆学硕士，后服务于普林斯顿大学葛思德东方图书馆
45	胡延钧 Willian Ye Chen Hu	文华图专	1936	1947	1947年赴美国科罗拉多州立教育学院研究院攻读硕士学位，并修读图书馆学课程，1948年在美国科罗拉多州立大学图书馆任兼职中文编目员
46	顾家杰 Chia-Chieh Ku	文华图专	1936	1947	1948年获得美国丹佛大学图书馆学硕士学位，之后赴芝加哥大学图书馆学院深造，并在耶鲁大学图书馆实习
47	孙云畴 Sun yun-chou	国立北京大学	1939	1947	1947—1949年，于哥大图书馆服务学院工读，兼任哥大中文馆助理，1948年起修读哥大公共法律硕士课程，1950年获哥大图书馆学硕士学位
48	张铨念 Chang Tusan-nie	中央大学	1940	1947	就读于哥大图书馆服务学院
49	王肖珠 Wang Phylis Chiu-Ch	华南女子学院	1927	1948	1948—1949年就读于伊利诺伊大学图书馆学院，获硕士学位

续表

序号	中英文姓名	本科毕业院校	毕业时间	留美时间	在美经历
50	金云铭 Chin Yun-min	福建协和大学	1928	1948	1948—1949年，由中国基督教联合会（Association board of Christian college in China）资助，就读于哥大图书馆服务学院，获硕士学位
51	喻友信 Charles Yu-hsin Yu	文华图专	1931	1948	1948—1949年，由中国基督教联合会（Association board of Christian college in China）资助，就读于哥大图书馆服务学院，获硕士学位
52	胡绍声 Hu Shao-sheng	金陵大学	1936	1948	1948—1949年，由中国基督教联合会（Association board of Christian college in China）资助，就读于哥大图书馆服务学院，获硕士学位
53	沈宝环 Harris Baohuan Seng	文华图专	1940	1948	丹佛大学图书馆学硕士，1953年获丹佛大学教育学博士学位
54	黄凤翔	华中大学文华图书科	1927		
55	曹柏年	华中大学文华图书科	1927		1951年获华盛顿大学博士学位
56	李继先 Johnson C. S. Lee	文华图专	1930		曾任美国胡佛图书馆助理

续表

序号	中英文姓名	本科毕业院校	毕业时间	留美时间	在美经历
57	舒纪维	文华图专	1931		曾就读于芝加哥大学图书馆研究院，后任密歇根州立大学图书馆馆长、国际东方学家图书馆长协会会员
58	朱兆颖	文华图专			曾任美国国会图书馆中文编纂员
59	杨漪如	文华图专	1936		
60	黄作平	文华图专	1937		
61	黄慕龄 Chen Mrs Marian H.	文华图专	1937	1949	1949年获伊利诺伊大学图书馆学硕士学位
62	刘楷贤 Liu K'ai-hsien	北平师范大学	1933		1949以交换馆员身份到哈佛汉和图书馆从事中文书目的校对工作，后就读于伊利诺伊大学图书馆学院
63	蓝乾章	文华图专	1938		
64	姜文锦 Chiang Wen Chin	文华图专	1938		
65	富兰英	文华图专	1938		
66	陶维勋 Clinton W. Tao	文华图专	1939	1947	受西雅图华盛顿大学图书馆邀请前往整理中文书籍，并兼读图书馆学课程，后任职于胡佛图书馆中文文库、国会图书馆，1949年获华盛顿大学图书馆学学士学位
67	任萌	文华图专	1939		曾任职于哈佛燕京图书馆
68	孙雁征	文华图专	1940		

续表

序号	中英文姓名	本科毕业院校	毕业时间	留美时间	在美经历
69	聂锡恩	文华图专	1942		丹佛大学图书馆学硕士,曾任斯坦福大学图书馆高级馆员
70	陈本林	文华图专	1945		
71	鲁光桓 Kuang-huan Lu				任华盛顿大学远东研究所多年研究助理,后赴哥伦比亚大学图书馆服务学院深造,获硕士学位,毕业后任职于哥大东亚图书馆,担任中文资料编目员
72	伍贵珍 Wu Kuei Chen				毕业于加州大学图书馆学系,在加州大学图书馆工作,1938年到哈佛燕京汉和图书馆访问一个月,后任职于美国国会图书馆东方部

(注:空白处有待进一步考证)

1. 第二批图书馆学人赴美的动因和途径

留美的第一批图书馆学人多受到教会或国立大学的资助,这与高校图书馆发展初期对专门人才的迫切需求有关。南京国民政府成立后,图书馆事业有了较大发展,由文华图专培养的本土图书馆人才纷纷走上图书馆管理岗位。这一时期,海外留学尤其是留美的思潮已深入人心,知识分子中留学"西洋"者和未出洋者在地位、待遇上亦有较大差异,无论是出于图书馆事业发展还是自我提升的需要,第二批图书馆学人普遍产生了赴海外求学的动力。

第二批图书馆学人赴美的机构主要为哥伦比亚大学图书馆服务

学院和哈佛燕京图书馆。哥伦比亚大学图书馆服务学院1926年由纽约州立图书馆学校和纽约公共图书馆学校合并而成。赴美的第一批图书馆学人多就读于这两所学校，他们留学期间勤勉而优秀的学业表现，获得了教员和美国图书馆界的认可，而他们与母校的联系与互动，为第二批图书馆学人赴哥大深造打下了良好的基础。随着美国汉学研究的兴起，中美图书馆界国际交流与合作的日益深入，第二批图书馆学人赴美的途径更为多样化，具体包括：

（1）教会大学传教士及第一批留美图书馆学家的影响及推荐

民国时期任职于教会大学的传教士在本土图书馆学人赴美留学的过程中充当了引路人的角色。文华公书林及文华大学图书科创办人韦棣华女士毕生致力于推动中国图书馆事业的发展，她不仅募资帮助了沈祖荣、胡庆生赴美学习图书馆学，对后来的文华学子如桂质柏、王文山等人赴美深造也积极给予支持推荐。韦女士去世后，她在美的朋友组织成立了"韦棣华基金董事会"（Mary Elizabeth Wood Foundation in American），成员包括罗素·塞奇基金会（Russell Sage Foundation, New York City）主任格兰先生（Mr. J. M. Glenn），蒙大拿州圣路易斯公共图书馆馆长鲍士伟（A. E. Boswick），哈佛大学比较动物学博物馆馆长顾理治先生（Mr. H. J. Coolidge）和麻省妇女传道会干事华德女士（Miss Marian Dec Ward）。该董事会的主要任务是为文华图专募集经费和管理基金。[①]基金董事会成员如鲍士伟等人，在美国方面为文华学子进入美国图书馆学院深造也提供了信用背书。如1932年，该校"得鲍士伟博士之赞助，进行向美国关系方面取得一种认许，将来本校毕业生即

---

① 周洪宇：《不朽的文华——从文华公书林到文华图书馆学专科学校》，华中师范大学出版社，2013年，第267页。

可直接入美国图书馆学研究院校，美国图书馆协会教育股秘书曾来函询索本校课程与组织等规章"①。

1924—1927年（其余波一直持续到20世纪30年代初），中国社会发生了以反对教会教育、收回教会学校管理权为主旨的收回教育权运动，任职于教会大学的外籍馆员、教员纷纷返美。第二批赴美的图书馆学人与他们或曾是师承关系，或曾是同事和朋友，这些传教士为他们赴美深造提供了帮助。如南京金陵大学原图书馆馆长克乃文，1927年返美后就职于弗吉尼亚大学图书馆，后来成为金陵大学图书馆馆员吴光清、曹祖彬申请哥伦比亚大学图书馆服务学院的推荐人。上海圣约翰大学原图书馆馆长海施（Florence C. Hays）女士1922年来到中国，1926年任馆长，圣约翰毕业生黄维廉担任她的助理。1928年海施返美后就职于威斯康辛州瓦特斯敦免费图书馆，黄维廉继任馆长一职。1935年黄维廉申请哥伦比亚大学图书馆服务学院时，海施女士为其推荐人。1945年，华西协和大学原西籍馆长林赛夫人（Mrs Alshley W. Lindsay）向美国哥伦比亚大学图书馆服务学院的怀特博士（Dr. White）推荐了华西协和大学图书馆员邓光禄。1930年4月19日，岭南大学图书馆原馆长道格拉斯女士（Miss Jessie Douglass）为其继任者谭卓垣赴哥大图书馆服务学院求学写了有力的推荐信：

当我重组岭南大学那个小图书馆的三年半里，他一直是我的助理。在这期间我发现他自始至终是一个乐于合作、礼貌并且热爱工作的人。自从1921年我离开那里以后，谭先生接替了我的工作并且现在已经有了2—3名中国助理。他渴望到美国全面地学习图书馆学的方法和理

---

① 《校闻·校务简述》，《文华图书馆学专科学校季刊》1932年第3—4期。

论。由于他的背景,他必然会遇到比其他学生更多的困难,但我向你肯定,他绝不会辜负大家的期望。①

除了图书馆员,教会大学其他教职人员也对第二批赴美的图书馆学人产生了影响。如 1924 年,文华图专首届毕业生裘开明受厦门大学派遣,赴美国纽约公共图书馆学校攻读图书馆学。到达美国后,他首先来到哈佛大学拜访穆勒(James Muller)博士。穆勒在武昌文华大学任教时曾教授过裘开明德国史和美国史的课程,返美后在麻省剑桥圣公会神学院(the Episcopal Theological School)担任圣公会历史(Church History)教授。许是因为此次哈佛之行,裘开明决定从纽约公共图书馆学校毕业后到哈佛大学深造。这也为他后来执掌哈佛燕京图书馆、延揽一批文华学子和图书馆员赴美奠定了基础。

第一批留美的图书馆学人对后来图书馆学人的留美之路产生了重要影响。他们在国外求学和工作期间,展现了中国图书馆学人勤勉的学习态度和较强的学习能力。洪有丰曾在致友人的信件中提及在纽约州立图书馆学校的学习情况:"前月总考,亦得名誉奖纸一。此不得不与西人争读,以示吾国人天资不弱也。"② 学成归国后,他们积极将美式图书馆学的理论和方法应用于国内图书馆事业的发展,并保持了与国外图书馆界的沟通和联系。以沈祖荣为例,回国后,他不仅参照美国图书馆学校的模式设置课程体系,使得学生能提前适应美国式的图书馆学教学,还努力争取美国图书馆协会对文

---

① *New York State Library School Records 1887—1967*,Series III:1992,New York:Columbia University,Box44.
② 《通讯:留学美国洪范五先生通讯》,《安徽省立第二师范学校杂志》1920 年第 7 期。

华图专课程和学分的认可，以便文华学子将来申请入美国图书馆学校直接攻读硕士学位。第二批赴美的文华毕业生几乎都得到沈祖荣的推荐。

1934年，文华图专计划开设档案学类的课程，校长沈祖荣打算派遣文华图专教务长徐家麟赴美学习档案管理方面的课程。囿于经费，只能寻求美国的援助。沈祖荣首先给在哈佛的裘开明写信，委托他代为了解美国图书馆学校免学费的奖学金机会。1934年1月20日，裘开明致函哥伦比亚大学图书馆服务学院的瑞斯（E. J. Reece）教授，介绍了徐家麟的情况并提道："如果哥大能够给他提供这样的奖学金，将极大地帮助文华图书馆学校并且间接地推动整个中国的图书馆运动。因为徐家麟学成后仍将回到文华教学，而文华是目前中国唯一的图书馆学校。"[①] 1936年1月，沈祖荣致信哥大图书馆服务学院院长威廉姆森博士（Dr. C. C. Williamson），推荐毕业后留校任教的文华学子徐家麟到该校进一步深造，并提出与该校图书馆服务学院建立合作关系的设想。他在信中写道：

……我谨代表我的同事徐家麟先生给您写信。您应该听说过由您的同胞韦棣华女士在中国创办的文华图书馆学校。作为她曾经的同事和继任者，我一直从事图书馆学教育，各地的青年学子来到这里接受训练，有的来自很边远的省份。我们的毕业生在全国各地的图书馆担任主要职位。我们提供的图书馆学专门教育已经获得了来自国家和地方政府的认可。南京教育部和湖北省教育厅每年都提供补助以促进我们的发展。我们有的学生可能您也认识，因为他们就在贵院深造。通

---

① New York State Library School Records 1887—1967，Series Ⅲ：1992，New York：Columbia University，Box44.

过他们您可以得知我们的教学质量。我很自豪地告诉您,我是第一个到美国来学习图书馆学的中国人,我在合并之前的纽约公共图书馆学校获得学位,并且也被授予了哥伦比亚大学学士学位。我很荣幸地成为贵校值得骄傲的校友之一。Reece 教授和 Sutcliff 教授会告知您更多关于我的情况。

我们的两名教师 Grace D. Phillps 女士和 Eleanor Booth 女士是美国伊利诺伊大学图书馆学院的毕业生,她们为学校的发展发挥了很大的作用。随信附上了我们出版的几份零散的期刊目录,因为经费的原因,不是每期都有英文目录。

关于徐家麟先生的情况,我很高兴地告诉您他从我们图书馆学校毕业,也获得了文华大学的学士学位。他目前在哈佛大学兼职工作,并在历史系选修了三门与档案管理相关的课程。他是文华图专教务长,讲授了六年英文参考咨询和图书分类学的课程。文华图专送他赴美,是希望他在完成学业后回来继续服务母校。我们急需他学习档案管理专业的知识,也计划在他学习的同时送他到国会图书馆实习。我给您写信的目的是请您作为系主任给他提供一定的奖学金使他得以到贵院学习。您会发现他是一个优秀的学生,同时也是一个认真负责的馆员。您对文华图专所作的任何事情,都将极大地帮助我们,无论是专业上的,还是经费上的。关于此事,我已致信罗素·塞奇基金会(Russell Sage Foundation)的格兰先生(Mr. Glenn)联系您。格兰先生是韦棣华基金会成员之一,他个人非常愿意帮助徐先生。(笔者注:徐家麟赴美旅费1600美金,经沈祖荣申请,由韦棣华基金会拨给)

同时,我还想跟您讨论关于文华图专与哥大图书馆服务学院建立合作的问题,这样的话,我们的毕业生就可以不经过入学考试而直接为贵院所录取。也许强调合作的好处有些多余,但是确实能给我们学校带来更多的声望。您曾经教过我们的几个毕业生,应该了解他们在文华图专所接受的教育水准。随着时间的增长、教学经验的积累和设备的完善，我们的教学质量也会越来越好。如果哥大图书馆服务学院每年能为我们提供一个奖学金名额，这将是对我们最大的支持和鼓励。我的要求是不是太多？但是请您相信，您如果促成此事的话，将不仅帮助中国这唯一的一所图书馆学校，并且推动这个国家的图书馆事业。①

威廉姆森的回信中提到，文华图专几乎每年都有毕业生直接进入哥大图书馆服务学院高级学年攻读图书学硕士，他们认为"中国其他大学很少有像文华图专那样重视英语的训练"。他指出哥大图书馆服务学院将保留对文华毕业生的这种最惠待遇，同时也告知了为中国图书馆学人提供奖学金的困难：

我们会继续实行这样的惯例，但每一个被录取的人都是基于自身的资质，而不仅仅因为他是文华毕业生。……我们几乎很少有奖学金，所以不太可能有常规的奖学金提供给中国学生。事实上，几乎没有给任何外国学生的奖学金。幸运的是，卡耐基集团和洛克菲勒基金会这几年来资助过一些优秀的外国学生到美国图书馆学校求学。我希望他们能一直这么做，而文华学子也能幸运地成为他们的资助对象。②

（2）交换馆员途径

20 世纪 30 年代，海外汉学有所发展，各研究机构和大学的中

---

① New York Public Library Library School Records，［ca. 1900］—1927. New York Public Library，Library School，Columbia University，New York.
② New York Public Library Library School Records，［ca. 1900］—1927. New York Public Library，Library School. Columbia University，New York.

文馆藏也不断扩充,由此产生了对中文文献收藏、管理、利用服务等方面的人才需求。要找到兼具中文古籍知识同时又谙熟图书馆分类、编目的人才并不容易。基于这样的现实需要,民国时期,北平燕京大学图书馆及哈佛燕京学社所属的燕京图书馆、国立北平图书馆和哥伦比亚大学图书馆中文馆通过互相派遣交换馆员,来弥补自身人才上的短板。

自哈佛学院图书馆开始建立中文和日文藏书以后,各种捐赠和购买渐多,到1927年1月时,哈佛学院怀德纳图书馆(Widener Library)的中文藏书已达4526册,日文藏书已达1668册。于是,哈佛学院图书馆馆长柯立芝(Archibald Cary Coolidge)聘请了原厦门大学图书馆馆长、文华图专首届毕业生裘开明先生担任哈佛大学汉和文库主管。裘开明联系国内出版机构积极采购中文书籍,使馆藏数量和质量不断提升,汉和文库后来发展为哈佛燕京图书馆。他还积极从事中文图书编目、分类方面的创新研究,编制了中文目录卡片,制定了《哈佛燕京图书馆中文图书分类法》。在向美国其他中文图书馆输出目录卡片和分类方法的同时,裘开明也与他们建立了友好联系。基于此,哈佛燕京图书馆相继为一些中国图书馆学人提供兼职、实习或者交换的机会,其中又以文华毕业生为主,先后在哈佛燕京图书馆工作过的文华校友有田洪都、葛受元、冯汉骥、房兆楹、陆秀、曾宪三、曾宪文、徐家麟等。

1935年下半年,裘开明以交换馆员的名义邀请徐家麟到燕京图书馆担任兼职中文编目人员,并继续寻求申请图书馆学院的机会。此外,裘开明还利用自己与其他东亚图书馆的联系,为文华学子推荐就业岗位。如1947年,他先后向胡佛图书馆推荐了时任上海图书馆编目主任的校友李继先,向加利福尼亚大学中文馆推荐了校友耿靖民。

北平图书馆馆长袁同礼先生与国外图书馆建立的交换馆员项目，为该馆馆员提供了赴美学习或工作的机会。1930年，袁同礼先生利用赴美考察图书馆事业的机会，与哥大图书馆馆长豪森（Roger Howson）先生约定，自当年起由北平图书馆派员一名到哥大图书馆学研究院肄业并兼管该校中文图书，为期2年。如果成绩能令哥大满意，每2年更换一人。[①] 受惠于该项目赴哥大图书馆服务学院半工半读的就有严文郁、汪长炳、岳良木、李芳馥等人。袁先生还曾组织国外馆员在馆内开设语言培训，如1935—1936年法国国家图书馆手稿馆（Manuscript Department, Bibliotheque Nationale Paris）副馆长米勒（Mille R. Dolle'ans）作为交换馆员到北平图书馆，他在该馆开设了为期一年的法语和德语入门课，北平图书馆许多馆员参加了学习。1947年赴美的徐家璧就是通过这次学习打下了德语和法语的基础，为他申请哥大图书馆服务学院提供了便利。

袁同礼先生推荐赴美的首位北平图书馆馆员是文华图专毕业生严文郁。1930年，袁同礼写给哥大图书馆服务学院副院长桑德森女士（Miss Edna M. Sanderson）的信中提道：

我与Howson先生约定派遣我们的编目人员到哥大中文图书馆工作。这位男士是严文郁先生，他将于今年夏天抵达纽约。我和Howson先生达成一致，我们每隔两年派送符合资质的交换馆员到哥大中文馆帮助处理中文图书的工作，而他则为其提供到图书馆服务学院深造的便利。基于我和Howson先生之间的协议，也请您为严文郁先生提供

[①] 严文郁：《严文郁先生图书馆学论文集》，台湾枫城出版社，1983年，第261页。

力所能及的帮助。

严文郁先生是文华图书馆学专科学校的毕业生，我们一起共事已四载有余。我希望他在纽约工作两年的同时能获得图书馆学硕士学位。我理解他应该照常支付学费，不过是否可以为他特别安排两年的课程学习？他的英语和背景非常让人满意，我希望有可能让他进入贵院学习。如果有空白的入学申请表，请您寄一份给我。我也建议严文郁先生抵美以后来拜访您，以便了解课程安排的详细情况。

严文郁自 1930 年 9 月 15 日起在哥大图书馆工作，为期两年。工读期间，哥大中文系每月从基金中拨付 100 美金的薪水保障其基本生活。严文郁归国后，汪长炳接续其于 1932 年 8 月赴美。1934 年北平图书馆又同时派出岳良木、李芳馥两人赴美。

岳良木 1927 年毕业于文华图专，在北平图书馆采购部服务近 5 年，赴美前担任北平图书馆总务秘书。1934 年 4 月 23 日，哥大图书馆服务学院副院长在给豪森先生的信中提道：

袁先生上周五来找我谈关于北平图书馆秘书岳良木明年入学的事情。他让我签署了一份文件，以确定岳先生被哥大录取。虽然我到现在不免担心，但是我应该欣然录取岳良木先生，仅仅只是因为他是袁同礼先生推荐的。不过您应该了解，招生办公室也有权否决这一决定。……关于岳的录取，Jones 教授（笔者注：Dr. Adam Leroy Jones，时任哥大招生办主任）给威廉姆斯博士信中也提道："我们可以接受他作为硕士生入学，尽管他之前的学习成绩并不出色，尽管我们对于文华大学的学位有太多的顾虑。在除了一纸成绩单别无其他证明的情况下，从他被选为北平国立图书馆馆员这一角度看，我们应该录取他。"

1934年4月24日，哥大外国学生事务咨询委员富路德（L.C. Goodrich）教授就北平图书馆馆员岳良木的录取咨询回函给哥大图书馆服务学院桑德森女士："我想如严文郁、汪长炳一样，公平地说，录取岳良木没有太大的问题。他们的教育背景和之后的培训差不多是一样的，而且严文郁和汪长炳也证明了我们对他们的期望。"

1946年，文华毕业生徐家璧经袁同礼推荐，获得英国文化委员会奖学金，前往英国考察参观图书馆事业。同年因哥伦比亚大学中文馆图书编目人员年底要回国，该馆从1945年夏季起，就多方寻求接替人选，要求"精通中文和中国古典文献，并且要了解韦氏拼音系统"。在一时难以找到合适人选的情况下，由袁同礼推荐了当时正在英国不列颠群岛参访的徐家璧。哥大中文馆向徐家璧提供高级编目员的职位，并同意了他提出的在哥大图书馆学院工读的要求。1947年2月起，徐家璧在哥大中文图书馆工作的同时，作为一名非正式录取的学生在图书馆学院选课。1947年5月，他获得了哥大图书馆服务学院的奖学金，正式入学。

（3）国家留学考试

依照民国教育部出国留学办法规定，无论是公费还是自费留学生，均须参加留学考试，合格者方可出国。图书馆界人士曾多次争取以国家考选留学生的方式培养图书馆学专门人才。中华教育改进社、中华图书馆协会年会以及各地的教育会议中均有此项议案。经过20余年的努力，1943年，国家留学考试首次设立图书馆学门，但当年并无图书馆学人经此项途径出国。战后，出于图书馆事业重建的需要，才真正有了首批经国家留学考试出国学习图书馆学者。1945年底，《申报》上曾有这样一则报道："据闻英美图书馆界，为了帮助我国图书馆之建设，已纷纷设立研究生学额，以供我国图书馆学者之深造。我国有关当局亦已注意及此，将于最近年来，逐年考选图书馆学学生出国。"①

1946年，教育部自费留学考试与公费留学考试同时举行。当年报考图书馆学门公费留学者人数众多，虽然只有2名公费指标，但仍有15人达到了公费留学考试成绩合格标准。教育部规定，参加公费考试落选，成绩合乎自费录取标准（外国语二十五分，总成绩三十五分），可以以自费方式出国深造。这15人为王溶、何兆武、程时学、胡绍声、罗秀贞、陈龙章、于泓淇、倪以还、沈宝环、万心惠、刘幼峯、钱卓升、丁潛、金华光、孙云畴等。②当年赴美留学的图书馆学公费生为张铨念、顾家杰两人，自费留学图书馆学者只有孙云畴一人。③

以孙云畴为例，他13岁就被父亲送往上海一所教会中学接受美式教育。1939年他从北京大学（当时为西南联合大学）政治学系毕业后在云南昭通市立中学任教，历时三年。1942年起他转职金陵大学图书馆，从事编目工作，并修习了金陵大学图书馆学系的课程。1945年他还在金陵大学文学院教授中文编目的课程。1946年他通过教育部自费留学考试后，欲进入哥大图书馆服务学院深造，并请北平图书馆馆长袁同礼、中央图书馆馆长蒋复璁、金陵大学图书馆副馆长陈长伟写了推荐信。他在入学申请中写道：

出于经济的原因，我恐怕只能在美国待一年。在这一年里，我计

---

① 《我国图书馆人才的摇篮——武昌文华图书馆学专校在重庆嘉陵江北岸建立起了新的堡垒》，《申报》1945年12月25日第4版。
② 蒋致远：《第二次中华民国教育年鉴第六编》，台湾宗青图书公司，1991年，第92页。
③ 蒋致远：《第二次中华民国教育年鉴第六编》，台湾宗青图书公司，1991年，第88页。

划攻读我的硕士学位。在假期期间，我希望能够在哥大图书馆勤工俭学。毕业后我将花上几个月的时间访问美国东部的一些大型图书馆，然后回到我的祖国继续我的图书馆事业。

1947年9月，他获得哥大图书馆服务学院图书馆学学士学位，然后进入哥大政治学院学习，并同时在哥大图书馆兼职工作。1948年，中国国内经济崩溃，货币贬值，孙云畴之前每半年可以兑换900美金，通货膨胀后，他无力支付学费，只得寻求哥大的奖学金支援。经过多方的征询协调，最终他争取到了每学期250美元的奖学金来支付学费。1950年，孙云畴获得哥大图书馆学硕士学位，于当年8月学成归国，担任北大图书馆学专修科教授。

（4）国外奖学金资助

在美国，早期慈善基金会多赞助医院、图书馆、教育和医学研究。最有名的是洛克菲勒基金会、卡耐基国际和平基金会。洛克菲勒基金会由美孚石油公司负责人洛克菲勒于1913年创建，在中国重点资助医学研究和教育。1913—1951年，该基金会总共在华投入6000余万美元，主要用于资助北京协和医院的建设。卡耐基国际和平基金会由卡耐基集团于1910年捐资4500万美元建立，旨在资助与国际和平有关的研究交流、著作出版和培训计划。图书馆为教育文化事业的一部分，同时兼有公益性质，因此易获得慈善捐助。慈善基金会资助图书馆事业的同时，自然涉及图书馆员的训练和培养，这为中国图书馆学家出国深造提供了机会。

洛克菲勒基金会自1933年到1950年间共资助了54名图书馆

员接受专业训练。① 其中中国图书馆员有北平图书馆的汪长炳、李芳馥、曾宪三，金陵大学图书馆的曹祖彬，上海圣约翰大学图书馆的黄维廉，文华图专教务长徐家麟，燕京大学图书馆员陈鸿舜等7人。李芳馥1927年毕业于文华图专，并获得文华大学文学学士学位，同年10月进入国立北平图书馆，任秘书一职，后来又担任馆长助理及购书部主管。1934年他进入哥大图书馆服务学院攻读硕士学位，1935年他被芝加哥大学图书馆学研究院录取。曾宪三1925—1928年任清华学校编目员，1929年起进入国立北平图书馆任编目员。1936年9月，经袁同礼先生推荐，他获得洛克菲勒基金会为期一年的资助，入哥大图书馆服务学院，主要学习编目等图书馆学高级课程。1936年，基于文华图专校长沈祖荣先生的提议，哥大图书馆服务学院院长威廉姆森向洛克菲勒基金会推荐了时任文华图专教务长的徐家麟，沈祖荣先生亦致信洛克菲勒基金会的史蒂文斯博士（Dr. Stevens），寻求对于徐家麟的帮助。1936年6月，徐家麟正式获得洛克菲勒基金会一年的奖学金。他于暑假期间先去了国会图书馆和新成立的美国国家档案馆，8月初到哥大图书馆学院报到。

黄维廉1919年毕业于上海圣约翰大学，历任圣约翰图书馆助理和馆长职位。1934年，在该馆工作十多年后，他通过原外籍馆长海施女士的推荐，获得洛克菲勒基金会资助，赴哥大图书馆服务学院留学。曹祖彬自1927年从南京金陵大学毕业后一直在金大图书馆负责中文图书编目。1935年，由袁同礼先生向洛克菲勒基金会推荐，获奖学金，赴哥大留学。他们虽然各自在图书馆领域已有

---

① I. Chester, Barnard, "*Introduction*" to *Directory of Fellowship Awards for the Year 1917—1950*, New York: the foundation, 1951, p. 3.

十余年的工作经验，但由于并非出身文华，不能享受文华图专毕业生在哥大直接攻读图书馆学硕士学位的便利条件，而必须先学习一年制的图书馆学本科课程。在获得图书馆学学士学位后，他们先后向洛克菲勒基金会申请延长一年的资助，以便继续攻读图书馆学硕士学位。

获得卡耐基国际和平基金资助的中国图书馆馆员分别为岭南大学图书馆的谭卓垣和金陵大学图书馆的吴光清。卡耐基慈善基金会委托美国图书馆协会负责对受助图书馆员的遴选和管理。1930年1月27日，原金陵大学图书馆馆长克乃文写信给美国图书馆协会秘书卡尔·米兰（Carl Milam），向其推荐了吴光清。经过各方的努力，卡耐基集团最终资助吴光清1500美金的奖学金，用于他在美国学习图书馆学。1930年5月10日，米兰致函卡耐基和平基金会的哈斯克尔先生（Mr. Haskell）：

我们已经收到了吴光清完整的教育和图书馆工作经验的记录，我和毕晓普先生（Mr. Bishop）都很仔细地核对过了。他过去的成绩不错，我想说美国图书馆协会很高兴您在3月10日的信中提到能为他到美国学习图书馆学提供奖学金，并且乐于管理这项奖学金。

吴光清同样非文华图专毕业，因此只能在哥大先攻读图书馆学学士学位。1931年6月底，在哥伦比亚大学图书馆服务学院一年的学习期满后，吴光清致函美国图书馆协会申请延长资助期限，以攻读图书馆学硕士学位。他写道：

很荣幸有机会获得由您管理的卡耐基国际和平基金会奖学金赴美

学习图书馆学，我在哥伦比亚大学的收获非常大，也非常感谢你们的资助。第一年的学习主要是关于图书馆方法和技术的一些综合性课程，这些都非常有价值，必将对我回中国以后的工作有巨大的帮助。

第二年更进一步的学习将极大地满足我个人的需要，同时也能使我集中学习最为需要的大学图书馆管理知识，因此我申请延长一年奖学金。如同美国一样，高校图书馆在中国也占据了重要位置，而且他们无疑将成为更多新建的公共图书馆、学校图书馆和专业图书馆的典范。沿着这一方向进一步深入的学习不仅会对我的职业发展起到极为重要的作用，而且也有助于我投身于对中国图书馆服务的改善。从这一点出发，我希望将来能继续在哥大学习或者转到密歇根大学。热切盼望得到您的支持。关于我在哥大这一年的学习报告将在年底送达。①

吴光清的申请得到了美国密歇根大学图书馆馆长毕晓普（国际图书馆协会联合会主席，中华图书馆协会名誉会员）的理解和支持，他向卡耐基基金会建议：

吴先生的学习成绩不错，我强烈建议将他的申请延长一年。在我看来，一个人往往需要几个月的时间适应新的开始，与其选择一个新的资助对象，不如对吴先生这样的申请者继续资助一年更有意义。我本人在罗马留学期间有过类似受资助的经历，在我刚刚适应了环境准备真正开始我的研究时，奖学金已经到期了。因此我一直认为，应该理解外国学生，由于语言上的障碍以及全新的环境，他们需要一段时

---

① *Columbia University School of Library Service Records 1926—1970*，Columbia University archive，Box44.

间安顿生活的各个方面。①

最终，卡耐基基金会延长对吴光清的资助，他进入密歇根大学攻读图书馆学硕士学位。1938 年，他还获得洛克菲勒基金会的帮助，到美国国会图书馆东方部实习。1941 年，吴光清进入芝加哥大学图书馆学研究院攻读博士学位，跟随国际印刷史权威卜特勒（Pierce Butler）教授研习西洋图书印刷史，于 1944 年获得图书馆学博士学位。②

获得美国其他奖学金的还有文华毕业生曾宪文女士，她受助于密歇根大学专为东方女生而设的巴伯奖学金（Levi L. Barbour Fellowship），于抗战初期赴美进修。该项奖学金于 1918 年在密歇根大学设立，只针对女性尤其是亚洲女性，旨在帮助亚洲女性提高她们在自己国家的地位，通过在科学领域和人文领域的海外学习为她们取得领导地位和服务社会做好准备。巴伯奖学金主要面向公共卫生、医学和其他职业教育学科。设立之初，每份奖学金的资助额度为一学年 500 美元，以后逐年有所增加，1937 年时为 850 美元，1936—1938 年共有 14 名中国女学生获得该奖。③ 在赴美图书馆学人绝大多数为男性的时代背景下，巴伯奖学金为中国女性图书馆学人赴美深造提供了帮助。

（5）美国教会对在华教会大学图书馆员的奖学金计划

美国教会在中国办了多所大学，并且在纽约成立了在华基督教

---

① *Columbia University School of Library Service Records 1926—1970*，Columbia University archive，Box44.
② 钱存训：《吴光清博士生平概要》，《国家图书馆学刊》2005 年第 3 期。
③ 陈雁：《巴伯奖学金与近代中国女性留美：途径、专业与意义》，《妇女研究论丛》2007 年第 5 期。

大学联合托事部来管理这些学校。1941年，为改进教会在华的13所私立大学，托事部特别组织了设计委员会，针对这些大学提出了各项计划，其中包括建设在华教会大学图书馆，使其与美国著名大学图书馆服务水平齐平。具体计划包括购买和运送图书和期刊、为中国图书馆员赴美进修提供奖学金、发展中国图书馆学专业教育、未来至少进行2次单独的调查等。1947年，美国图书馆专家沙本博士［Dr. Charles B. Shaw，美国宾夕法尼亚州索思摩学院（Swarthmore）图书馆馆长］代表在华基督教大学联合托事部来中国调查各地教会大学图书馆现状，并建议托事部重视对中国图书馆馆员之训练与深造。通过沙本的推荐，1948年，南京金陵大学的胡绍声、成都华西协和大学的邓光禄、上海圣约翰大学的黄维廉、广州岭南大学的王肖珠、福建协和大学的金云铭、东吴大学的喻友信共计6名图书馆员赴美留学。

以文华学子喻友信为例，他1930年至1931年就读于武昌文华图专，毕业后任职于东吴大学法学院，1938年至1946年在东吴大学图书馆工作，并于1946年获得东吴大学法学院学士学位。他是东吴大学法学院图书馆主任，同时也是美国教会团体（American Church Mission）的成员。1947年1月28日他在写给哥伦比亚大学图书馆服务学院的申请信中提道："基于我过去的工作，学校（东吴大学法学院）当局卫理公会董事会强烈推荐我申请十字奖学金赴美深造。"[①] 1948年10月6日，上海圣约翰大学的一位外国传教士致函沙本，推荐了喻友信：

---

① *Columbia University School of Library Service Records 1926—1970*，Columbia University achive，Box60.

喻先生告知了我您来到中国的使命，不仅是要帮助基督教大学的馆藏建设，还要推荐一些优秀的年轻图书馆学者到美国深造，使得他们回国后能更好地从事图书馆管理工作。我很高兴地为喻先生推荐这次难得的机会。我向您保证，您所做的为他提供任何帮助的决定都是正确的，通过进一步深造，他将会为中国基督教教育提供更好更有价值的服务。①

(6) 战后美国图书馆协会对中国图书馆员的培训计划

抗战时期，我国图书馆事业遭受重创，1944年，北平图书馆馆长袁同礼根据对各地图书馆的调查向美国图书馆协会提交了一份报告《中国图书馆之现状——图书馆损失情况》（Library Situation in China—Destruction of Chinese Libraries），对比了我国图书馆事业战前和战后的情况，分析了各主要图书馆在战时受到的损失和面临的困难，呼吁国际社会予以支援。② 袁同礼的报告登载在美国《图书馆杂志》（Library Journal）上，引起了美国教育文化界的广泛同情。在战后推动对中国图书馆员的培训支援上，美国图书馆协会远东委员会主席、爱荷华州立大学图书馆馆长白朗（Charles Brown）博士非常积极。他曾指出："无论是从美国政府还是从其他基金会寻求资助，我们应该为战后这些想要到美国深造并且符合条件的图书馆员提供一定的奖学金。"③

---

① *Columbia University School of Library Service Records 1926—1970*, Columbia University archive, Box60.
② Yuan T'ung-li, "Library Situation in China—Destruction of Chinese Libraries," *Library Journal*, NO. 69 (1944): 235—238.
③ American Library Association Archives, University of Illinois, Urbana-Champaign, International Relations Office, China Projects, 1946—50, Series 7/1/5.

1948年10月,白朗与美国国会图书馆副馆长克莱普(Verner Clapp)先生应美国远东军司令麦克阿瑟的邀请,到东京草拟日本国会图书馆计划书,顺道来华与我国图书馆界讨论合作事项。在14日与中华图书馆协会座谈时,他们表示正在依照富布赖特法案(Fulbright Act)草拟计划,建议中华教育文化基金董事会拨款协助,以发展中国图书馆事业,并将派遣2名美籍图书馆专家来华协助训练图书馆人才。会议决定由中华图书馆协会成立计划小组,确定将来2位专家的工作范围。此后,白朗和克莱普还参观了我国国立北平图书馆、苏州国立社会教育学院图博系、浙江省立图书馆、浙江大学图书馆等,了解我国战后图书馆重建的需求。回国后,白朗以美国图书馆协会远东及西南太平洋委员会主席的身份,草拟了《中美文化关系中关于图书馆事业的计划草案》,包括八项内容共21条,其中第七项为"图书馆工作人员与教育之专业训练",该项第17—19条提出了如下建议:

17. 美国图书馆协会中有关的委员会,加上其他机关,受托调查所能给予协助发展中国图书馆专业训练的可能性。

这个研究应包括:所需要图书馆学校的数目、分配的情形、学生的预期数目,中国受图书馆专业训练工作人员之预期的需要课程,以及经费来源等的报道。美国图书馆协会曾接得非正式的请求扶助中国现存的图书馆学校。无疑地,战后是需要多多的帮助的。

18. 美国图书馆协会以及其他机关共同研究战后给予愿来美国继续研究图书馆学的中国学生以奖学金或予以经济上援助的可能性,并尽速安排图书馆学生、实习图书馆员和相当的学科专家的互相交换。

据称某中国图书馆学家曾谓应有二百名学生派遣至美国学图书馆

学。若干美国图书馆业已委派中国学者为其馆员。至于需要曾在中国求学及工作的额外助理员无疑亦将增加。深望美国图书馆学家将竭尽所能尽量予以协助。

19. 现时留美之中国学生志在从事图书馆工作者得协助进入图书馆学校习读。

我们可以致函此种学生征求其意见，但不强求其作肯定的决断。[①]

白朗和克莱普认为，中国在战后应该重点建设五所图书馆专业教育机构，并建议分布于武昌文华图专、成都华西协和大学、南京金陵大学、广州中山大学、北平国立北京大学等不同城市的五所大学中。因时局变迁，这些计划并未得到落实。

2. 在美学习和研究经历

（1）课业表现

由于第二批赴美的图书馆学人多就读于哥伦比亚大学图书馆服务学院，这里以该校的课程作一说明。哥大开设有两年制的图书馆学课程，可以授予图书馆学学士和硕士学位。其中第一年主要为图书馆方法与技术方面的本科课程，包括目录学、研究方法、图书馆组织和管理等，完成30个学分以上的课程且成绩合格即可获得图书馆学学士学位。第二年为图书馆学硕士的课程，要求学生最少有一年的图书馆工作经验，并且须在经过认证的图书馆学校获得本科学位。硕士阶段主要提供专门图书馆学的训练，学生需完成最少30个学分的课程，提交毕业论文并通过审核即可获得图书馆学硕士学位。

---

① 严文郁：《中国图书馆发展史：自清末至抗战胜利》，台湾枫城出版社，1983年，第268页。

虽然没有建立正式合作关系，哥伦比亚大学图书馆服务学院实际上已经认可了文华图专两年制的图书馆学训练，因此被批准入学的文华图专毕业生一般直接到该校攻读图书馆学硕士。哥大图书馆服务学院的硕士课程设置比较多样，主要分为目录及参考、编目和分类、公共图书馆管理、大学和学院图书馆管理、中学图书馆、儿童图书馆和专门图书馆等 7 类。① 学生入学申请时即应阐明自身研究兴趣，注册前在学院教师指导下结合自身能力、教育背景、工作经验和未来工作计划来选择课程，经过学院院长审核后即可注册。攻读哥大图书馆学硕士学位的学生可以选修不超过 14 个学分的其他院系的公选课，这类公选课应该具有一定的研究性质，同时与选课者的研究方向相关。经图书馆学院院长同意，他们还可以修习不超过 8 个学分的本院开设的暑期课程。由于图书馆学硕士的课程只有一年，而中国学生大多为半工半读，加上一些基础课程在国内已经修过，除了"图书馆学硕士专题课程"这类必修课以及与研究方向相关的选修课外，他们一般都在哥大其他院系（如历史学、社会学、教育学）选修了 2—3 门课程。下表列出了严文郁、岳良木等人在哥大修读的课程及成绩情况：

表 3.16　严文郁在哥大图书馆服务学院攻读硕士学位所修课程及成绩

	课程代码及名称	学分	冬季学期	春季学期	暑期
1930—1931学年	L. S. 301—302 目录及目录学方法	2	B	B	—
	L. S. 319—320 公共图书馆	2	B	B	—
	社会学 161—162	3	通过	通过	—

---

① *Columbia University School of Library Service Records 1926—1970*, Columbia University archive, Box2.

续表

	课程代码及名称	学分	冬季学期	春季学期	暑期
1931—1932学年	L.S.S37 图书馆学教育的问题与方法	2	——	——	C
	L.S.315—316 高级编目与分类学	3	B	B	——
	L.S.375—376 图书馆学硕士专题讨论课	4	通过	通过	——

表3.17 岳良木在哥大图书馆服务学院攻读硕士学位所修课程及成绩

	课程代码及名称	学分	冬季学期	春季学期	暑期
1934—1935学年	L.S.319—320 公共图书馆	3	通过	通过	——
	L.S.321 大学及学院图书馆	3	通过	——	——
	L.S.309 图书馆史	2	通过	——	——
	L.S.335 图书馆人力资源管理	2	C+	——	——
	L.S.322 大学及学院图书馆	3	——	通过	——
	教育学 25311	2	C+	——	——
	教育学 2544	2	——	C+	——
1935—1936学年	L.S.375 图书馆学硕士专题课	4	通过	——	——
	历史学 107	3	B+	——	——
	历史学 149	3	Abs	——	——
	L.S.376 图书馆学硕士专题课	4	——	通过	——
	L.S.336 图书馆学建筑	2	——	Abs	——

李芳馥、黄维廉于1934年和1935年先后获得洛克菲勒基金会奖学金赴美。基金会定期向哥大图书馆学院了解受资助者的成绩与在校表现，作为是否继续资助的依据。1935年2月13日，哥大向洛克菲勒基金会人文项目部副主任马歇尔先生（Mr. John Marshall）汇报了黄维廉、李芳馥1934—1935学年冬季学期的学习情

况，表示他们都很优秀，"应该能非常满意地完成他们的学业"。以李芳馥为例，担任"大学图书馆"课程的法伊教授（Professor Fay）评价他："是一个非常优秀的中文馆员，性格随和安静，很有想法，具有学者的直觉、正确的判断力和很强的意志力。在他的中文图书馆工作和对材料的组织上评价为 A。"①

下表列出了黄维廉、李芳馥在 1934—1935 学年冬季学期修读的课程和成绩②：

表 3.18　黄维廉在哥伦比亚大学图书馆服务学院
1934—1935 学年冬季学期修读课程及成绩

课程代码及名称	学分	成绩
L. S. 201 Trade & national bibliography 商业和国家书目	2	B+
L. S. 203 Book selection 图书选择	3	B
L. S. 205 Introduction to standard works of reference 标准参考书目简介	2	B—
L. S. 207 Principles of dictionary cataloguing 字典编目原则	2	A—
L. S. 211 Principles of classification 分类原则	2	B+
L. S. 215 Organization and administration of libraries 图书馆组织与管理	2	B—
L. S. 217 Library records and methods 图书馆归档及方法	2	B+

---

① *Columbia University School of Library Service Records 1926—1970*，Columbia University archive，Box40.
② *Columbia University School of Library Service Records 1926—1970*，Columbia University archive，Box40

表 3.19　李芳馥在哥伦比亚大学图书馆服务学院 1934—1935 学年冬季学期修读课程及成绩

课程代码及名称	学分	成绩
L. S. 319 Public libraries 公共图书馆	3	B+
L. S. 375 Seminar 图书馆学硕士专题讨论课程	4	P
L. S. 321 College & University libraries 大学图书馆	3	B
L. S. 309 Library history 图书馆史	2	B
L. S. 335 Personnel problems 图书馆人力资源管理	2	B+

1948 年入学哥大图书馆学院的喻友信则广泛地选修了多门相关课程，如"文明发展进程中的书籍和图书馆"（books and libraries in the growth of civilization）、"出版学"（publishing）、"设计学"（design）、"图书制作"（production of books）、"图书馆项目和计划"（library programs and plans）、"阅读和传播基础"（foundations of reading and communication）、"目录学介绍"（introduction to bibliography）、"读者服务"（reader service）、"人文科学文献"（humanities literature）、"社会科学文献"（social science literature）、"法律文献"（legal literature）、"图书馆管理理论"（theory of library administration）、"学校图书馆"（school libraries）、教育学相关课程（outside course in education）、"人际关系学"（human relations）和大学层次的课程（college program）。①

第二批赴美的图书馆学人在学习过程中遇到的最大难题是语言，但他们通过加倍的勤奋和努力，仍然合格地完成了各门课程。

---

① *Columbia University School of Library Service Records 1926—1970*，Columbia University archive，Box40.

1936年4月2日,哥大图书馆服务学院院长谈到曹祖彬的学习情况时说:"曹先生在英语上有一点障碍,他原先在大学的成绩并不算出彩。然而,他非常努力,甚至不惜牺牲了自己的健康,并有着很好的学习状态。"由于英语口语表达的问题,喻友信的各科成绩平均评价为C。1949年喻友信毕业时获得了这样的评价:

> 图书馆服务学院的教师们认为他是一个有能力并且有趣的学生,尽管英语应用方面略显不足。他很关心社会问题,且对美国图书馆的现状有很深入的认识。他的书面英语不错,弥补了他口语表达腼腆的一面。①

赴美的第二批图书馆学人大部分都有在美图书馆工作的经历。除了少部分获得洛克菲勒基金会的学费赞助外,其他交换馆员和自费留学者均通过工读的形式解决在美学习的费用问题,主要是在中文图书馆从事编目工作。如1926年桂质柏申请纽约州立图书馆学校时,因该校即将并入哥大,当年不提供高级学年的课程,于是他转而申请了伊利诺伊大学图书馆学院。后来哥大图书馆服务学院院长威廉姆森为其提供了在哥大图书馆中文部管理图书的职位,允许他在该馆工作两年,同时攻读图书馆学硕士学位。这种互惠互利的方式使桂质柏转而申请哥大,这也成为此后相当一批图书馆学人相继来哥大求学的主要原因。

(2) 学术研究

留美的图书馆学人不仅合格完成了图书馆学专业课程,还接受

---

① *Columbia University School of Library Service Records 1926—1970*,Columbia University archive,Box40.

了规范的图书馆学学术训练，其学位论文亦体现了较高的研究能力。如纽约公共图书馆学校允许学生通过提交论文或者编制书目的方式申请图书馆学学士学位。1925年6月，裘开明向纽约公共图书馆学校提交部分完成的毕业设计《中国贸易与财政书目》（*The Trade and Finance of China, A Bibliography*）。该书目共37页，采用历史学方法，收录纽约公共图书馆和哥伦比亚大学图书馆有关该主题从古至今的文献，同时也作为他本人在哈佛大学研究中国经济发展的部分参考文献。

攻读哥伦比亚大学图书馆服务学院硕士学位的学生则需要提交一篇本研究领域的论文，非经院长明确同意，不能以编制书目替代。论文的选题由学生决定，必须在入学初期就确定并经过指导教师和院长的审核。论文手稿必须在学校注册处规定提交时间的两周前交到图书馆学院院长办公室。由学院三位教师组成的委员会审核这些论文。审核通过后，学生将两份打印稿连同委员会同意的证书一同交给学校注册处，以便能在六月份获得学位。中国图书馆学人一般选择中国图书馆史或中国图书馆事业相关选题，采用历史学的方法从事硕士论文的研究。如1928年桂质柏递交了题为《中国图书馆的历史考察》的硕士论文，以历史的方法回溯了中国古代图书馆的发展和变迁。曾宪三的硕士论文《清代图书编目的原则和实践：1644—1900》（*Chinese Cataloguing Principles and Practices in the Ch'ing Dynasty: 1644—1900*），总结了我国清代传统的图书馆学编目原则与方法。也有部分图书馆学人的论文采用了实证和比较的方法，如汪长炳的硕士论文《中国大学图书馆西方参考书的选择问题》（*The Problem of Selecting Occidental Reference Books for Chinese*）基于17所大学课程设置、师资队伍的调查，对影响国内大学师生选择西方英、法、德参考书的一些代表性因素进行了分析。金云铭的硕士论文《纽约城大学图书馆报告》，通过实地参观考察，对该校图书馆管理制度和特点进行了详尽深入的阐述和研究。以下列出了徐家璧1948年的硕士论文《中国公共图书馆立法研究初探：历史分析及实践建议》（*An Inquiry into the Chinese National Library Act Relating to Public Libraries：An Historic Analytic Study with Practical Suggestions for Its Future Development*）的大纲：

论文大纲①

问题：

调查中国国家层面关于公共图书馆立法的情况，通过史料分析研究，并结合当前实际情况提出可行的建议，以促进中国公共图书馆立法的发展。

研究背景：

由于缺乏文献和先前的研究，很少有人关注中国图书馆界的立法问题。基于图书馆立法对于图书馆事业发展的重要性，本研究将对这一问题进行深入研究，分析当前图书馆立法的利弊，并提出实际性的建议以供修正。同时希望引起中国图书馆员对于图书馆立法问题的重视和研究兴趣。

基本假设：

合理而良好的图书馆立法最终会促进公共图书馆的完善和发展。

假定：

---

① *Columbia University School of Library Service Records 1926—1970*，Columbia University Archive，Box60.

首要设想：中国现有的图书馆立法不能满足当前图书馆事业发展的需要。

补充设想：图书馆对当前的司法管辖不满意，唯一的补救办法是立即对现行的图书馆法进行广泛的修改。

研究的范围和局限：

本研究仅限于中国公共图书馆的立法，包括立法的内容、特点和缺陷。通过历史研究的方法分析中国公共图书馆从早期一直到 1947 年 4 月最新版公共图书馆法的沿革。重点分析国家图书馆法，同时也兼顾一些有关公共图书馆的其他法令的补充分析。讨论是否应该对现行图书馆法立即修订，该怎样修订。

拟解决的问题：

好的图书馆法的标准是什么？

一部低劣的图书馆法将产生怎样的负面效应？

中国图书馆法的特点是什么？

在何种程度上图书馆法才算是好，并且能符合实际情况？

在何种程度上图书馆法为劣法，并且不受欢迎？

当前的中国图书馆法是否缺失某些特征？

英美现行的图书馆法中有哪些优点值得为中国图书馆立法借鉴？

是否有必要对现行的图书馆法立即修订？

由谁来决定修订方案？如何修订？

中国将来的图书馆立法该采取何种模式？

数据来源以及对上述问题的回答：

对当前中国国家图书馆法和公共图书馆相关法律进行详细的分析。

提前收集和阅读以下各类资料：

中华图书馆协会发行的相关文献；

过去六十年以来有关中国教育发展的文献；

分散于中国年鉴、志书、图书馆馆务报告、教育百科丛书、教育部公报以及一些连续出版物中有关图书馆立法的资料；

英美图书馆界出版的相关文献；

选择一定数量的公共图书馆和馆员发放调查问卷。

<u>研究方法：</u>

1.通过历史方法，来研究中国图书馆事业主要发展阶段对图书馆立法的需要，同时借鉴英美国家的经验，来确定图书馆立法的可行标准；

2.通过文献法来具体分析《图书馆法》的34条条款，以及其他三种补充法令的解释条款；

3.通过分析法和比较法来评价《图书馆法》；

4.使用客观法来收集图书馆员填写的调查问卷中有关中国图书馆立法的观点和意见。

<u>数据可用性：</u>

1.哥大罗氏图书馆东亚馆收藏有研究所需的大部分中文文献，包括最为重要的新颁布的中国《图书馆法》；

2.还有一部分文献可以通过哈佛燕京图书馆汉和文库以及国会图书馆中文部借得；

3.哥大图书馆服务学院藏有研究所需的所有相关英文文献；

4.寄往中国的调查问卷约在三个月内收回。

1949年1月28日，哥大图书馆学院的副系主任马丁（Lowell Martin）在阅读完徐家璧论文的前68页后，提出了一些修改意见，除了文章形式和英语语法上的问题外，还对文章的内容提出了三点要求：

1.对于图书馆立法的基本标准不够清晰,我希望你主要以回收的调查问卷中馆员的评价作为判断,但你只是以独立的观察者的身份对图书馆法提出批评;文中一些馆员对图书馆法的评价与你的个人判断矛盾。

2.材料的组织有些混乱,易使人产生疑惑;有些观点有重复,让读者无法理解。我建议对这部分内容进行调整,总结、逐一列出现行图书馆法的各种缺点,并将你收到的调查问卷中馆员对于图书馆法的评价对应地纳入其中。

3.图书馆和馆员对于图书馆法评价的不一致也会让人产生疑惑,你应该对此给出解释。在读者看来,图书馆的调查问卷自然应该是由馆员来回答的,他们并不清楚为什么图书馆和馆员的评价会有不同。①

从徐家璧的论文大纲看,无论是选题还是研究方法,都严格地遵循着美国社会科学的研究范式,强调问题意识,着眼于提出问题和解决问题,重视对资料的穷尽搜集、归纳总结以及实证的研究方法,于今天图书馆学硕士论文的写作仍具有参考意义。留美图书馆学人通过对英美国家图书馆事业先进之处的考察,对比中国图书馆事业的不足,提出对中国图书馆事业方方面面的改进意见。此外,美式图书馆学的严格训练,也为这些图书馆学人将新式研究方法引入本土打下了基础。

3.成就和影响

美国的图书馆学博士教育始于1928年芝加哥大学成立的图书馆学研究院。民国时期第二批赴美的图书馆学人大多获得了图书馆

---

① Columbia University School of Library Service Records 1926—1970, Columbia University Archive, Box60.

学硕士学位，同时也不乏攻读更高学位者。根据袁同礼先生编纂的《中国留美同学博士论文目录（1905—1960）》，民国时期在美获得图书馆学博士学位者共有4人，下表列出了他们的毕业学校、时间和博士论文题目。

表3.20　民国时期获得美国图书馆学博士学位的中国图书馆学人

姓名	学校	毕业时间	博士论文题目
戴志骞（超）Tai Tse-Chien	爱荷华大学	1925	《图书馆学专业教育》（*Professional education for librarianship*）
桂质柏 Kuei Chih-Ber	芝加哥大学	1931	《美国图书馆中文藏书编目及管理问题》（*Bibliography and administrative problems arising from the incorporation of Chinese books in American libraries*）
谭卓垣 Taam Cheuk-Woon	芝加哥大学	1933	《清代藏书楼发展史：1644—1911》（*The development of Chinese libraries under the Ching dynasty, 1644—1911*）
吴光清 Wu Kwang-Tsing	芝加哥大学	1944	《唐代至明末的学术、图书出版与图书馆发展史：618—1644》[*Scholarship, book production, and libraries in China (618—1644)*]

另一名图书馆学人李芳馥，自哥大图书馆服务学院硕士毕业后，于1935年进入芝加哥大学图书馆学研究院攻读博士学位，一年内即修完了博士课程。北平图书馆要求他到美国国会图书馆实习一年后回国工作，由于是公派出国，他只得放弃博士论文的准备。[①]

---

① 《沉痛悼念李芳馥同志》，《图书馆杂志》1997年第5期。

另有沈宝环、钱存训两位先生于民国末期赴美，在 1950 年初获得图书馆学博士学位。沈宝环（Seng, Harris Bao-Hwan）为沈祖荣先生的公子，于 1953 年获得丹佛大学图书馆学博士，他的博士论文题目为《文华图专课程设置刍议》（*A suggested curriculum for Boone Library School*）。钱存训（Tsien Tsuen-hsin）先生为原北平图书馆馆员，于 1953 年获得芝加哥大学图书馆学博士学位，他的博士论文题目为《书于竹帛：中国古代的文字记录》（*The pre-printing records of China: a study of the development of early Chinese inscriptions and books*）。这些博士论文不乏在学界产生重大影响者。如吴光清的博士论文《唐代至明末的学术、图书出版与图书馆发展史：618—1644》共分十章，约十余万言。除首章序言及末章结论外，其他各章分别叙述古代及历代以迄明末的著作研究、公私藏书、印刷出版及目录校勘等各种学术活动，行文流畅，巨细弥遗，成为西文著述中的第一部中国中古学术通史，也是研究中国文化史的重要参考资料。① 钱存训的《书于竹帛：中国古代的文字记录》依据大量传世文献和考古文物资料，用自己的语言向读者娓娓讲述中国古代文字及其载体和书写工具的演变史，被称为研究简帛的基础性和划时代的著作。李约瑟博士称赞此书是"卡特的经典之作《中国印刷术的发明及其西传》一书的姊妹篇"②。

就职于哈佛大学燕京图书馆的裘开明是第二批赴美的图书馆学人的杰出代表，从哈佛大学汉和文库管理员到哈佛燕京图书馆馆长，他是美国东亚图书馆早期发展中的一位启蒙大师和领导人物，

---

① 钱存训：《吴光清博士生平概要》，《国家图书馆学刊》2005 年第 3 期。
② 钱存训编著：《书于竹帛 中国古代的文字记录》，上海书店出版社，2004 年，"上海版新序"第 1 页。

也是最早以图书馆专业的资历全职主管美国东亚图书馆的第一人。裘开明不仅推动了美国东亚图书馆的馆藏建设,并且在管理方法上作出了开创性的贡献,成就了哈佛燕京图书馆在西方的学术影响地位。1927年裘开明分别撰写了《中文分类法:现有中文图书分类法及美国图书馆内中日文图书分类法》(Classifications in China: An Outline of Existing Chinese Classification systems and A suggested Scheme for Chinese and Japanese books in American Libraries)和《如何用中文纪录图书:纪录汉字的方法以及汉日图书的书号系统》(How to File Books in Chinese: Methods of Filing Chinese Characters and A system of Book Numbers for Chinese and Japanese books)发表于美国《图书馆杂志》(Library Journal)。1943年他采用中西结合的办法,编制了《哈佛燕京图书馆中文图书分类法》,并在美国出版,为美国、加拿大、澳大利亚、荷兰等国各东亚图书馆广泛使用,其分类表被称为"东亚图书管理在美国发展道路上的里程碑"。[①] 1934年,他还在哈佛大学讲授"中国目录学"(Chinese bibliography)和"中文参考书"(Chinese reference works)两门课程。开课对象为学过一至两年中文的学生,或具有同等中文水平者。通过开设中文图书管理的课程,他不仅提高了东亚图书馆的馆藏利用率,也促进了哈佛汉学研究的发展。[②]

赴美的第二批图书馆学人还多次代表中国图书馆界参与国际活动,促进了中外图书馆界的交流和了解。1926年,在美国的裘开明和桂质柏分别代表中华图书馆协会和济南大学图书馆参加了在大

[①] 朱立文:《从厦门大学图书馆主任到哈佛燕京图书馆馆长——谈裘开明博士对中外图书馆事业的贡献》,《上海高校图书情报工作研究》2004年第4期。
[②] 程焕文编:《裘开明年谱》,广西师范大学出版社,2008年,第107页。

西洋城和费城举行的美国图书馆协会五十周年纪念大会。① 他们合撰的《中国之图书馆》(Libraries in China) 于 1926 年发表在《美国图书馆协会会刊》(American Library Association Bulletin) 上。1933 年 10 月，时任哈佛大学图书馆汉和文库馆长的裘开明代表中国参加了在芝加哥举行的国际图书馆委员会会议（International library committee），他特别编纂了《中国图书馆情形报告》及《中国图书馆与出版之统计》两篇文章，亲自撰写《中国之国立图书馆》一文，并抽印分赠与会代表，另将文华图专出版的《世界之民众图书馆》中关于中国一章，提请出席会议人士注意。② 1935 年 5 月 20—30 日，汪长炳代表中华图书馆协会参加了国际图书馆联盟（IFLA）在西班牙首都马德里举行的会议，并在大会上报告了中华图书馆协会的工作。

可见，民国图书馆学留学教育的影响不仅在于争取西方对我们文献、经费等物质上的支援，更为我国培养了大批图书馆学人才，贡献了图书馆学教育的师资。据梅贻琦、陈其保的《中国近百年来留学学生调查录》，1854 年至 1953 年，中国留美学生所学科目之统计如下表：

表 3.21　1854 年至 1953 年中国留美学生所学科目③

序号	研究科目	总数	序号	研究科目	总数
1	商业管理	1562	18	航空工程	137
2	经济	1212	19	新闻学	113

---

① 裘开明：《美国图书馆协会五十周年纪念大会》，《图书馆学季刊》1926 年第 4 期。
② 《图书馆界·国外·国际图书馆委员会会议》，《中华图书馆协会会报》1934 年第 5 期。
③ 王焕琛：《留学教育》（第 2 册），台湾编译馆，1980 年，第 719—723 页。

续表

序号	研究科目	总数	序号	研究科目	总数
3	教育	943	20	植物学	96
4	化学	854	21	艺术与考古	86
5	普通工程	804	22	图书馆学	75
6	土木工程	777	23	地质学	63
7	艺术	747	24	园艺学	58
8	机械工程	681	25	昆虫学	55
9	电机工程	544	26	国际法与国际关系	51
10	农艺	408	27	生物化学	48
11	英语教学	284	28	地理学	43
12	历史	269	29	细菌学	39
13	法律	266	30	解剖学	27
14	矿冶工程	184	31	水力工程	16
15	家政学	179	32	天文	13
16	普通科学	152	33	人类学	10
17	生物学	145	34	实验遗传学	8

在百年以来的34门留学科目中，图书馆学出国人数排在第22位，而且大部分都留学于当时美国学费昂贵的哥伦比亚大学。20世纪30年代前后，哥大仅学费一年即300美元，在当时缺乏政府支持，而自费留学对于普通中国学生又难以承受的情况下，图书馆学人留学更多地借助了来自图书馆领域的内生力量及国际支持。教会大学图书馆成为图书馆学人赴美的孵化器和摇篮，就职于教会大学的外籍馆长在中国学生的留学之路上起到了指路人的作用；美国国内热心图书馆事业者以及慈善基金会的捐助和支持，为一部分中国学生解决了经费上的困难；美国图书馆协会和图书馆学校基于推

动世界范围内图书馆事业发展的使命感，则为中国图书馆员申请学校提供了诸多便利条件。

另一方面，出于对西方先进文化和事业的追求以及对发展国内图书馆事业的责任，中国图书馆学人以筚路蓝缕的精神克服了语言、文化、环境、经费各方面的困难，在美国出色地完成了学业，掌握了美式图书馆的管理方法和技术，理解了美式图书馆学教育和研究模式。这些图书馆学人回国后，有的掌舵国内重要图书馆，有的则直接参与中国图书馆学教育工作。他们本身既是民国时期图书馆学教育的成果，同时更是本土图书馆事业和图书馆学教育的中坚力量。正是由于他们在国内积极开展各种形式的图书馆学教育，鼓吹图书馆职业化和专门人才培养的理念，并继续寻求国外图书馆界的同情和支持，中国本土的图书馆学教育才战胜重重困难，得以延续和发展。

第四章

民国图书馆学教育的办学形式

　　1920年，武昌文华公书林馆长韦棣华女士与留美归国的图书馆学家沈祖荣、胡庆生共同在文华大学创办了中国第一个图书馆学教育机构——文华大学图书科，这意味着我国图书馆学专门教育拉开了帷幕，成为当时德国、英国、美国之后，世界上第四个办图书馆学高等教育的国家。[①] 此后，留美图书馆学家纷纷归国，他们在推动新图书馆运动、宣传图书馆事业及西方图书馆学理论和方法的同时，也开展了各种形式的图书馆学教育活动，在本土为我国培养了一大批图书馆学人才。这批本土培养的图书馆学人传承了早期留美图书馆学家关于图书馆学教育的思想和理念，克服时艰、勉力办学，使得萌芽期的图书馆学教育得以延续和发展。

[①] 马费成主编：《世代相传的智慧与服务精神：文件图专八十周年纪念文集》，北京图书馆出版社，2001年，第190页。

第一节　高等教育层次的图书馆学教育

民国时期的高等教育思想经历了晚清以来的"中体西用"到"实利主义教育",大学分科从最初四书五经的纲常教育到后来的文、理、法、商、医、农、工七科,图书馆学一般设于大学文科之下。由于国民政府在教育上奉行杜威的实用主义思想,对图书馆学专门教育的重视和投入不足,初期的图书馆学教育多由私立学校兴办。直到民国后期,随着图书馆事业的发展和图书馆学家多年不断的争取,国立大学才逐渐设立图书馆学科目。

一、南京金陵大学图书馆学系

南京金陵大学图书馆学系的成立须追溯到金陵大学图书馆创始时期。金陵大学由三所书院合并而成,即1888年美以美会传教士傅罗(C. H. Fowler)创办的汇文书院、1891年基督教传教士美葛斯(Frank. E. Meiges)创办的基督书院、1894年长老会传教士T. W. 贺子夏创办的益智书院。1906年,益智书院高年级并入基督书院,定名为宏育书院。1910年,宏育书院与汇文书院合并称为金陵大学堂。同年,金陵大学堂图书馆创建,馆藏基于汇文、基督书院原有图书,数量不多,设备也简陋,馆址附设于汇文书院青年会楼上。首任馆长为美籍传教士、金陵大学教授恒谟①（William F. Hummel，1884—1976，1884—1975）。1913 年，曾任美国普林斯顿大学图书馆参考部主任的克乃文（H. C. Clemons）来华接任馆长，他训练中国学生为助理馆员，馆务也得以发展。1915 年，金陵大学堂改名为金陵大学。随着读者人数和馆藏的增多，图书馆也扩充为两间，一间为书库，一间为阅览室。由于馆藏日益增加，中西文书同储一室，显得拥挤不堪，故于 1916 年又辟一室，专门储藏中文书籍。此后，金陵大学图书馆又曾数度搬迁，直到 1920 年搬迁至该校行政院（后改为文学院）大楼第三层，占屋三大间，并添置了大量家具，图书馆才略具规模。金陵大学图书馆一直没有独立的馆舍，校方曾多次就图书馆建筑经费问题与政府交涉。1929 年，国民政府承诺捐助图书馆建筑经费 30 万元。为给新建的图书馆储备管理人才，1930 年，该馆还推荐了馆员吴光清赴美学习图书馆学。然而，由于连年内战，财政吃紧，政府承诺的建筑经费直至 5 年后才陆续兑现 20 万元，加上原金大副校长文怀恩夫人的捐款及其他一些零散经费，金陵大学新图书馆最终于 1937 年下半年竣工。

1913 年，克乃文主持馆务的同时担任该校文科的英文教师，并在文科开设了图书馆学课程。由于各方面条件的限制，他开设的这类课程并没有发展成图书馆学专门教育。但是，他将课上的几名中国学生洪有丰、李小缘、刘国钧领上了图书馆职业的道路。在对他们进行图书馆技能培训的同时，他还先后推荐他们到美国学习图书馆学。

1927 年春，克乃文回到美国，由赴美归国的刘国钧代理馆长

---

① 恒谟的孪生兄弟是著名汉学家恒慕义（Arthur W. Hummel Sr., 1884—1975.）

一职。同年秋，金陵大学文理科下开设图书馆学系，任课教师大都来自金陵大学图书馆，由李小缘任主任兼教授，刘国钧、万国鼎任教授，吴光清、曹祖彬任讲师，蒋一前任助教，师资阵容颇强。其中刘国钧于分类，李小缘于编目，万国鼎于检字法，均为国内一时权威，另外还聘有洪有丰、沈学植、朱家治等人任教。图书馆学系设学分制，总计38学分，包括以下16种课程：图书馆学大纲（5学分）、参考书使用法（3学分）、中国重要书籍研究（3学分）、目录学（3学分）、分类法（3学分）、编目法（3学分）、杂志报纸政府公文（2学分）、特种图书馆（2学分）、民众图书馆（2学分）、索引与序列（2学分）、书史学（2学分）、印刷术（2学分）、图书馆问题之研究（2学分）、图书馆选择之原理（2学分）、图书馆史（2学分）、图书馆行政（2学分）。金陵大学三、四年级学生均可辅修。1928年，因北伐战争，金陵大学暂时关闭，图书馆学系也随之停办。同年，该系教授李小缘接受东北大学邀约，赴沈阳任东北大学图书馆馆长；刘国钧则于1929年9月北上担任北平图书馆编目主任，并负责《图书馆学季刊》的编辑工作。然而曾经修习该系课程的毕业生仍有十余人，大部分服务于政府机关、学术团体及学校等图书馆，如钱存训就职于国立北平图书馆、卢震京就职于行政院图书馆。卢震京与同系的印国钰合著了《实用分类法》，并与叶章和、俞宝书等人利用业余时间历六载编成了九十万字《图书学大辞典》，在当时也产生了重要影响。

1930年，金陵大学图书馆学系得以续办，并有添办图书馆学专修科的新计划。1931年春季学期，该系学生自发组织了图书馆学术团体——图书馆学会。1931年秋季学期，改选彭耀南、钱存训，周德洪、毕慕康、高小夫担任学会执行委员，并聘请金陵大学图书馆刘国钧、李小缘、万国鼎、陈长伟、曹祖彬为顾问,特邀服务于各地图书馆的毕业生为名誉会员,并议决本学期工作大纲为:(一)征求会员;(二)出版刊物;(三)学术讲演;(四)参观各大图书馆;(五)建议学校当局扩充图书馆学系;(六)工作及实习;(七)会务进行等项。[①] 1931 年 11 月 21 日下午,图书馆学会二十余人参观南京中央党部、外交部、铁道部的机关图书馆。1934 年 9 月,该学会在北大楼会客室召开成立大会,由刘国钧发表演讲,内容为:图书馆学会成立的目的、图书馆学会的内容和意义、学会会章及今后方针。会后选举了干事会会员,并决定每学期改选干事一次,每半个月举行学术演讲一次。1934 年 11 月 30 日,图书馆学会举行成立后的第一次学术演讲会,请中央图书馆筹备主任蒋复璁演讲《中国图书馆的几个问题》。1935 年 6 月,请外交部图书馆主任朱家治演讲《开架式图书馆之效率问题》。除了学术演讲,图书馆学会还接办了《图书馆学季刊》(刘国钧主编)中的"时事撮要"栏目。[②]

抗战期间金陵大学迁往成都后,由于图书馆专门人才的需求增加,各地图书馆不断来函征聘馆长和流通编目人员。1940 年春,经教育部核准,金陵大学文学院开设了图书馆学专修科,于当年暑期招生,入学资格限高中毕业生及大学肄业生,需通过入学考试,考试科目有 7 门:国文、英文、史地、公民、国学常识,以及算学、物理学、化学和生物学中任选两门。由留学美国哥伦比亚大学图书馆服务学院的曹祖彬主持专修科事务,学制为两年,学生须修读大学基础课和专业课。大学基础课程有教育学、国文、英文、德

---

① 《图书馆界:图书馆学会消息》,《中华图书馆协会会报》1931 年第 3 期。
② 《图书馆学会成立》,《金陵大学校刊》1934 年 11 月 20 日第 2 版。

文、法文、伦理学、科学概论和哲学概论，专业课程则包括图书馆通论、图书分类法、图书馆组织与管理、民众图书馆、目录学、参考书使用法、书史学。与图书馆学系相比，专修科特别注重相关学科知识的传授与专门技能的培养，在课程中增设了图书选购法、装订术、图书馆与成人教育、儿童用书研究、档案管理法、博物院管理法、索引与序列。学生总共需修满68个学分，各门考试及格方准予毕业，其间经过转科考试及格也可以转入文学院正科学习。1941年暑期，图书馆学专修科第二届招生，因录取标准严格，第一次招考仅正取5名，于是在9月份又进行第二次招考，报名者有39人，仅录取11人。1941年合计两次招生，共录取学生16人。①

1941年，金陵大学图书馆全体职员及文学院图书馆学系全体师生组织成立图书馆学座谈会，可谓西迁之前的图书馆学会的延续。当年10月13日上午召开成立大会，宣布其宗旨在集思广益，为图书馆在战时如何发挥更大效益及图书馆发展献计献策，以拓展图书馆员的知识面，促进图书馆员提高业务能力。座谈会每隔一两周举行一次，每次拟定主题，由专人演讲，集体讨论。第一学期先后开会五次，均在该系教师刘国钧、陈长伟、曹祖彬家中举行，每次先由主讲人就某一主题作详细讲解，继由会员交换意见与经验。主讲人稿件计划陆续在《中华图书馆协会会报》发表。②因座谈会的影响逐步扩大，华西协和大学、金陵女子文理学院图书馆职员，中华图书馆协会会员及对图书馆感兴趣的人士纷纷加入，与会者的

---

① 《图书馆界·金大图书馆学专修科成立周年》，《中华图书馆协会会报》1941年第1—2期。
② 《图书馆界·国内消息·金陵大学图书馆学座谈会成立》，《中华图书馆协会会报》1941年第3—4期。

范围得到了进一步扩大。至 1941 年底,图书馆学术座谈会一共召开了 9 次。下表列出了具体的演讲内容:

表 4.1　1940—1941 年金陵大学图书馆学术座谈会演讲题目

次数	时间	演讲人	演讲题目
1	1940.10.13	刘国钧（金大图书馆）	营业目录之参考价值
2	1940.10.27	刘国钧（金大图书馆）	如何使读者还书迅速
3	1940.11.10	李英如（金大图书馆）	剪裁（剪报）工作的方法及功用
4	1940.12.1	陈长伟（金大图书馆）	小册管理及功用
5	1940.12.31	曹祖彬（金大图书馆）	开架式与闭架式之利弊
6	1941.2.2	李小缘（金大图书馆）	图书馆之将来
7	1941.5.4	刘国钧（金大图书馆）	图书馆员之补充问题
8	1941.6	曹祖彬（金大图书馆）	现代图书馆之新设施
9	1941.10.25	邓光禄（文化大学图书馆）	图书馆界对于我国抗战建国之任务及其推进

二、从文华大学图书科到私立武昌文华图书馆学专科学校

1920 年 3 月,韦棣华女士在武昌文华大学校长孟良佐（Alfred Alonzo Gilman）、圣公会湘鄂教区主教韦卓民（Francis C. M. Wei）的支持下,在文华大学创办了图书科,该科是我国第一个图书馆学专门教育机构。图书科校址设在武昌县华林,由沈祖荣、胡庆生及韦棣华女士讲授图书馆学专业课程,以文华公书林作为讲课场所及实习基地。该科仿照美国纽约州立图书馆学校学制,招收大学肄业二年的学生入学,至大学四年级与其他科系同时修满毕业。

1920年秋季招收了图书科第一届学生，共6人，全部为文华大学肄业生。1925年，文华大学与武昌博文书院、汉口博学书院、长沙雅礼书院、岳阳湖滨书院五所学校合并为华中大学，图书科并入华中大学后，仍保留"文华图书科"名称，称为"华中大学文华图书科"。

1927年华中大学停办，文华图书科仍单独办理，并积极改进课程设备，于1929年8月由教育部批准立案，独立成校，校名为武昌文华图书馆学专科学校，学制改为两年。1938年暑假，武汉外围战事激烈，当年7月起，该校陆续将重要文卷、图书、机件用品西迁重庆，在曾家岩求精中学开始办公，并招考新生，同时着手建筑临时校舍。1941年5月9日，求精中学校舍遭敌机炸毁，片瓦无存，经校长沈祖荣等多方募款和政府救济，另购重庆江北相国寺廖家花园为校址，先后建立办公室、礼堂、图书馆、教室、宿舍等7栋楼，并于当年10月搬到江北继续授课。1947年3月，该校复员迁回武昌。原有昙华林校舍遭日军破坏，仅余一座宿舍楼。加上西迁后学生数量倍增，最后由中华圣公会将武昌崇福山街二号文华中学二部校舍拨给该校作为教室，因此该校除女生宿舍仍设于昙华林外，其他各部分均集中于崇福山街。

该校经费大部分来自中外各机构、团体与私人之捐助。图书科创办伊始就受到教会的支持，并由韦棣华在中外募捐，成立了基金会。1926年起，该校争取到美国退还的庚子赔款资助，由庚子赔款管理委员会中华教育文化基金董事会每年资助公费学额若干名，并补助特种教席。1931年韦棣华女士逝世后，美国方面的私人捐款即告停止。此后经费多来自政府和中华教育文化基金董事会，抗战时期也争取到国际援华组织的部分资助。

师资方面，初期专任教员仅韦棣华、沈祖荣、胡庆生三人，另有中外兼职教员。此后胡庆生离职，韦棣华去世，该校依靠教会陆续聘请了西籍教员，并从毕业学生中选拔优秀者留校。随着抗日战争的扩大化，西籍教员大半离华，同时该校毕业生留学欧美研究图书馆学的学者也大多返华，主要教员均改由该校毕业学生担任。①

在尚未脱离文华大学之前，图书科第一届至第六届学生都是从文华大学文科二年级学生中招收，并选修图书科规定的专业课程。学生除继续完成原来所学专业课程外，在三年中还需修满图书科专业课程。学校一方面发给原来所学专业的毕业证书，授予学位，一方面又发给图书科毕业证书。自1926年起，文华图书科开始面向全国招生，对于一些其他大学的肄业生或毕业生，在修完图书科课程后，则发给文华图书科毕业证书。自1929年单独向教育部立案改名为文华图专后，招生、考试、毕业事宜都受到国民政府教育部管理和指导，毕业生除未被授予学位外，享有各大学毕业生应享之各项权利。1931年，文华图专为适应基层图书馆对于专门人才的需求，开设了一年制的讲习班，招收中等学校毕业并具有两年以上图书馆工作经验者。自1941年春季起，应国民政府对专科学校的学制要求，文华图专入学标准改为招收高中毕业生，并改为春、秋两季招生。

文华图专的课程仿照美国纽约公共图书馆学校设置，专业课程包括图书馆行政、图书馆史、索引和文档管理、借阅、排架、订购和登记、图书整理、修补和图书馆建筑等。该校特别强调学生的实践能力和外语水平，实践类的课程包括打字、分类、编目、索引

---

① 蒋致远：《第二次中华民国教育年鉴（第五编）》，台湾宗青图书公司，1991年，第299页。

等，外语类则先后开设英语、日语、德语、法语等课程。该校学生的英语水平较高，能独立翻译英文著作，进行英文写作。1934年，该校尝试开设了中英文档案管理课程。为配合国民政府提高行政效率、适应社会对于文档管理人才的需求，1940年秋，文华图专经教育部批准添设了档案管理科，面向高中毕业生招生。1942年春季，开设档案职业训练班，由各机关择优保送现职档案管理人员，也面向社会招考，学历均要求初中毕业或高中肄业水平，修业期限为3个月。1944年春第五期改招高中毕业生，修业期限延长为4个月。

文华图专在教学的同时，也十分重视培养学生的研究能力和动手能力。该校以文华公书林为依托，开展课程实习，还于1929年1月创办了图书馆学专业研究刊物《文华图书科季刊》（于1932年更名为《文华图书馆学专科学校季刊》），主要报道文华师生关于图书馆学理论和实践的思考与总结。在近代图书馆学史上该刊与《中华图书馆协会会报》及《图书馆学季刊》并称为"图书馆学三大刊"。他们还翻译出版了一批图书馆学专著和教材，如"文华图书科丛书""文华图书馆学专科学校小丛书"约20余种，推动了图书馆学的学术研究。文华学子在图书馆界也非常活跃，学生大部分为中华图书馆协会会员。1942年，西迁后的文华图专在二十多名学子的倡议下成立了成都图书馆协会。

文华图专办学的目标在于培养复合型的图书馆专门人才，使毕业生不仅能够胜任高校图书馆、公共图书馆的管理工作，也可作为图书馆学教育的后备师资。从1920年初创到1953年并入武汉大学，文华图专一共走过了33年的历程，虽然困难重重，但从未中辍。文华图专坚持较高的录取标准，课程任务也比较重，因此每届录取的人数并不多，最多的时候也不曾超过 20 人。其中，图书馆学专业毕业本科生共 130 人，专科生共 180 人，讲习班结业共 61 人，共 371 人。这些学生大多供职于高校图书馆和政府公立图书馆，也有不少出国留学，或者担任图书馆学教席。档案科自 1940 年起先后举办 6 届，毕业学生 51 人。档案职业训练班自 1942 年春到 1945 年 7 月共办 7 期，结业学生 212 人。

三、上海国民大学图书馆学系

上海国民大学是一所私立大学，首任校长章炳麟，校董有方椒伯、许世英、王云五、袁希涛、张君劢等人。该校鉴于图书馆人才的缺乏、图书馆事业的需要，在经费并不充裕、设备亦有待完善的情况下，克服困难，筹备数月，于 1925 年 8 月在该校教育科下设图书馆学系，由留学菲律宾的杜定友先生担任系主任并兼任该校图书馆馆长。图书馆学系拟定的必修课程有以下十四门：

表 4.2　上海国民大学图书馆学系 1925 年拟定必修课程[①]

序号	课程名称	课程说明
1	图书馆学概论	略述图书馆学之原理、历史及组织管理之大意，利用图书之方法等
2	图书馆学原理	专论图书馆学之原理、原则，如图书馆哲学、图书馆与教育、图书馆与社会、中外图书馆史等
3	图书馆行政（一）	专论图书馆之行政及其方法，如组织法、购订法、流通法、装订法等

---

① 金敏甫：《上海国民大学图书馆学系概况》，《图书馆学季刊》1926 年第 1 期。

续表

序号	课程名称	课程说明
4	图书馆行政（二）	各种图书馆之管理方法，如学校图书馆、公共图书馆、儿童图书馆、专门图书馆、巡回文库及盲哑图书馆等十余种
5	图书馆实习	在本校及他校图书馆实习及参观
6	图书选择法	论选择之原理、方法及书目学等
7	图书分类法	专论分类之原理及方法、著者号码法及各种分类方法之研究与批评
8	图书编目法	专论中西文编目之方法、目录之种类、排法及编目史等
9	图书参考法	专论参考部之组织及参考书之审定用法等
10	研究法	研究学术之方法、编辑法、索引法等
11	目录学	我国古代之目录学
12	古书校读法	古书之鉴别、分类及校勘学等
13	国学概论	国学之大要、六艺诸子等
14	国学书目	审定国学书目、编制国学书索引等

除必修科目外，该系还有补习科目和选修课，如"英国文学选读""国学""史学""心理学"等。凡照章修完各门课程者，发给修业证书；凡修满图书馆学 60 学分者，给予该系修业证书；凡修满课程达到 160 学分并有入学资格者，给予毕业文凭和学士学位。为吸引生源，该系制定了一系列优待办法：（一）凡现任学校教职员或者图书馆职员，欲入本科教育学系或图书馆学系肄业，以求深造者，均免入学试验；（二）为辅助在职人员求学，拟将各门应用课程排在每日下午四时到六时以及星期六上下午；（三）凡曾在他校学习过图书馆学科，经审定如果该科的程度与国民大学课程标准

相合者，可以承认相当学分。①

该系学生分为普通生和特别生，普通生为大学全日制学生，每学期需交学杂费 103.5 元（包括学费 40 元、膳宿费 50 元、图书体育等杂费 5.5 元、讲义费 3 元、基金捐 2 元、实习费 3 元）。特别生为在职图书馆员，按照学分缴费，每学分 3 元，其他费用与普通生相同。该系第一年共招生 14 人，以特别生为主。另外还有其他学系的学生选修图书馆学的课程。

从师资来看，专任教授有杜定友、胡朴安二人，助教有孙心磐、陈伯逵二人，临时讲师多人，如沈祖荣、刘国钧、李小缘、洪有丰等均担任过临时演讲。第一学期开设有图书馆学概论、图书馆学原理、图书馆行政等三门图书馆学专业课，其中图书馆学概论除图书馆系外，其他各系学生均可以选习，每周二小时，共有其他系学生 16 人；图书馆学原理每周二小时，教育系学生亦可以选习；图书馆行政每周三小时。第二学期开设有图书目录学（4 个学分，授课时间为周日上午 9:15—10:30;10:40—11:50）、图书分类法（3 个学分，授课时间为周日下午 3:00—4:40）、图书馆实习（3 个学分，授课时间为周日下午 1:00—2:40）三门专业课，均由杜定友先生教授。从时间安排可以看出，为便利图书馆员和校外人员，授课时间均改在星期日。②据钱亚新回忆，1925 年 9 月他在国民大学图书馆学系注册为二年级的学生，当时的专业课有杜定友先生的"图书馆学概论"和胡朴安先生的"校雠学"，选修课程有周予同先生的"国学"、何炳松先生的"史学"，以及一门"心理学"和一门

---

① 《校讯》，《国大周刊》1925 年第 2 期。
② 《图书馆学系课程》，《国大周刊》1926 年第 18 期。

"英国文学选读"。①

该系非常注重对学生研究能力的培养，主要通过以下几种形式开展教学研究：

（一）讲授：由教授编发课程纲目，然后依此纲目详细讲述，学生轮流记述。这是最常规的教学方式。

（二）讨论：希望通过全体师生的讨论，解决学习研究中的疑问，并对国外图书馆学技术、方法的适用性和可行性进行讨论与进而改良，以求适合于中国图书馆界。

（三）编辑：由教授指导方法并介绍国外图书馆学参考书籍，由学生分任编辑事宜，以编译专书，供人研究。

（四）实习：各种方法如登记、分类等，一经讲授或讨论完毕，即在该校图书馆内实习，以活学活用。该系与该校图书馆的建设几乎同步，加之系主任杜定友先生兼任图书馆馆长，因此馆内图书之整理、登记、分类、编目均利用学生实习来辅助。有的课程上课地点就设在图书馆内。除了依托本校图书馆，系里还积极代为联络附近图书馆，使学生掌握不同图书馆工作的实际经验，并熟悉社会上之情形。具体实践方面，该系曾辅助上海图书馆协会的编辑、调查出版等事宜，并于1925年底为《上海时报》编辑了索引，开国内报纸索引之先河。

（五）参观：组织学生调查国内外图书馆现状及参观上海、南京、武昌、北京各大图书馆，使得学生对国内各大图书馆的运作和管理有直观的认识。

为了宣传图书馆学、普及图书馆知识、发扬传统文化，该系根

---

① 钱亚新著，谢欢整理：《钱亚新别集》，南京大学出版社，2013年，第205页。

据现有师资力量和教师专长，制定了以下各项计划：

（一）发行周刊：介绍图书馆著作，宣传图书馆学术，发表学生心得，初期打算附在国民大学校刊内发行。

（二）介绍中国参考书：中国古代一些重要的工具书，如"九通"《古今图书集成》《玉海》等，对学术研究非常重要，图书馆学系打算逐一介绍这类工具书的内容及用法，以供学者参考。

（三）编印各科应用书目，整理国故：编印各科书目，以哲学学科为例，通过将古书中关于哲学者，不论经史子集丛部，概行提出，编成目录，然后提纲领，便于研究，由胡朴安先生主持。

（四）编印各种索引：中国书籍门类纷繁，查考不便，基于金陵大学图书馆中国农业图书分类索引的经验，拟定由刘国钧、李小缘指导该系学生分别担任各种索引的编造。

（五）研究版本：由洪有丰指导学生对中国版本学作切实的研究。

（六）设立暑期图书馆：学生应该于暑期内，在各地提倡及设立小图书馆，尤其是住在乡间者，应参与创办乡村小图书馆，一方面使学生积累图书馆创办、经营的经验，一方面服务于社会。

另外，为建立学生毕业求职和图书馆用人的渠道，该系还打算设置介绍部，使得学校在学生毕业后，能为其介绍合适的职业，使其学有所用。①

图书馆学系与国民大学同时成立，学校各方面基础很薄弱，经费异常困难，图书馆也处于建设初期。杜定友曾经为学系的扩充拟定了三步走的计划：草创时代的工作在于整理图书馆馆务，宣传图

---

① 金敏甫：《上海国民大学图书馆学系概况》，《图书馆学季刊》1926年第1期。

书馆事业，提倡图书馆专门学术；进入建设中期则改图书馆学系为图书馆学科，扩大图书馆学教学规模；完成时期则成立图书馆学研究院，推动高层次的图书馆学研究。在他的计划中，图书馆学系的发展始终与该校图书馆的发展同步。一方面，图书馆为学生提供教学、实习的场地；另一方面学生以实习的方式襄助馆务，还可以通过教学为图书馆储备人才。这与美国早期图书馆学教育办馆、办学一体化的情形一致。然而，以上计划，只是创办人的理想，国民大学为私人创办，仅维持1年多即停办，图书馆学系也随之结束办学。

四、江苏省立教育学院民众教育系图书馆组

1929年，鉴于民众教育馆发展的需要，位于无锡社桥的江苏省立民众教育院和江苏省立劳农学院于当年秋季学期添设"图书馆学"一课，两院学生选修比例均达五分之四，其中民众教育院70余人，劳农学院40余人。民众教育院图书馆主任徐旭自编讲义，讲授课程并指导实习。徐旭在教学上特别注重讨论实际问题及专门工作之实习。[①]

1930年6月，两院合并为江苏省立教育学院。该校招收高中毕业生，设有四年制的民众教育学系和两年制的民众教育专修科，均提供"民众图书馆学"选修课程，为2个学分。1932年，该校修订学则，规定从三年级开始，在学系下实施分组教学。其中民众教育系下设图书馆组、体育场组、社会教育行政组，如选图书馆组为主组，须另选一组为副组。当年图书馆组开设的课程有图书馆通论

---

① 《无锡之图书馆学教学》，《中华图书馆协会会报》1929年第3期。

（三年级上学期讲授，2学分）、图书馆组织与管理（三年级下学期讲授，3学分），民众图书馆实施法（四年级下学期讲授，3学分），目录学（三年级下学期开设，2学分），图书馆实习安排在四年级下学期，共4学分。此后，该校课程还不断调整，先后增加有图书馆行政（2学分）、图书馆史（2学分）、分类编目（3或4学分）、参考书使用法（2或3学分）、图书流通法（2学分）、图书馆推广（扩充）事业（2学分）、检字法（2学分）、索引法（2学分）、打字（3学分）。

全面抗战爆发后，江苏省立教育学院迁往桂林。1940年，民众教育学系改称社会教育学系。1941年夏因经费无着，学院被迫停办。1945年秋，江苏省立教育学院恢复，仍设社会教育系，下分图书馆教育、自治教育、社会行政及社会事业四组，肄业四年，图书馆学教育得以恢复。①

从师资看，江苏省立教育学院图书馆组的教员主要来源于该院图书馆。如徐旭、孔敏中、俞爽迷、沈学植、刘子亚等先后担任过该院图书馆主任，具有丰富的图书馆实际工作经验。徐旭，字寅初，毕业于浙江嘉兴秀州中学，曾在国立东南大学暑期学校学习图书馆学，其后即任职秀州中学图书馆。1923年夏到杭州之江大学文科求学，常在课外阅读图书馆学书籍。1925年，再次应嘉兴秀州中学之聘，任教员兼图书馆主任、事务部主任。1928年夏任江苏省立民众教育学院图书馆主任、劳农学院图书馆主任兼教员，著有《民众图书馆图书分类法》《实用图书馆学》《民众图书馆学》

---

① 顾烨青：《植根民众教育造就专业人才——苏州大学图书馆学教育前身（1929—1950）历史贡献述评》，第十届海峡两岸图书资讯学学术研讨会论文集，2010，第153页。

《民众图书馆实际问题》《图书馆与民众教育》等。① 孔敏中1920年即进入清华学校图书馆,是馆长戴志骞的得力助手,1928年后担任南京中央政治学校图书馆主任。俞爽迷是中国早期图书馆学理论的奠基人之一,曾出版《图书馆学通论》《图书流通法》。沈学植(丹泥)历任金陵大学图书馆编目员、复旦大学图书馆主任,曾于1926年翻译《图书分类原理》,1928年出版《图书馆学ABC》。此外,学院还积极聘请了外校的图书馆学专家为兼职教员,如李小缘、洪有丰、刘国钧等曾分别到该校讲授图书分类、编目等课程。②

江苏省立教育学院民众教育系图书馆组,是基于民众教育的需要,为培养民众图书馆管理人才而开设的,因此课程设置的针对性非常强,课程的内容也比较实用,涵盖了民众图书馆管理的基本范畴,类似于专门图书馆学教育中的一种。但是,由于它还不是正式的科系,专任教师主要出自民众图书馆管理领域,学生毕业后主要服务于基层的民众教育馆和民众图书馆,毕业人数亦不多,影响也十分有限。

五、国立社会教育学院图书博物馆学系

在相当长的时期里,我国图书馆学教育机构均设于私立学校,国立院校中没有图书馆学系。1922年,中华教育改进社第一次年会中即有人提出"中国师范学校及高等师范应增设图书馆管理科系"的议案。1933年,中华图书馆协会第二次年会则有"建议行政院及教育部指拨的款于北平设立图书馆专科学校"的议案,但均

---

① 宋景祁等编:《中国图书馆名人录》,瑞华印书局,1930年,第73页。
② 《吴县教育界欢宴图书馆专家》,《申报》1928年4月9日第7版。

囿于种种原因没能实现。1938年7月国民参政会集会，教育部提案中有"设立培植社会教育人员专科学校"，经大会通过，建议政府施行。翌年，教育部拟定筹设国立社会教育学院，培养社会教育高级人才，并训练社会教育干部人员，得到行政院核准。[1] 1941年1月，教育部派陈礼江等9人为该院筹备会委员，确定院址（永久院址在南京，临时院址在璧山）以及组织大纲。同年8月1日，筹委会结束，当年秋季即招收新生。由四川省政府、教育厅及璧山县政府赞助，暂借原璧山县立中学、璧山县立女子中学及璧山县立职业学校三校校址为临时院址，加以修葺，于当年暑假先行招收社会教育行政、社会事业行政及图书博物馆三个学系，暨社会艺术教育与电化教育两个专修科学生。一年级新生共200名，一部分由该院直接招考，一部分由各省市教育厅局保送。当时迁往桂林的江苏省立教育学院和迁往贵阳的上海大夏大学社会教育学系，因经费困难停办，其二、三、四年级学生，均合并于该院。首任院长陈礼江曾留学美国芝加哥大学研究教育学和心理学，分别获学士、硕士学位，1923年回国，任武昌师范大学教授，1927年开始任江西省教育厅厅长，1930年任广东中山大学教授，1934年担任江苏省立教育学院教务长，1936年任教育部社会教育司司长兼参事。[2]

国立社会教育学院成为当时全国唯一一所综合性的培养社会教育人才的高等学府。该校共设六系一科，包括社会教育行政系、社会事业行政系、图书博物系、电化教育系、新闻系、社会艺术教育系、国语专修科。图书博物系的宗旨在训练专才，加强社会服务事业的阵容，使学生从学校里获得基本的整理与鉴定图籍和器物的方

---

[1] 周慧梅：《民国社会教育研究》，湖南教育出版社，2018年，第552页。
[2] 国立社会教育学院四川校友会：《峥嵘岁月第二集》，自印，1989年，第16、378页。

法，并应用到将来所从事的教导民众的事业中。除训练专门人才外，该系希望"在本国则注重图籍实物之整理与社教工作之推进，在国际间则注重国际合作，诸如分类编目，交换互借，资料供应，发掘展览，在在皆足以促进图书馆和博物馆广阔而深入的开展"①。

从师资来看，当时图博系有教授七人、副教授一人、助教三人。系主任为文华图专毕业生、留美图书馆学家汪长炳。先后教授图书馆专业的有汪长炳、杨家骆、顾颉刚、严文郁、皮高品、岳良木、钱亚新、徐家麟、鲁润玖、黄元福、熊毓文，教授博物馆学、考古学专业的则有荆三林、卫聚贤、郭宝钧、祝嘉等人。图书馆学教师大半毕业于文华图书科，并具有丰富的图书馆实际工作经验。如钱亚新先后就读于上海国民大学图书馆学系和武昌华中大学文华图书科，1928年毕业后又在河北省立女子师范学院图书馆、上海大夏大学图书馆任职，并曾在武昌文华图专任教。1946年8月，他受汪长炳先生的邀请到图书博物系任教，讲授"图书馆经营法""图书分类法""检字法"三门课程。

该校还力图完善教学设备，以辅助教学和实习，建设有：（一）资料室，收集国内外有关图书馆学、博物馆学重要图书、杂志，以供师生参考之用。其中还有美国图书馆协会、哥伦比亚大学图书馆服务学院及美国国会图书馆等机关团体赠送的图书及讲义百余种，在当时是不可多得的参考资料。（二）实习室，专供学生分类编目实习之用。（三）打字室，内有打字机八架，供二、三、四年级学生轮流练习。

图书博物系以培养图书馆学、博物馆学高级人才为宗旨，学生第一年主要学习大学基础课程，第二年开始学习图书馆学专业课

---

① 《国立社会教育学院图书博物学学系概况》，《中华图书馆协会会报》1943年第1期。

程。四年间除学院各系共同必修的 64 学分外，学生还需完成图博系必修课程的 32 个学分，选修课程的 8—24 学分。学院共同必修课一共有 20 门，包括哲学、经济学、政治学、社会学、教育概论、普通心理、教育心理等七门基础理论课，注音符号、讲演术、体育、音乐、国文、外国文、社教概论、普通教学法等八门重在实践的课程，以及中国通史、世界通史、三民主义、伦理学、自然科学（物理、化学、生物、自然、地理任选一科）等一般文化修养课程。①

图博系专业课程分为两系共同必修课、分组必修课和选修课，既有一般性课程，又有技术性、学术性和辅导性的课程。其中共同必修课为图书馆学通论、图书编目法、图书分类学、博物馆学通论、检字法、各科名著介绍、图书馆学问题研究法、档案管理法、毕业实习等；分组必修课为图书馆经营法、目录学、参考书及参考工作、图书馆史、图书选择、图书馆学专著研究、图书馆行政与设计、图书馆问题讨论、中国书史等，占 28 个学分；系选修课程为图书馆辅导推广、资料整理法、博物馆教育、英文、日文、法文等 23 种学科，需从中选读 8—24 个学分。

可见，该系对学生的培养是多方面的，不仅包含图书馆学专门知识的介绍和讲授，还要求学生接受各门功课的通识教育，注重外语教学与英文打字。② 此外，在教学中还特别注重理论联系实际，并布置各种实习和课外作业，以加强学生对基础理论知识和基本技能的掌握。学生于大四上学期有半年的专业实习与工作实践，由系里安排至各图书馆，实习期间给予补贴，以使得他们走上工作岗位后即能独立工作。学生实习结束后即返校撰写毕业论文。关于学习

---

① 国立社会教育学院四川校友会：《峥嵘岁月第二集》，自印，1989 年，第 7 页。
② 国立社会教育学院四川校友会：《峥嵘岁月第二集》，自印，1989 年，第 140 页。

成绩考查方法，分为平时考查、学期考查、毕业考查（毕业实习成绩作三分之一，毕业论文成绩作三分之二，合并计算为毕业成绩，再与历年平均成绩合并计算为毕业总成绩）。各门功课和毕业论文考核合格，即可以获得教育学学士学位。历届毕业生毕业论文研究涉及图书馆学、博物馆学领域各方面的问题，具有一定的水平。

教学、实践、科研三者紧密结合，是培养专门人才的根本途径。图博系很重视研究工作，除由系里各教授担任专题研究外，还指导学生组织研究团体。仅就学院主编的《教育与社会》季刊统计，从创刊号至第七卷各期上发表的图博系教授的论著和译文就有18篇之多。1944年12月5日，《教育与社会》还出过一期图书馆学、博物馆学专号，所登载的文章都具有很高的学术水平。1945年3月30日，该系成立了"中国图书馆学社"，该社以社会教育学院图博系教授为主，并吸收当时在国内图书馆界的学者及图博系在校学生，成立时有社员一百余人。"中国图书馆学社"以研究图书馆学术、发展图书馆事业为宗旨，设理事会及监事会，选举汪长炳、严文郁、徐家麟等教授为理事，理事会下设编辑出版委员会，计划陆续编印各种丛书。1945年6月30日，该社铅印出版《图书馆学报》创刊号，曾发行全国，上面刊载了多篇关于图书馆学的理论研究文章，如徐家麟的《关于图书馆学的认识几点观察》。1942—1945年，图博系还成立了博文壁报社，定期出版壁报《博文》（1946年该校迁至苏州后改为《书林》），壁报上主要发表学生们研究图博方面的文章和书评文字，颇得当时师生的好评。

1953年院系调整时该院与江苏省立教育学院合并，改为江苏师范学院（现改名为苏州大学）。该系自1941年创办到1944年，共有学生100人，其中男生40人，女生60人。该校录取比例严格，以 1947 年新生入学人数为例，图博系报名人数 274 人，实际录取人数 26 人，录取百分比约为 9.5%。该校学生一律公费，除了学费、膳食费和住宿费免缴外，并按月发给零用钱及每期发给制服费等补助金，此外还设有各种奖学金，按照成绩分等，以鼓励学生研究和学习。① 图书博物馆学系从 1941 年创办到 1953 年院系调整的十多年间，为国家培养了一批图博专门人才，先后毕业学生 280 名。

六、国立北京大学图书馆专修科

国立北京大学很早就设有图书学课程。1924 年，经北大资助留美归国的袁同礼在教育系下开设了图书馆学、图书利用法和目录学三门课程。由于当时袁同礼还担任清华学校图书馆馆长，因此上课时间定于周六。1937 年秋季学期，北大文学院开设了图书馆学选修课，由该校图书馆主任严文郁讲授，选课学生二十余人。为加深学生对图书馆工作的直观理解，他曾组织学生赴市内各图书馆参观。② 1938—1939 年西南联合大学时期，担任图书馆馆长的严文郁面向全校学生开设了"图书馆与目录学"的课程。鉴于大学生不知道如何利用图书馆和参考书，严文郁在 1938 年 11 月召开的中国教育学术团体联合会上提出了"请教育部指定'目录学'及'参考书使用法'为大学一年级必修课程案"，建议各校在学生入学之初即进行必要的训练。该议案获得一致通过，此后各大学先后开设了目录学相关教程。1942 年，董明道接替严文郁任西南联大图书馆主任，并于 1942—1943 学年在该校师范学院讲授"图书馆学"课程（课程占 4 学分）。

---

① 陈礼江：《三年来之本院》，《教育与社会》1944 年第 1—2 期。
② 《图书馆界·国内消息·北大添图学选科》，《中华图书馆协会会报》1937 年第 4 期。

有感于专业人才的匮乏,北平图书馆馆长袁同礼一直想在北平开设单独的图书馆学校,1929 年,文华图专正式脱离华中大学之前,他曾经向校长沈祖荣提议,将该校迁至北平,承诺文华图专将获得教育部的直接拨款,并向沈祖荣提供两倍于文华图专的薪资以及更好的办学条件。但沈祖荣认为搬离武昌将有悖创办人韦棣华女士遗愿,因此并没有同意。[①] 抗战后期,袁同礼先生曾与美国图书馆学协会商议开展图书馆学人才培训的合作。1945 年 10 月 17 日,袁同礼致信在美的北平图书馆馆员王重民:"本馆将与北大合作,在北平办一训练机构,凡目录、版本之课程,由北大担任,凡分类、编目及技术课程,由本馆担任。亦盼台端返国协助训练高级人才。"[②] 然而,当时北大校长蒋梦麟先生不太赞成职业化培训,袁同礼先生又计划与北大、故宫合作办学,分别开设高级班和初级班的课程,高级班趋重自由讲学,初级班则为三机关在职人员之进修而设。因当年 11 月袁同礼将奉行政院委派赴美考察文化事业,因此打算借机约请美籍图书馆学家来华任教。[③]

在王重民与胡适的斡旋努力之下,1947 年 5 月,北大校长胡适向新闻记者通报北大考虑下学期增开两项职业专科即图书馆学和博物馆学的消息,"图书馆学方面,将请国立北平图书馆馆长袁同礼设计,并聘在美任图书馆工作多年之专家王重民任课。博物馆学方面,请韩寿萱任教。上述两科,俟有发展后,将扩充为系"[④]。该计

[①] Cheryl Boettcher, "Samuel T. Y. Seng and the Boone Library School," *Libraries & Culture*, NO. 3 (1989): 286.
[②] 周佳贵:《王重民设立图书馆学专修科的始末》,《国家图书馆学刊》2013 年第 4 期。
[③] 北京大学信息管理系、台北胡适纪念馆编:《胡适王重民先生往来书信集》,国家图书馆出版社、安徽教育出版社,2009 年,第 438 页。
[④] 《北大考虑增开图博职业专科》,《中华图书馆协会会报》1947 年第 1—2 期。

划呈报教育部后，得到如下批复：图书馆及博物馆两专科不特别招生，凡北大本校及其他大学毕业生，均可申请入学，经审查合格，即予收录试读。两专科为两年制学程，附设于文学院内。其他学院学生选修专科课程满32学分，成绩总平均70分以上者，即给予任何一科毕业证书。①

1947年10月，北京大学文学院图书馆学专修科开始招生上课，主要招收对图书馆学感兴趣的文学院肄业生或毕业生，按教育部批示成绩在75分以上者（指科目考试成绩总分的平均分），经过学习图书馆学、目录学等课程，修满32个学分，可授予图书馆学专修科毕业生的资格。专业课设有"图书馆学概论""中国目录学""西洋目录学""中国目录学实习""编目与分类""文献学与档案学""中国目录学史""西洋目录学史""版本学""校勘学""图书馆行政"等11门，另有选修课8门。延聘的名师有毛子水、赵万里、于光远、傅振伦、王利器等。②1949年专修科从中文系独立出来，课程上有一定的调整，取消了档案学和图书馆行政的课程，增设了考古和目录学的课程，具体如下：

表4.3　1949年上半年北京大学文学院图书馆学专修科拟设课程③

序号	课程名称	时间	课程类型	学分	任课教员
1	中国目录学	全年	选修	2	王重民
2	西洋目录学	全年	选修	1	毛准

---

① 《北大文学院增设两专科》，《中华图书馆协会会报》1948年第3—4期。
② 温儒敏主编：《北京大学中文系百年图史 1910—2010》，北京大学出版社，2010年，第280—281页。
③ 周佳贵：《王重民设立图书馆学专修科的始末》，《国家图书馆学刊》2013年第4期。

续表

序号	课程名称	时间	课程类型	学分	任课教员
3	校勘学	全年	选修	1	王利器
4	版本学	全年	选修	2	王重民、赵万里
5	图书参考	全年	选修	3	王重民
6	中文编目法	全年	选修	2	陈鸿舜
7	西文编目法	全年	选修	2	耿济安
8	图书馆学概论	半年	选修	2	袁同礼
9	四库总目研究	半年	选修	2	王重民
10	中国史料目录学	全年	必修	2	赵万里
11	金石学	半年	必修	2	张政烺
12	中国近代考古发现史	全年	必修	2	向达

从课程设置可以看出，北大图书馆学专修科设于文学院，因此有相当比例的传统文献学课程，如目录、版本、校勘、金石学等。至1949年，任课教师大部分来自北大图书馆和北平图书馆，以兼职为主，专任教员只有王重民、王利器、陈绍业先生。[①] 1950年起，曾留学美国哥伦比亚大学图书馆服务学院的孙云畴（1950）、刘国钧（1951）、陈鸿舜（1952）相继调入该系，师资力量有所发展。

应该说当时的北大图书馆学专修科并不是真正意义上独立的科系，因为其并不公开招考，学生也不拿图书馆学专修科的学位。由此带来的弊端是生源的不稳定：第一，因为学生中有一些为大学毕业生，加之入学不需要考试，因此往往开学时修业人数很多。一旦毕业生找到了工作，便离校而去。还有一些学生为在职人员，不能

[①] 张树华：《早期的北大图书馆学系》，《黑龙江图书馆》1987年第5期。

专心向学。第二，由于不公开招生，只允许北大文科的毕业生或者肄业生报考，因此把许多非北大的学生，又志愿学习图书馆专业的人拒绝于专修科的门外，影响了招生质量。据北大档案记载，图书馆学专修科在1947年秋季学期共有学生8人，到1948年春季学期只剩下3名学生；1949年春季学期注册学生一共16人，其中一年级15人，二年级1人，即第一届学生到临近毕业时只剩下1人。[①]

1948年7月8日，图博系主任王重民、韩寿萱给当时北大文学院代理院长朱光潜写信，提到图博专科未在教育部立案，当年不能招正式学生，请求学校允许从北大西语系、中国语文系、史学系、教育系、哲学系五系毕业生中招收志愿修习图书馆学或博物馆学者。为了增加吸引力，提出由学校提供奖学金，获得奖学金的学生要签订志愿书和担保人，不得中途退学。[②] 因此第二届班级是由北大其他五系中志愿申请者组成的图书馆学专班。由于图博两个专修科仅10个公费名额，为了保证其他学生求学的积极性，对于没有公费待遇的学生，王重民、王利器二先生通过提供勤工助学或私人捐助的方式使得他们能够完成学业。1948年招收的学生最终有12人毕业。1949年7月，根据华北高等教育委员会指令，该专修科从中文系独立出来，对外招收高中毕业生，学制仍为两年。

七、其他大学的图书馆学教育

除了上述六所先后开设过图书馆学专门教育的院校，其他大学

[①] 周佳贵：《王重民设立图书馆学专修科的始末》，《国家图书馆学刊》2013年第4期。
[②] 北京大学信息管理系、台北胡适纪念馆编：《胡适王重民先生往来书信集》，国家图书馆出版社、安徽教育出版社，2009年，第516—517页。

开设的图书馆学相关课程有：东南大学洪有丰讲授图书馆教育、顾实讲授目录学、陈钟凡讲授诸子书目；厦门大学陈乃乾讲授目录学，内容包括中文书籍分类史及目录书的应用方法；上海大夏大学社会教育系陈友松讲授图书馆学、钱亚新讲授分类编目学。1933年，钱亚新转职天津河北女子师范学院后，于 1936 年左右在该校开设了图书馆学课程，使用的讲义为杜定友先生所著的《图书馆管理学》。其他开设图书馆学课程的还有劳动大学、暨南大学、开封河南大学、湖北省立教育学院等。

1919 年 12 月 13 日，国立北京高等师范学校图书馆举行成立二周年纪念会，国立北京大学图书馆主任李大钊应邀出席纪念会并发表了演说。他提道："从前清华学校拟设图书馆专科，后来因经济不够，所以不办。他想明年暑假办一个图书馆教育传习所，但是他在城外，也有许多的不便利。"[①] 由此可见，早在文华图书科开设之前，清华学校就有开办图书馆学教育的计划，只是当时人才、经费各方面条件还不够成熟，最终没有实现。1925 年，在获悉中华教育文化基金董事会将分配美国退还的庚子赔款的一部分用于发展全国图书馆事业之后，清华学校图书馆馆长戴志骞敏锐地嗅到了图书馆学教育的机会。同年，《清华周刊》上登载了筹设图书馆学教育的消息：

中国各大学内，设有图书馆一科者，仅有武昌之华中大学。闻华中大学之学生，于毕业前一年即已为各地预定。年来图书馆增加极多，人才更形缺乏。本校专门科有鉴于此，拟于专门科内开设图书馆学一

---

① 李大钊：《在北京高等师范学校图书馆二周年纪念会上的演说辞》，《平民教育》1919 年第 10 号。

门,以为养成图书馆员之所。闻中华教育文化基金董事会拟提出巨款于全国各地开设规模伟大之图书馆六所。大概本校第一班图书馆学生毕业之日,即文化基金委员会六大图书馆开创之时,故将来服务机会极多。现图书馆门课程,已请戴志骞先生计划矣。①

1925年12月,戴志骞拟定了图书馆学组的课程,学制为2年,共计36个学分。课程的具体设置为:

表4.4 1925年清华学校拟设图书馆学课程②

专门科第一年		学分	专门科第二年		学分
科目		学分	科目		学分
图书馆管理概论		2	分类编目学（中文）		3
目录学		2	中英文参考书之用法		3
分类学		3	目录学（西文）		2
编目学		3	分类编目法比较		2
本组功课选习	图书馆史	2	本组功课选习	公共图书馆管理法	4
	书籍之选择			学校图书馆管理法	
				金石版本学	
别组功课选习		6	其他功课选习		4
共计		18	共计		18

当年,清华学校还就开设图书馆学专门教育寻求中华教育文化基金董事会的支持。然而由于分配给图书馆事业的庚款主要用于兴

---

① 《学校新闻·大学专门科筹备处·图书馆门》,《清华周刊》1925年第11期。
② 林佳主编:《探索 改革 奋进:纪念清华大学图书馆百年华诞论文集》,清华大学出版社,2013年,第612页。

建北平图书馆，对图书馆学教育的资助有限，同时还存在与韦棣华女士领导的武昌文华大学图书科的竞争，戴志骞最终放弃了申请，开办图书馆学教育的计划再次落空。1926年5月，学校将戴志骞所拟课程中的目录学列为中国文学系的选修课，其后该校中文系又增加了金石学、校勘学等课程，分别由赵万里、杨树达、刘文典讲授。1930年6月，根据中华图书馆协会第一次年会呈请的议案，教育部令国立清华大学"于文学院或教育学院内酌量添设图书馆学课程或图书馆学系，并仰于考选留学生时，酌派图书馆学名额，俾得培植此项专门人才，以资应用"。翌年4月3日，时任校长吴南轩提出可在清华增设图书馆学专修科等社会迫切需要的学科。然不久吴南轩被驱赶，计划再次搁浅。1947年，图书馆学被列入清华中文系选修课程，但创办图书馆学系的计划却始终没有实现。[1]

第二节　附设于大学的图书馆学暑期培训

美国多元化的图书馆学教育形式中，暑期短训班是非常常见的一种形式，参与者既包括图书馆学院的在校生，也有来自图书馆的工作人员。民国时期高校图书馆学教育规模有限，入学门槛较高，而短训班在招生、师资延揽方面相对灵活，为短期、集中宣传图书

---

[1] 林佳主编：《探索　改革　奋进：纪念清华大学图书馆百年华诞论文集》，清华大学出版社，2013年，第613页。

馆学以及提升基层图书馆业务技能的一种普遍形式。

一、北京高等师范学校暑期图书馆学讲习会

1920年春，鉴于社会上对于图书馆人才的迫切需求，北京图书馆协会会长戴志骞、书记程伯庐以及其他会员经过磋商，决定以该会名义举办图书馆学讲习会。由于戴志骞和程伯庐还分别担任清华学校图书馆和北京高师附属中学主任，因此计划由国立北京大学、国立北京高等师范学校、清华学校分别捐赠二百元来作为讲习会经费。适逢北京高等师范学校校长陈筱庄先生从美国调查教育回来，听闻此项计划，提出希望以北京高师的名义来举办讲习会，经费也由高师向教育部争取。实际上，1919年，在北京高师图书馆成立两周年的纪念会上，国立北京大学图书馆馆长李大钊就曾建议该校开办图书馆学教育：

> 图书馆和教育有密切的关系，和社会教育更有关系。贵校是研究教育的，所以我希望贵校添设图书馆专科，或是简易的传习所，使管理图书的都有图书馆教育的知识。这是我个人的希望，觉得贵校是最相宜的。……所以我仍希望贵校举行，这是关系中国图书馆前途的事情，也是关系中国教育前途的事情，请诸位注意。①

在北京高师校长的支持和北京图书馆协会的配合下，相关人员拟定了《北京高等师范学校图书馆讲习会简章》（以下简称《简章》），函致全国各地图书馆、各省教育会，并请教育会转致各中

---

① 朱立文编：《名人论图书馆》，厦门大学出版社，1990年，第63—64页。

等以上学校，以广泛招生。一些省份由教育厅直接下发到各个学校，针对性不可谓不强。以下列出《简章》的内容：

第一条：本会以利用假期讲习图书馆学谋图书馆事业之发展为宗旨

第二条：本会讲习事项规定如左：

（一）图书馆教育

（二）图书馆组织及管理法（学校图书馆、公共图书馆、儿童图书馆）

（三）图书馆编目及分类法（学校图书馆、公共图书馆、儿童图书馆）

（四）课外算术

（五）临时讲演（幻灯讲演）

（六）参观及调查

第三条：本会讲习期日及时间规定如左：

（期日）八月二日起至三十一日止

（时间）每日午前八时至十一时

第四条：本会除由讲习员按时出席讲演外临时得加请中外名人讲演

第五条：本会听讲人员不拘男女，须具有左列资格之一种

（一）从事于图书馆教育者

（二）中等学校以上毕业生而有志于研究图书馆教育者

第六条：本会听讲名额至多不得过一百人

第七条：本会听讲费每人五角

第八条：本会讲习地点在琉璃厂南新华街本校内

第九条：本会报名期限自七月一日起至三十一日止

附讲演员姓名表

沈祖荣　武昌文华大学图书馆馆长

戴　超　清华学校图书馆馆长

李大钊　北京大学图书馆主任
李贻燕　前北京高等师范学校图书馆主任
程时煃　北京高等师范学校图书馆主任

然而，招生函下发不久就爆发了直皖系军阀战争，教育部的拨款迟迟不能下来，经费异常紧张。据跟随沈祖荣参加该会的文华学子查修回忆："印讲义都是一天一天的结算……而且北京教员，大都是自五月起就没有发薪水的，这些办事员，虽是如此，他们还是硬着头皮地将一个'危在旦夕'的图书馆讲习会支撑起来。"① 最终报名参加讲习会的有来自江苏、江西、甘肃、山东、山西、河南、广东、四川、天津、福建、辽宁、湖北等各地选派的公共图书馆及学校图书馆的工作人员或有志于研究图书馆学的人士共84名，其中女性7名。讲习会时间从8月2日起到23日止，每日上午8时至11时，所用的讲义由清华学校图书馆馆长戴志骞编写。戴先生还用英文演讲了编目法，沈祖荣先生第一次演讲的题目为"图书馆与我国教育的关系"，指出了中国旧式藏书楼的弊端，以及将来克服这些弊端的办法。第二次演讲是关于杜威分类法以及其如何适应中文图书分类的问题。李贻燕演讲了《图书馆史》，李大钊演讲了《图书馆员之训练》。8月14日上午，图书馆讲习会组织学员参观北京大学图书馆，李大钊又给学员作了《图书馆之沿革及组织》的说明。8月23日，北京高等师范学校图书馆讲习会圆满结束。该讲习会开创了大规模的中国图书馆教育之先河，在当时产生了较大的影响。

在这次讲习会上，北京高等师范学校图书馆主任程时煃先生提出了一个图书馆教育发展计划案，案中提出了图书馆学教育与师范

---

① 查修：《北京图书界见闻纪录》，《文华温故集》1920年第4期。

教育、基础教育的融合，具体意见如下：

一、关于学校教育

1. 高等师范学校、师范学校最终学年，应加设图书馆科，以为发展图书馆事业之基础；女子职业学校，亦应设此科，以资服务于社会。

2. 高等小学校国语读本中，应加设图书馆一课，以养成对于图书馆之常识及兴味。

3. 小学参考书中，附记参考书名，使儿童利用图书馆，练习自修，养成自动之能力。

4. 学校均应设立简易图书馆，教授儿童图书馆之利用法。

5. 学校与公立图书馆，设法联络，以谋教学之便利。

二、关于教育行政

1. 国家设立图书馆学校。

2. 国家设立各种模范图书馆。

3. 督促地方设立公共图书馆、通俗图书馆、儿童图书馆、巡回图书馆，及奖励私人设立。

4. 规定图书馆员之待遇。

5. 派员留学外国，专习图书馆教育。

三、关于团体组织

1. 组织全国图书馆协会，及设分会于各地。

2. 组织图书馆杂志。

3. 组织图书馆展览会、讲演会、讲习会，及读书会。①

---

① 杨昭悊：《杨昭悊集》，武汉大学出版社，2017年，第56—57页。

二、南京东南大学图书馆学暑期班

南京东南大学图书馆学暑期班于 1923 年夏始办,选习者 80 余人,由洪有丰主持并指导实习,1924 年仍继续办理。1925 年夏,中华图书馆协会、中国职业教育社、江苏省教育会在南京联合开办图书馆学暑期学校,地点初定金陵大学,后考虑到金大为教会大学,而当时正逢反基督教、收回教育主权运动盛行之时,因此最终将地点改在东南大学,从 7 月 15 日开始,为期一个月。① 图书馆学组讲习课由中华图书馆协会图书馆学教育委员会组织,聘请国内图书馆学专家及版本学家或校勘学家担任教授,开设的课程情况具体如下:

表 4.5　1925 年南京东南大学暑期图书馆学校开设课程

序号	课程名称	学分	学时	教员
1	图书馆学术史	0.5 学分	2 学时	袁同礼
2	图书馆学术辑要	1 学分	4 学时	全组教员
3	图书馆行政	1.5 学分	6 学时	全组教员
4	儿童图书馆	0.5 学分	2 学时	李小缘、刘国钧
5	学校图书馆	0.5 学分	2 学时	杜定友
6	分类法	1.5 学分	6 学时	袁同礼、杜定友、洪有丰
7	编目法	1 学分	4 学时	李小缘
8	目录学	1 学分	4 学时	袁同礼
9	参考部	0.5 学分	2 学时	洪有丰
10	图书选购法	0.5 学分	2 学时	洪有丰

---

① 来新夏等:《中国近代图书事业史》,上海人民出版社,2000 年,第 271 页。

续表

序号	课程名称	学分	学时	教员
11	图书流通法	0.5学分	3学时	杜定友
12	图书馆建筑与设备	0.5学分	2学时	涂羽卿、杜定友、洪有丰
13	图书馆典藏法	0.5学分	2学时	杜定友

以上课程由学员根据需要选修，每人所选课程总计在3学分以上，5学分以下。招生办法，除登报并刊发章程宣传外，另由中华图书馆协会图书馆教育委员会通函各省教育厅及各图书馆协会，请其保送学员。① 报名结果为专选图书馆学科者13人，兼选者56人，最终开设图书馆学术辑要、学校图书馆、儿童图书馆、分类法等四门课程，其他课程则由于选习人数过少而取消。授课方式除于教室讲演外，另有分组实习及参观各图书馆。学生考核成绩通过教学测验，或根据笔记与参观报告来给定，对及格者给以学业证明书。由于是各机构合组开班，经费方面，"关于一校公共者，由报名收入项下支付，不足者由合组机关补助。其关于一科之特别开支，则由各机关自行担任"。图书馆教育委员会获得清华学校捐助二百元，除为付图书馆学科之办公费及教员膳费计一百零四元六角外，剩余的九十五元四角悉数补助给其他合组机关。②

1926年夏，东南大学暑期学校仍开设图书馆科，所开设的课程有学校图书馆及分类等，担任教授者有洪有丰、刘国钧、朱家治，并请王云五演讲检字法。暑期班借东南大学孟芳图书馆作为实习场所，学生考试合格后颁发毕业证书。

---

① 《中华图书馆协会图书馆学暑期学校之经过》，《中华图书馆学协会会报》1925年第4期。
② 《中华图书馆协会图书馆学暑期学校之经过》，《中华图书馆学协会会报》1925年第4期。

三、东吴大学暑期学校图书馆学组

1924年7月5日至8日，华东六所基督教大学（上海圣约翰大学、沪江大学、南京金陵大学、金陵女子大学、杭州之江大学、苏州东吴大学）举办第二届暑期学校，由圣约翰大学图书馆馆长海施女士讲授图书业务相关的课程。① 校址设在苏州东吴大学。至8月7日止，图书科共招收学生8名，其中女生2人，均为中学毕业的图书馆在职人员。课程以初级图书馆学为主，注重图书馆实用方法以及适于儿童图书馆、学校图书馆、大学图书馆三种类型图书馆之运用。课程安排为上午上课，下午参观或实习，共上课22次，每次平均3小时。先后参观东吴大学图书馆、省立第二图书馆（旧学古堂）、苏州图书馆，实习的内容包括图书装订和流通。

东吴大学暑期学校授课教师有李小缘、黄星辉等。黄星辉毕业于文华大学图书科，时任东吴大学图书馆主任，其讲授的内容主要是对东吴图书馆管理和业务的介绍，如东吴图书馆流通部、东吴图书馆装订法等。黄星辉本人毕业于文华大学图书科，因此他也介绍了文华图书馆学校的情况，以便让图书馆在职人员了解图书馆学专业教育机构。由于上课人数不多，加上参加暑期学校选修图书学者不准同时学其他课程的规定，因此选课学生均有真心学图书馆学之志愿及研究图书馆学之需求，上课的质量比较能保证。经过一个月的学习，学生的评价约为：（一）暑假时间太短，不能详为练习；（二）中文图书馆学书籍，尚无可用为课本者；（三）中文关于图书

---

① 《教讯·其一、中国之部·华东基督教大学联合暑期学校（江苏）》，《兴华》1924年第30期。

馆学方面之参考书亦太少。由于上课效果较好,此后每届暑期学校均开设有图书馆学组,连续开办了三年。① 图书馆学是理论和实践并重的一门学科,暑期集中学习固然不失为一种简单经济的人才培养办法,但是在讲授上并无全面系统的计划,讲习会的推动也多出于个人的努力,除宣传和提倡图书馆的意义外,在业务技能的练习与提升上缺乏检验。另外,图书馆学的教材和配套参考书不足,研究成果也难以满足当前教育培训的需要。

四、其他大学开设的图书馆学暑期班

江苏省立社会教育学院于 1930 年、1931 年连续两年都举办了暑期学校,均开设有民众图书馆课程,由杜定友、马宗荣、徐旭担任讲师,每届选修听讲者有百余人。1930 年秋,天津河北女子师范学院开设的图书馆学讲习班,为当时天津市唯一的图书馆学研究组织。授课教师为河北女子师范学院图书馆主任、文华图专毕业生陆华深,除了授课外,亦十分注重学生的实习和课外参观。课程结束前,陆华深于当年 11 月 15 日带领学生李子受、孔昭怡等 16 人到北平参观第一图书馆国立清华大学图书馆等处,作为课程学习的辅助。②

---

① 《国内消息一束·华东基督教暑期大学图书馆科》,《图书馆学季刊》1926 年第 3 期。
② 《津师校图书馆讲习班至平参观》,《中华图书馆协会会报》1930 年第 3 期。

第三节　大学以下各类学校开展的图书馆学教育

一、师范及职业学校的图书馆学教育

1924、1926年，江苏省立第二师范学校在高年级开设图书馆学课，每周两学时，由杜定友讲授，由于没有现成的合适的课本，杜定友自行编订了讲义。其中《学校图书馆学》讲义于1928年9月由商务印书馆出版，杜定友在该书"例言"中提道："师范学校应添图书馆学一科，业经国内教育家所承认。但苦无适应之课本。本书之著作，即所以应是项要求。……本书曾在江苏省立第二师范学校试用，现经详细修改后，付印。"[①] 1930年2月到6月，文华图专毕业生钱亚新代杜定友先生在该校讲授图书馆学课程，用的讲义为杜先生编著的《图书管理学》提纲。

继文华大学图书科创办不久，杜定友于1921年10月下旬在广州市立师范学校课程中增加"图书管理"一科，旨在指导学生利用图书，以作为学习研究参考，同时实习管理学校图书馆之方法，以备将来指导儿童用书。杜定友担任该校校长的同时，亲任图书馆学

---

① 王子舟：《杜定友和中国图书馆学》，北京图书馆出版社，2002年，第236页。

教授,该科的开设为广东图书馆教育之始。[①] 1929 年,广州市立女子职业学校(教育路)增设图书管理科,修业期二年,招收初中毕业生,学习普通课程和图书专业,毕业后不包分配。教师有广东中山大学图书馆馆长何多源等。该科多名毕业学生,后来都成了各图书馆的骨干。职业学校开设图书馆学科者则以 1943 年 6 月四川省成都女子职业学校图书馆管理科为代表,第一届有 14 人毕业。该校师资来源于四川本地的图书馆学人,如四川大学图书馆馆长毛坤、华西协合大学图书馆馆长邓兴禄等。

二、私立中等学校的图书馆学教育

民国时期,上海的教育出版事业非常发达,这在一定程度上也促进了上海图书馆的建设;不少图书馆学家集中就职于沪上,为本地图书馆教育提供了师资。一些私立中学在建校之初即开设图书馆,聘请专门人才来管理。基于图书馆在新教育上的重要意义,以及图书馆人才培养的需要,他们也尝试着开展了图书馆学教育。如 1861 年由美国基督教长老会传教士范约翰(Farnham)及其夫人玛丽·范约翰(Mary Farnham)创办于上海大南门陆家浜的教会学校清心女子中学,经全体教职员会议议决,于 1930 年秋季学期在高中一级及初中二、三级课程内添设图书馆学一科,聘请该校图书馆主任宋景祁担任教员。宋景祁是上海图书馆协会会员,对于图书馆学有一定的研究,还精通装订学,曾编纂《中国图书馆界名人录》一书。该科课本采用杜定友《图书馆学概论》及陈逸所译的

[①] 王子舟:《杜定友和中国图书馆学》,北京图书馆出版社,2002 年,第 211 页。

《儿童图书馆之研究》，其他基本教材由宋景祁另编讲义，并有图书馆实习和参观等环节。①

1930年7月，上海私立创制中学（校址在福煦路同孚路路口）添设图书馆科，招收初中一年级新生及二年级插班生，专为养成学校及公共图书馆适用人才。师资方面，请杜定友、洪有丰、李小缘、沈祖荣、刘国钧、戴超及其夫人七人担任指导委员，俞庆棠、王立明、高君珊、钱用和、杨葆康五位女士担任顾问，并联络国内各图书馆推广学生出路。图书馆科由主任高乃同专门负责，他对于教育学图书馆学有一定的研究，曾在该校设"读书指导"一课供全校选修，每周一小时。该科招收学生秉承"宁缺毋滥"的原则，课程注重讲授和实习并重，管理严格，旨在为我国造就图书馆人才及训练女子新职业。②

第四节 各地教育行政部门组织的图书馆学短期班

民国时期社会教育、民众教育的发展与社教专门人才、图书馆学专门人才的供给存在较大的差距。大量民众教育馆、基层图书馆所选用的图书馆员学历有限，对于图书馆学之知识，大都未经谙

---

① 《清心中学添设图书馆学课程》，《中华图书馆协会会报》1929年第5期。
② 瑛：《创制中学女子部图书馆科的创设——女子职业的曙光》，《妇女生活》1932年第13期。

练。洪焕椿曾提出，由各省教育厅对各省现任图书馆服务人员（包括公私立及学校图书馆）加以详确的调查与登记，对于不合格或不健全的图书馆人员，由教育厅与省立图书馆合作，利用暑期或另定时期予以补充训练，训练内容以图书馆技术及图书教育常识为主。训练完毕，考察成绩优良者，重予分配工作。① 由于教育部颁布的《修正图书馆规程》中规定了各省县（市）立图书馆工作人员的任用条件，教育部曾令各省教育厅保送民众教育馆馆长或者分期调派馆员加入图书馆学短训班，同时各地的教育行政部门亦主动组织了各类图书馆学短期训练。

一、广东省教育部门组织的图书馆学培训

1922年3月，广东全省教育委员会在广州创办"图书馆管理员养成所"，为期24日，全省中等以上97所学校有44所派教员参加，加上其他进修人员，共有52名学员。杜定友兼任所长，穆耀枢、陈德芸、黄希声为教员，共20门课程，每日授课6小时，其中一半时间用以实习。4月13日，图书馆管理员养成所组织成立了图书馆研究会，推举杜定友为会长，穆耀枢为编辑部主任，陈德芸为调查部主任，李华龙为庶务部主任。研究会以图书馆草创时期问题为主，互通声气，联络感情，以推动图书馆学的普及和图书馆事业的扩充。研究会的成立，标志着我国图书馆界有了第一个学会组织。4月19日，图书馆管理员养成所举行毕业典礼。学员们利用春假进行图书订购法、分类法、编目法、存借书法等20余种知识的

---

① 洪焕椿：《如何推广各省图书馆事业》，《教育通讯》1948年复刊第2期。

学习和实习,掌握了中等图书馆管理的一般方法。养成所虽然仅开办三周,但对广东中学图书馆事业的发展起了极大的推动作用。①

1928年8月6日至18日,广东省教育厅因省内学校图书馆大多缺乏科学管理,令省立工专、一中、二中、女师四校各派练习员一人,往中山大学图书馆进行练习,由杜定友为指导。练习期内,各练习员仍享原薪,期满后各自返校。②

1943年4月12日,广东省立图书馆举办广东省图书教育人员训练班。该班附于曲江仁和乡凤凰山省地方行政干部训练团内,由杜定友任主任,张世泰、何恩泽等为教官。该班由广东省地方行政干部训练团教育组统筹办理,一般行政事务及教务训育由团方主持,业务训练则由省立图书馆负责,并由教厅通令各县市派员受训。该班招生对象原定为县馆业务骨干,但由于日军入侵,有的馆已停办,有的馆阻于交通,派人不便,因此同意各学校、机关、民教馆亦可派员,而县馆来人者仅有梅县、揭阳两县。受训时间从由4月12日起至5月23日止,课程结束后继续实习两星期,到6月6日结束,受训学员多为各县市立图书馆组主任及干事,共30人,业务课程以图书馆技术为主要科目。③

二、安徽省教育厅组织的图书馆学培训

1930年,安徽省教育厅鉴于本省图书馆事业处于发展初期,

---

① 王子舟:《杜定友和中国图书馆学》,北京图书馆出版社,2002年,第213页
② 王子舟:《杜定友和中国图书馆学》,北京图书馆出版社,2002年,第236页
③ 广州市政协学习和文史资料委员会编:《广州文史资料存稿选编:第六辑·文化教育类》,中国文史出版社,2008年,第41页。

各学校图书馆管理缺乏专门人才，根据第 2 届省立校长会议之决议，开办图书馆专班，并指定省立第一中等职业学校代办。由该校负责拟定招生广告及招生简章，分别寄往省立各中等教育机关及各县教育局，请其代为张贴。由于图书馆班在该省为初创，而招考日期又十分短促，当时对于招生情况并没有太大把握，因此不得不广为宣传、发布广告，还请教育厅向省会私立各中等学校、六十县教育局、省立各教育机关发布训令告知招生消息。① 该班计划招收男女学生四十名，学生入学资格需为高中毕业或后期师范毕业，以及旧制中学毕业后有两年工作经验者（需提供毕业证书及毕业证明书）。入学需要参加考试，时间为当年 10 月 30 日，考试科目为党义、国学常识、应用文字、英文、算术五门，11 月 13 日开学。教员为文华图专毕业生刘华锦女士、董名道、鲍哲之等人。考取学生入校免收学费，但需缴纳膳食费、图书费等其他学杂费。学制为 6 个月，毕业时，呈请教育厅派员考试，发给毕业证书，分别派往管理各中学图书馆或各县立图书馆。②

该图书馆专班课程分 11 门，包括（一）党义；（二）图书馆学概论（图书馆的意义、中外图书馆沿革及现状、图书馆的种类、图书馆的组织、图书馆学与其他学科的关系、图书馆的行政、图书馆的经费、图书馆与社会服务、图书馆与图书馆员、图书馆学的范围）；（三）分类法（分类法的原理，分类法的规则，分类法概要——七略分法、四部分法、杜威法、沈氏法、杜氏、洪氏、刘氏、王氏、LC 法、Gutters 法）；（四）编目法（各种卡片格式、登

---

① 《教育公牍·一训令·（六）令知介绍一职图书馆班》，《安徽教育行政周刊》1930 年第 42 期。
② 《安徽创办图书馆班》，《中华图书馆协会会报》1930 年第 2 期。

记盖章、卡片序列);(五)图书馆经营论(建筑、设备、用具、典藏陈列、杂志经营、小册杂件、出纳法、曝晒消毒、修理装订、统计报告);(六)图书选择法(原理、鉴别法、购订、收受);(七)中国目录学;(八)英文参考书;(九)中文参考书;(十)英文(图书馆术语、普通英文);(十一)实习[登记,盖章法,贴书签,写书脊,分类(据刘国钧分类法),编目(著者、书名、分类、书架、丛书、译书、分析卡、参见卡、正卡、副卡等),写书片,卡片目录序列法,根据四角号码查著者号码,点查图书,管理出纳,管理阅览,管理参考,刊物管理,制统计表,装订书籍,英文楷字书法]。该班学员入学前既有现任图书馆助理,也有小学教员,第一期顺利通过毕业者有30人。[①] 毕业生胡延枭还曾作《整理图书馆几个简要的步骤——敬献给图书馆专班毕业同学》发表于《学风》期刊,可见该班的教学效果。

安徽省政府对于图书馆人才的培养较为重视,1935年省政府发布指令,要求各行政区专员公署保送人员到安徽省立图书馆实习并发布办法大纲。实习员以区图书馆所在地之县长保送,实习期不超过三个月,实习的范围包括图书选购、登记、分类、编目、出纳、阅览指导、典藏、装修、事务等9项,学员的膳宿费用自理,实习期满,由省立图书馆从工作报告、勤惰记录、试验成绩等几项来考察实习成绩并上报教育厅核定,分派服务。[②]

---

① 《省立一职图书馆专班毕业介绍》,《学风》1931年第8期。
② 《安徽省政府训令:省府令发各专员公署安徽省立图书馆指导各行政专员公署保送来馆实习人员办法》,《安徽教育周刊》1935年第34期。

三、河北省教育部门举办的图书馆学培训

1930年9月19日,天津市教育局发布第2867号令《为各校馆所保送教育行政小学教育图书馆学各讲习班入学员名汇列清册令发查照办理》。① 同年10月15日,南开大学校长张伯苓致函天津市立师范学校,保送南开学校图书馆员二人入该校所设的图书馆学讲习班,请"即日准予入班"。② 11月,图书馆学讲习班开课,讲师为陆华深。

1932年暑期,河北教育厅为增进省县社教机关及院校图书馆服务人员应用之技能,于当年暑假在天津开办社会教育讲习会。讲习会以图书馆事业为中心,并辅以教学讲演及通俗艺术等科。为期1个月,从7月11日到8月10日,会址在河北工学院,讲师主要为社会事业专家,由李文裿、于震寰两先生担任图书学课程,并请教育界名宿作学术演讲。每日上午授课四个小时,下午练习,每逢星期日上午则赴各社教机关参观。该省教育厅对参加学习的机构和人数也作了要求:各省立图书馆及社会教育馆图书部应选送职员二人至三人,已设或将设图书馆之各省立学院及中等学校应送图书馆员或筹备员一人,各县教育馆图书部、图书馆或演讲所应选送职员一人。最后有来自省立2所图书馆、3所民众教育馆、23所省立学院及中等学校、103个县的学员以及教育厅职员、外省学员共计160人参加学习。学员分甲、乙、丙三组,甲组60人,乙、丙两组

---

① 《本局指令·第二八六七号(中华民国十九年九月十九日)》,《天津特别市教育局教育公报》1930年第37期。

② 梁吉生、张兰普编:《张伯苓私档全宗》(上),中国档案出版社,2009年,第441页。

各 50 人，各组由教育厅指定二人为组长。①

四、四川省教育厅组织的图书馆学培训

1940 年 11 月 6 日，四川省教育厅为改进中等学校图书管理、训练专门技术人员起见，委托四川教育学院及省立图书馆联合办理第一期中等学校图书馆管理员讲习班。其学员由教育厅调派，共有来自省立教育学院、民政厅、建设厅、财政厅以及中等学校在职图书管理员 25 人参加培训。培训于 11 月 7 日开课，地址设在省立图书馆，训练时长定为两个月。规定每日除上午授课外，下午概为实习时间。训练班正副班长由教育学院院长及省馆馆长分别担任。教务事宜则由省立馆长曹祖彬全权办理，训导部分由教育学院派员主持。所聘请讲师有刘国钧、李小缘、陈长伟、戴安邦，省馆方面有曹祖彬、陶述先、吕洪年、陶吉庭等。该班采用授课与实习相结合的办法进行，刘国钧讲授图书分类，李小缘讲授图书馆建筑与设备推广，曹祖彬讲授图书馆行政，陶述先讲授图书编目。金陵大学图书馆职员李英如、胡令晖、李通绪被聘为实习指导，金大图书馆被指定为实习场所。学期于次年 1 月 9 日结束，其中 23 名学员获结业证。学员学习结束后仍回原校工作。教育厅曾对各校作出特别批示："凡经学习及格人员，原学校日后不得借故辞退。"②

其他各省教育厅组织的图书馆学讲习班还有：

1923 年，湖北省教育会与华中大学合办暑期班，其中设图书

---

① 《图书馆界·国内·冀省教育厅创办暑期社会教育讲习会》，《中华图书馆协会会报》1932 年第 1—2 期。
② 《成都四川省立区办理图书管理员讲习班》，《中华图书馆协会会报》1941 年第 3—4 期。

馆学课程，由韦棣华和胡庆生担任教员，授课时间约为 40 天，共有超过 200 人参加。1927—1928 年，湖北省教育厅主办汉口图书馆学讲习会，邀请沈祖荣等担任老师。1935 年，湖北省教育厅举办中小学教员讲习会，次年举办民众教育馆讲习会，均设图书馆课程。

1924 年 7 月 20 日至 8 月 20 日，河南省教育厅在开封举办第四届小学教员暑假讲习会，邀请杜定友讲授中小学图书馆管理方法，每日上课 2 小时，由杜氏编发大纲，听讲者近 400 人。授课完毕，杜定友在图书馆亲作示范学习，请听讲学员实际观摩。①

1931 年 7 月 21 日，浙江省教育厅举办教育服务人员暑期进修讲习会，在社会教育组由大夏大学教授马宗荣主讲公共图书馆组织与实施课程，为期 4 天。

第五节　图书馆学函授教育

1929 年中华图书馆协会第一次年会上，李小缘等提出了"由教育部聘图书馆专家，设立图书馆专门学校，并附设图书馆函授学校"以及"由教育部指定中央图书馆附设图书馆专门学校，及图书馆函授学校"的人才培养方案，浙江流通图书馆的陈独醒提出了

---

① 王子舟：《杜定友和中国图书馆学》，北京图书馆出版社，2002 年，第 222 页。

"请凡办理图书馆学系之大学对于国内办理图书馆之人员得以特别通融函授以宏造就"案。① 虽然各图书馆学专门学校并没有设立函授科，但在出版业和图书馆事业比较发达的上海地区，不少图书馆率先开办了函授教育。

一、上海图书馆学函授学校

上海图书馆学函授学校成立于1930年，初名为"上海图书馆学函授学社"，1931年改为"上海图书馆学函授学院"，校址设于上海大南门外中华路私立民立中学图书馆内，负责人为陈伯逵。私立民立中学是当时上海的一所名校，创办于1903年，教学上以文科为特色，尤其以英文见长，其图书馆建设也相对完备，并设有上海图书用品社。

陈伯逵是上海图书馆协会主席，曾担任上海国民大学图书馆学系教授，上海南洋大学、复旦大学等图书馆主任，上海《民众日报》图书馆周刊及《上海图书馆协会会报》编辑。② 他认为：

> 学校教育之能否赓续，社会教育之能否发展，须视图书馆之量能否增加，图书馆之质能否充实，图书馆教育能否普遍而有生气以为准。平时默察各处状况，图书馆之量既有增加迟缓，图书馆之质充实者亦无多。推其原因，实由于研究图书馆学者太少，致各处难得相当管理人员，大都不知用科学方法以整理图书，使入馆者得到有系统之研究，

---

① 中华图书馆协会执行委员会编：《中华图书馆协会第一次年会报告》，中华图书馆协会事务所，1929年，第175—177页。
② 《本刊特别启事》，《中国图书馆声》1931年第4期。

有兴趣之阅览。且尝考历史之精神，先有学问然后有事业，欲望图书馆之量增加，必先求研究图书馆学之人渐多。①

创办图书馆学函授学校，应为陈伯逵在上海国民大学图书馆教育经历的延续。他著有《中外一贯实用图书分类法》《中外一贯实用图书分类法子目增补》《图书馆学参考资料标题类辑》，并编有图书馆学讲义《图书馆服务人员应用文书》。

上海图书馆学函授学校以养成管理图书馆的知识与技能为宗旨，招收中学毕业或同等学历学员，学制一年。其开设的课程有图书馆学理论、图书馆设备、图书选择法、图书订购法、图书登记法、图书分类法、图书编目法、图书出纳法、图书参考法、图书装订法、图书馆法规、图书馆广告等十二种。报名费十八元，须一次性付清，如分两期付，则每期十元。②该校学员任职于图书馆界者有上海友声旅行团图书馆主任朱作孚、上海东方图书馆馆员方承谟、太仓县立图书馆主任施政钊等。施政钊对该校的评价为："讲义既是精审实用，批答又是详明迅速。"③

值得注意的是，该校还于 1931 年 9 月创办《中国图书馆声》（The Library Echo of China）月刊，由陈伯逵主编，宗旨在于"提倡全国图书馆事业，沟通全国图书馆消息，推动图书馆工作。栏目有：短小的论文、智囊、邮筒、特载、布告等"④。该刊面向全国发行，供学员发表图书馆学研究心得，解答学员和图书馆学爱好

---

① 《上海图书馆事业战后复兴现象》，《中国图书馆声》1932 年第 8 期。
② 《上海图书馆学函授学校招男女学员》，《中国图书馆声》1932 年第 7 期。
③ 施政钊：《我对于图书馆员进修的管见》，《中国图书馆声》1932 年第 8 期。
④ 董小英主编：《图书馆学情报学文献源》，书目文献出版社，1996 年，第 96 页。

者的问题，并作为图书馆学函授学校的宣传阵地。其创刊时曾登载杜定友先生《汉字形位排检法（附表）》、杨家骆《四库大辞典说明》，学员来稿者如施政钊的《怎样引起阅览兴趣?》（1931年第1、2期）、《我国民众图书馆不发达的原因及今后应有的努力》（1931年第4期）。该刊出版至第8期，于1932年停刊。

《中国图书馆声》通过登载一些商业广告来补助出版，也将其作为宣传阵地刊登本校招生广告：

君觉得还没有图书馆学专门知识么？可入上海图书馆学函授学校研究。君在同事中觉得图书馆学的知识有相形见绌的地方么？可入上海图书馆学函授学校补习。函授学校讲义是利用余暇的良伴，是增进成人教育的橹楫。尤其是上海图书馆学函授学校的讲义应乎时势的需要而专门些。不分性别，不拘年岁，均可报名。①

曾有读者通过该报"邮筒"栏目谋求图书馆学高级职员位置，伯逵先生亦亲自谆谆解答：

各地图书馆固缺少人才，但缺少者，为具图书馆学高级技能之人才，薪俸自五六十元至百数十元不等，视各馆经费各人资格互为增减，如有机会，当为留意，并望以学历及经历详细开示，倘自知于图书馆学尚无深切研究，望加入上海图书馆学函授学校，研习讲义，须有一分资格一分技能，斯可得一分地位一分报酬，否则即能幸得于一时，终必难免天演之淘汰。

---

① 《解决两个难问题》，《中国图书馆声》1931年第2期。

此外，先生还借机宣传了上海图书馆学函授学校的特点：

1. 取普通函授学校之学费，授适应现时最需要之专门学术，且注重实际，力避空谈。2. 以极短之时间，速成极重要之功课有十二种之多。3. 有志研究，无论男女，均可报名；有力速习，无论何时，可以学成。4. 毕业证书中英合璧，无论应聘本国人所设之图书馆，或外国人所设之图书馆，均可用以证明资格。5. 如遇各地图书馆考选人员，或各省派遣留学生有图书馆学额时，持本校证书者，可在资格上，有优越之希望。①

1935年，该校迁至上海小西门内薛家桥白漾一弄七十六号后，扩大范围，并采取了以下措施来提高办学水平：（一）在上海市区设毕业同学会总部，各地有毕业生三人者设分部；（二）毕业生主办之图书馆事业上需要人员，尽先聘用毕业同学会会员；（三）毕业生得在该校特约之图书馆实习；（四）实习期满，由该校介绍入各地图书馆协会为会员，并代其缴付第一年会费；（五）该校正在搜集中外各国图书馆学书报备毕业生实习时参考，不另收费；（六）添办学术讲座、每月礼聘著名学者讲演，并以讲论印发各地毕业同学会分会。② 1936年第八届有李瑞华等十四名毕业生，1937年1月第九届有梁克中等七名毕业生，其毕业证书均经上海市教育局验印发出。1937年秋因战事，上海图书馆学函授学校暂停办学，1938年在戈登路三六三弄七四号继续招男女新生。该校毕业同学会根据

---

① 《邮筒·叶震东·托谋图书馆高级职员位置·陈伯逵（谨复）》，《中国图书馆声》1931年第4期。
② 《图书馆学函授校近讯》，《申报》1935年8月8日第15版。

工作经验所编写的《图书馆服务门径》曾风行各地。该校还编辑有《上海图书馆学函授社学员毕业论文集》《中小学图书馆指导》《小学图书馆图书分批选购法》《中学图书馆图书分批选购法》《图书馆学释词》等。

1941年,该校又迁往上海新闸路甄庆里三十六号,并特设民众教育建设奖学金额一百名,备战后需要。奖学金每名十元,不分性别,凡持高中毕业证书前往登记者,均可享受。①

二、私立商务印书馆函授学校

1915年7月,商务印书馆创办函授学社,1932年改名为私立商务印书馆函授学校,分中学部和大学部,面向没有机会进入高等学校和专科学校以及因为各种原因失业的年轻人。商务印书馆主营出版业,从事出版者需要了解学术分类法等有关图书馆学的一般知识,因此该馆所举办的业务讲习班中,均列有图书馆学课程。1937年7月8日,上海私立商务印书馆函授学校正式设立图书馆学科。该科隶属于中学部,科主任为文华毕业生、东方图书馆馆主任徐亮,经上海教育局登记,学费五元。该馆图书馆学科的章程摘要如下:

一、课程分:(一)图书馆行政;(二)目录学;(三)图书分类法;(四)图书编目法;(五)图书选择法;(六)图书运用法。教材皆切合实用,学者循序研求,则毕业后对于图书馆学之基本知识,皆已具备,有担任普通图书馆中任何职务之能力。

---

① 《上海图书馆学函授学校设奖学金》,《申报》1941年11月18日第7版。

二、入学程度须有初级中学毕业之同等程度。

三、修业期限定为六个月,毕业时由校发给毕业证书。

四、奖金　毕业学员中成绩最佳之三名,各得奖金数目如下:

第一名五十元,第二名三十元,第三名二十元,每年两次,每次共奖国币一百元,又凡参加评奖之学员成绩合于规定标准平均在九十分以上者,所缴学费全数退还。

为了教学的方便,该馆编纂有浅显易懂的图书馆学科函授教材,先后出版过《图书馆行政》(1—4册)、《图书选择法》(上中下)、《图书编目法》(1—4册)、《图书运用法》(上下)、《图书分类法》(上中下)等。以《图书分类法》(上册)讲义为例,一共分为绪论、图书分类、分类号码与著者号码、图书分类史概论、图书分类之实际工作五章,末附有《四角号码检字法》和《中外图书统一分类法》。该讲义侧重方法的介绍,每章之后各有习题,学员读完一章,需要将该章习题依照课卷作法做好,寄给该社评阅,课程学完后还有试题数则,学生亦需要将答案誊清于课纸上,交与该社评阅,阅完后立即发还。[①]通过这样的训练,以求能使学员掌握图书馆学基本知识,毕业后能够担任普通图书馆中任何职务。

商务印书馆一向重视对员工的补习和继续教育,经常资送学徒到各补习学校及馆内函授学校学习。因此,图书馆学函授科不仅面向社会上对图书馆学感兴趣的学员,更力图吸纳本馆生员,为馆内职工提供学费优惠,对于馆内学徒则视作补习教育的一部分,由商

---

① 刘宝瑞等编校:《民国图书馆学文献学著译序跋辑要》,国家图书馆出版社,2012年,第88页。

务印书馆承担学费。[①] 1937 年，仅商务印书馆馆内选读图书馆学科的学生、学徒就达 65 人，该馆总经理陈准负责严密考察各生修学进程，并规定学员每人每天作读书日记一篇和课程笔记，每周缴送人事科核阅一次。抗战后，商务印书馆总管理处迁往长沙，图书馆学函授科仍继续办理。

三、中华图书馆函授学校

自抗战军兴以来，各地出版界、书业界及图书馆用品供应等事务，大部分迁址或停业，各图书馆的图书采访、订购工作受到较大影响。为解决这一困难，1939 年，服务于上海图书馆界的文华毕业生陈鸿飞等在上海南京路 846 号中华图书馆创立中华图书馆服务社，为各馆订购中西文书籍及一切图书馆用品。又因各地图书馆服务人员大多未受过专门训练，为增进现任图书馆员学识、提高工作效能，该社商请大夏大学教授、上海鸿英图书馆主任吕绍虞为校长，震旦大学图书馆主任景培元、中国国际图书馆主任陈鸿飞等担任教授，主持创设中华图书馆学函授学校。该校于 9 月份登报宣传招生，招收高中毕业或具有同等学力者，定期一年毕业，成绩优良者可介绍工作。[②] 当年 10 月 16 日即通告开课，为扶助清寒青年，设有半费学额 20 名。为增进该校学生学业起见，校长吕绍虞还于年底特别约请各大图书馆联络实习事宜。

[①] 《人事·人事科通启·（一）同人加入函授学校图书馆学科函授优待办法》，《商务印书馆通信录》1938 年第 436 期。
[②] 《国内消息·中华图书馆服务社设立中华图书馆学函授学校》，《中华图书馆协会会报》1939 年第 2—3 期。

四、上海文化函授学校

上海文化函授学校创立于 1946 年 3 月，校址设于上海富民路第 197 弄 2 号，开设新闻学、图书馆学、文学、工商档案管理、教育、法律等专业。图书馆学系之目的在于养成管理图书馆之知识与技能，于当年 4 月开班，学费每门课程八万法币。系主任为钱亚新，首先开设的课程为"图书馆学讲话"，为普通学人及图书馆职员对于图书馆学入门者或知其初步的管理方法者而设，共分十回，讲义三月发完。后续拟授课程有：（一）图书馆利用法，为民众班或从业人员利用图书进修而设；（二）图书馆学专题研究，内分行政与设计、经营与管理、推广与辅导三门，对为在图书馆学或图书事业领域深造及发展者而设。①

除以上图书馆学函授学校外，1934 年 2 月，广西省立民众教育馆也曾函授民众图书馆学，并在该省的《民教通讯》上连载图书馆学的内容。②

---

① 《沪文化函授学院新设图书馆学系》，《中华图书馆协会会报》1947 年第 1—2 期。
② 《广西省立民众教育馆函授民众图书馆学》（四），《民教通讯》1934 年第 8 期。

第六节　图书馆举办的专门培训

民国时期，图书馆学专业人才多就职于省立图书馆及高校图书馆，而各县市立或其他教育机构的图书馆因规模较小，起步较晚，在图书馆建设和管理方面缺乏专业知识和专门人才。1925年11月，创办香山慈幼院的熊希龄指派当时担任慈幼院图书管理员的沈从文到北大图书馆进修，师从袁同礼学习图书编目方面的知识，直到次年二、三月间。[①] 因此在1929年中华图书馆协会第一次年会上，先后出现了"请教育部聘用专门人才规划指导各公立图书馆案"（黄星辉）、"请教育部通令各省教育厅令省立图书馆对各县属图书馆应负指导责任案"（杭州图书馆协会）等议案，争取教育部门对图书馆事业设置专人进行行政指导，建议省立图书馆对县市及以下图书馆进行业务指导。[②] 这些议案通过后促使政府在图书馆相关管理法规中作出了规定，如《普及全国图书教育暂行办法》中就有"中央图书馆对于图书馆干部人员，应积极、设法训练，以应各方要求"的义务。[③] 各类图书馆或依托本馆资源，或与教育部门及出版机构

[①] 张新颖：《沈从文的前半生 1902—1948》，上海三联书店，2018年，第60页。
[②] 王余光主编，范凡等选辑：《清末民国图书馆史料汇编》（第1册），国家图书馆出版社，2014年，第310—313页。
[③] 王余光主编，范凡等选辑：《清末民国图书馆史料汇编》（第1册），国家图书馆出版社，2014年，第75页。

合作，开展了各种形式的图书馆学短期教育。

一、穆耀枢与四川图书馆专门学校

四川图书馆专门学校由穆耀枢于 1925 年创办。他早年毕业于南洋大学土木工科，与杜定友算是校友，曾于 1922 年 3 月跟随杜定友在广州创办"图书馆管理员养成所"，并组织图书馆学研究会。同年 8 月，时任国立成都高等师范校长的吴玉章聘请穆耀枢任高师明远图书馆馆长。1924 年，吴玉章被迫辞职，穆耀枢受民生公司创办人卢作孚委托，创办成都通俗图书馆。通俗图书馆成立之时，穆耀枢组织了为期六天的大规模图书馆学专题讲演会，每天面向不同的人群广泛宣传图书馆的作用，普及图书馆的知识，其演讲的题目分别为"图书馆与教育""图书馆与学生""图书馆与工商界""图书馆与军政界""图书馆与女子职业""图书馆与市民"。自这次大规模演讲后，成都高师、华西协和大学等校先后邀请他作过"图书馆与大学生""学校图书馆之任务""图书馆职业""青年利用图书馆的方法""中学图书馆的功用""学校图书馆办法""改良中国图书馆管见"等专题演讲，有的演讲还被印制成讲义。[①] 1925 年 8 月，卢作孚辞去教育馆馆长之职，穆耀枢单独创办草堂图书馆，并创办了图书馆青年社。图书馆青年社为补习性质的图书馆学专业教育机构，目的是在最短的时间内，培训出图书专业人员。此后穆耀枢又创办了图书馆专门学校，地址设在陕西街岱庙，1925 年秋季开学，1926 年春季毕业，学制 6 个月。半年内学 20 多门课程，

---

① 程祺：《穆耀枢对四川图书馆事业的贡献》，《图书馆员》1988 年第 3 期。

每天授课 3 小时，实习 3 小时。实习场所为成都通俗图书馆、成都草堂图书馆、四川女子图书馆、华西协和大学图书馆等。他还利用个人关系邀请文化名人到该校为学生讲学，如曾邀请吴虞到该校讲授版本学。第一批招收学生 6 名，次年 5 月毕业。由于理论和实际工作的能力兼备，该校学生均被聘担任省内外各图书馆重要职务。1926 年秋，第二批学生毕业，并且招考了第三批学生。穆耀枢兴办图书馆学教育和其开展的图书馆活动是紧密联系的，他在成都创办的读书会，会员达到五千人，开办的图书馆用具店供应四川省内二十多个图书馆。他还举办图书馆展览、创办军营图书馆和临时图书馆，可谓开展图书馆运动的多面手。[①]

二、商务印书馆暑期图书馆学讲习班

1925 年，上海商务印书馆总经理王云五发明了四角号码检字法。1928 年 5 月，经全国教育会议通过，其由大学院通令全国图书馆采用。为了培训各机构图书馆管理人员对于该法的使用，并进一步推广四角号码检字法，商务印书馆于 1928 年暑假设立图书馆讲习班，由王云五讲授检字法、编卷法、中外图书馆统一分类法、著者排列法、图书馆行政用具及图书选择法等课程，讲完后派学员至东方图书馆及各分部实习。讲习学员由各机关及各学校选派，共计 146 人，分别来自 27 所大学，36 所中学，25 所公共机关。如大学院、中央党部、上海地方法院、淞沪警备司令部、上海邮政总局及

[①] 四川省成都市锦江区地方志编纂委员会办公室编：《锦江记忆》，新华出版社，2008 年，第 153—155 页。

豫、浙、皖各省立图书馆等，皆各派员前来研究。^① 教员从上海图书馆协会内推请孙心磐（中央大学上海商业图书馆主任）、沈丹泥（复旦大学图书馆主任）、陈伯逵（上海民立中学图书馆主任）、宋景祁（上海清心中学图书馆主任）、陈友松（上海基督教教育会编辑）等五人，分别演讲图书馆学及其他应用学术，时间自7月9日至8月18日。^② 学员要求为在图书馆服务人员及大学二年级肄业生，课程为四角号码检字法及实用图书馆学。第一个星期上午听讲，下午实习，且在讲授期内指导各练习员分项练习，最后举行各种比较测验，如检字法测验部首法、笔画法、四角号码法速度的比较。第二个星期起分派各讲习员至东方图书馆、商务印书馆编译所、总务处等处实习，连续五个星期全日实习，晚间听讲。实习期满，再举行图书分类等各门考试，及格者发给证书，直到8月20日下午结束。^③ 1930年该馆又续办第二期，学员增加至200人，由王云五、孙心磐等分别讲授中外图书统一分类法、图书馆学及应用技术等。

三、上海图书学校

1934年暑假，中国国际图书馆李石曾、吴稚晖等人与世界书局合作创办上海图书学校，校址设在杨树浦龙江路，校长为留法人士崔竹溪，教务主任为徐作钰，经费由教育部补助，并请杜定友、

---

① 《上海暑期图书馆讲习班纪略》，《教育杂志》1928年第11期。
② 《图书馆界·（一）国内·东方图书馆之暑期讲习班》，《中华图书馆协会会报》1928年第1期。
③ 《上海暑期图书馆讲习班纪略》，《教育杂志》1928年第11期。

程伯群等兼任教席。该校"以工作与学术互参并进之方法，造就经验智识平均发展之文化实用人才"为宗旨，分设图书、出版、印制、组织4科，图书及出版修业期限6年，其他两科3年，上午上课4小时，下午实习工作。图书馆学课程有图书馆学、分类编目学、书志目录学、印刷术等。图书馆教学以中国国际图书馆为工作场，出版、印制两科以世界书局为工作场，组织科则随时支配。学生程度分初中毕业和高中毕业两种，采用半工半读制。学生不收学费，一切宿膳、制服、书籍用品，均由学校供给，每月依学生上课、工作、操行总成绩之等级，给以三到六元补贴。①

该校同时设有预备班，修业期限1到2年，按期末成绩决定。所习课目有国文、英文、历史、地理、数学、打字、习字、自然常识、社会常识等。修业期满后，各项成绩及格、达到学校要求者，可以升入图书、出版、印制等各本科继续工读，否则仅给修业期满证书。② 上海图书学校是现代教育制度以外的一种学校，将生活、生产与教育结合，含有试验性质。各科学生均为工读生，本科工读生除各门功课外，尚有实习工作及普通工作。预备班工读生除功课外，尚有普通工作，遇必要时亦有初步实习工作。普通工作为打扫、洗涤、整理杂物等，学生洗衣室等所有各处工作均由学生自己分任。该校除教员外极少雇用职员，全校只有两名杂工。申请该校不仅要参加入学试验，还必须履行严格的入学手续：一、填具志愿书及保证书；二、遵守该校指定日期到校（路费由该校担任）；三、交纳保证金二十元（至校注册后如学校发现该生习性不良时，可将

---

① 《国书馆界·国内·上海图书学校》，《中华图书馆协会会报》1934年第3期。
② 《图书馆界·国内·上海图书馆学校预备班招生》，《中华图书馆协会会报》1935年第6期。

保证金移作路费，遣送该生回家）。在校时不能自由退学，如自行退学，须赔偿该校每月损失二十五元，因过被开除者亦同；预科修业期满经该校升入本科而不同意者以自动退学论，照赔损失；在修业期间不许订婚或结婚及借故请假，否则亦以自动退学论。该校生源一部分来自各职业学校，如北平市立职业学校等。①

四、国立中山大学图书馆的职员培训

1936年，国立中山大学图书馆为提高馆员业务能力、提升工作效率，特别设立了职员训练办法，以面向此前未接受过图书馆学专门训练的人员。中山大学图书馆主任及各部主任组织设立训练委员会，并聘请校外图书馆学者担任讲授。训练方法分为讲授、讨论及实习三项，训练周期为六个月。训练完毕后，各学员的笔记及实习报告，经训练委员会审查合格后，转呈校长，并由校长发给证明书。具体的课程体系如下：

甲、图书馆学概要

具体包括：（一）图书馆之意义；（二）图书馆之历史；（三）图书馆之职业的兴趣；（四）图书馆员之修养。

乙、总务

具体包括：（一）文件收发；（二）档案之管理；（三）物产之购置与保管；（四）清洁卫生；（五）统计报告。

丙、征集

---

① 《补志：上海图书馆学校二十六年六月招考工读生简章》，《艺文印刷月刊》1937年第6期。

具体包括:(一)图书之选择与介绍;(二)图书之征求与交换;(三)图书订购法;(四)图书登记法。

丁、编目

具体包括:(一)分类法;(二)书码编制法;(三)目录用法;(四)汉字排检法。

戊、流通

具体包括:(一)借书法;(二)排书法;(三)藏书法;(四)装订法。

可见,这一课程体系其涵盖了职业认知、职业素养、图书馆行政管理及分类、编目、目录、装订、流通等具体业务的内容。完善而集中的课程体系加上在岗的实践,为这些未经过专门图书馆学训练的馆员提供了快速进入职业角色的通道。

五、北平市立图书馆学讲习班

1948年,北平市立图书馆馆长朱励安先生基于"本馆一部同人,虽咸具多年工作经验,惟对全馆各部门工作之相联,实缺乏有系统之认识",为推进馆务起见,发起组织图书馆学讲习班。该班"以精研应用技能为目标,以再训在职人员为主旨",经北平市教育局立案,于当年春季正式开课,到六月结束。[①] 招生起点为中学毕业,首期计划举办三班:第一班为谋社教机关工作人员深造;第二班备中等以上学校图书管理人员对图书馆学进行研讨;第三班便于

---

① 王余光主编,范凡等选辑:《清末民国图书馆史料汇编》(第2册),国家图书馆出版社,2014年,第499—534页。

国民学校图书管理人员之传习。共有来自北平各学校、图书馆及民众教育馆的教员和馆员共计47人参加了学习。年龄最大的为北平市立图书馆分馆主任蔡葆真，参加学习时已47岁，最小的仅18岁。该班从计划到组织均得到北平图书馆馆长袁同礼的指导，袁先生还派遣了馆员鲍振西、金家菊到馆培训。担任该班讲师的主要为文华毕业生，如西文分类法和编目由章新民讲授，图书参考工作由李钟履讲授，中文分类与编目由耿济安讲授，目录排检法由胡正支讲授，图书馆行政由赵福来讲授，另有张月如担任阅览典藏讲师，刑树屏担任图书购求法讲师，朱励安担任特殊材料管理法讲师。该讲习班历经三个月，于7月结业，颁发证书，并编印了《北平市立图书馆学讲习班同学录》。①

六、其他图书馆举办的短期培训

民国时期，基层的公共图书馆、民众图书馆在专门人才方面尤其匮乏。图书馆学校仅文华图专一所，且入学要求较高。为了普及图书馆学知识，提高馆员的业务水平，全国各地的图书馆基于现实需要开展了各种形式的在职培训。

一是省市立图书馆为提高本馆馆员业务水平而举办的训练班。为增进馆员对于馆务的认识、提升业务素养，1934年4月1日起，浙江省立图书馆制定了《馆员进修办法》，规定凡本馆主任组员以外之职员，皆应加入。进修方式，以讲授为主，科目多关于图书馆学及基本常识之训练，主讲者除本馆馆长及各主任外，亦间聘外界

---

① 王余光主编，范凡等选辑：《清末民国图书馆史料汇编》（第2册），国家图书馆出版社，2014年，第499—534页。

学者担任。讲授的内容包括本馆馆史及使命、中国图书馆事业之过去与现在、图书馆学书籍述要、现代图书馆分类法、中国图书馆分类法之沿革等图书馆学基本知识以及新书到馆之处理、工具参考书略说、主要检字法与本馆排卡法、从编目到入库与书库管理法、如何应付图书出纳、阅览指导之实施等具体业务知识,还包括如文渊阁四库全书过去与现在、中国私家藏书略说、版本学、版本琐谈等文献学知识,以及关于社会科学之基本读物、史地之基本常识与重要读物、国学基本读物、主要定期刊物、自然科学基本读物等出版物相关知识。进修安排为每星期三次,时间为上午八时至九时,以避免与馆内办公时间冲突。

二是各省市教育厅考选实习员或基层图书馆委派练习生、馆员到省市立大馆进修。教育部颁布的《修正图书馆规程》《图书馆工作大纲》等规定,省市立图书馆有辅导训练图书馆工作人员的责任,一些业务发展比较先进的大馆成为社会教育辅导机关,为基层图书馆馆员、各中等学校图书馆馆员提供观摩、学习的机会和业务的指导。1929年,广州国立中山大学图书馆于暑期考选实习员15名,在该馆实习三周,以培养具有业务能力的图书馆员,备馆内及他处之需用。① 1930年,福建图书馆经该省教育厅核准招收见习员,额定10人,年龄在18—25岁,要求具有高中毕业或同等学力,须经过口试、国语和体格检查合格后方予以录取;见习期以一年为度,工学兼施,"见习三个月后津贴半膳,六个月后津贴全膳,九个月后津贴全膳并送车费五元,满一年后由馆给予证明书"。② 见习时间最初三个月内为每日四小时,以后每日八小时。毕业者除留该

---

① 《图书馆界·国内·广州之图书馆教育》,《中华图书馆协会会报》1929年第1—2期。
② 《教育消息·省立图书馆订定见习员简章》,《教育周刊》1934年第192期。

馆工作或继续深造者外，分别由该馆介绍至该省各级学校或各县图书馆服务。① 这种工读的形式给学生适当薪水，同时就业有保障，容易吸引生源。1930年8月，天津市立师范学校图书馆职员张育扬、北平大学女子学院图书馆职员宋蕙英、上海总税务司图书馆职员阮寿容受委派来北平图书馆实习，以了解图书馆业务和管理的流程和方法。② 1936年，浙江省教育厅图书馆、浙江省公安局图书馆、慈溪县立中学图书馆各派馆员一人来浙江省立图书馆实习。而一些小馆派员到大馆实习、观摩，不仅能襄助馆务，还为本馆储备了人才，也推动了图书馆学教育的普及。

三为各种讲习和演讲会，如1931年，山东民众教育馆举办图书馆讲习会，为期1个月。报名听讲者男女共196人，其中女性居多。由赵波隐担任讲师，所用讲义为其自编的《民众图书馆之设施法》。1939年，上海国际劳工分局为发展图书馆计划起见，曾发起图书管理讲演会，聘请沪市图书馆专家数人轮流讲授图书馆学，如交大图书馆查修、国际图书馆陈鸿飞、商学院图书馆林斯德、鸿英图书馆吕绍虞、中国经济研究处吴尔中、海关图书馆吴克昌、东吴法学院喻友信等各担任一种讲题。第一次演讲由喻友信担任，讲题为"图书之流通"。③ 1947年4—5月，广东省图协于中山图书馆举办"图书学术演讲会"，每周邀请一名学者担任主讲。4月13日由杜定友先生主讲图书学概论，20日徐信符主讲群书提要，27日朱倓主讲版本学，5月18日由黄慕龄主讲图书编目法，5月25日由

---

① 《福建省立图书馆消息四则》，《中华图书馆协会会报》1940年第4期。
② 《各图书馆派员来馆实习》，《国立北平图书馆馆刊》1930年第4期。
③ 《图书馆界·国内消息·上海国际劳工分局举办图书馆学讲演》，《中华图书馆协会会报》1939年第2—3期。

何恩泽主讲检字法。[①]

据有关资料记载，1920—1949 年全国各地举办的图书馆学讲习会（班）、养成所等共 30 多次，培养人才 1000 多人。[②] 各省教育部门和图书馆举办的图书馆学培训多集中在 1920—1937 年间，这些培训在时间、课程方面并无统一的标准，往往根据主办方的招生情况和师资情况而定，因此培训的效果也各不相同。各种形式的图书馆学教育往往为留学归国的图书馆学家及就任各大图书馆主任岗位的文华毕业生所推动，而北京、上海、南京、广州、武汉等图书馆事业发达、图书馆专家集中的地区亦成为各类图书馆教育的主要开展地。

总的看来，这一时期大学层次的图书馆学专门教育机构较少，已有的办学机构则规模不大。图书馆学的职业教育形式多样，办学主体一般为省市立公共图书馆。无论是海外习图书馆学归国人员，还是文华图专毕业生，大多就职于高校图书馆。相较高校图书馆，公共图书馆在专业人才尤其是基层人才方面的缺口更大，因此只能通过短期讲习班式带薪实习来解决一些图书馆初级职务的人员培训需求。这种性质的图书馆学教育多是临时性、普及性的，主要在于培训图书馆学基础知识、提升基层馆员业务能力，满足社会教育的需要。

---

① 王子舟：《杜定友和中国图书馆学》，国家图书馆出版社，2002 年，第 274 页。
② 吴仲强等：《中国图书馆学史》，湖南出版社，1991 年，第 319 页。

第五章

民国图书馆学办学机构
——以文华图专为中心

从 1920 年文华大学图书科成立到 1929 年其成为独立的私立武昌文华图书馆学专修科（非特别指出，以下文华大学图书科和私立武昌文华图书馆学专修科统一以"文华图专"指代），文华图专成为民国时期持续办学时间最长的图书馆学教育机构，也是当时图书馆学专门人才的主要培养基地。以文华图专为个案，对其办学沿革、师资结构、招生录取、教学研究等多维度的考察，有助于具体而微地呈现民国时期高等教育层次的图书馆学教育。

第一节　组织沿革和办学条件

一、沿革与设施

1920年3月，武昌文华大学图书科成立，为文华大学文学系下的七科之一。1925年，随校更名为华中大学（原文华大学）文华图书科。1929年，图书科成立董事会，向南京国民政府教育部办理专科学校手续并于8月份批准立案，改名为（私立）武昌文华图书馆专科学校。1930年6月20日，该校正式脱离华中大学，成为中国第一所独立的图书馆专门学校，校址设在武昌昙华林。

根据国民政府教育部的统计，1930年该校占地面积为五亩，校舍包括教室、宿舍、体育场、图书馆等。学生宿舍每人一个房间，约8平方米，可以摆一张桌子和一张床。[1] 从校舍规模来看，文华图专是一所小学校，1933年教育部督学钟道赞在《视察湖北教育分报告》中就指出："校舍精美适用，学生不及百人。如扩充学额，校舍尚感不敷。"[2] 1933年底，该校新筑教员住宅一所。

---

[1] 柯愈春：《文华师长访谈录》，《图书情报知识》2010年第4期。
[2] 周洪宇：《不朽的文华——从文华公书林到文华图书馆学专科学校》，华中师范大学出版社，2013年，第129页。

1934年10月，新建的作为学生宿舍的三层西式楼房"华德楼"落成。1937年，抗日战争全面爆发，该校从武昌迁往重庆，在曾家岩求精中学校园里借得房屋一间作为校舍，并于空地自建西式单层新屋一座，作为教室、办公室和图书阅览室之用，命名为"韦棣华楼"，而学生宿舍、餐厅、盥洗室、操场等设施均借用求精中学的场所。1940年夏天，日军炸毁校舍，无奈之下，校长多方筹款，购得重庆江北相国寺廖家花园为校址，以廖家花园旧房为办公室、女生宿舍和教室，建平房三幢为男生宿舍、食堂、礼堂、图书馆和教室，并建一栋楼房为教工家属宿舍。抗战胜利后，文华图专于1947年复员武昌，原有校舍大部分在战争中损毁，仅存"华德楼"，只能将其全部作为宿舍，由圣公会将武昌崇福山二号文华中学二部校舍拨给该校使用。复员后的文华图专一直存在校舍狭小的困难，校长沈祖荣多次呈文请求湖北省政府给予校舍扩建上的支持。然而一直到1949年，该问题仍没有得到解决。

图书馆是文华图专最重要的办学设施，该校图书馆与原华中大学图书馆及面向社会公众开放的公共图书馆并存于华中大学文华公书林。文华图专学生可以借阅公书林其他图书馆的藏书。文华公书林由韦棣华女士在美募款十万美元，由外籍建筑师德希斯（De Hees）设计，于1910年落成，内设编目室、参考室、阅览室、报纸杂志室、书库、孙公纪念室（专藏商学书籍）、罗瑟纪念室（专藏西文书籍，以捐款人罗瑟博士命名）、博物古物陈列室、实习室、图书馆学研究室和斯托克斯礼堂（Stokes Hall，以捐款人纽约慈善家O.P.斯托克斯女士命名）。[①] 斯托克斯礼堂最多可容4000余人。

---

① 周洪宇：《不朽的文华——从文华公书林到文华图书馆学专科学校》，华中师范大学出版社，2013年，第63页。

藏书方面，1935年，公书林总共有中文普通各科图书20797册，专门图书馆学及目录学书籍935册；英文普通各科图书27411册，专门图书馆学书籍1435册；普通中英文杂志151种共计2673册，专门图书馆学中英文杂志36种共计548册。[①]另外有总价值为5340元的标本仪器。设备方面，有中西文打字机10架，图书馆经营管理所用的图书消毒机、吸灰机、出纳机、运书车、标写机、装订机、切刀压板以及各式书架、各式目录橱、卡片盒等共约百种。另有档案管理实用之钢制文件橱7座（均美国造）、翻砂仿造钢制文件橱3座、木制文件橱20座以及档案序列用各式导片卷夹70余种，又有成人教育实用巡回车1辆、电影机1座、幻灯片及教育影片120余种。1947年复员回汉后，原公书林所藏图书已片纸无存，为教员参考及学生实习起见，新设有参考图书馆与学生实习图书馆各一所，所藏图书除由渝迁回者外，并新购买中学生文库第一、二、三集，又由英国文化委员会赠送参考书多种，其中有大英百科全书1套，另有档案室1所，含档案柜10具、案卷500余宗，以供档案科学生实习之用。[②]

二、组织与管理

文华图专在国民政府教育部立案后，即遵照教育部颁布的私立学校规程，组织校董会，制定了《校董会章程》，负经营学校之全责。1929年，校董会成员为美国圣公会湘鄂教区主教吴德施、原

---

① 《湖北私立武昌文华图书馆学专科学校一览》，参见王余光主编，范凡等选辑《清末民国图书馆史料汇编》（第2册），国家图书馆出版社，2014年，第350页。
② 蒋致远：《第二次中华民国教育年鉴第五编》，台湾宗青图书公司，1991年，第299页。

文华大学校长及副主教孟良佐、前国立清华学校校长周诒春、湖北省府委员兼汉口市市长吴国桢、国立北平图书馆馆长袁同礼、中华教育文化基金董事会执行秘书孙洪芬、前国立清华学校图书馆馆长戴志骞、前私立武昌文华中学校长陈宗良、上海商业储蓄银行汉口分行行长周苍柏、私立武昌文华中学校长卢春荣以及韦棣华和沈祖荣，由周苍柏担任董事会主席。从董事会成员构成来看，既有武汉本地的，也有外省的，包括了相关的教会和教育界、政界、商界、图书馆界名流。此后董事会成员有所调整，吸收了文华图专毕业生如桂质柏、冯汉骥等。董事会每隔半年开一次会，由校长报告学校办理情形，并由董事会成员讨论学校将来的发展大计。如 1930 年主要讨论了以下事项：（一）由各董事分头劝募学校基金；（二）由校长酌量添聘教职员；（三）扩充校舍（新购、自建或者租赁）；（四）添招新生；（五）讨论从华中大学独立；（六）修改章程及改选职员。① 可见，文华图专的组织管理类似校董会监督下的校长负责制。董事会并不插手文华图专的日常管理和运营，对学校经费的使用、分配也没有决定权，只是对学校办学提出指导和建议，并为学校进行募捐。

作为私立学校，校长对学校各方面的管理具有完全的决策权和自主权。1930 年文华图专独立时，由沈祖荣任校长，校长以下，设自费部主任、公费部主任、事务主任、秘书、图书馆馆长各一人，又设校务会议及图书馆发展事业会议。由于当时处于发展初期，经费预算的议决和审查机构不健全，以至于 1930 级的学生向学校提出公布账目，否则要去中华教育文化基金董事会控告。最后

---

① 本科消息：《本校董事会开会情形》，《文华图书科季刊》1930 年第 2 期。

由教务长徐家麟出面调解才平息风波。^① 此后，学校增设了相关行政岗位，教学和管理的职能分开，并且有专人负责。1948年，校长下设教务、总务二处，教务处分注册、出版两组及图书馆档案室，总务处分文书、会计、庶务三组，此外尚有研究部、校医室及各种会议（如校务会议，每学期开会一次，教务会议、总务会议每个月开会一次）与各种委员会（训导委员会、招生委员会、毕业考试委员会、出版委员会等）。② 此外，学校还制定了《本校组织大纲》《校董会章程》《校务会议章程》《本校学则》《本校各部处办公总则》等章程来规范、管理学校的行政事务。③

三、经费来源

民国时期，中国教会学校的经费有几种不同的来源和支付方式。1911年到1937年，经费来源主要有以下几种：一是中外各界教徒、校友的捐赠，各财团、基金会的补助；二是教会财产收入和校产收入；三是学费；四是中国政府的补助。各项收入所占比重是：募捐为首，学费次之，校产、津贴再次，中国政府补助最后。1937年至1945年抗战期间，一类学校由总会从美国拨款，学校南迁，另一类没有南迁，则差会津贴断绝。1945年以后，差会恢复对教会学校的津贴，其经费来源比例是：学费第一，募捐第二，杂项收入（如校产、教产、学校附属工厂、企业收入）第三，差会津

---

① 柯愈春：《追求中国图书馆现代化的思想家徐家麟》，《图书情报知识》2009年第4期。
② 蒋致远：《第二次中华民国教育年鉴第五编》，台湾宗青图书公司，1991年，第299页。
③ 周洪宇：《不朽的文华——从文华公书林到文华图书馆学专科学校》，华中师范大学出版社，2013年，第269页。

贴第四,政府补助第五。①

　　文华图专是一所小型的私立专科学校,同时也与教会有着深厚的渊源,其经济状况呈现出与其他教会学校类似的阶段性。创办初期,教会人员的募捐和圣公会的补助,为文华图专的发展打下了很好的基础。此后的经费主要来自中华教育文化基金董事会补助、政府拨款、教会及国内外各项捐赠三大类。其中,中华教育文化基金董事会和国民政府教育部的补助较为稳定,教会和国内外捐赠虽然渠道比较广泛,但很容易受到国内外经济状况的影响。1930年的经费来源主要有:(一)基金23000元;(二)息金每年1380元;(三)美国圣公会补助费每年8000元;(四)美国圣公会妇女图书馆研究会每年认捐2000元;(五)中华教育文化基金董事会补助金每年10000元;(六)学校膳宿等费及其他收入每年3000元;(七)校董会募捐每年1000元（根据历年募捐平均数）。1930年该校收支状况为收入25780元;支出18760元。② 1931年,教育部《修正专科学校组织规程》中规定了各种专科学校最低限度的开办费及每年经常费,其中文华图专所隶属的"丁类"专科学校开办费至少六万元,每年经常费至少五万元。③ 从这一点看,文华图专的经费离教育部的规定实际上还有一定的距离。

　　文华图专中比较稳定的一块经费来源即美国退还的庚子赔款补助。1924年9月18日,负责管理庚款的中华教育文化基金董事会成立。该基金会自1926到1946年连续20年给予了文华图专相对

---

① 冯克诚主编:《清代后期教育思想与论著选读下》(下),人民武警出版社,2011年,第19页。
② 蒋致远:《第一次中华民国教育年鉴丙编》,宗青图书公司印行,1991年,第177页。
③ 教育部编:《教育法令汇编（第一辑）》,商务印书馆,1936年,第151—152页。

固定的资助，其中1926—1929年每年10000元，1930—1944年平均每年15000元，1931—1932年增加了补助费3600元以扩充课程。1941年4月17日，中华教育文化基金董事会在香港举行的第十七次年会讨论各团体申请补助情况，其中文华图专的申请包括：（一）教席薪金国币13560元；（二）助学金国币8500元；（三）图书2500元，共计国币24560元。[①] 同年，因文华图专校舍被炸毁，中华教育文化基金董事会提供了紧急补助费25000元。[②] 这笔费用是否与年会上讨论的补助申请重合，还需要进一步考证。

　　文华图专自向国民政府教育部立案后，便积极申请政府对私立学校的补贴：1934年获得补贴5000元，1935年5820元，1936年7000元，1937年8000元，直到1940年共获得48万元的补贴，每年约合7000元。以1935年为例，这一年的补助费总计5820元，其中教席费共计2640元（占45.36%），设备费3180元（占54.64%）。1941年以后，由于通货膨胀，补助的金额也相应上调，其中1941年12300元，1942年14000元，1943年30000元，1945年50000元，到1948年为2亿元。[③] 1935年，湖北省教育厅补助600元用于添置仪器设备。[④] 1938年文华图专西迁重庆，向教育部申请建筑费约5000元用于在求精中学的校舍修建。此后校舍屡遭损毁，到1941年被全部炸毁，均获得政府资助用于校舍的修建。1940—1943年教育部先后补助近9万元，1941年行政院救济7万

[①]《中华教育文化基金会在港举行预备会议》，《申报》1941年4月24日第7版。
[②] 彭敏惠：《文华图专办学资金来源考》，《国家图书馆学刊》2013年第2期。
[③] 蒋致远：《第二次中华民国教育年鉴第五编》，宗青图书公司印行，1991年，第299页。
[④]《校闻·二十四年度补助费复蒙核定》，《文华图书馆学专科学校季刊》1935年第3—4期。

元,赈济委员会拨款 1 万元。① 此外,文华图专开设短期档案培训班的费用也由教育部补助。抗战胜利复员前,教育部在 1946 年下半年按复员学校中的最低等级,发给文华图专复员费国币 54 万元(包括教职员工家属的复员费)。

教会相关的经费来源主要包括圣公会的资助和教会人士的募捐。1926—1927 年,美国图书馆协会为韦棣华在美继续进行文华图书科募款而专门成立了文华图书科基金的临时委员会,到文华图专立案时已有基金 2.3 万美元,除一部分为文华图专购置图书,剩余的则作为基金。韦棣华女士逝世后,临时委员会改为韦棣华基金会。她在美国的朋友自愿继续为该基金会募集资金,到 1933 年已经募集到 18000 美元。② 此后基金的募集缓慢,1948 年时为 20000 美元。韦棣华基金主要是聘请教席和购买图书之用。通过韦棣华基金会的资助,先后有数名美国图书馆员任职于文华图专。1935 年到 1939 年间,文华图专教务长徐家麟获得韦棣华基金会 1600 美元的资助赴美留学。抗战期间,这笔基金用来补贴文华图专的日常运转,其中 1941 年 7 月至 1942 年 6 月补助过 3.8 万元(约合 2100 美元),1943 年补助 2.5 万元(约合 1000 美元),1945 年 7 月至 1946 年 6 月补助 16 万元,1949 年补助 2000 美元。③ 同时,美国圣公会也对文华图专提供了不定期的经费支持。中华圣公会 1930 年 12 月 30 日发表的一则声明中指出:"圣公会设文华公书林指定为大学图(书)馆,所有馆员薪俸,添置书籍等费用概由圣公会担任。"④ 文

---

① 宋建成:《中华图书馆协会》,台湾育英文化事业有限公司,1980 年,第 147 页。
② 《校闻·学校基金》,《文华图书馆学专科学校季刊》1933 年第 1 期。
③ 彭敏惠:《文华图专办学资金来源考》,《国家图书馆学刊》2013 年第 2 期。
④ 罗忆:《文华图专经费来源考》,《中国档案》1998 年第 1 期。

华图专在从华中大学独立之前，还每年获得圣公会补助 8000 元。1940 年文华图专《校务行政计划与工作进度》称："中华圣公会补助教职员家属米贴，自 1941 年 1 月份起按月发放。"① 1940—1941 年，圣公会补助文华图专家属米贴 1000 元。② 1946 年圣公会答应补助文华图专 400 万元，其中 300 万作为重建费，100 万作为迁回武昌的费用。③ 1947 年 3 月，中华圣公会副主教孟良佐为文华图专争取到美国教会捐赠的 200 万元设备费，并在文华图专复员武昌后给予了专任教员救济物资。

其他的经费来源则包括国外慈善机构和个人零散的捐助，美国教会期刊俱乐部（Church Periodical Club）早期给文华公书林赠送了 63 种期刊，后来又曾捐赠过一些工具书，还有一些教会学校捐赠了历史、科学、文学各个学科的教材。④ 1929 年，美国塞缪尔·索恩（Samuel Thorn）博士及其夫人"特捐一千元金洋为本科，购置图书馆学书籍及扩充教室之用"⑤。此外，文华图专校董、图书馆界人士和本校毕业生也以各种形式提供力所能及的帮助，如戴志骞曾向该校捐赠打字机一台，袁同礼先生将自己在故宫博物院的收入捐献给文华图专用来招收免费生等。1940 年，美国洛克菲勒基金会（Rockefeller Foundation）资助 5000 美元，作为文华图专博物馆学补助费，分三年摊发（1941—1943 年）。1944—1946 年该基金

---

① 罗忆：《文华图专经费来源考》，《中国档案》1998 年第 1 期。
② 彭敏惠：《文华图专办学资金来源考》，《国家图书馆学刊》2013 年第 2 期。
③ 周洪宇：《不朽的文华——从文华公书林到文华图书馆学专科学校》，华中师范大学出版社，2013 年，第 131 页。
④ 韦棣华：The Boone Library Up to Date（最近之文华公书林），自印，1917 年，第 7—8 页。
⑤ 《本科消息·捐款》，《文华图书科季刊》1929 年第 3 期。

会再次补助 15000 美元。在重庆期间,文华图专还曾获得中英庚子赔款委员会先后共计 11500 元的补助,其中包括 1939 年拨给该校的建筑设备费 5500 元。① 可以说战时文华图专迫于现实的困难,从各方面广泛地寻求着资助,包括中国基督教协会高等教育理事会、全国救济委员会、美国援华委员会、英国文化协会等。以下列出了 1943 年到 1946 年间文华图专得到的各方面资助:

表 5.1　1943 年到 1946 年间文华图专得到的各方面资助②

资助单位名称	1943—1944	1944—1945	1945—1946
国民政府教育部	35000	50000	160000
中华教育文化基金董事会	80000	100000	200000
美国圣公会	46000	78000	440000
美国援华委员会	160000	690000	1940000
英国克利普斯夫人联合援华会	59000	300000	400000
教职员救助委员会	112000	245000	470000
合计(单位:国币元)	492000	1463000	3610000
洛克菲勒基金会	1000 美元	5000 美元	5000 美元
韦棣华基金会	750 美元	750 美元	750 美元
英国文化协会	——	——	100 英镑

复员后,文华图专经费来源减少了许多,学费的收入虽然很低但所占的比例逐渐增大。1947 年 1 月,文华图专在迁回武昌前,将其在重庆的校舍卖出 700 万元,第一个学期的学费总收入 70 万元,

---

① 《中英庚款教育文化事业本届补助费》,《申报》1939 年 9 月 25 日第 7 版。
② American Library Association. Archives. University of Illinois, Urbana—Champaign, International Relation Office, Series7/1/51, Box2.

并在当年 3 月获得美国圣公会资助的 200 万元设备费。1948 年春季资金状况为:"本学期学杂费收入约一亿元,教育部补助二亿元,中华教育文化基金董事会五千万元,共计三亿五千万元。"除日常开支外,回迁后校舍要重建或者修葺、图书设备要重新添置、师资亟待增聘,以至于不得不通过银行借贷来缓解燃眉之急。1948 年 1 月 13 日,校长沈祖荣因为购买图书、仪器及添置校具,需要用的经费数额较大,向上海商业储蓄银行武昌分行申请借款 8 千万元,期限从 1 月 15 日到 2 月 29 日,月息按十二分计。同年年底,文化图专为给教职员配购麦粉,再次找银行短期借贷金圆三千元,时间为 13 天,利息为十一金圆。① 由于各方面经费减少甚至断绝,自 1948 年起,文华图专先后三次向湖北省政府及教育厅申请补助,1948 年 2 月,为购置图书设备向省政府申请教育专款补助十亿元,但当时经济困难,省政府补助公立院校尚不敷应用,对于私立学校只能暂时搁置。经过文华图专的不断争取,最终于 4 月 23 日获得省政府补助一亿元,用于维持春季学期的日常运转。秋季学期,由于招生人数增加,办学条件有待扩充,沈祖荣先后向省政府和省教育厅呈文,申请从棉花特捐及教育基金保管委员会收益等项下补助一千金圆。②

总的来看,文华图专的经费状况是随着其所处的发展阶段和当时社会、经济环境的变化而变化的。在西迁以前,中华教育文化基金董事会和美国教会人士的资助起了很大的作用;西迁以后,由于

---

① 周洪宇:《不朽的文华——从文华公书林到文华图书馆学专科学校》,华中师范大学出版社,2013 年,第 233—234 页。
② 周洪宇:《不朽的文华——从文华公书林到文华图书馆学专科学校》,华中师范大学出版社,2013 年,第 247—248 页。

靠近国民政府政治文化中心，在渝期间大部分的经费来自政府和国际援华组织的资助。1947年迁回武昌后，政府虽然给予了一定的复员费，但由于百废待兴，加之经济凋敝，因此办学仍然十分困难。另外，全面抗战后文华图专的收入金额看似越来越大，实际上学校的经济状况却一直比较紧张，这与1949年之前持续十年之久的通货膨胀有关。1935年11月3日，国民政府宣布废止银本位制，实行纸币制，从此我国的货币制度由"银元时代"转入了"法币时代"。1936年时法币1元等于1银元，约合0.2975美元。1937年，由于日本的封锁和国民政府实行"战时财政"，法币发行量大增，物价开始迅速上涨，特别是在1940年以后，中国各地通货膨胀愈演愈烈，物资匮乏，汇率大跌。到1945年8月，法币发行量已经达到1937年7月的300倍，约为52亿元。[①] 而作为硬通货的美元则更具有购买力，为了学校的生存和发展，学校迁渝后沈祖荣也苦心孤诣地利用各种关系寻求着国际各方面的支援。1948年，政府补助的上亿法币贬值很快，发挥的作用不大，以至于文华图专不得不向政府提出补助金圆的申请。

第二节　师资培养和选聘

文华图专的师资主要有三类：一是图书馆学管理和技术方面的

---

① 陈明远：《那时的文化界》，山西人民出版社，2011年，第45—57页。

专业课程教师；二是目录学、金石学等传统图书馆学及相关学科的教师；三是外语及其他课程的教师。其中第一类师资最为匮乏，尤其是在学校成立初期，没有人才基础的情况下，只能通过国外培养。另外，文华图专一向重视外语教学，曾开设英语、法语、德语、日语等多门外语课程，这类课程的教师有一些需要聘请外籍人士，往往通过教会的协助来选聘师资。而传统的目录学、版本学则就近聘请本地教师。1947年复员回汉后，文华图专共有专任教师15人，兼任教师2人。其中教师的来源主要有以下几个方面。

一、国外培养途径

文华大学图书科成立之时，三名专任教员全部是经美国图书馆学校培养的。图书馆是由西方传入我国的，我国传统的藏书管理方法不能满足新式图书馆的需要。1911年，沈祖荣从文华大学毕业后留在文华公书林工作，他说："余虽为大学卒业生，顾未受图书管理之专门教育与训练，所以一切均很隔膜。类分书籍，编制目录，就是取美国国会图书馆目录卡，依样葫芦，由之知之，诚属莫名所以。"文华公书林创办人韦棣华女士深感"肩任公书林管理责任者，非受此种专门训练，事业必难有发展之希望"，于是在1914年和1916年分别派遣公书林职员沈祖荣、胡庆生先后赴美国纽约公共图书馆学校学习。[①] 1918年，她自己也返美入西蒙斯大学图书馆学院（Simmons College Library School）进修一年，同时还在麻省的哈佛大学及韦尔斯利女子学院选修了文学、历史和科学方面的

---

① 沈祖荣：《在文华公书林过去十九年之经验》，《文华图书科季刊》1929年第2期。

课程，为返华任教作准备。1920年文华图书科初设时，韦棣华讲授"西文书籍选读""现代史料"两门课程，沈祖荣讲授"中西文编目学"，胡庆生负责"西文参考书""西文分类法"，"图书馆经营法"则由沈祖荣和胡庆生共同讲授。1935年，文华图专拟开设档案管理科，派遣该校教务长徐家麟赴哈佛大学修读相关课程，后又安排其入美国国会图书馆和美国国立档案局研究，并进入哥伦比亚大学学习。

二、兼职教员或合班开课

图书科要发展下去，图书馆学课程体系必须更加完善，仅三名专任教员是无法满足需要的，虽然他们三人已经分担了图书分类、编目、参考和图书馆经营等最为核心的课程，但仍然有许多重要课程缺乏师资。沈祖荣、胡庆生一直接受的是教会大学的教育，而韦棣华为外籍人士，因此国学和中国传统图书馆学方面的课程则需要外聘教师。1924年，该校聘请了周楚衡兼任"中文书籍选读"和"国文"的讲授工作，周为前清贡生，毕业于日本明治大学法政科，1929年前，他一直在文华图专兼任教员。

1926年，文华图书科获得中华教育文化基金董事会的教席资助，得以增聘多位兼职教师。当年聘请了曾任美国依阿华州立大学图书馆和州立儿童图书馆馆长的美籍教师李伯登夫人（Mrs. Arthur Lichtenberger）兼任"各种图书馆之研究"课程的讲授，美国安德生女士兼授"打字法"，另聘湖北李希如负责讲授"中国目录学"。李希如为前清举人，曾任张之洞所创办的湖北存古学堂目录学教授，在文华图专兼任教员3年有余。1927年，文华图书科又请美国人彭悦义兼任讲授"西洋图书馆史"和"外国文",广东杨介眉讲授"图书馆建筑法",湖北的罗树衡讲授"中国目录学"。杨介眉为中华圣公会工程师,他设计改造了文华公书林。罗树衡毕业于存古学堂,曾任湖北省立图书馆馆长、华中大学教授。[①]

文华图专虽然于1930年脱离华中大学,但由于师资的不足,当年校董会上决议在课程方面,"仍可与华中大学协作一切"。韦棣华女士去世后,沈祖荣一直担任文华公书林馆长,相当于华中大学图书馆馆长,这种联系使得文华图专有机会共享华中大学的资源,如1932年添设的法文课程即利用华中大学师资合班上课。华中大学法文教员为瑞典人韩德霖先生,1935年韩先生返国,文华图专聘请了供职于武昌天主堂的张春蕙兼任法文教员。张春蕙为法国黎耳大学硕士,并兼任武昌光华报主编。[②] 1937年,"美国谢福德先生来校,于每周为学生讲授博物馆学两次"[③]。除此之外,文华图专还积极利用武汉地区的资源,从其他高校聘请教员兼任相关课程,如1935年兼任德语讲师的是国立武汉大学德籍教员格拉塞,兼任簿记与会计学的是汉口会计专科学校教务主任叶承澍,另外,国立武汉大学的李笠三曾到该校讲授目录学。图书馆学在当时是一门新兴学科,其课程内容又涵盖了古今中外典籍文物,对于文华图专这样一所私立的袖珍型学校来说,在当时要找到合适的符合资历的教师并不容易,同时也无力支付诸多留洋归国人士作为专任教师的薪

[①] 彭斐章、彭敏惠:《文华图专目录学教育与目录学思想现代化》,《图书馆论坛》2009年第6期。
[②] 《校闻·(三)本校法文教员原系瑞典韩德霖先生》,《文华图书馆学专科学校季刊》1935年第3—4期。
[③] 《校闻及同门消息·博物馆学练习展览》,《文华图书馆学专科学校季刊》1937年第2期。

资，一些非专业课程只能聘请兼职老师。

此外，文华图专还设有"特别讲授"课程，聘请一些留美归国的图书馆学家分期来校担任演讲，如戴志骞、袁同礼、洪有丰、杜定友、刘国钧、李小缘等。1930年6月，该校第八班学生毕业，邀请杜定友先生来校演讲数日，演讲题目为《新目录学之建设论》，杜先生并携带其新著《校雠新义》十卷与师生讨论。全面抗战爆发、学校西迁之前，兼职教员大多被解职。在重庆期间，文华图专又继续聘请了兼任教师，如1942年兼任国文教授的许学源（湖北随县人，前清秀才，湖北省立两湖总师范学堂肄业，曾任北京清华学校、旅顺工科大学、安徽大学教授）[1]，兼任日文讲师的林荣光，还有一些任职于图书馆或其他机构的毕业生回校兼课，如汪长炳、姜文锦、徐家璧、颜泽霮等。

三、直接聘请外籍教师

文华图专在立案之前，外籍教师一般为兼任。韦棣华女士去世后，亟须补聘外籍教员添补师资空缺。1931年12月，《文华图书科季刊》上刊登了一则"添聘专任教授"的消息："美国差会方面，应本校之约，拟于最近期内代聘一女教授来校。闻已与Miss Francis Walker女士接洽，并已有相当头绪矣。"[2] 1933年3月，圣公会鄂湘教区吴德施、孟良佐两主教获得美国差会允准，选派图书馆学专家柯若维女士（Miss Croswell）于当年9月来校任教，在柯若维女士未到校前，由差会商请殷格荣女士（Miss Ingram）暂代。柯

---

[1] 王群生：《重庆文史馆》，自编，2002年，第183页。
[2] 《本校消息·（五）添聘专任教授》，《文华图书科季刊》1931年第4期。

若维最终拒绝了任教的邀请,殷格荣女士因而在该校正式担任了一年的英语教学工作。① 殷格荣就任时已经 73 岁高龄,加之患有牙病,1933 年 11 月中旬即离职赴北京休养治病。② 1934 年 1 月底,加拿大籍的华玛丽女士(Miss Mary Hamilton Watts of Vernon)来校接替教职,华玛丽 1929 年毕业于加拿大温哥华英属哥伦比亚大学,为教育学学士,1932 年获得美国哥伦比亚大学图书馆学学士学位。她曾任温哥华公立图书馆流通部职员、温哥华高级中学英文及历史教员。她在文华图专教授图书选择、图书馆史、图书馆经营和参考工作等课程。1935 年 2 月,华玛丽与文华中学教员马休林结婚后辞职,又由圣公会美国差会派遣毕爱莲女士(Miss E. E. Booth)继任。③ 毕爱莲 1929 年毕业于美国西北大学,1934 年获得伊利诺伊大学图书馆学士。她出生于教会家庭,曾经旅居烟台多年,了解中国文化和语言。她于 1935—1938 年在文华图专执教,从任教时间上看是仅次于韦棣华女士的外籍教师。④ 毕爱莲并没有图书馆的实际工作经验,她教授的课程有图书选择、目录学、图书馆史、法语和英语。1937 年,文华图专还聘请了另外一名外籍教师庄士敦(Iris Johnston)担任档案学的教学工作,并代表文华图专参加了美国档案工作者协会于 1937 年 12 月 31 日在费城召开的理事会。⑤

---

① 《校闻·新聘教授》,《文华图书科季刊》1933 年第 1 期。
② 《校闻·欢送盈格兰女士》,《文华图书馆学专科学校季刊》1933 年第 3—4 期。
③ Kuang-Pei Tu. *Transformation and Dissemination of Western Values: the Shaping of Library Services in Early Twentieth Century China*. University of California Los Aneles,1996:211.
④ 《校闻·教员之更动》,《文华图书馆学专科学校季刊》1935 年第 1 期。
⑤ News Notes. *Philip C. Brooks*. The American Archivist,Vol. 1, No. 2 (Apr. 1938),pp. 100—103.

1934年，北平图书馆馆长、中华图书馆协会理事会执行委员袁同礼赴美考察图书馆事业，其间访问了美国各图书馆学校。当年5月，他到达厄尔巴纳的伊利诺伊大学图书馆学院，与该院院长助理克里格女士（Miss Krieg）提到了文华图专需要美国图书馆学教员的事宜。克里格将该消息转给该校毕业生费锡恩女士（Grace D. Phillips），她对这一职位也表现出一定的兴趣。费锡恩女士1905年毕业于伊利诺伊大学图书馆学院，1906—1912年任麦梭芮大学职员，1913—1916年任堪萨斯城公共图书馆阅览室及儿童图书馆管理员，1917—1923年在芝加哥大学攻读神学学士及硕士学位，1924年任威尔墨公立图书馆儿童部主任，1925—1934年任芝加哥大学神学图书馆主任。[①] 通过与袁同礼、沈祖荣先生的几轮信函沟通，费锡恩于1934年下学期来文华图专任教。1936年，费锡恩因病回国，改聘美国郝露斯女士（Miss Ruth A. Hill）代替其位置。郝露斯女士1926年获得华盛顿大学图书馆学学士学位，并在纽约公立图书馆、西雅图洛利塔图书馆及巴黎美国图书馆等处任职，有多年儿童图书馆的工作经验。费锡恩和郝露斯教授的课程有儿童图书馆学、图书馆经营、字母排序法、索引和英文档案管理。到1937年该校仍有一名外籍教员庄士敦女士，直到文华图专西迁，庄士敦不愿来川，此后才未有外籍教师。

除了从事教学工作，这些外籍教员还到各地考察我国图书馆事业的发展情况，并发表了一些英文文章，一定程度上增进了中外图书馆界的相互了解。《文华图书馆学专科学校季刊》自1935年7月第7卷设立英文之部后，每期均有外籍教员的文章，如费锡恩的

---

① 《校闻·教员之来去》，《文华图书馆学专科学校季刊》1934年第3期。

《外人眼中之文华图书馆学校》(*The Boone Library School Through The Eyes of A Newcomer*，1935)、《〈中国的图书馆〉书后》(*Libraries in China, Review of the Papers Prepared on the Occasion of the Tenth Anniversary of the Library Association of China*，1936)、《中国之图书馆建筑》(*Library Architecture in China*，1936)、《书目两篇：最近图书馆学书及讨论中国之英文书》(*Recent Library Books and China in Recent English*，1936)、《国立北平图书馆之内部情形》(*Behind the Scenes in the Peiping National Library*，1935)，毕爱莲的《权宜与进步》(*Makeshift and Progress*，1935)、《中国图书馆中之参考工作》(*Introducing Reference Service to China*，1936)、《"指导他人的乐趣"》(*In Delight Do We Instruct*，1936)，郝露斯女士的《图书馆的职业问题》(*Librarianship：A Profession*，1937)、《中国之儿童图书馆事业》(*Library Service for Children in China*，1937) 等。1935年暑假，为教学参考，费锡恩决定考察中国最大的图书馆——北平图书馆，她由文华图专函介至北平图书馆服务达一个多月，回来后撰写了《国立北平图书馆之内部情形》一文。[①] 1936年她根据实地走访所见，对武汉、长沙、上海、北平四地的十六所图书馆的建筑进行了评价，指出中国图书馆在建筑设计中的不足：有的图书馆书库朝向不好，早晨当东晒，下午当西晒；有的在设计上造成浪费，比如外面有很宽敞好看的走廊阳台，但是读者却不能带书上去；有的缺乏人性化，比如馆内的楼梯一直几十层，上面的人望下来好像悬崖，心里打颤；还有的只知道把好的位置让与读者和图书，而把屋顶或

[①] 《校闻·关于教员者三事》，《文华图书馆学专科学校季刊》1935年第3—4期。

地下室或角落之处或最热最冷之处留给馆员们，让他们在那里面做一整天的劳苦的工作；等等。① 这些意见对于今后的图书馆建筑设计都是很有价值的。这种实地调查的方法也对文华图专学生的研究产生了影响。同样，郝露斯的《中国之儿童图书馆事业》通过实地考察北平育英学校图书馆、北平师范附属小学图书馆和北平市立第一普通图书馆儿童阅览室等三种不同类型的儿童图书馆，指出了中国儿童图书馆发展的现状和问题，如中国已经意识到了图书馆对于儿童的重要性，但是儿童图书馆员还并未作为一种职业被认可，专门为儿童创造的具有中国文化特色的图书也很少。②《图书馆的职业问题》探讨了职业和薪酬的关系，并从享受工作、社会地位、忠于职守等方面说明图书馆的职业精神，这与文华图专学子秉承的"智慧与服务"图书馆精神是一致的。

总的来看，自韦棣华女士去世后，文华图专多次敦请差会延聘符合资质的外籍教师来校专任教职。先后就任的外籍教员虽然不具有直接的图书馆学教学经验，但都经过国外图书馆学的专业训练，并且大都在各种不同类型的图书馆工作过，他们对西方图书馆管理理念和技术的传入、对文华图专学生外语水平和国际视野的提高起到了非常重要的作用。他们所撰写的英文文章通过期刊交换发行到国外，增进了国外图书馆界对中国图书事业和文华图专办学情况的了解。

---

① 毛坤：《关于图书馆的建筑》，《文华图书馆学专科学校季刊》1936年第3期。
② Ruth A. Hill："Library Service for Children in China"，《文华图书馆学专科学校季刊》1937年第1期。

四、聘请本校毕业生

文华图专任用本校毕业生担任教职的情况可以分为三个阶段：第一个阶段是迁渝之前，这个时期留校任教的毕业生数量较少，且任职时间较短。第二个阶段为在迁渝之后，由于新设了档案专业，入学标准也改为高中毕业，招生规模也有所扩大，因此这一时期留校任教的毕业生较多。第三个阶段为复员之后，由于一部分教师留在四川未跟随学校迁回武昌，为充实师资，这一时期也聘请了一部分文华毕业生留校。

迁渝之前直接留校任教的有 1926 年 7 月毕业的陈普炎、1928 年秋毕业的毛坤、1935 年 7 月毕业的汪应文。还有一些毕业生在图书馆工作过一段时间或出国深造后又被邀请回校任职，如白锡瑞、徐家麟、钱亚新、罗基焜（罗晓峯）、皮高品、桂质柏、查修、汪长炳等。不少人在担任教员的同时还兼任文华公书林的工作，如罗基焜曾兼流通部主任，白锡瑞曾兼西文部主任，徐家麟曾兼参考部主任，毛坤曾兼任公书林中文部主任。

在迁渝之前留校任教的文华学子中，毛坤、徐家麟、汪长炳、汪应文服务的时间较长，他们将一生最宝贵的时光奉献给了文华图专，我们可以称其为图书馆学职业教育者。毛坤于 1928 年毕业留校任教，直到 1947 年，差不多有 20 年的光阴，他是除沈祖荣外，在文华图专任教时间最长的教师，先后担任过"中文参考书举要""中文书籍选读""中国图书馆史""西洋图书馆史"等课程的教学工作，并于 1934 年讲授"中文档案管理"课程，对文华图专档案学科的建设和发展起到了非常重要的作用。徐家麟 1926 年毕业后曾在北京中华教育服务社图书馆任职一年，之后分别任清华学校图书馆中文编目员和燕京大学图书馆中文编目主任，于1929年9月应邀回武昌文华图书馆学专科学校担任教席，讲授"图书分类法""图书馆经营法""英文参考书"，并兼授"图书馆行政学""中文书选读""特别图书馆"等课程，此后还担任教务长一职。1935年8月底，徐家麟获得韦棣华基金会资助，赴哈佛大学汉和文库工作，并修读哈佛大学历史系有关档案学的课程。此后，他又通过沈祖荣、裘开明及韦棣华基金会董事成员的推荐，争取到美国洛克菲勒基金会一年的奖学金，在美国国会图书馆和国家档案馆进行研究，并于1936—1938年在哥伦比亚大学图书馆服务学院工读，1939年获图书馆学硕士学位后回国继任文华图专教授。徐家麟留美后，沈祖荣邀请从哥大毕业的汪长炳回国代理其职务。汪长炳1926年毕业于文华图专，此后在北平图书馆工作四年，于1932年赴哥大中文馆工作并攻读图书馆学硕士，毕业后任职于美国国会图书馆中文部。他于1936年9月15日到校，与毛坤分工合作，毛坤先生除教课外，专任研究部及出版部之事，而汪长炳在讲授"图书馆行政""参考工具书"等课程的同时兼任教务主任职务。[①] 1941年7月，汪长炳受邀担任国立教育学院图书馆学系主任，但仍在文华图专兼课2年。汪应文1935年6月以毕业成绩第一名留校任教，历任讲师、助教、副教授，在西迁后任文华图专训导处主任。1940年文华图专档案系成立后，他负责讲授档案管理的相关课程，并编写有《档案经营法》《档案管理法》《档案分类法》等教材。1948年文华图专复员后，他转任《华中日报》主笔兼总编辑，并同时在文华图

---

① 《本科消息·新聘教员》，《文华图书科季刊》1936年第3期。

专兼课。

全面抗战前，担任文华图专教职的本校毕业生大部分任期都比较短，一般在一到两年。这一方面是由文华图专的办学规模和经费状况决定的，另一方面也是因为全国范围内图书馆学专门人才供不应求，大部分文华毕业生尤其是受过海外图书馆学训练者在职业上有更多的选择。如1930年，原文华图专教务长胡庆生即离职转行，进入银行界。1931—1933年，中华教育文化基金董事会提供文华图专每年3600元的补助以支付图书馆学教席的薪俸。通过中华教育文化基金董事会的资助，文华图专先后聘请了几位在美国获得学位的校友留校任教。如1931年在东北大学图书馆任职的桂质柏，因日本入侵满洲里，于年底返校担任教席，教授西文目录学及西文书选评等课程，并兼任教务主任。桂质柏为文华图书科第一批毕业生，1922—1926年任职于山东齐鲁大学图书馆，此后分别在美国哥伦比亚大学和芝加哥大学图书馆学院获得图书馆学硕士和博士学位。桂质柏在文华图专任职一年多，于1932年底转任南京国立中央大学图书馆馆长兼教授。沈祖荣校长又联系在美研究图书馆学的查修返校任教，查修亦为该校第一届毕业生，于1922—1927年服务于清华学校图书馆，1929年在伊利诺伊大学获得图书馆学学士学位，1932年获得政治学博士学位。他于1933年2月到校就职，担任文华图专研究及编纂之工作，并讲授西洋目录学等课程。1934年查修任职满一年后即赴上海暨南大学担任图书馆馆长兼教授之职。

迁到重庆以后，文华图专于1944年8月聘请了毕业一年曾任国立音乐学院图书馆主任的孙德安回校任教，同时兼任文华图专图书馆主任。1944年底，虽然经济极度困难，仍然增聘了毕业生陆华深、李永增二人回校，分别讲授图书馆经营法、行政学、图书选购等科目。①1944年以后，图书馆学毕业生何建初、昌少骞留校任教，又有档案科毕业生黄彝仲、梁建洲、何德全留校充任档案学师资。复员武昌后，由于一部分教师留在四川，1947年新聘了桂质柏、熊景芬、黄连琴、李廉等人回校。1947—1949年又有吕绍虞、田洪都、吴鸿志、张遵俭、张毓村、汤成武等毕业生加入本校教学队伍。可见，越到后期，本校毕业生在教职员中所占的比例越高。

五、聘请本地学者

1930年，文华图专增设中国版本学课程，邀请武汉著名藏书家徐行可（1890—1959）先生担任。徐先生名恕，字行可，湖北武昌人，17岁时留学日本大阪鸿文学院，收藏古籍近千箱，数十万册，并有书画、碑帖、印章、铜镜7700余件。早年文廷式、柯逢时两家藏本多归于徐，他还曾在江南藏书家刘承干家客居两年，遍读其嘉业堂所藏典籍，并抄录其未见珍本。丰富的古籍知识和收藏使徐行可成为教授版本学的最合适人选。据1928级入学的钱亚新回忆，有一次课上，学生们提出希望亲眼看看各种版本的古籍，徐行可即提出下次课让学生到他家里去上。钱亚新说："那一天，来到徐先生家，看到书橱中摆满古籍，竟有三间屋子。我们看到了预先摆在桌子上的古籍，有宋版书、元版书、明版书，还有清代的各种刻本，真是琳琅满目。"②徐先生曾在文华图专演讲"四库提要类

---

① 《我国图书馆人才的摇篮——武昌文华图书馆学专科在重庆嘉陵江北岸建立起了新的堡垒》，《申报》1945年12月25日第4版。
② 柯愈春：《文华师长访谈录》，《图书情报知识》2010年第4期。

目",其讲义提纲源流清晰,条目有序,文献学家余嘉锡读后,十分赞佩,后来引介他到北平辅仁大学任教,文华图专因此损失了一位最为合适的版本学教师。他曾有《题明程君房墨苑图后》(1930)、《徐行可教授与沈绍期校长论收藏书籍书》(1931)等文章刊载于《文华图书馆学专科学校季刊》上。1932年,学校有感于不少图书馆都设有金石部和善本部,同时着眼于将来博物馆、古物馆建设发展的需要,即于当年8月聘请湖北金石学专家易均室(易忠箓)先生担任金石学及版本学课程,以培养此类专门人才。易均室毕业于日本早稻田大学政治经济科,1928年任湖北省立图书馆馆长,谙习日文,并有图书馆工作经验,同时热爱收藏,工于鉴赏考据。其继室万灵薤女士为清代瑞安金石学家黄绍箕后嗣,亦精于金石拓墨,并且收藏有宏富的古物拓本,万女士也时常来校给学生讲授摹拓之法。① 易先生有《译日本两书目志》(1932)、《新绛帖目录》(1933)、《寰宇贞石图分类目录》(1933)三文发表于《文华图书馆学专科学校季刊》上。1933年3月,易均室先生被聘定为文华图专编纂委员会委员,负责编写教材《金石之分类与保管》。同年9月,校长沈祖荣还曾聘请江陵胡能显先生来校担任国文讲席和事务主任,不幸的是胡能显于当年10月6日即因病逝世。②

---

① 《校闻·新聘教员》,《文华图书馆学专科学校季刊》1932年第3—4期。
② 《校闻·追悼胡能显先生》,《文华图书馆学专科学校季刊》1933年第3—4期。

第三节 学生招考和来源

一、录取标准

文华图书科成立之初，依照美国纽约公共图书馆学校办学模式，最初是从文华大学二年级以上的学生中招收兼修图书馆学课程的学生，因此并无专门的入学考试，学生从二年级开始修读图书馆学专业课，直到四年级毕业，不仅要完成图书科专业课程的学分，还需要修满文华大学所规定的基础学分，毕业除授予文学学士学位外，另发给图书馆学专科证书。① 如果学生仅仅只是修满了图书科的课程，而没有达到文华大学的学分要求，则只能获得图书馆学专科证书，无法拿到文华大学学位。图书科第一学期招了 8 个人，第二学期则招收了 7 个人。对于入学的高标准，校长沈祖荣这样解释：

我们招收图书馆学专科学生，历来是招收大学二年修满的学生。这并非自高身价这么一回事。实在是因为修习图书馆学，对于基本知

---

① 王余光主编，范凡等选辑：《清末民国图书馆史料汇编》（第 2 册），国家图书馆出版社，2014 年，第 350 页。

识和外国语的造就，是至少非有大学二年级修了的程度不可，高中毕业的学生，还不够尝试这种专门训练。①

1925年，文华大学改为华中大学，因时局动荡曾于1927年停办一年，这期间图书科继续招生，其中一部分为原文华大学肄业生，到华中大学开学后，图书科将10名按华中大学要求完成了学业的毕业生推荐给学校，但该校只授予了其中3名毕业生学位（有两名女生体育不及格，至1949年才由华中大学补授学位）。②

1929年文华图专单独向国民政府教育部立案后，开始面向全国招生，从附属于文华大学兼修科的性质变为独立的专修科。华中大学的学生仍可以兼修文华图专的课程，如1932年毕业的马盛楷、龙永信同时也在华中大学取得学士学位。③ 立案后文华图专重新拟定了招生制度，将学制改为两年，不仅招收大学二年级肄业以上的学生，也招收大学毕业生，学生入学后均需要接受两年专门图书馆学训练。该科由于以私立专科学校的名义立案，因此即使是招收大学二年级以上起点的学生，仍然称其为"专科班"。此外，招生章程中也特别规定，具有大学毕业资格入学者如果能在一年内完成图书科课程，经考试委员会核准可授予图书科证书。如1929年秋毕业于北平燕京大学的房兆楹到文华图专插班学习，一年之后与1928年入学的庚午级同学一起毕业。可见，学生毕业的标准在于合格完

---

① 沈祖荣：《沈祖荣文集》，武汉大学出版社，2013年，第281页。
② 周洪宇：《不朽的文华——从文华公书林到文华图书馆学专科学校》，华中师范大学出版社，2013年，第283页。
③ 《同门会消息·本年毕业同学》，《文华图书馆学专科学校季刊》1932年第3—4期。

成各门课程，而不拘泥于学制的长短。①

在1926年之前，文华图书科所招收的全部是自费生，学生自愿报考，自筹学费。1926年后，该科开始获得中华教育文化基金董事会的资助，平均每年提供约25名免费生的助学名额，每名学生资助国币200元（其中170元为学膳宿费，另30元分四期发给充杂费），此后"专科班"学生大部分为中华教育文化基金董事会资助的免费生。免费生录取标准如下：（一）有关于图书馆事务之经验或兴趣者；（二）至少在大学本科二年级肄业期满成绩及格者；（三）须身体强健，品行端正者。符合以上三项条件，还需要通过入学考试，考试科目包括国文、英文、历史，另外在物理、化学、社会学、经济学中任选一门。② 考试分两天进行，各个招考处同时举行，"入学考试各科平均分数在七十分以上者方能及格，七十分以下六十分以上者得自费入学"。同时，根据报考人数以及考试成绩的不同，免费生还分为正取和备取两类。如1930年达到考试要求的专科正取免费生有钱存训、徐亮、张葆箴、朱瑛、朱用彝等五人，另有李钟履、吕绍虞作为备取，结果钱存训因故未来报到，最后录取了李钟履，而吕绍虞1931年再次参加考试，并获得助学金入学。免费生录取后需要填写志愿书，声明毕业后志愿服务于图书馆事业。1938年，该校入学考试的科目略有改变，其中"大学毕业者只考国文、英文及口试；大学未毕业者考国文、英文、中外史地、各科常识及口试"。免费和自费的标准同样以入学分数来划分。

---

① 中华图书馆协会：《中华图书馆协会、武昌华中大学图书科招考图书馆学免费生章程》，《北京大学日刊》1926年6月16日第2版。

② 中华图书馆协会：《中华图书馆协会、武昌华中大学图书科招考图书馆学免费生章程》，《北京大学日刊》1926年6月16日第2版。

1930年，文华图专应社会需要开设了图书馆学"讲习班"，修业期限为一年，入学标准为中等学校毕业且至少具备在图书馆服务两年的经验。"讲习班"和"专科班"一样需要考试，考试科目有党义、国文、英文、中国文化史以及口试，各科平均分数70分以上者才有资格享受免费生助学金，60—70分的则自付学费。这种一年制的讲习班一直开设到1940年，从1941年起文华图专遵照教育部规定招收高中毕业生，"凡曾经立案之高级中学毕业学生，持有正式证书者，及其有高中毕业同等学力之学生皆得投考"。此后，没有"专科班"和"讲习班"之区别，一律为专科层次。入学试验于每年七八月间举行，考试结束后，还需要应校长或教务主任之口试（即面试）。只有笔试成绩及格，并且对献身图书馆事业志向坚定者，才能被录取。[①] 1941年，本科层次的国立教育学院图博系成立，文华学子若毕业后考取该校的插班生，修满学分即可获得本科学位。

二、入学动机

文华图书科成立初期，多由对图书馆学感兴趣的文华大学二年级肄业生自愿修习，类似今天在大学所开设的双学位。最初修读图书馆学科的学生多在文华公书林担任过助理和志愿者，这些经历培养了他们对图书馆事业的兴趣。1926年以后，中华教育文化基金董事会提供了免费学生助学金，开始广泛向各地宣传招生，其他来自国立大学、教会大学、专门学校的肄业生或者毕业生也纷纷报

---

① 周洪宇：《不朽的文华——从文华公书林到文华图书馆学专科学校》，华中师范大学出版社，2013年，第507页。

考，其中包括北京大学、清华大学、燕京大学、辅仁大学、南开大学、中央大学、复旦大学、齐鲁大学、华中大学等知名大学的生源。如1936年入学的程时学在国立清华大学肄业，1938年入学的周斯美为燕京大学文学院教育学学士，同年入学的姜文锦在辅仁大学肄业，任宗言在南开大学肄业。对于入学的动机，有的学生纯粹是热爱读书，喜欢图书馆的工作氛围，比如1936年入学的张遵俭后来回忆自己到文华求学的志向时说：

> 我在清华大学历史系读书的时候，经常在图书馆看书。清华大学图书馆藏书丰富、设备良好，使我对图书馆事业心怀好感，产生将来在图书馆做事的念头。①

文华图专的公费助学金对一些家境困难的学生也产生了较大的吸引力，如毛坤、钱亚新等人均是因此而报考的。一些报考者在入学前就具有一定的图书馆工作经验，如1931年入学的9名"专科班"学生中有5人在图书馆工作过，其中于震寰为北平财政部盐务学校肄业，在国立北平图书馆服务；陈鸿飞为齐鲁大学毕业生，在齐鲁大学图书馆服务两年；童世纲在武昌中山大学肄业，并于国立北平图书馆服务三年；赵福来于北平高师职工教育专修科毕业，在育英中学图书馆服务三年；吕绍虞从大夏大学毕业，在大夏大学图书馆服务三年。这些有着图书馆工作经验的学生，均是为了学习图书馆学理论、提升图书馆管理技能而报考的。

除了自愿报名参加考试录取的学生，还有一类学生是由各省教育厅、省立或学校图书馆等单位保送的。1929年中华图书馆协会

---

① 柯愈春：《文华师长访谈录》，《图书情报知识》2010年第4期。

在第一次年会召开后,曾发函至各省教育厅,请各省选送图书馆员到文华图专肄业,学费由该省教育厅从社教经费下支取。1930年,文华图专特别开设了一年制的讲习班,招收各地保送生,要求毕业后仍回原来的图书馆服务。如当年辽宁教育厅就曾专门函送省立图书馆馆员夏万元、李光蕚前往文华图专学习,具体内容如下:

辽宁教育厅公函第五五六号

径启者,查图书馆学为一种专门学问,整顿发展图书馆事业必须有专门人才,敝省省县图书馆日见扩充,深感于专门人才之不足,进行效率每立迟缓,贵校受中华图书馆协会委托开办文华图书馆科培养专门人才,至深忭佩。兹由敝厅选派辽宁省立图书馆馆员夏万元、李光蕚二人前往贵校文华图书馆科讲习班肄业。

该员等均系中等学校毕业,服务于图书馆已逾二年以上,与原定讲习班入学资格尚属相符。至该员等体格已经检查,亦无不宜之处,关于一切学膳杂费均由敝厅供给,务请贵校查核准予入学,事关发展图书馆事业量荷。赞同相应检同各该员等毕业证书、服务证明书、体格检查表函请查核办理见复。

此致

武昌私立文华图书馆学专科学校
中华民国十九年八月二十三日①

1930年讲习班免费生正取共14人,其中3人来自中学图书馆,

---

① 吴家象:《公牍·公函·辽宁教育厅公函·第五五六号》,《辽宁教育公报》1930年第16期。

7人来自大学图书馆，3人来自公立图书馆。另外还有2名备取的讲习班免费生，分别是由浙江流通图书馆选送的宋友英，上海浦东中学图书馆选送的顾恒德。该期讲习班还录取了3名自费生，为广州培正中学图书馆服务的谢日齐、之江大学肄业的罗家鹤、武昌博文中学毕业的辛显敏。①

1933年，中华图书馆协会再次函请各省教育厅每年考选二人分送国内各图书馆学校肄业，其学膳宿费由教育费中拨给。文华图专计划在山西、陕西、甘肃、四川、云南、贵州、广西及文华图专等八处举行入学考试，招考一年制的讲习班（又称民众班）新生15名。但实际上当年仅招到新生专科、讲习科共21人，此外，国立北平图书馆资送丁瀞，广州协和神学院资送李景新，浙江省立图书馆保送程长源、于子强，云南省立昆华图书馆保送秦建中，上海同济大学图书馆保送彭明江、戚铁生来校。② 以同济大学图书馆为例，该馆于当年准备筹款改建，而该馆图书多属德文方面，因此馆员不仅需要熟悉德文，而且要兼备图书馆专门学识。同济大学选定该校馆员彭明江、戚铁生来文华图专学习。其中彭入专修科学习两年，戚入讲习科学习一年。二人的学费膳宿费等，均由同济大学负担。同济大学还与保送的二人签订了规约，具体如下：

资送武昌文华图书馆专修学校规约

第一条　资送学习期限，自民国二十二年十月起，至二十四年七月底止。

---

① 《图书馆界·（一）协会消息：图书馆学免费新生与基金会之新补助》，《中华图书馆协会会报》1930年第1期。
② 《校闻·半年来本校大事略记》，《文华图书馆学专科学校季刊》1933年3—4期。

第二条　资送川资及学费等项，分别规定如下：

（一）赴武昌来回川资，二年内共计一百六十元。

（二）学习时间，自民国二十二年度起，至民国二十三年度至。所有学杂膳食等费，每年四百元。均由学校借给。

第三条　学成返校后，至少须在本校服务五年，否则一二两项所借之款，须如数偿还。如不肯履行此约，应由保证人负责，如数代缴。

第四条　在服务期内，应将第二条所定借用之款，分五年按月摊还。①

还有一些图书馆直接派遣馆员到该校修读特定的课程，这类学生也属于保送生，只是选修的课程由派遣单位指定。如1929年春季学期，时任国立中央研究院院长蔡元培先生为发展研究院图书馆，特别派遣毕业于北京女子师范大学的陈汲女士来该校学习。②1932年，四川华西协和大学资送毕业生邓光禄作为特别生入学，邓光禄自大学期间就在华西协和大学图书馆任助理，他在文华图专的课程与实习，均由华西协和大学选定，一年后即回该校图书馆服务。1938年，国立中央图书馆函送馆员李鼎芳、钟静夫两人到该校选修科目。李鼎芳毕业于国立清华大学历史系，为史学家张荫麟的学生。钟静夫为中央图书馆高级职员，任出版品国际交换处主任。③

三、地域分布与性别比例

学生的地域来源与招考的考试地点有关，尤其是抗战时期交通

---

① 《资送武昌文华图书馆专修学校规约》，《国立同济大学旬刊》1933年第1期。
② 《校闻·同学会之筹备》，《文华图书科季刊》1929年第2期。
③ 卢子博主编：《南京图书馆志（1907—1995）》，南京出版社，1996年，第11页。

梗阻，大部分学生都是就近参加考试。1926年文华图专隶属于华中大学图书科时期，在全国设5个考点招考大学二年级肄业起点的学生，考试地点分别为南京（东南大学）、上海（南洋大学）、广州（广东大学）、武昌（华中大学）、北平（中华图书馆协会）。毕业生自第一届至第九届共63人。1931年则在南京、北平、上海、沈阳、广州、武昌等六处设考点，这些地方基本上都是属于经济、文化发达之地，不仅高等院校集中，图书馆事业相对发达，而且周边地区考生投考也比较方便。如安徽、江苏、浙江等地的考生多集中在上海、南京等考点，河北、山东等地的考生一般都就近选择北平考点，湖南、湖北、四川等地的考生就近选择武昌考点。1936年，专科班考点增加为6个，除武昌、北平、上海、南京外，另增添广州岭南大学图书馆及成都四川大学图书馆两处。1936年招收学生33人，1937年招收25人。1938年西迁以后，考点设重庆、成都、昆明、汉口四处，大部分位于后方，而当年汉口考点因时局突变最终还是没能举行考试。而一年制讲习班的招生则会适当增加一些考点，以照顾图书馆事业新兴发展区域的需求，并且每届都会关注不同地区的平衡，如1933年讲习班考点为山西、陕西、甘肃、四川、云南、贵州、广东、湖北等地，1936年则设在湖北、湖南、陕西、甘肃、河南、安徽、江苏、浙江、福建等地。

此处根据文华图专相关史料统计出文华毕业生共计127人（实际人数为176人），包括1941年前入学的专科班和讲习班学生。[①]按学生籍贯排序，其中湖北排在第一位（38人），江苏排第二（17

---

① 严文郁：《中国图书馆发展史：自清末至抗战胜利》，台湾枫城出版社，1983年，第188页。

人),河北排第三(14人)①,安徽、广东排第四(均12人),浙江排第五(9人),湖南、四川排第六(均7人),山东排第七(5人),其次便是云南(3人),江西、山西(均为2人),上海、天津、广西各1人。虽然这样的排序结果不一定完全准确,但也大体与武昌、南京、北平、广州、上海等常设招考点的分布和影响一致。文华图专本身就设在湖北,地理的优势使得湖北籍的生源占据绝对主力,其中又以汉川籍的生源为多,38名湖北籍学生中有9名来自汉川,包括王文山、严文郁、熊景芳、汪长炳、岳良木、童世纲、吴元清、蔡声洪、雷法章等。②

封建社会信奉"女子无才便是德",民国时期开始引入现代教育理念,妇女才获得受教育的机会。女子本来就鲜有机会接受高等教育,而文华图专的录取标准之一为大学肄业二年级以上,因此女生的比例自然就少。从文华图专开办到第7届即1926年时,才招收第一位女生学员陆秀,这也是因为文华图书科早期仅面向文华大学在校生选修,而文华大学只招男生。文华图专招收陆秀,还经过与文华大学的一番争取。③ 1934年美籍教员费锡恩第一次到达文华图专时,她很惊讶地发现学生群体中大部分都是男性面孔,这与美国图书馆学校女生为主的现象太不一样了。她在《外来人眼中之文华图专》中写道:"……如果你厌倦了美国图书馆界满是女性的情

---

① 笔者注:这里的河北包括北平。
② 严文郁:《中国图书馆发展史:自清末至抗战胜利》,台湾枫城出版社,1983年,第16页。
③ 陆秀,字佛侬,江苏无锡人。1923年毕业于北京女子高等师范学校保育科,1926年,受命为"京师公立第一幼稚园"筹备员,后肄业于湖北文华大学图书科。曾任河北女子师范学院图书馆主任。

况，那么来中国吧。这里是由男性引领着图书馆职业。"①

中国图书馆事业发展初期，不仅仅图书馆学校女生生源较少，在实际图书馆工作中，女性职员的比例也偏低，以至于1929年中华图书馆协会第一次年会第二次会议上，通过了郑婉锦提出的"图书馆应多用女职员案"，决议以协会的名义通函各图书馆尽量聘用女职员。虽然1926年之后文华图书科招收了第一名女生后，女学生的比例有所增加，但数量仍然较少。唯1935年女生的数量超过男生，男生当时的人数为4人，女生为5人。从文华图书科成立到1941年，文华图专以大学二年级以上为起点的"专科班"毕业人数总共127人，其中男生96人，女生31人。1941年文华图专改为招收高中毕业生以后，女生的数量才开始有较大的增长，甚至在人数上超过男生。1942年到1947年高中起点的两年制专科班学生共毕业72人，其中男生25人，女生47人。1931年到1938年举办的中学起点的一年制讲习班共毕业49人，其中男生39人，女生10人。② 到1949年，入学的47名学生中，女生已经占到31人，从数量上绝对超过了男生。这一方面是女子教育和男女教育平等运动不断发展的结果，另外一方面也与社会对于女子适合图书馆职业这一观念的接受度有关。

---

① Grace D. Phillips, "The Boone Library school through the eyes of a Newcomer,"《文华图书馆学专科学校季刊》1935年第2期。
② 严文郁：《中国图书馆发展史：自清末至抗战胜利》，台湾枫城出版社，1983年，第188页。

第四节 教学、研究与社会服务

一、课程设置

笔者在纽约哥伦比亚大学档案中查到了文华图书科早期毕业生曾宪三（1925届）的成绩单，以下列出并做一简要分析：

表5.2 私立武昌文华图书馆学专科学校学生成绩表（曾宪三）[①]

科目名称		1923—1924年度				1924—1925年度			
		秋季学期		春季学期		秋季学期		春季学期	
		学分	成绩	学分	成绩	学分	成绩	学分	成绩
目录科目	中国目录学					2	70	2	72
	西洋目录学					2	68	2	70
	中文参考								
	英文参考	1	74	1	77	1	68	1	71
	中文书籍选评								
	英文书籍选评	1	65	1	70	1	72	1	74

---

① The New York Public Library School Records 1900—1927, Series Seriels I, General files, Columbia University Archives.

续表

科目名称		1923—1924 年度				1924—1925 年度			
		秋季学期		春季学期		秋季学期		春季学期	
		学分	成绩	学分	成绩	学分	成绩	学分	成绩
学术科目	中西分类法	1	74	1	76				
	中西编目法	2	75	2	78	2	76	2	80
	图书馆经营法（装订附）								
	拼检法								
	索引								
	打字与图书馆习字								
	实习					2	71	2	72
行政科目	图书馆行政（图书馆建筑附）	2	70	2	72	2	77	2	74
	各种图书馆研究					2	75		
	儿童图书馆							2	65
其他科目	中西图书史（书史附）								
	图书馆学讨论								
	现代史料								
	党义								
	体育								
	军事训练								
语言科目	国文								
	日文								
	法文	2	65	2	68	2	64	2	66
	德文								

（此表为曾宪三 1936 年 8 月 4 日出国前找文华图专补开，由教务长毛坤签发）

可见，早期开设的图书馆学专业课程不多，一共 9 门，涵盖了图书馆管理和技术的基本方面，每门课的课时都很长，其中英文参考、英文书籍选评、中西编目法、图书馆行政、法文连续两年 4 个学期都要上。学校对中西编目法和图书馆行政、法语这些课程尤其重视，每门学分都在 2 分，而中文目录学、西文目录学、实习则被安排在 1924—1925 第二学年，学分亦为 2 分。另外还有各种图书馆研究及儿童图书馆学等专门图书馆课程，也安排在第二学年。按照成绩单上的附注，一个学分等于每学期每周一小时的讲授课程，或者二小时到三小时的实习。从当时文华图专图书馆学课程的选择和学分设置来看，其与沈祖荣、胡庆生在美国纽约公共图书馆学修读的图书馆学最基本和核心的课程类似，移植的痕迹非常明显。

到 1929 年，文华图专已经积累了数年的教学经验，而且在 1926 年间即开始面向全国招生，1927 年又独自办理，为向国民政府备案作准备，学校在课程上进行了扩充，并且将学分制改为学时制。具体的专业课程设计见下：

（一）第一学年：

（1）中国目录学：讲述目录学的源流、派别，和历代图书分类的异同与得失；120 小时

（2）中文参考书举要：讲述参考中文书籍的方法，及使用目录、字典、丛书、类书等类的参考书；80 小时

（3）西文参考书举要：讲述参考西文书籍的方法，及使用杂志、字典、百科全书等类的参考书；80 小时

（4）西文书籍选读：选读英美两国著名的文学家、历史家、艺术家、科学家的著作；100 小时

（5）西文书籍编目学（实习在内）：讲述编目的原则、种类、形式及各种目录的编制方法；200 小时

（6）西文书籍分类法：叙述分类的原理、种类、批评及杜威十进

分类法的应用；40小时

（7）现代史料：讲述最近发生与世界有关之事实，并推源溯流，以明晰其是非；40小时

（8）图书馆经济学：讲述图书馆内书籍之收藏、登记、出纳、流通、排列、装订、印刷等部分；80小时

（9）西文打字法：讲习机器之构造及打字之方法；80小时

（10）各种字体书写法：上半年习西文各种字体，下半年习中国宋字体；40小时

（11）实习；200小时

（12）特别讲授：特请图书馆学专家分期来校担任演讲；20小时

（二）第二学年：

（1）中国目录学：讲述部类次序及隶属之方法，与拟设之图书分类法及说明；80小时

（2）中文参考书举要：讲述中国文学、史地、哲学、科学、宗教、美术、社会学等类之参考书；80小时

（3）西文参考书举要：讲授西文之文学、史地、哲理、科学、美术、社会学、传记等类之参考书；80小时

（4）西文书籍选读：选读意、法、德、俄诸国大著作家之代表作；80小时

（5）中文书籍选读：选读中国历代之文学家、思想家、史学家、艺术家、考证学家等之代表著作；40小时

（6）中文书籍编目学（第一学期）：讲述编目之历史、批评及中文书籍之编目法；40小时

（7）中文书籍分类法：讲述中国旧分类法之大概，并加以批评，及新分类法之组合与应用；40小时

（8）图书馆经济学：讲述图书馆之组织、发展、宣传及社会服务

等问题;80 小时

(9) 现代史料:续第一学年;40 小时

(10) 中国图书馆史略(第一学期):讲述(A)中国历代官私藏书之地点及藏书之数,(B)历代书籍之分类、编目、收藏之概况,(C)历代社会之变迁及于藏书之影响;20 小时

(11) 西洋图书馆史略(第一学期):讲述欧美图书馆之起源、发展及近况;20 小时

(12) 图书馆行政学(第二学期):讲述图书馆之组织、管理、经费及规章等;20 小时

(13) 各种图书馆之研究:讲授各种图书馆之行政、组织、管理及经营;40 小时

(14) 图书馆建筑学:就现代图书馆之建筑,作系统之研究;20 小时

(15) 特别演讲:20 小时

(16) 实习:120 小时[①]

可见,在立案之前,文华图专已经建立了较为完善的课程体系,基本上包括了目录学、图书馆行政与管理、图书馆技术与专门图书馆学、其他辅助性科目等各个方面。在早期引进的西方图书馆学基础课程之上增加了中国传统图书馆学方面的课程比重,如中文参考、中文书籍选读、中国图书馆史等,还增加了西文打字法、各种字体书写等实用性和现代史料、特别演讲这类扩展性的课程。从课时看,第一学年课程总计 1080 小时,第二学年课程共计 820 个小时,并且更加突出实习的比重,第一学年有 200 个小时的实习,

---

① 吴鸿志:《武昌文华图书科之过去现在及其将来(续)》,《文华图书科季刊》1929 年第 2 期。

第二学年有 120 个学时的实习。按照每个学年 9 个月，每个月 4 周的时间计算，每周讲授的专业课程达 20 个小时，每周实习时间则在 3 小时以上。加上其他课程，平均每周总课时达 40 个小时。

此后，随着师资的变动和现实的需要，文华图专的课程也在不断的调整之中。1930 年春季学期，该校增添中国版本学、索引法等科，每科每周授课一小时，加上其他学科，每周共 22 个学时。[①] 1931 年 3 月 26 日，教育部颁布《修正专科学校规程》，规定"各种专科学校，以党义、军事训练、国文、外国文为共同必修课目"[②]。该年学生们在学习专业课程之外，还必须修读政府规定的这些公共课程，同时增加的还有金石学、儿童图书馆学。1933 年秋季学期，又新添民众读物学及民众教育、簿记学及会计统计学课程。[③] 1934 年秋季学期，增设了中文档案管理、西文档案管理二门课程，每周各授课二小时。[④] 1935—1936 学年，又增加了书籍选择与批评、古器物学。[⑤] 从毕业生曾宪三回校按照当年课程体系补开的成绩单可以看出，1936 年的课程分为目录学科目、学术科目、行政科目和其他科目四大类，基本沿袭了 1929 年的课程体系。其中目录学的课程没有变化，学术科目增加了拼音检字法、索引、图书馆学讨论、儿童图书馆学等课程。根据该校外籍教师郝露斯回忆，1936 年文华图专每周课时长达 25—26 小时。[⑥]

[①]《本科消息：增添科目》，《文华图书科季刊》1930 年第 1 期。
[②] 教育部编：《教育法令汇编》（第一辑），商务印书馆，1936 年，第 151—152 页。
[③]《校闻·半年来本校大事略记》，《文华图书馆学专科学校季刊》1933 年第 3—4 期。
[④]《校闻·试验新的档案管理》，《文华图书馆学专科学校季刊》1936 年第 1 期。
[⑤] 王余光主编，范凡等选辑：《清末民国图书馆史料汇编》（第 2 册），国家图书馆出版社，2014 年，第 358 页。
[⑥] Cheryl Boettcher, "Samuel T. Y. Seng and the Boone Library School," *Libraries & Culture*, Vol. 24, No. 3 (Summer, 1989): 269—294.

西迁以后，政府各机关和后方大型企业多集中于重庆，对文档管理人才的需求较大，为此文华图专于1940年开设了档案管理科。自该年起文华图专采用学分兼学年制，学生在校两年，除按照规定修完必修科目外，还须选修若干门功课、完成88个学分才能毕业。按照当时的课程说明，一学年为两学期，每学期定为18周。一学分相当于教师全学期内每周一小时授课时间。凡每周授课两个小时，一个学期学完的课程按两个学分计。每周授课两个小时，两个学期授完的课程按四个学分计。课程开始分为专业必修课、共同必修课、其他科目和补充科目。其中，图书馆学专业课程仍然分为行政科目、技术科目、目录科目三大类，涵盖了现代图书馆内部行政、组织及管理技术、编目法、分类法之理论与学习及参考书的种类及用法、图书的选择和购买等方面，具体来看，有以下12门：

（1）图书馆经营法（课程编号为LS101，4学分）：对图书馆业务作总括之讨论，图书馆内各部门事务处理之步骤、方法与各种记录之编制。

（2）图书馆行政（课程编号为LS102，4学分）：图书馆组织原则、人事管理、经费筹措、各部门的合作与图书馆事业推广。

（3）图书选购（课程编号为LS103，4学分）：书籍选择的原则、订购图书的方法与程式、会计簿记知识。

（4）图书分类法（课程编号为LS104，4学分）：先就图书分类之原则与应用及中国书籍与学术分类的源流作一分析叙述，另择杜威十进位分类法为教本，详细研究，使得学生能够娴熟应用。

（5）比较分类法（课程编号为LS105，4学分）：对西方杜威分类法、美国国会图书馆分类法、国际图书馆协会分类法、卡特分类法及中国各家分类法作比较研究，特别是对于西方分类法如何适用于中国图书馆问题，加以详尽讨论。

（6）中文编目法（课程编号为LS106，4学分）：按照本校自订之编目条例，讲授卡片式与书本式目录之编制方法，对于新书旧籍之目录等重视。诸凡旧籍编目之难题如书名、假名、轶名及疑伪书籍之处理方式，中文著者号码编制等，均细加研讨。对于中文编目的参考书，择要介绍。

（7）西文编目法（课程编号为LS107，8学分）：按照英美图书馆协会编目规则，讲授英文书籍的编目知识。特别提出加以研讨之课题主片并各种目录片的编制方法，美国国会图书馆目录片之用法及订购法、书码、标题与片法等。每一学生须制作示范性质之卡片目录一套。

（8）目录学（课程编号为LS108，4学分）：本课范围为中国版本目录学，内容包括中国书史、中国书籍收藏史、中国公私藏书目录、版本学、中国目录编制之严格与体例等，分别作专题讲述。

（9）西洋目录学（课程编号为LS109，4学分）：对西洋目录学作一点实用的、列举的、历史的叙述，特别着重与中国目录学的比较研究，铨得失以观其汇通。

（10）参考书（课程编号为LS110，8学分）：对于中西文参考书之内容作一普通的叙述，一般性与专门性书籍，皆在讨论之列，并注重使用之方法，同时指导学生对各书之序跋体例加以研读，以期于其作书宗旨，叙述专选充分认识来运用时，庶几取拾自如。

（11）档案经营法（课程编号为LS111，4学分）：关于政府机关档案管理方法之梗然的叙述，以期图书馆学科学生获得档案学之一般知识。

（12）实习（课程编号为LS112，4学分）：对图书馆各部门业务作一有系统的实际见习。所涉及之科目为：设计与组织、章则与规程、建设与设备、各种报表记录之订定与选写、书库之排架与整理、出纳之程序、期刊小册处理之方法。

图书馆学科和档案科的共同必修课包括以下 4 门：

(1) 打字（课程编号为 LA101，2 学分）：各生未实习打字者皆遵照教师指导，对于英文打字勤加练习，图书馆学科学生练习此种技术并保持相当之速度。中文打字机之用法，亦在此述之列。

(2) 汉字排检法（课程编号为 LA102，4 学分）：我国以文字构造关系，检字方法多至七十余种，本课择取其中流行最广者教授之。如王云五君之四角号码检字法等均是。中文书籍与期刊子目索引之编制法，亦在修习之列。

(3) 博物馆学（课程编号为 LA103，4 学分）：涉及博物馆学领域内初步知识，诸如展览品之安排，馆舍及设备，陈列品之收集等。

(4) 公文研究（课程编号为 LA104，2 学分）：使得档案管理科学生对于现行公文程式运用之奥秘得一清楚之概念。

其他科目有国文及外语，国文为连续两学期讲授，共四个学分，主要选授古文，借以明了古今文体的流变，每个月练习作文一次。外国语包括英文（12 学分）、法文（8 学分）、日文（8 学分）等，学生在这三门外语中可以任选一种。补充科目有自然科学概论（4 学分）、史地概论（4 学分）、社会科学概论（4 学分），主要介绍现代自然科学、中外史地学、哲学、文学方面的经典名著，使学生了解各学科发展概况和学术流变。[①]

---

① 周洪宇：《不朽的文华——从文华公书林到文华图书馆学专科学校》，华中师范大学出版社，2013 年，第 510—514 页。

从上列材料可见，20世纪40年代文华图专档案科和图书馆学科公共必修课中就有博物馆学一门，聘请李永增担任讲师。此后文华图专一直打算扩充博物馆学课程及设备，只可惜这类设备"甚耗赀财"，而学校当时的经济条件不够，因而未能启动。

二、实践与实习

图书馆学是一门应用性很强的学科，因此文华图专在设立之初就非常重视实习，韦棣华和沈祖荣同时兼任文华公书林的管理工作，因此以文华公书林作为学生实习的基地，学生们在实际工作中边干边学边讨论，较好地将理论付诸实践，并从实践中总结出图书馆管理的心得。文华公书林和文华图专的建设发展与学生的学习、实践是紧密结合在一起的。

1920年暑假，文华图书科开办一学期后，便由教员带领当时修课的8名学生分别至上海和北京实习。其中，上海之行由胡庆生带队前往商务印书馆藏书楼，5名学生在胡的指导下每周工作六个小时，一共工作六周，采用杜威十进制分类法和卡片目录，最终完成了3000本图书的分类和编目工作，得到了该馆人员的赞赏。[①] 前往北平高校图书馆讲习会演讲的沈祖荣则顺便带领另外3名学生，到北京政治学会图书馆实习。1921年，沈祖荣还亲自带学生到北京清华学校图书馆实习，帮助其清理、编排所购买的图书。

1929年秋季学期，文华图专已单独立案，时任校长的沈祖荣提议在1928年入学的学生中组织编目股，地点设在公书林三楼南

---

① 查修：《北京图书界见闻纪录》，《文华温故集》1920年第4期。

端西室，由股中同学对文华公书林四十余箱旧有中国书籍进行分类整理，学生每星期工作四小时，每人轮流做股长一次。通过这种实地练习，学生们可以将所学的各种编目方法在实践中加以检验，并且对具体的编目方法予以改良。编目股中所有的计划预算，从采办材料用具到具体工作分配，均由各同学自主办理，这也极大地锻炼了学生的动手能力和协调能力，为他们毕业后直接走上图书馆管理岗位打下了基础。翌年春，又因"中文书籍之编目法，现各处犹在试行期中，非有深切之经验与研究，则难臻完善"，设置编目讨论会，每星期开会一次，以实习时所遇到的困难及意见为主题，共同探讨，以求解决。这一学期，图书科还在文华公书林韦氏参考室设立问询处，每日下午一时半至五时半，由一名学生负责管理，作为本学期实习的重点，这样既服务了公书林的读者，也使得学生们对图书馆参考部事务有了切身的体验和积累。①

到1935年，实习已经成为一门专门的科目，两个学年共占9个学分。第一学年每周举行2次，每次2个小时，第二学年每周举行三次约5小时。②实习的形式有一般实习、课内外实习和外出实习，具体内容包括拟建立图书馆之计划方案，作图书馆报告书及重要统计表，编拟书目、书评提要，校勘，咨询工作，公文分类、编目、装订与排列，拟图书馆中常用之文件，在国内外购书，为某种图书馆选书，订购国内外杂志及报章，收受新购到馆之书，新书盖印，登记，排架，清查书籍，阅览指导，管理出纳台，参加巡回文库，调查本地图书馆，整理杂志、报纸、地图、美术片、小册剪

---

① 《本科消息：编目讨论会》，《武昌文华图书科季刊》1930年第1期。
② 王余光主编，范凡等选辑：《清末民国图书馆史料汇编》（第2册），国家图书馆出版社，2014年，第350页。

片，装订洋装新书，改中装为洋装，修补洋书及中国书，排剪，儿童故事讲述和儿童夜校演讲，古物之排置与整理，展览及表证工作，宣传与推广，农村访问，社会调查，撰作图书馆学论文投稿本校季刊至少二次，图书馆专业活动，图书馆学演讲与试验。学生实习后要撰写实习报告，并配有实习指导人。

除了校内实习，学校也积极为学生们安排不同的实习机会。武汉圣希理达女校是武昌文华书院于1874年所创办的一所女子学校，校长为沈祖荣的妹妹沈祖英。① 1934年，该校邀请文华图专学生为其图书馆整理藏书，全体学生每周六从中午工作到下午五时，十余次共整理一千多册中外图书，具体工作包括修补、装订、编目、分类、打字、登记，每次均有教员临场指导，学生们感叹"此种实习，得益非浅"。② 早期毕业的同学逐渐在国内各大图书馆担任管理职位，也为后来的学生实习开辟了新的渠道。1935年3月，文华图专与本地的湖北省立图书馆及国立武汉大学图书馆商妥，将两地分别作为学生中西文图书实习之地。③ 同年4月1日，专任教员带领毕业班同学到省立图书馆实习，实习内容包括编制该馆所藏善本书目录、编制丛书目录和各项不经见书之目录。一个月后，又赴武汉大学图书馆实习，整理各种杂志及中国官书。④ 此后，这两个地方成为文华图专的校外常规实习地。1936年，毕业班一个礼拜的校外实习安排到国立武汉大学图书馆实习四天，第一日实习编制官书，第二日实习参考工作，第三日实习中文书籍及杂志编目，第四

---

① 陈维尊：《无尽的哀思，深深的怀念——回忆外祖父沈祖荣先生》，载第三届中美数字时代图书馆情报学教育国际研讨会论文集，2010年1月。
② 《校闻·代希理达女子中学校图书馆整理书籍》，《文华图书科季刊》1934年第1期。
③ 《校闻·校外实习》，《文华图书馆学专科学校季刊》1935年第1期。
④ 《校闻·校外实习》，《文华图书馆学专科学校季刊》1935年第2期。

日实习西文杂志管理及订购书籍方法,并得到在该馆任职的文华毕业生皮高品、吴克昌、戴镏龄等人的指导。此后,该班同学又赴湖北省立图书馆实习两天,第一天实习中国志书之分类编码,第二日实习金石古物编目管理之法。[①]

为了更好地促进教学工作,在实际教学中给学生以直观的参考,学校还广泛地搜罗各类刊物,及各大图书馆新建筑平面图、里外照片及各种章则表格。一些来自图书馆事业较发达地区的同学则被委以调查收集的工作。如1937年寒假期间,"委托杨承禄同学回沪之便,向上海各大图书馆征集;张桂森、姜文锦、高韵琇同学回平之便,向北平各大图书馆搜集,现已收到者有十余处"[②]。通过这样的实践活动,这些同学不仅为学校的教学建设作出了贡献,也通过实地考察加深了自身对图书馆各个方面的认识。

三、研究与出版

由于图书馆学引自西方,在图书馆学教育发展初期,文华学子既是学习者,也是图书馆学研究的推动者。文华图专也非常鼓励学生独立思考、集体讨论、开展研究,要求学生们在课外就某一问题作系统研究。如1927年暑假,学校规定每个学生要写一篇文章作为假期作业,一年级的钱亚新选了《著者号码编制法》作为研究题目,开学后即由教员组织师生展开讨论。该文由钱亚新根据各位同学的意见修改两次后获得学校通过,于1928年被纳入"文华图书

---

① 《校闻·毕业班学生之校外实习》,《文华图书馆学专科学校季刊》1936年第2期。
② 《校闻及同门消息·(三)征集参考资料》,《文华图书馆学专科学校季刊》1937年第1期。

科丛书"出版。① 1928级学生在入学一年之后，即各自选定了自己的研究题目，如耿靖民的《民国以来关于图书馆学中文论文提要》、徐家璧的《中国旧时标目提要》、曾宪文女士的《儿童图书馆》、刘华锦女士的《国内新旧书坊目录之收集及整理》、陈颂女士的《中国书籍分类法之研究》、陶述先的《中国书籍编目法之研究》、李继先的《小册与文件保管法》、周连宽的《中国书籍装订之研究》、吴鸿志的《汉字索引之研究》。② 这些研究兼具理论性和应用性，涉及图书馆工作的方方面面。

文华图书科于1929年创办《文华图书科季刊》（以下简称《季刊》），以发表与介绍中外图书馆界同人对于图书馆学术之研究与心得，促进我国图书馆事业为宗旨。《季刊》社分为编辑股、出版股、发行股，内容分为论著、译述、调查及通信、杂说、书评和消息六项，每卷都编制总索引。初期，刊物编辑、出版、发行、社内杂务都由在校学生利用课余时间兼任。1930年底，《季刊》改由专任教员负责，刊物的内容和质量都得到进一步的提升，选题上更有计划性，并向校外的图书馆学家约稿。1932年，《文华图书科季刊》改名为《文华图书馆学专科学校季刊》，刊号刊期与以前一致，宗旨在于"提倡图书馆学、促进图书馆事业、研究实际问题、解决应用方法"，除刊载本校师生的撰述及翻译外，还愿意为图书馆界人士答疑解惑、交流讨论。此后《季刊》发表了一批反映图书馆学实际问题的文章以及重要翻译成果，并先后策划出版介绍外国图书馆事业的《世界民众图书馆概况》《世界各国国立图书馆概况》

---

① 钱亚新著，谢欢整理：《钱亚新别集》，南京大学出版社，2013年，第207页。
② 吴鸿志：《武昌文华图书科之过去现在及其将来（续）》，《文华图书科季刊》1929年第2期。

专号。

1930年，毕业生钱亚新返校任教，讲授索引法和儿童图书馆学课程。其中，索引法课程即以他在读期间编写的《索引和索引法》为主要教材，儿童图书馆学课程则另编讲义一份。在亲自编纂教材的同时，他还带领当年秋季入学的讲习班全体同学重新编制大型百科全书《图书集成》的索引。该书于1911年曾由英国人翟理斯（Lionel Giles）编制索引一册，但师生们认为原索引有许多地方不完善，并且采用英文，国人使用上既觉不便，又难以普及。鉴于此，钱亚新、毛坤指导大家拟定编制该书索引的条例，动员全体学生编辑，并计划在讲习班同学毕业之前出版。[①] 到1932年春季学期，该校更是增设研究部，配备了图书馆学研究室，并聘请教员徐家麟负责。研究部专门收集关于图书馆学之著作，作为全校师生研究、编译、出版之保障。同时，文图专将该年教学任务集中于编译工作，通过师生的课堂讨论，研究现代图书馆的实际问题，并使学生于所习各项科目得以融会贯通。[②] 从这一点来看，早期的文华图专虽然被称为专科学校，就读学生被称为专科生，实际上却具有了研究生院的性质。

1933年初，在美国获得博士学位的查修受邀回校任教，担任研究部主任及编纂委员会委员，指导学生的研究及编纂工作，并经过研究及编纂工作会议拟定了图书出版条例，规定出版图书的选题、审查、丛书名称、版权、版税、定价、装订、用纸各项。除了英文版的《韦棣华女士纪念册》，当时的出版选题主要从图书馆工作和教学的现实需要出发，编制图书馆必需之工具和本校急需用的

---

① 《本校消息：编辑图书集成索引》，《文华图书科季刊》1930年第3—4期。
② 《校闻·校务简述》，《文华图书馆学专科学校季刊》1932年第3—4期。

课本。具体的选题见下表：

表 5.3　1933 年文华图专研究部编纂工作选题

类型	选题名称	编者	类型	选题名称	编者
图书馆工具书	中国图书馆应用标题总录	沈祖荣	本校急需之课本	图书分类学	徐家麟
	中国图书馆应用分类法	皮高品		图书购置法	皮高品
	中文书籍编目法	毛坤		中文书籍参考法	毛坤
	中国图书馆习见书录	查修		出纳法	沈祖荣
				金石之分类与保管	易均室
				儿童图书馆	钱亚新
				图书馆建筑与设备	赵福来

编纂委员会组织出版的图书一律纳入"私立武昌文华图书馆学专科学校丛书"，同时面向在校生和毕业生约稿，鼓励支持其从事图书馆学研究，请他们根据学习和工作经验所得，撰写图书馆实践和管理方面的图书。由于当时图书馆学教材欠缺，因此也鼓励学生直接翻译或编译国外原版书，质量较好的译作则直接用作本校课本。如校友章新民所译的美国骆约翰·亚当《民众图书馆的行政》由文华图专出版，并被直接用作民众图书馆学的教材。钱亚新根据满因氏的著作编成《分类与编目》一书，并在后来用作在上海大夏大学上课的教学讲义。吴鸿志的《图书之体系》专门为一般图书馆员尤其是编目员而写，其中内容一半采译 Margaret Mann 的 *Introduction to Cataloging and the Classification of Books*，一半来自作者自己所加的材料。该书被纳入"文华图书馆学专科学校小丛书"，作者在序言中写道："如没有钱亚新先生的激励和帮助，恐怕一时很少有机会拿出来发表。毛坤先生在一百度左右的暑天肯将我的原

稿校读一遍，并承予以很有价值的建议和指正，特此感谢。"① 除了出版方面的支持，文华图专校长沈祖荣还常常为毕业生的作品写序，对其研究的学术价值、利弊做出客观肯綮的分析。

总的看来，文华图专依托本校师生的学与研，积极开展编纂出版工作，正如沈祖荣所提到的：

> 本校的同学编译图书馆工具的书籍，不断地努力，如图书馆行政、经营法、编目法、分类法与图书馆财政、图书馆建筑以及其他，共有二十余种，各有一部分的贡献。②

《文华图书科季刊》及更名后的《文华图书馆学专科学校季刊》，共刊载文章300多篇，涵盖了图书馆学基本理论、国内外图书馆事业、图书馆史、图书馆分类、编目、参考阅览、流通等各方面的内容，使得图书馆学术建设与图书馆学教育发展相得益彰。《季刊》犹如师生学术研究成果的传播阵地，其中的很多文章，后来又被列入学校丛书出版，产生了更为深远的影响。

四、校园活动与社会服务

文华图专是一所袖珍型的专科学校，专业设置单一，师生人数较少。为了实现学校的长远发展，校方积极组织了各种活动，不仅

---

① 刘宝瑞等编校：《民国图书馆学文献学著译序跋辑要》，国家图书馆出版社2012年，第59页。
② 刘宝瑞等编校：《民国图书馆学文献学著译序跋辑要》，国家图书馆出版社2012年，第41页。

包括学术活动，也包括各种文化休闲活动及社会服务活动。通过这些活动，文华图专不仅增加了校内同学之间、师生之间的感情，增强了办学的凝聚力，而且与校外知识界、普通民众建立了联系，获得了外界对文华图专的认同。

文华图专举办的学术活动以1929年成立的"群育讨论会"为代表，每两周邀请著名学者、专家、留学归国人士来校演讲和讨论，除研讨图书馆学以外，还讨论其他相关学科问题。该校还制定了《群育讨论会章程》，并从学生中选出专人负责。1929年年初，前浙江省省立图书馆馆长陈友松先生回鄂参加留洋考试，沈祖荣校长即邀请他来校演讲图书馆使用法。凡是在图书馆界任职的文华校友回汉探亲或公干，均会被邀请回母校座谈互动。如1932年年底，曾任南开大学图书馆主任、清华大学图书馆馆长、在美国获得政治学博士学位的第二届毕业生王文山回乡之际，即应沈祖荣校长之约向全体同学演讲《美国国会图书馆近况》，讲述美国国会图书馆沿革、设备、庋藏、将来计划及参考工作的情况。演讲结束后，又引导在校同学参与讨论，"思想新颖，言词丰富，大受同学之欢迎"。[①] 这样的活动，虽然不是正规的课堂教育，演讲的主题也因人而异，却起到了通识教育的作用，有力地辅助了教学，开拓了学生的视野，扩大了他们的知识面，弥补了专科教育的不足。

文华图专由美国圣公会传教士韦棣华所创办，其早期教学人员沈祖荣、胡庆生等亦信奉基督教，学生中也有不少来自教会学校，其办学中始终渗透着基督教教会精神的影响。文华师生之间非常团结友爱，同一级新入学的同学会组织级友会，在学习上互相砥砺扶

---

① 《校闻·课外讲演》，《文华图书馆学专科学校季刊》1932年第3—4期。

持。1929年，图书科庚午级同学成立级友会，邀请胡庆生、沈祖荣、毛坤三位先生作顾问，设立总务股、文牍股、会计股、研究股、庶务股、交际股、体育股、出版股，并请本级同学负责。此外，全体同学积极开展各种校内外文化休闲活动，如集体参加武汉音乐社团，组织各种参观、游览、远足、联欢、游园等。他们先后参观过湖北官书局、武汉文化书局、王宠佑工程博士的私人图书馆、汉阳钢铁厂，并游览龟山、珞珈山、东湖等武汉的景点。1936年秋季学期，学校专门开辟了新式体育标准的网球场，每天下午课后，学生纷纷练习篮球、网球等。① 正如文华学子董铸仁所回忆的：

> 我们的生活是很愉快的，每天破晓，我们便要到西操场去操早操。平时除努力应付功课外，也很能注意运动，篮球、足球、排球、网球、棒球、乒乓，都不时地玩着，而且在每礼拜三的下午，由韦女士，请到她的家里，举行一次茶会，师友之间，谈谈故事人情，讨论一些关于修养上的问题，而我们的品性，也因此受着极深刻的熏陶！②

此外，校长沈祖荣在一年三节也会邀请学生到家中团聚。这些教学以外的活动，使得师生们增进了了解，沟通了感情，文华这个群体更具有凝聚力和向心力了。

文华图专也非常注重对社会的奉献和服务。文华图专的校训为"智慧与服务"，"智慧"指的是学生的能力和素质，"服务"即学习的目的，要求学生"品行端正、任事忠诚、学问优越、态度温和"。对德育的重视使得文华图专毕业生不仅具有良好的职业精神，也培

---

① 《校闻·（三）建筑新式网球场》，《文华图书馆学专科学校季刊》1936年第4期。
② 董铸仁：《韦女士的学生》，《文华图书科季刊》1931年第3期。

养了学生健全的人格和经世致用的社会责任感。校外社会服务活动包括办理巡回文库、儿童主日学等，定期向武昌及周边地区的工厂、学校、医院、孤儿院、商家、住户提供赠阅与租借图书活动，方便读者。巡回文库的书车由学生自行设计，部分经费则由学生自愿捐款。1931 年 4 月 17 日起，在每个星期日的下午，由该校女同学强佩芬、吴元清召集三四十位小朋友举行儿童主日学活动，教他们"千字课"、唱歌、游戏、卫生、故事等，借阅儿童故事书籍给他们看，并且提供特制的小桌小凳为他们使用。[1] 1933 年秋季学期更是成立了专门的社会服务组织"私立文华图书馆学专科学校学生服务团"（Boone Library School Student Service League），以韦棣华女士的弟弟韦德生任团长，分为经费组、保管组、流通组，并分别设立委员，一方面向本市住户商家赠阅书籍，一方面亦积极募捐继续充实巡回文库的图书。[2] 这些活动大部分都是学生自愿组织起来的，不仅拉近了民众与图书馆的距离，增加了普通人对图书馆事业的认同感，也使得文华学子对图书馆服务精神有了切实的体会。

---

[1] 赵福来：《文华图书馆学专科学校学生服务组工作报告》，《文华图书科季刊》1932 年第 3—4 期。
[2] 《同学努力社会服务》，《文华图书科季刊》1933 年第 3—4 期。

第五节 毕业与就业

一、毕业程序

在图书科时期,学生大部分来源于文华大学,学生修完所需的学分即可获得图书科毕业证书。学生成绩分 A、B、C、D、E、F 六等,A 为 90—100 分,列为最优等;B 为 80—89 分,列为优等;C 为 70—79 分,列为中等;D 为 60—69 分,列为及格;E 为 50—59 分,列为劣等,重考给及格,否则无成绩;F 为 50 分以下,列为无效。学生至少须修满 80 学分,总平均须为 D+方可毕业。

1929 年文华图专向国民政府立案后,按照教育部 1931 年颁布的《修正专科学校规程》规定:

> 毕业试验,即为最后一学期之学期试验,但试验课目须在五种以上,至少须有三种包含全学期之课程。毕业试验由教育部派校内教员及校外专门学者组织委员会举行之,校长为委员长。每种课目之试验,须于可能范围内有一校外委员参与。遇必要时,教育部得派员监试。[①]

[①] 教育部编:《教育法令汇编》(第一辑),商务印书馆,1936 年,第 152—153 页。

因此，所有毕业学生在第四学期必须参加毕业考试，并且该考试由教育部派人来校监考。每卷每题都须由监考员加盖私章，考完后所有试卷要汇总送教育部核查。到1935年6月则更加认真严格，图专在毕业考试之前先行组织了考试委员会，规定一切考试事宜。①不及格者需要补考，重新及格才能授予毕业证书。在毕业前夕，还会由专任教员组织毕业班学生参观，让学生了解一些主要图书馆的实际状况，为他们进入工作岗位作准备。

除了考试，专科班学生还必须完成毕业论文，二者均通过后才能毕业。论文可以是原创著作，也可以是编纂或者翻译的作品。其中原创论文需一万字以上，翻译需三万字以上，编纂作品得五万字以上。毕业论文选题应于第二学年开始后两个月内由学生自行选定，交由指导员核准，也可以由教员代为拟定若干论题，学生从中择取感兴趣的题目。题目选定后，学生拟定写作大纲，并将参考书目交给指导老师审查，根据写作情况定期征求指导老师的批评修正意见。如第十届专科班同学所选定的研究题目就有图书馆建筑家具用品、图书馆使用法、四库书标题、藏书纪事诗索引、图书馆主任人员之责任、军营中图书馆服务、中文分类法、清代丛书之刊行、美国与英国协会订定编目条例等，涉及图书馆管理、技术、传统文献学等各个领域。论文完成后还须参加毕业考试委员会组织的中英文口试，内容与毕业论文相关，类似于今天的毕业答辩。

1933年6月17日，文华图专举办专科班第十届毕业典礼，根据毕业论文评核成绩，准予毕业者有吴元清、于镜宇、强佩芬、童世纲、吕绍虞、陈鸿飞、赵福来、陶善缜等八人。另有一名学生陈

---

① 《校闻·毕业考试》，《文华图书科季刊》1935年第2期。

第五章 民国图书馆学办学机构——以文华图专为中心

季杰，因为西洋目录学未及格，需要参加一年后的补考，及格后再呈报教育部给予毕业证书。而另外一名由华西协和大学资送的馆员助理邓光禄，在校作特别生一年，另由学校发给毕业成绩证书。毕业典礼一般在本校公书林礼堂举行，邀请校董会成员代表、圣公会及湖北省教育厅相关人员到校参加，并邀请名人作演讲。该届毕业典礼来宾有数百人，由湖北省教育厅厅长秘书陈颖琨代表致辞，阐述图书馆之于文化教育的贡献。继由校董陈叔澄先生演讲，内容包括应如何保持本校历年优越成绩，并应如何不忘韦棣华女士在华图书馆事业，以求继续努力等。各嘉宾讲演结束后，由毕业学生代表赵福来作答谢词，发表对学校的感谢和毕业后的打算。每届毕业，学校师生都有宴集之举，表达惜别之意。①

图5　徐家麟武昌文华大学图书科毕业证书（资料来源：哥伦比亚大学档案馆）

---

① 《专科第十届毕业》，《文华图书科季刊》1933年第2期。

二、就业情况

由于文华图专为民国时期国内唯一一所持续办学的图书馆学专门教育机构,加之每年招收的学生人数较少,学生的就业情况非常不错。在1920年文华图书科成立之前,就有来自中国医学会的Mr. Roger S. Greene(代表北京政治学会图书馆)、来自商务印书馆的Dr. Fong Foo. Sec(笔者按:邝富灼)和来自武汉基督教青年会的Dr. de Vargas致函文华公书林招聘图书馆员。[①] 1922年首批毕业学生自然是供不应求,六人分别在厦门大学图书馆、上海商务书局图书馆、北京政治学会图书馆、北京协和医学图书馆、燕京大学图书馆、清华学校图书馆任事。还有各图书馆向文华来聘馆员,因毕业生均已就事,未毕业者在求学期中,无以应付,校长沈祖荣只好表示歉意。[②] 1932年,文华图专毕业生吕绍虞曾经做过一次统计,除去已故的4人,到1931年文华图专已毕业9届学生共计70人,大部分都服务于图书馆界,其中以大学图书馆为多,留美深造及在国外图书馆界工作者7人。服务地点以北平最多,其次分别为武昌、上海、青岛、南京、天津、沈阳等地。[③]

1946年在重庆期间,校长沈祖荣对文华图专的250名毕业生就业情况作了一次调查统计。由于战争,学校与很多毕业生无法取得

---

① William Hwang, "The First Library School in China," The Boone Review, 1929: 364.
② 马费成主编:《世代相传的智慧与服务精神——文华图专八十周年纪念文集》,北京图书馆出版社,2001年,第15页。
③ 吕绍虞:《毕业同学统计(附图表)》,《文华图书科季刊》1932年第1期。

联系，其中能确定具体单位和职位的有113名毕业生，分布于国内近60家机构，大部分都任职于图书馆管理职位。此外，还有大约240名档案学长期或短期学习班的毕业生分布于政府、军队、市政等部门的文书档案管理岗位。以下列出了图书馆科的就业情况：

表5.4 文华图专250名毕业生中能确定就业岗位及人数的统计（截至1945年）[①]

序号	机构名称	馆长/主任	馆员	总计
1	美国国会图书馆		1	1
2	哈佛大学燕京图书馆	1	2	3
3	加州大学图书馆		1	1
4	燕京大学图书馆	1	2	3
5	国立清华大学图书馆		2	2
6	北平高等师范学校图书馆		1	1
7	国立北平图书馆		6	6
8	南开大学图书馆	1		1
9	齐鲁大学图书馆	1		1
10	国立山东大学图书馆	1		1
11	北京医学图书馆		1	1
12	国立交通大学图书馆	1	1	2
13	上海大学图书馆		1	1
14	上海市图书馆	1		1
15	海关图书馆		1	1
16	东吴法学院图书馆	1		1
17	商务印书馆图书馆	1		1

---

① American Library Association Archives, The University of Illinois, Urbana-Champaign, International Relation Office, Series7/1/51, Box2.

续表

序号	机构名称	馆长/主任	馆员	总计
18	国立同济大学图书馆	1		1
19	中国银行资料室	1		1
20	上海医学院图书馆	1		1
21	行政院图书馆	1		1
22	金陵神学院图书馆	1		1
23	上海商业学校图书馆	1		1
24	国立复旦大学图书馆	1		1
25	金陵女子大学图书馆	1		1
26	国立编译馆	1		1
27	国立中央图书馆		9	9
28	军事学院图书馆	1	1	2
29	杭州之江大学图书馆	1		1
30	国立浙江大学图书馆	1	4	5
31	中华大学图书馆	1		1
32	国立英士大学图书馆	1		1
33	安徽省立图书馆			
34	江西省立图书馆	1	1	2
35	天一图书馆	1		1
36	国立武汉大学图书馆	1	3	4
37	华中大学图书馆	1		1
38	湖北省立图书馆		1	1
39	卫斯理中学图书馆	1		1
40	湖南湘雅医学院图书馆	1		1
41	雅礼中学图书馆	1		1
42	岭南大学图书馆	1		1

续表

序号	机构名称	馆长/主任	馆员	总计
43	国立中山大学图书馆		1	1
44	国立东南大学图书馆	1	2	3
45	国立广西大学图书馆		1	1
46	云南大学图书馆	1		1
47	国立社会教育学院	1	3	4
48	求精商业学校图书馆	1		1
49	民生船运公司图书馆	1		1
50	西南联大图书馆	1	1	2
51	光华大学图书馆	1		1
52	四川省立图书馆		1	1
53	中华教育文化基金董事会		1	1
54	中国国际文化服务处		3	3
55	成都基督教青年会		1	1
56	重庆市图书馆		1	1
57	最高国防委员会		1	1
58	中央计划委员会		3	3
59	新闻专员办公室		2	2
	合计			113

从统计表中可以看出，文华图专大部分毕业生在大学图书馆工作，其他则广泛分布于国家图书馆、省市立图书馆、行政机关与教会中学。大学图书馆中一般以国立大学为主，如国立清华大学、国立浙江大学、国立四川大学、国立武汉大学，还有部分就职于教会性质的燕京大学、岭南大学、齐鲁大学图书馆等。

除了各类图书馆，民国时期文华图专约有45名毕业生赴美深造，其中有一部分继续攻读图书馆学专业，还有少部分人选择了其他专业，如曹柏年于美国华盛顿大学取得药物学硕士学位后，于 1933 年春归国任上海中法大学药物学教授。冯汉骥于 1936 年在美国宾夕法尼亚大学获得人类学哲学博士学位，回国后担任成都四川省立博物馆馆长。1935 年毕业的戴镏龄赴英国留学后转入语言学研究领域，回国后担任中山大学教授。还有的毕业生则完全离开教育界，如 1924 年毕业的刘廷藩在图书馆界工作一段时间后转任甘肃省建设厅秘书，1930 年毕业的李汉元后来担任天津英国工部局副处长，教员胡庆生及毕业生杨开殿、杨先得则均进入银行界。李哲昶担任上海造币厂秘书，黄凤翔转行报界，担任新加坡民国日报馆经理，等等。

三、毕业生的"文华情结"

文华师生在校期间就形成了互助友爱的氛围，毕业后，学生们仍然有着浓厚的文华情结。各地的文华毕业生先后组织同学会，并制定了同学会章程，推选会务负责人，定期聚会组织活动。早期赴北平各图书馆工作的人员最多，因此北平同学会于 1929 年 3 月最早成立，宗旨在于"研究图书馆学术，发展图书馆事业，图谋母校之光大及增进同学之感情与互动"，并以该会的名义函请母校，号召其他各地的毕业生纷纷组织同学会。[①] 此后，武汉同学会、上海同学会、南京同学会陆续成立。《文华图书馆学专科学校季刊》则开设了"同门零讯"栏目，对毕业生有关的同门聚会、工作变更、

---

① 《文华图书科北平同学会会章草案》，《文华图书科季刊》1929 年第 2 期。

著作出版、留洋深造、结婚志喜、添丁进口等信息都予以报道。1934年，北平同学会毕业生还向母校提供了"纪念韦棣华女士奖学金"，金额为国币200元，专为资助品学兼优、家庭清贫的在校生。① 同时，各地同门会还向本地同学为《季刊》征稿，如1931年《季刊》为扩充编辑范围起见，请回汉结婚的岳良木代为口头转告，并通函北平同门分会组织编辑分部，征集毕业同学和图书馆界的稿件。② 事实上，《季刊》上发表的不少文章都来自在各地图书馆工作的毕业生。

除了同门会，校友们也利用回乡探亲、度假、公务出差之便碰面、交流。如1934年，章新民、严文郁均因祖父去世，回乡治丧，并都专程往母校过视。1937年1月底，裘开明回国为哈佛大学燕京图书馆搜集材料，特意绕道乘船来汉，"在此间五日，与沈校长暨毛（毛坤）、汪（汪长炳）、范（范礼煌）诸同学，商讨学校进行之事"。开学第一次纪念周，"裘同学出席讲演，辞意诚挚，员生均为感佩云"。③ 文华图专的在校生和毕业生均为中华图书馆协会会员，1936年，中华图书馆协会第三次年会在青岛开会之际，全体131名会员中，文华图专毕业生有26人，占全数五分之一。诸同学"多年不会，一旦相逢，细话当年，各道将来计划，其愉快兴奋之情状，真不能以言语形容"④。

毕业生的文华情结，使得毕业以后大家仍然能在学术、工作方

---

① 王余光主编，范凡等选辑：《清末民国图书馆史料汇编》（第2册），国家图书馆出版社，2014年，第427页。
② 《本刊消息：北平添设编辑分部》，《文华图书科季刊》1931年第1期。
③ 《校闻及同门消息·（十二）裘开明同学回国来校》，《文华图书馆学专科学校季刊》1937年第1期。
④ 《同门消息·青岛聚会》，《文华图书科季刊》1936年第3期。

面互相帮扶。如刘廷藩任职于清华大学图书馆期间，得知同学皮高品在编纂中国图书分类法，便积极为其搜集佛教相关资料，为他编分类法时部类佛教书籍打下了基础。① 毕业生中一旦有人离任或转职，往往会将职位空缺推荐给校友。1930年，时任燕京大学图书馆馆长的田洪都出国，便邀请文华同学、齐鲁大学图书馆主任皮高品到燕京大学工作。1931年底，经同学吕绍虞介绍，钱亚新进入上海大夏大学任讲师兼图书馆编目部主任。同年，陆秀辞去杭州浙江大学工商学院图书馆主任一职，就任天津河北省立女子师范学院，原职则由文华校友胡正之接替。1933年，陆秀出国赴哥伦比亚大学攻读教育学前夕，又写信给在上海大夏大学任职的同班同学钱亚新，请他来天津接任图书馆主任一职。

有意思的是，一些学生还因为对图书馆学事业的共同志趣走到一起，最终由同窗校友而成为伉俪。如徐亮与张葆箴、裘开明与曾宪文、童世纲与吴元清、张遵俭与陈友泉（潜）、冯汉骥与陆秀等。徐亮和张葆箴于1930年同时入学，并双双于1947年赴美深造。张遵俭与陈友泉（潜）均于1936年入学，他们一个是南皮张之洞的后族，肄业于北平国立清华大学，一个是前辅仁大学校长、中研院史语所研究员陈垣的女儿，肄业于燕京大学，二人在文华相知相识后成为人生伴侣。此外，还有一些校友本身为亲友关系，如曾宪三和曾宪文、徐家麟和徐家璧、岳良木和严文郁等。

---

① 柯愈春：《文华师长访谈录》，《图书情报知识》2010年第4期。

第六章

民国图书馆学教育家

民国时期图书馆学教育的发展，与当时一些图书馆学家的努力和坚持是分不开的。这些教育家在图书馆领域的实践一定程度上代表着民国时期图书馆学教育的发展轨迹，而他们的图书馆学教育思想则引领着图书馆学教育的方向。

民国时期从事图书馆学教育的群体数量不多，大致可以分为以下三类：一、来华的外国图书馆学家，如韦棣华、克乃文等；二、留学归国的图书馆学家，如沈祖荣、胡庆生、李小缘、刘国钧等；三、本土培养的图书馆学家，如毛坤、徐家麟、汪长炳、钱亚新等人。这三类群体中，第一类具有启蒙与奠基性的作用，而第二类、第三类则是图书馆学教育的传承者和开拓者。在民国这一特定历史阶段来考察，从教育活动、教育思想来说，第二类图书馆学家对于图书馆学教育的影响最大也最为深远。下文将列举民国时期重要图书馆学家作详细说明。

第一节 来华的外籍图书馆学家

民国时期来华的外籍图书馆家为数不少,在华时间长短不一,大多数任职于各教会大学图书馆。他们在管理图书馆的过程中以学徒制的方式训练了一批中国助理馆员,有的还推荐中国馆员到美国接受专业的图书馆学训练。对中国图书馆学教育具有重要影响的两位图书馆学家莫过于文华公书林创办人韦棣华女士(Mary Elizabeth Wood)和曾任金陵大学图书馆馆长的克乃文(H. C. Clemons)。他们都具有专业的图书馆学教育背景和多年的图书馆工作经验,来华以后均担任过教会学校图书馆馆长,以美国的模式管理中国高校图书馆,一个首开先河在教会学校开设了图书馆学课程,一个则直接开办中国图书馆学正规教育。活跃于中国图书馆界的第一代本土图书馆学家,多出自他们门下。

一、韦棣华——中国图书馆学教育的开创者

武汉大学黄宗忠教授将韦棣华女士在华31年的经历和贡献概括为:(1)创办武昌文华公书林(图书馆);(2)为建立文华图专培养师资;(3)开创文华大学图书科;(4)参加争取美国退回第二批庚款活动;(5)直接教学工作。黄宗忠评价说:"她把自己的一

生献给了中国的图书馆事业,对我国近代图书馆事业的进程起了促进作用。因此,她的功绩是应该肯定的。"①

(一)韦棣华女士生平

韦棣华(1861—1931),英文名 Mary Elizabeth Wood,1861年8月出生于美国纽约州奥尔巴尼(Albany)一个新英格兰人家庭,出生后不久全家迁到巴塔维亚(Batavia)。她在巴塔维亚中学毕业后,曾就读于美国波士顿(Boston)西门斯女子大学(Simmons college)图书馆学专科。1889年,巴塔维亚成立里奇蒙德图书馆,韦棣华担任首任馆长。该馆每周会针对儿童开展讲故事活动,在"故事时段"(Story Time),韦棣华会为儿童们提供热巧克力,并允许孩子们在书库捉迷藏。她在该馆工作了10年。1899—1900年,中国爆发义和团运动,一些传教士在动乱中被杀,因担心在中国传教的弟弟韦德生(Robert E. Wood)牧师的安危,韦棣华辞去馆长职务,于1899年5月16日来到中国,此后留在武昌。适逢文华书院急缺英文教员,在韦德生的建议下,她担任文华书院英语教师,并在那里从事传教工作。她把所有的精力都投入到教学中,并获得了"我们亲爱的老师"的荣誉。这期间她教过的学生就有余日章、韦卓民、周苍柏、陈宗良、沈祖荣、胡庆生等人。

(二)创办文华公书林和巡回文库

早期文华书院的图书馆位于一个荒废的房子里,只有一些陈旧的书报。韦棣华女士将文华书院校园东区内的八角亭改造为阅览

---

① 《武汉文史资料》编辑部编:《武汉人物选录》,武汉市政协文史资料委员会,1998年,457页。

室,并于 1902 年成立了中国第一个巡回图书馆。鉴于书院青少年读物的缺乏,韦棣华写信向她在美国妇女援助会(Women's Auxiliaries)和圣公会期刊俱乐部(Church Periodical Club)的朋友募集新旧书籍和资金。

1903 年,文华书院成立大学部。韦女士意识到新成立的文华大学有必要建设一个完备的图书馆。为在中国图书馆发展中扮演更重要的角色做好准备,她于 1906 年回到美国纽约布鲁克林的图书馆学校普拉特学院学习。返美期间,她积极奔走,为文华书院募捐图书馆建设资金。她先后到纽约、费城、波士顿、巴尔的摩等地教会和知名人士中募捐、演讲,并于 1907 年 1 月在教会出版物《差会的精神》(The Spirit of Missions)中发表了《为了在中国中部建立一所基督教图书馆》(A Christian Library for Central China)一文,为文华大学图书馆的建设募款,她呼吁:

请求你们给予帮助,使我们的梦想得以成为现实,在华中地区建立一所基督教图书馆……我们将建造一所供学校使用,也供公众使用的图书馆,一幢占 60×120 英尺面积的两层的楼房,其造价约为 15000 美元。此外,我们只募 5000 美元购买图书。这将供应我们目前的需要,并且我们希望,如果这样一种善举,在开始时是做得好的话,必定会鼓舞朋友们做更多的捐助来解决这个古老民族的图书馆饥荒。

1907 年春季学期,韦棣华在纽约普拉特学院进修图书馆学的同时,还参加了同年 5 月在萨拉托加温泉(Saratoga Springs)召开的美国图书馆协会年会,在会上提交了《中国城市的图书馆工作》(Library Work in a Chinese City)的报告。这样,中国图书馆的发展现状第一次为国际社会所了解。一些热心人士向中国捐赠了图书、钱款及所需物资,韦女士此次回国一共筹集到一万美元,收集到三千册图书。此后,只要她回到美国,必定会参加美国图书馆协会的会议。圣公会刊物 Boone Review 记载了1908年文华公书林筹办时的捐款情况:

一项超过7000美元的捐款将要寄到中国,前哥伦比亚大学校长Dr. Seth Low启动了这项捐款,已捐给文华公书林一千美金。两位波士顿友人每人捐助了一千美金。剩下的四千美金是由其他的一些地区的友人捐助的。现在美元兑换鹰洋币很方便,这些捐款换成鹰洋大约有15500元。此外,还有一些友人承诺要为我们捐款,至少有16000鹰洋。"

1908年韦女士返回中国,打算定居下来,致力于图书馆事业的发展。1910年,有着3000册英文图书的文华公书林正式成立了。韦棣华女士担任公书林馆长后,实施开架制度,并且面向普通民众开展借阅服务。为了吸引学生及民众到图书馆来,她采用了各种最新的图书馆推广策略。如在公书林举办各种免费的讲座活动,放映幻灯片,还在圣公会教堂设置了阅览室。1914年韦女士在武汉建立了巡回文库,与助理沈祖荣走遍了武汉的各个角落,不仅面向各官办学校、教会学校提供图书,还深入军队、广汉铁路、汉阳铁厂等工矿企业发展巡回文库据点,甚至还走到了省外,如安源的萍乡煤矿等。韦棣华女士曾写过一篇文章"Visiting Chinese Government Schools"(《访问中国官办学堂》)向差会介绍她在中国开办的巡回文库事业:

每年秋季,公书林的工作人员都会去武昌地区的官办学堂,拜访校长,了解他们的教学和需要。我们希望能够引起他们的兴趣,从而愿意成为我们巡回文库和扩展的大学公众讲演的设立点。在过去,要与这些学界耆宿建立友好关系如同登山,困难重重。但是,经过八年的努力,我们逐渐赢得了校外这些学堂的信任与合作。我们的目标是远大的,希望能将文华公书林的服务延伸到武昌的每一所学堂。以此将武汉这所中心城市的学生们也融入基督的世界。尽管巡回文库中我们不直接提供宗教类图书,但是很多版本都是从基督徒的视角来写的。①

同时她也在文章中呼吁西方为中国捐书,并指明了所需要书籍的种类:

首先,我们需要的是英美国家的领袖自传,如利文斯敦、华盛顿、林肯、格莱斯顿、约翰·布莱特等。这些人物必然对我们读者的心灵产生影响。我们也需要科学类、历史类、文学类等振奋人心的、启蒙类的书籍。请不要寄送过于深奥的书籍,大多数学生的英语都属于入门水平。我们设在各个学校的巡回文库提供的都是比较浅显的英文读本。②

(三)为中国培养图书馆学专门人才

随着图书馆服务范围的不断扩展,韦棣华女士意识到专业图书

---

① American Library Association Archives, The University of Illinois, Urbana-Champaign. Series85/7/6, Box63.
② American Library Association Archives, The University of Illinois, Urbana-Champaign. Series85/7/6, Box63.

馆助理人员的缺乏，她再次向美国教会朋友请求支援，募集资金，送她的助理、毕业于文华书院的沈祖荣前往美国接受专业训练。由于时任纽约公共图书馆学校校长的玛丽·普拉默（Mary Wright Plummer）（1856—1916）是韦棣华女士的老师，韦棣华希望该校能够接受沈祖荣作为一名特别生入学，并于1913年1月写了这样的推荐信：

沈祖荣毕业于中华圣公会所办的文华大学，该校很多课程都是用英文讲授。他在文华公书林有三年图书馆助理的工作经验，并且很渴望继续从事这份职业。在武昌这个地方图书馆有很大的发展机会，因为这是一个教育中心，政府官办的学校有大量的学生。同时，这里也是一个军事中心，有很多士兵驻扎在这里，还有一所为军营训练士官的军校。我相信文华公书林所开办的其他巡回文库很快就要发展起来了。我希望通过训练这个年轻人，引导更多的人追随这样的工作。①

1914年，沈祖荣被纽约公共图书馆学校录取，并于1916年获得了图书馆学毕业证书和哥伦比亚大学学士学位。1917年，韦棣华又以同样的方式资助了另外一名助理胡庆生赴美学习图书馆学。

解决了助理的问题，韦棣华女士又开始考虑持久的图书馆人才培养的问题。她认定："图书馆为教育上、文化上、学术事业上之必要设施，而推进图书馆事业又非受有专门图书馆训练之人才管理不为功。"② 同时，这些人才的培养和输送不能全部依赖国外，要在

---

① *New York State Library School Records*，1887—1967，Series III：1992，Columbia University Archive.
② 王余光主编：《清末民国图书馆史料汇编》（第2册），国家图书馆出版社，2014年，第349页。

中国本土兴办图书馆学专门教育。要实现这一目的，师资、人才、经费三者缺一不可。为此，韦女士又开始了进一步的计划和行动。由于沈、胡二人都于美国接受图书馆学训练，储备了一定的师资基础，于是她本人也于1918—1919年返美入波士顿西蒙斯大学进修一年，并在同城的哈佛大学和韦尔斯利女子学院选读了文学、历史、科学类的课程，为将来开设相关课程作准备。在修课的同时，她也在波士顿和其他地区四处活动，以募集图书馆学教育的办学资金。1918年，她致函美国圣公会伍德主教（Bishop Wood），获得了美国圣公会对创办图书馆学校的准许，还争取到文华大学校长孟良佐（Alfred Alonzo Gilman）、圣公会湘鄂教区主教韦卓民（Francis C. M. Wei）的支持。孟良佐同意在文华大学设立图书科，并解决校舍和部分经费问题。①

1919年，胡庆生从美国学成归来。翌年3月，文华图书科即宣告成立。韦棣华女士担任文华公书林馆长的同时兼任科主任，还亲自讲授"西文书籍选读""现代史料"两门专业课程。为了更好地服务于教学工作，她于1924年和1926年又分别回美国到奥克斯福特大学和麻省韦尔斯利大学政治学院学习。

韦棣华女士按照美国公共图书馆的模式安排的文华图书科专业课程，非常强调学生的实践能力。1920年暑假，文华图书科开办一学期后，韦棣华女士即将选读图书馆学的八名学生一齐送往外地实习，其中五人由胡庆生带领前往上海商务印书馆图书馆，另外三人由沈祖荣带领前往北京政治学会图书馆。②课余，韦女士跟学生

---

① 周洪宇：《不朽的文华——从文华公书林到文华图书馆学专科学校》，华中师范大学出版社，2013年，第105页。
② 查修：《北京图书界见闻纪录》，《文华温故集》1920年第4期。

们也很亲近，在1930年学年每个礼拜三的下午，她都会邀请学生到家里举行茶会。师友之间，谈谈故事人情，讨论一些关于修养上的问题，学生在接受图书馆学教育的同时也得到一些道德上的教化。①

除了沈祖荣、胡庆生二人，文华图专早期的毕业生桂质柏、王文山等赴哥伦比亚大学图书馆学校留学，亦是由韦棣华女士推荐。1926年，韦棣华女士致函纽约公共图书馆学校桑德森女士（Miss Sanderson），推荐文华毕业生桂质柏：

> ……除了索取申请表，我还想再说几句个人的想法。我极力主张贵校能够录取桂质柏先生。他是一个非常有激情的图书馆员，也是一个很有潜力的年轻人。
>
> 每一个在美国学习图书馆学的中国人都将推动中国新图书馆运动的发展。要营造这样的氛围，我们急需受过训练的专门人才。鲍士伟博士访华直接促成了去年六月份中华图书馆协会的成立。从那时起，中国图书馆员们就焕发出新的活力。奥尔巴尼纽约州立图书馆学校和纽约公共图书馆学校已经为中国培养了几名图书馆事业的先行者。这是一个不错的开端，我们相信这两所学校还将继续为中国培养更多的人才。
>
> 桂质柏先生曾给我写信询问是否有可能以自费的方式在美国学习图书馆学。如果有可能的话，我请求您给这个年轻人一个机会。过去两年来，他尽可能地节省每一块钱，希望能够实现他到美国深造的夙

---

① 董铸仁：《韦女士的学生》，《文华图书科季刊》1931年第3期。

愿。为此我代表桂质柏先生对您所伸出的援手表示感谢。①

(四)争取美国退还之庚子赔款用于图书馆事业

韦棣华一直笃信以宣传公共图书馆观念来推动中国的新图书馆运动。通过从美国募集经费，她派遣沈祖荣和胡庆生跟随文华校友、基督教青年会领袖余日章带领的全国基督教青年会演讲团到各个中心城市演讲，向民众宣传公共图书馆的理念和在中国建设公共图书馆的迫切需要。在余日章的建议下，她决定争取美国庚子退款的一部分用于建设现代公共图书馆。在1923年8月中华教育改进社第二次年会上，她代表文华大学图书科同仁提出了"呈请中华教育改进社转请美国政府以美国将要退还之庚子赔款三分之一作为扩充中国图书馆"的议案，获得一致通过。韦棣华女士以议案为基础拟定了请愿书，赴北平拜访美国驻华大使舒尔曼（Dr. Schurman），还拜访了当时的总统黎元洪，以及外交界、政界名流，她的请愿得到了150名中国政府要员和65名在美华侨的署名支持。

1923年9月，韦棣华返回美国，向国会递交请愿书，请愿书被送至美国总统。她在华盛顿停留了四五个月的时间，拜见了82位参议员和420位众议员，以争取议员们的支持。她还出席了1924年参议院外交委员会的听证会。1924年5月，美国国会通过决议，赋权总统退还中国庚子赔款余款（6137552.9美元）用于教育和文化事业。中国政府随即成立了中华教育文化基金董事会负责接收和管理这笔庚款。由于美国通过的法案中并没有明确写明该笔退款直

---

① *New York State Library School Records*, 1887—1967, Series III: 1992, Columbia University Archive.

接用于图书馆事业，韦棣华希望通过美国图书馆界寻求帮助。1924年6月30日到7月5日，她参加了美国图书馆协会第46届年会，在会上她不仅宣读了《中国图书馆最近之发展》（*Recent Library Development in China*），论述了新式公共图书馆对中国的重要性和中国图书馆的发展状况，还说明为使退还庚款用于图书馆事业，请求美国图书馆协会派一位代表调查中国图书馆现状。协会最终派遣了圣路易斯市立公共图书馆馆长鲍士伟于1925年4月26日到1月16日访华。鲍士伟来华期间的调查经费，除一部分招待费由中华教育改进社担负外，其余均由韦女士在美募集。

鲍士伟回国后，即依据韦棣华女士意见及其在华实地考察的结果，向美国图书馆协会报告，并提出拟于美国退还庚款之一部分，作为补助中国兴建大型图书馆及造就图书馆专业人才之费用。该提案经美国图书馆协会议决通过，送达美政府备作参考。1925年6月，中华教育文化基金董事会第一次集会，即议决庚款用途范围限于二项：（一）用以增进技术教育科学之研究试验与表证，及科学教学法之训练；（二）促进有永久性质之文化事业如图书馆之类。此议决案并由中国驻美公使致文美政府，作为承接这笔退款的根据。① 中华教育文化基金董事会还议决拨款建设北平图书馆，并承诺如果时局稳定的话，在其他各地逐步建设大型图书馆。会议还讨论了图书馆专门人才的培养问题，当时有两种意见：一是在北平成立一所新的图书馆学校，二是资助已经有一些毕业生的文华图书科。1926年3月2日，中华教育文化基金董事会干事陶知行（陶行知）致信韦棣华女士告知最新结果：

---

① 刘允慈：《学者介绍：记美国图书馆学专家韦棣华女士》，《图书展望》1947年第4期复刊。

受范先生（笔者按：范源濂）委托，在此告知您中华教育文化基金董事会对于图书馆项目的最新进展：

1. 综合各方面情况，教育部和中基会共同建设京师图书馆的协议暂时搁置。而基金会决定单方面在北平建设一座图书馆。等这所图书馆建成以后，再考虑在其他城市新建图书馆的情况。

2. 关于图书馆员的培养问题，目前为止中基会决定委托贵校办理。基金会将为贵校提供每年10000（元）连续三年的教席和助学金拨款。

教席金主要用于扩增中文图书管理的课程。助学金则用于资助由各地图书馆选拔到贵校学习的符合资质的人员。这些条款将使得贵校面向全国招生。对贵校的拨款主要是基于您对于新式图书馆运动和争取美国退还庚子赔款上的努力。……另外，在之前的信件中您应该知道清华学校已经决定放弃新建图书馆学校的计划了。这样明智的退出是戴先生（笔者按：戴志骞）自己主动提出来的。①

（五）成立韦棣华基金会

1926—1927年，美国图书馆协会为韦棣华在美继续进行文华图书科募款而专门成立了文华图书科基金的临时委员会，其中大部分委员都是教会人员，有的则是她的朋友，如康宁安夫人（Mrs. Frederick Cunningham）、华德女士（Miss Marian Dec Ward）等。文华图书馆学专科学校曾以她们的名字命名校内建筑，如在武昌的女生宿舍楼华德楼，在重庆的康宁楼，以纪念她们对文华图专的支

---

① American Library Association Archives, University of Illinois, Urbana-Champaign, Boone library school and National library Peiping. Series 85/7/6, Box63.

持。1929年底,韦棣华第三次向美国教会的朋友和其他成员印发了募捐启（Third Circular letter to friends and subscribers）,筹划在美国成立文华图专董事会。她以《为了中国的利益:这个国家十年之图书馆教育（1920—1930）》（In the Interest of China: A Decade of Library Training in That Country 1920—1930）为题,提出文华图专一直依靠国内外捐助维持,中基会庚子退款每年5000美元、连续三年的资助有力地保障了学校运营和维持,但今后是否能继续获得补助,则取决于办学的质量,而这需要一定的图书和经费来保证教学的质量。图书馆从来都不是静止的,尤其是在发展初期,更需要文献和经费的支持。韦棣华希望募集到每年2500美元、连续3年的经费（按照当时的汇率,相当于国币5000元）,其中2000美元用于购买设备和图书,500美元用于每年资送一名教员赴美深造。① 她写道:

毫无疑问,这项事业将对这个拥有4万万人口的国家的教育和发展起到至关重要的作用。对于如此伟大的一项事业,这笔捐款的数量显得如此微不足道。我们是否无须怀疑这笔善款的力量,并充分地显示我们对于远东地区即将诞生的民主姊妹国家的支持?②

在她自印的这份募捐启上,她还邀请了美国图书馆界的权威人士、密歇根大学图书馆馆长毕晓普（William W. Bishop）和纽约公

---

① 文中的解释是,尽管文华图专已经为学生提供全面的训练使其能够承担任何图书馆的工作,为了增加学校的名望,教职员应该在美国得到两年的进一步训练。
② American Library Association Archives. University of Illinois, Urbana—Champaign, Boone library school and National library Peiping, Series 85/7/6, Box63.

共图书馆馆长安德森（E. H. Anderson）分别对文华图专作了中肯的介绍和评价，以增加可信度和说服力。

1930年2月26日，韦棣华基金会在美国波士顿成立，当时有三名成员，包括韦棣华女士本人，美国罗塞基金会的约翰·格兰（John M. Glenn）以及圣路易斯公共图书馆的鲍士伟（Arthur Bostwick）。基金会当时在美国一共募集了18936.22美元，其中8814.95美元为文华图书科购置了图书，剩下的则作为基金会的基金。①

韦棣华女士是一个职业图书馆员，也是一个社会活动家、演说家，同时也是一名传教士。她对中国社会和图书馆事业心怀同情，将推动中国公共图书馆理念和服务的发展视为她的传教使命。她利用自己基督徒的身份，奔走于中外教会、政界和图书馆界，虔诚地为她在中国的图书馆事业争取一切可能的资源。她以筚路蓝缕的精神，建立了文华公书林，引进了开架阅览和巡回文库这种西方图书馆服务模式。中国第一个图书馆学专门教育机构文华大学图书科的创办，凝聚了美籍图书馆学家韦棣华女士的全部心血。她帮助培养了首批本土的图书馆员，并建立了图书科持续发展的重要的经费保障，嘉惠了一批批的文华学子。她在中国从事图书馆学专门教育长达10年，同时为中国的新式图书馆事业奉献了近30年，是中国图书馆学教育事业当之无愧的奠基人。

---

① 崔彤：《韦棣华基金会与中国图书馆事业的发展》，《国家图书馆学刊》2004年第2期。

二、克乃文与金陵大学图书馆人才的培植

（一）克乃文生平

克乃文（H. C. Clemons）（1879—1968），1879年9月9日出生在美国宾夕法尼亚州伊利县科利镇。1902年从美国康涅狄格州米德尔顿市的卫斯理公会大学毕业并获得文学学士学位，毕业后在该校图书馆从事了一年的助理馆员工作。1905年，他同时获得了卫斯理公会大学和普林斯顿大学文学硕士学位后，于1905—1908年在普林斯顿大学担任英语教师，并于1906—1907年赴英国牛津大学学习一年。1908—1913年，他在普林斯顿大学图书馆担任参考部主任。[①] 1913年，克乃文来到中国，担任金陵大学外国文学系教师。由于来华之前有过数年的图书馆工作经历，他同时被委以该校图书馆馆务的工作，并于1915年正式担任金陵大学图书馆馆长。金陵大学如其他教会学校一样在非基督教运动中整整关闭了一年，克乃文也于1922年秋返美休假。1925年，克乃文申请加入了成立不久的中华图书馆协会。1927年3月，北伐军攻占南京，一时间南京动荡不安，外侨人人自危，纷纷避乱他去。克乃文于同年离开中国，返美入哥伦比亚大学深造图书馆学，后担任弗吉尼亚大学图书馆馆长直至1950年退休。1940年代美国图书馆协会开展对中国图书馆事业的援助计划时，克乃文曾任顾问。

[①] 郑锦怀：《中国图书馆学教育的肇始者——克乃文生平略考》，《图书馆》2013年第1期。

（二）克乃文对中国图书馆教育的贡献

借助担任外国文学系系主任的优势，克乃文于 1913 年在金陵大学开设了图书馆学课程，一方面为了提高学生利用图书馆的意识，另一方面可以对学生们进行简单的图书馆管理知识培训。克乃文并不懂中文，因此需要中国助理来帮助他管理金大图书馆的中文书籍。他的学生中先后在金大图书馆担任助理工作者有洪有丰、李小缘、刘国钧等。

洪有丰于 1913—1916 年担任金大图书馆的学生助理馆员，1916 年在金大获得文学学士学位后，他担任该馆副馆长，并于 1918—1919 年担任代理馆长。[①] 1919 年，洪有丰在该馆工作了 6 年之后，克乃文准许洪有丰三年的假期并推荐他进入纽约州立图书馆学校学习。洪有丰赴美后，由另外一名在校生李小缘担任助理馆员。1921 年洪有丰获得纽约州立大学图书馆学学士学位后，于当年 8 月接受了新成立的国立东南大学图书馆的任职邀请。克乃文在失望之余又推荐了李小缘赴美。克乃文在给纽约州立图书馆负责人怀勒（Dr. Wyer）的信中提道：

我们很感谢您过去两年对洪有丰的帮助，然而，个人来说，洪让我有些失望和措手不及，在没有提前告知的情况下，他就接受了别处薪资更高的职位，这使得我必须匆匆调整图书馆的人事安排。李小缘（1897—1959）去美国就是新的计划中的一部分，此后我们还将派出刘国钧（1899—1980）先生，希望他也能在美国接受图书馆学训练。

---

① *New York State Library School Records*，1887—1967，Series III：1992，Columbia University，Box60.

克乃文还特别指出：

作为图书馆助理，他（李小缘）在编目和参考方面做了很多工作，在我有限的培训下，他就使得图书馆的工作发展起来了，我相信他如果能接受（图书馆学）真正专门的训练，一定会做出更好的成绩来。在我看来，李先生踏实、准确、礼貌，富有团队精神和责任感。而且李先生深造后仍然会回到金大图书馆服务——这也使得我对他的推荐更具有意义。①

1923年，克乃文又向美国威斯康辛大学图书馆学院的负责人黑泽尔女士推荐了刘国钧。除了介绍刘国钧的具体情况外，在推荐信的最后一段，克乃文写道：

请允许我斗胆补充一下，接收一个年轻的中国人到美国是一个很大的冒险，中国与美国的不可避免的比较，可能造成爱国的中国人的敏感。年轻如刘先生，可能会以不平常的态度来回应任何具有同情性质的个人关注。当然，我本不必告诉你这个，但是它与我所奉行的观点的出发点是一致的：愿我们这些在美国的人能在中国历史最艰难的时期，在某种程度上，帮助中国的年轻人。②

如克乃文所计划的，经过他的推荐，李小缘和刘国钧先后赴美

---

① *New York State Library School Records*，1887—1967，Series III：1992，Columbia University，Box60.

② 《公共图书馆》编辑部：《公共图书馆文萃：2010》，海天出版社，2010年，第282页。

国纽约州立图书馆学校和威斯康辛大学图书馆学院学习,在获得图书馆学位的同时也拿到了其他专业的更高学位。他们均于1925年回国,在克乃文担任馆长期间,李担任西文部主任,刘担任中文部主任。

1927年后,克乃文返美就职于弗吉尼亚大学图书馆期间,仍然与中国图书馆界保持着联系。后来他又推荐了金陵大学图书馆馆员吴光清和曹祖彬获得美国基金会的奖学金,赴哥伦比亚大学图书馆服务学院学习。如1930年1月27日,克乃文致函美国图书馆协会秘书米兰:

我最近收到中国南京金陵大学图书馆吴光清来函咨询,他想知道是否有可能获得美国一所大学的奖学金或资助来美学习图书馆学。如果你了解这方面的信息并能告知于他,我将不胜感激。

吴先生是我从前的学生,他也是我原来在南京金陵大学图书馆的工作人员之一,他是一个很有潜力的年轻人。两三年前他在金陵大学获得学士学位,这一学位在美国国内也得到认可。他也希望来美国后能获得图书馆学的学位。最近,中国政府允诺拨款30万元在金陵大学建设一座新的图书馆,吴先生如果有机会在美国接受图书馆学专业训练,加之他多年的图书馆工作经验,他一定能在该馆中担任重要的职位。

从我国图书馆学教育史的发展来看,1913年克乃文在金大文理学院开设的图书馆学课程,标志着我国图书馆学专业教育的最初发端。他主持金陵大学图书馆期间,除了积极推动馆务的发展外,还选拔和培养了洪有丰、李小缘、刘国钧等一批优秀人才,并积极推荐他们到美国留学。这批图书馆学人归国后,均积极参与和推动了中图书馆学教育的发展，而金陵大学及其图书馆后来也成为中国图书馆学研究和专业教育的中心之一。金陵大学校友、1949年担任国民政府教育部长的社会知名人士杭立武先生在回忆文章中说：

在文学院范畴里，有一项意外的收获，是关于图书馆人才的训练。母校原来没有图书馆学系，但历任图书馆主任，尤其是从克乃文先生开始，对于图书管理的人才，很能注意训练。所以一二十年后，全国各大学图书馆纷纷设立的时候，颇多借才于母校图书馆。后来为应付日益增加的需要，复在文学院内附设图书馆专修科，更大量（地）造就图书馆学人才，和文华图书馆（学）专科学校媲美一时……①

总的来看，相比韦棣华女士，克乃文在中国的图书馆职业活动没有那么多元化。他大部分的精力都放在金陵大学图书馆的发展上，其最大的贡献就是训练和培养了洪有丰、李小缘、刘国钧这三位图书馆学家，而这三人后来都毕生致力于中国图书馆事业，并对图书馆学教育的发展产生重要影响。

第二节　中国早期本土图书馆学教育家

中国的图书馆学教育是由韦棣华、克乃文等外国图书馆学家开

---

① 徐雁：《"读者为本，书籍至上；学贯古今，古通中西"——克乃文在华首开图书馆学课程百年纪念（上）》，《图书馆》2005年第5期。

创的，但始终无法摆脱其传教的色彩。中国图书馆学教育的真正发展、扩大离不开本土的图书馆学教育家，如沈祖荣、胡庆生、戴志骞、袁同礼、杜定友、洪有丰、李小缘、刘国钧等人。他们均具有留洋背景，接受了美式图书馆学专门训练，归国后，他们活跃于图书馆界的不同领域，成为民国时期新图书馆运动的践行者及建设新图书馆事业和发展图书馆教育的先驱者。在动荡、艰难的社会环境中，他们大部分人毕生致力于图书馆事业，保存和延续了图书馆学教育的火种，并培养扶植了一批后来者。下文将以主要图书馆学家为例详述之。

一、沈祖荣——中国图书馆学教育之父

（一）沈祖荣生平

沈祖荣（1883—1977），字绍期，1883 年出生于湖北宜昌一个贫苦家庭。1905 年毕业于武昌文华书院。1907 年就读于文华大学。1911 年从文华大学毕业后，任职于该校图书馆——文华公书林。除襄助公书林馆务外，他还与公书林创办人韦棣华一起前往各地开展巡回文库服务。1914 年，韦棣华女士募集资金并资送他赴美国纽约公共图书馆学校学习。1916 年，他获得纽约公共图书馆学校图书馆学证书及哥伦比亚大学理学学士学位，是中国赴海外攻读图书馆学位的第一人。1917 年回国后，他复职文华公书林，并参加了基督教青年会宣讲团，到全国各地宣传公共图书馆的理念和美国图书馆学的理论、方法和技术，抨击封建藏书楼的保守。其中，在南京、上海的听众达 2000 多人，沈祖荣与其他留学归国的图书

学家发起了一场全国范围内的新图书馆运动。1920年3月,韦棣华女士与沈祖荣、胡庆生以文华公书林为依托,在文华大学创建文华图书科。1929年,沈祖荣先生受中华图书馆协会委托,参加了在意大利召开的国际图书馆协会联合会第一次大会。同年8月,文华图书科向教育部单独立案,成立私立武昌文华图书馆学专科学校,沈祖荣任校长。1941年,沈祖荣先生在文华图专新设档案管理科,开创了中国档案学教育之先河。1953年,文华图专并入武汉大学,沈祖荣先生任图书馆学专修科教授。1977年,他在江西庐山逝世,终年93岁。

(二)沈祖荣先生的图书馆学教育思想

1. "学术与服务"并重的人才培养理念

1930年私立武昌文华图书馆学专科学校独立时,沈祖荣先生就提出"研究图书馆学,服务社会"的口号,并以这一宗旨来培养学生。文华图专虽然名义上为一所专科学校,实际上招收学生的标准十分严格,除了基本的入学标准和考试,学生"须有良好之品格,健全之身体,并有热心服务,任事忠诚,言词温和,以及学术技能"①。可见沈祖荣先生的教育理念不仅强调学生德、智、体的全面发展,还特别注重图书馆服务和职业精神的培养。

在沈先生看来,在图书馆领域内学术研究与服务社会是密不可分的。1929年,他组织文华图书科学生创办了《文华图书科季刊》,并专门提笔撰写了《我对于文华图书科季刊的几种希望》,提醒同学们在办刊时要"特重实事""不避琐细题目",积极研究如何

---

① 沈祖荣:《我国图书馆事业之改进》,《文华图书馆学专科学校季刊》1933年第3—4期。

引导民众利用图书馆，要"谋当地人民之福利"，一切经营方式之取舍，都要"视便利人民与否为转移"。① 可见，他所倡导的是一种务实、脚踏实地的研究风气，即使是开展学术研究，最终的落脚点也还是在服务民众上。《文华图书科季刊》自 1929 年至 1937 年，共刊登论文 307 篇，其中大部分都是文华图专在校师生和校友的作品，其主要的内容包括图书馆学基本理论，图书馆与社会，当代图书馆发展，图书馆职业、技术、管理、历史等各个方面，涵盖了彼时图书馆事业和图书馆学术、教育发展的方方面面。

1932 年，沈祖荣校长组织文华图专师生成立了研究部，"专以收集关于图书馆学之著作，供本校师生之研究及计编译与出版事宜为目的"。研究部除了组织编译出版著作，还负责指导学生论文选题。这一部门自成立后即一直存在，由教务长兼任研究部主任，徐家麟、查修、毛坤、汪应文等先后负责过研究部的工作，他们都是文华图专学术水平非常高的教师。研究部组织编译的图书被纳入"文华图书馆学专科学校丛书"，至今可考的已经有 23 种。② 沈祖荣先生在文华图专的管理中，始终将教学和研究并重。他自己在繁忙的教学和行政工作之余，也投入时间积极研究图书馆学。1916—1944 年，他发表的中英文文章共 46 篇，内容包括图书馆调查报告、对于图书馆事业和图书馆教育发展的意见、关于图书馆工作的经验总结等。他编译的著作有《仿杜威书目十类法》（与胡庆生合著，1917）、《简明图书馆编目法》（1929）、《标题总录》（1937）、《编目规则》等，涵盖了图书馆学技能中最核心的分类、编目、标题等方面的内容，突出了解决图书馆工作切要、现实问题的导向。

---

① 沈祖荣：《我对于文华图书科季刊的几种希望》，《文华图书科季刊》1929 年第 1 期。
② 彭敏惠：《文华图专研究部的作用与启示》，《大学图书馆学报》2014 年第 2 期。

沈祖荣先生不仅在学术研究中倡导图书馆学要服务于社会需要，还积极引导学生们在课余走向民众，发挥图书馆开启民智的作用。他认为开展图书馆学教育"不在培养一二学者，而在教育千万国民；不在考求精深学理，而在普及国民教育"①。在文华图书科尚未开办之前，沈祖荣先生就曾跟随韦棣华女士将巡回文库的服务延伸到武汉三镇的各个工厂、学校、商店、住户。担任文华图专校长期间，他又指导学生继续发挥服务社会的精神，在学生中专门成立了社会服务团，定期向普通民众提供阅览服务，希望通过这样的方式使学生在校期间就养成对图书馆事业的热情和服务精神。甚至在1937年全面抗战开始后，文华图专学生还在武汉组织巡回文库，按照规定的时间到附近各伤兵医院中服务，给受伤的将士们提供合宜的图书和杂志，以达到慰藉精神的作用。

2. 开放融合的办学思想

文华图书科从兴办伊始就与西方有着密切的联系，在课程设置、教材使用、师资引进方面都受到西方的影响。沈祖荣先生也与西方图书馆界保持了良好的沟通和互动。他通过向西方介绍中国图书馆事业发展的现状和困难，推动纽约公共图书馆学校的校友们自发组织了"为中国捐书"的活动。他还积极争取美国图书馆协会对文华图专的认证，为文华学子赴美深造铺路搭桥。在被派往罗马参加第一次国际图书馆大会期间，他不仅抽空参加图书馆教育组的分会组会议，还抓住机会参观伦敦大学图书馆学校和莫斯科图书馆学校，以开放、学习的心态与国外同行交流互动。在面晤伦敦大学图书馆学校校长贝克（Baker）时，他不仅介绍了文华图专历史和办

---

① 沈祖荣：《沈祖荣文集》，武汉大学出版社，2013年，第13页。

学情况，还提出"将来本校如有学生至伦敦大学图书馆学校深造者，望其辅助一切"，并索要国外讲义、章程，以便参考。① 为了解决图书管理上的难题，他甚至如求经一般地前往日本，在东京住了一月之久，并在日本各地游历、参观月余。②

图书馆这一名词由国外传入，但是中国并非没有图书馆的管理方法和理论，相反中国不仅有源远流长的藏书文化，在书籍的保存和研究方面也积累了宝贵的成果。另外，中国图书馆事业所处的发展阶段与国外不同，因此在教学的内容上自然也应该有所不同。沈祖荣先生虽然在国外取得图书馆学专业学位，此前他服务的武昌文华公书林也是外国传教士所办，但是在图书馆学专门人才的培养方面，他并没有照搬外国的理论和实践，而是一直坚持走中西结合、不断改良的道路。在谈到图书馆学专业课程的设置时，他曾说道：

> 但我国图书馆事业，自有其特征。我们国家人民所要求于图书馆的，也有其特征。这样，我们要讲授图书馆的组织、管理、行政、方法等，自然不得不特为适应这种种了。至于目录学、编目法、分类法、参考法、书籍选择、图书馆史，等等，我们的课程不成问题，自然也要中西兼备的。再如外国语，如德、法、日文等，以及经规定一般学校必须设置的几项课程，在外国图书馆学校里是没有的，而我们却应当有。又再如与图书馆相关系的课目，如档案管理、序列法、索引法、古器物学等，和图书馆员亟应补充学习的课目，如图书馆应用簿记会计等，我们想到也是必不可少的。③

---

① 沈祖荣：《参加国际图书馆第一次大会及欧洲图书馆概况调查报告》，《中华图书馆协会会报》1929年第3期。
② 沈祖荣：《沈祖荣文集》，武汉大学出版社，2013年，第99页。
③ 沈祖荣：《沈祖荣文集》，武汉大学出版社，2013年，第280页。

正是这种兼收并蓄、不断改良课程设置的办学思路，才使得文华毕业生较好地适应了中国图书馆事业发展的需要。

除了强调古今中外的结合，沈祖荣先生还注重与其他学科的融合。他认为：

> 图书馆学训练与各专门学术研究，亟须打成一片，吾人深愿曾研究各专门学术者，仍能加入图书馆学学校再受两年图书馆学之训练，盖图书馆学训练，启示用书方法，及致力学问方法之处特多。对于治学方法与工具，指导特详。故修习各专门学术者，如能得图书馆学训练，将更易于成为该科之专家，必无疑也。①

正是秉承这种理念，文华图专在相当长的时间内以大学本科二年级以上为入学标准，并且举行严格的入学考试，使得其招收的学生均具有复合型的学科背景。

基于我国图书馆事业所处的发展阶段和地区差异，沈祖荣先生主张多层次、多元化的人才培养方式，在正规专门的图书馆学教育之外，采取半工半读性质的学徒制、暑期集中开办讲习会的模式，以满足有志于各级、各项图书馆工作人员之需求。在文华图专迁到重庆后，他还根据抗战的需要提出短期的人才训练方略：

> 对于原有的图书馆专校和大学的图书馆学系，要尽力维持，改善扩充；对于在职的未经专门训练的图书馆员，要举办讲习会，补充他们的知识和技能；对于战区出来的图书馆员或其他社会教育人员，要

---

① 沈祖荣：《中国圕及圕教育调查报告》，《中华图书馆协会会报》1933年第2期。

集中举办短期的图书馆员训练班,然后分发到相当的地方工作。①

沈祖荣先生还提出通过馆际合作的方式来培养人才,实现资源的优化配置。在他看来:

> 小图书馆与大图书馆更应有密切联络,利用假期,用补习或实习的办法,增进馆员程度,或者由各大图书馆在假期开办图书馆员讲习会,或者由小图书馆派员到大图书馆研究几星期,种种机会,均可利用,使图书馆工作上、人才上得着圆满的效用。②

3. 不断强化图书馆工作的价值和专门性以改进图书馆学教育

民国时期,图书馆处于社会教育的范畴,政府对图书馆的重视不够。为了发展图书馆学教育,沈祖荣先生通过演讲、撰文、提案等各种方式强化图书馆工作的专业性,呼吁重视图书馆教育的价值。如1920年,他在北京高师图书馆讲习会上演讲《我们何以要提倡图书馆呢?》。1922年,在中华教育改进社第一次年会上,沈祖荣先生一人即提出了六项议案:

(1) 拟呈请教育部通咨各省长转饬各教育厅长,除省会内必须建设省立图书馆外,凡所属之重要商埠(如上海、汉口等处)亦必有图书馆之建设;

(2) 拟呈请教育部通饬全国,无论公私凡已设之大学及与大学相

---

① 沈祖荣:《沈祖荣文集》,武汉大学出版社,2013年,第308页。
② 沈祖荣讲,李尚友记:《公立圕在行政上及事业上应有之联络》,《中华图书馆协会会报》1936年第3期。

当之学校（如高师及高商之类），其中若不附设图书馆，备置中西两万册以上之书籍，不承认该校之成立；

（3）拟呈请教育部会同财政部筹拨相当款项建设京师图书馆；

（4）学校与图书馆有最密切之关系，故凡中学暨高等小学校皆宜有附设学校图书馆之规定；

（5）凡著作家出版之书籍，欲巩固版权须经部审查注册者，宜将其出版之书籍，尽备两部义务，一存教育部备案，一存国立图书馆以供众观览；

（6）凡学校未附设图书馆者不宜举办图书科或图书馆员训练所。①

这六项议案或原案通过，或合并其他议案通过，主要是为了呼吁政府、教育部门重视图书馆建设，以各种方式保障和推动图书馆事业的发展。其中第六项恰恰说明了图书馆学教育的专业性，开展图书馆学教育是有一定的门槛和要求的，需要图书、设备、馆舍等基础设施，在条件不成熟的情况下开展图书馆学教育无法产生应有的效果。1923年，沈祖荣先生在中华教育改进社刊物《新教育》杂志上发表了《提倡改良中国图书馆之管见》，提出图书馆在推动教育发展中具有至关重要的作用，应组织图书馆责任委员会，规定常年经费，促进图书馆建设，介绍最新的图书馆管理方法，养成图书馆人才。②

1933年，沈祖荣先生受中华图书馆协会执行委员会委派，调查国内图书馆及图书馆学教育状况。他实地走访十余所城市的30所图书馆，并与各图书馆负责人讨论图书馆管理和人才训练方面的

---

① 洪有丰等：《分组会议纪录：第十八图书馆教育组》，《新教育》1922年第3期。
② 沈祖荣：《提倡改良中国图书馆之管见》，《新教育》1923年第4期。

问题，听取了业界的声音，并有针对性地提出了图书馆事业发展和人才培养方面的建议，并在《中华图书馆协会会报》上发表了《中国图书馆及图书馆教育调查报告》，评价了我国图书馆学教育的现状，总结了图书馆学教育的诸多问题、社会对于图书馆学教育的需求，并呼吁各界人士重视和赞助图书馆学教育。在该报告中，沈祖荣还以中华图书馆协会第一次全国图书馆教育组的名义拟定了"关于改进我国图书馆学专门教育问卷"，针对图书馆学专门教育的改进设计了16道问题，征询业界对于教学、培养目标、设施、录取标准等方方面面的意见。① 他还高瞻远瞩地指出，针对图书馆学校学生的成绩考核、程度标准、考试制度等问题，应该由中华图书馆协会主持制定相应的规程。另外，他还提出了实行图书馆员职业资格认证制度及办法："凡执业于图书馆者，俱须得有凭证，或属普通，余如例。"②

1936年7月在中华图书馆协会上，沈祖荣作为图书馆教育委员会主席作了报告，肯定了图书馆学教育取得的进步，也表示了继续争取政府支持的愿望，并根据现实条件提出了开办暑期图书馆学讲习会以解决图书馆学专业人才训练的需要。抗战时期，他积极撰写了《国难与图书馆》《图书馆教育的战时需要与实际》《战后图书馆发展之途径》等文章，希望引起政府和社会对图书馆事业的重视，争取对专门人才培养的支持。他表示：

---

① 王余光主编，范凡等选辑：《清末民国图书馆史料汇编》（第1册），国家图书馆出版社，2014年，第333—338页。
② 王余光主编，范凡等选辑：《清末民国图书馆史料汇编》（第1册），国家图书馆出版社，2014年，第323页。

希望教育行政当局改变向来对于图书馆教育的政策。过去对于图书馆教育的政策可以说是放任的、不置重的，这从管理、经费和培养人才方面看得出来的。现在需要整顿和振作了，因为图书馆的一切改革和设施的主要部分是靠教育行政当局支配与指导的。①

他还列举国外的例子：

各国政府或各大图书馆，大都设有图书馆专门学校，以培植人才。故其图书馆事业之发展也，管理也，往往举重若轻，由难变易，皆因其有相当之人才，以对付之也。我国图书馆事业，才属萌芽，百端待理。若无专门人才以扶持整顿于其中，发挥光大，难可与期也。深望我国政府及协会注意及此，或创办新校或补助旧有者，皆刻不容缓之事也。②

不仅如此，沈祖荣还将对图书馆事业的忠诚和热情传递到下一辈身上，引导自己的子女成为图书馆事业的接班人。其子沈宝环回忆说：

我父亲力转乾坤使沈氏家族蜕变为图书馆家庭：我沈氏家族和我国图书馆事业不可分割是我父亲苦心筹划的结果。他在写作中一再表示图书馆人员的生活是清苦的、艰难的、麻烦的、容易烦心的。他曾对我们母亲说：如果我们自己的子女都采取这种态度，轻视图书馆事业，我如何能够鼓励人家的子弟走进文华图专。他这番话显然打动了

---

① 沈祖荣：《沈祖荣文集》，武汉大学出版社，2013年，第310页。
② 沈祖荣：《沈祖荣文集》，武汉大学出版社，2013年，第169页。

母亲的心,奠定了母亲以后电召我兄妹从成都回到重庆廖家花园文华图专新校址注册入学的动机。①

沈祖荣先生的长女沈培凤(沈宝珠)毕业于国立武汉大学外文系,于1942年1月成为文华图专的讲师。其长子沈宝环先生,毕业于复旦大学,习政治,于1940年进入文华图专学习两年,毕业后曾在国际问题研究所工作一年,1943年回校任讲师、总务长。二女沈宝琴则于1942年至1944年就读于文华图专。为改进文华图专的课程设计,1947年,沈宝环留学于美国丹佛大学图书馆学系,先后获得图书馆学硕士、博士学位,其博士论文题目为《关于文华图专课程设置刍议》(*A Suggested Curriculum for Boone Library School*),想必亦是受到父亲的影响。

沈祖荣先生自1911年从文华大学毕业后,便从未离开过图书馆领域。自1920年与韦棣华女士共同创办文华图书科后,他更是将文华图专的维系和发展作为自己毕生的信仰,为文华图专的经费筹措、课程设计、师资建设、人才培养苦心孤诣,哪怕历经战争、灾难等各种坎坷,也从未放弃过。他也是一位图书馆社会活动家,是新图书馆运动的推动者,将国外先进的图书馆理念和技术引入国内。作为中国图书馆协会的发起人之一,他担任执行委员和理事数十年,为中国图书馆事业的发展奔走呼吁,不仅活跃在国内图书馆界,还积极与国外图书馆界建立联系,争取国外对中国图书馆学教育和事业的认可和支持,他被称为"中国图书馆学教育之父"当之无愧。

---

① 沈宝环:《文华精神与中国图书馆学教育之父沈祖荣》,载马费成主编《世代相传的智慧与服务精神——文华图专八十周年纪念文集》,北京图书馆出版社,2001年,第6页。

二、李小缘、刘国钧与图书馆学教育

(一)生平简介

李小缘(1897—1959),原名李国栋,江苏南京人。1915年考取金陵大学文理科,在校期间曾以学生助理身份服务于金大图书馆。1920年大学毕业后在金陵大学图书馆工作。1921年夏,在该校图书馆馆长克乃文的介绍下自费赴美国纽约州立图书馆学校留学,毕业后又转入哥伦比亚大学师范学院研究社会教育学,获硕士学位。在美期间,他于1922—1924年连续三个暑假在美国国会图书馆从事中文编目工作。1925年5月回国,就任金陵大学图书馆西文编目部主任。1927年秋金陵大学图书馆学系成立后,他兼系主任,1928年任金大图书馆馆长,翌年5月任东北大学图书馆馆长。1930年复回金陵担任中国文化研究所研究员及教授,抗战时随校西迁成都。1948年复任金大图书馆馆长。

刘国钧(1899—1980),江苏南京人,1920年毕业于金陵大学哲学系,留校图书馆工作。1922年经外籍馆长克乃文推荐赴美国威斯康辛大学留学,修读图书馆学课程。1925年获哲学博士学位,暑假后即回母校服务,担任图书馆中文部主任,兼授哲学课程。1928年接任文理科长,并教授图书馆学课程。1929年至1930年任北平图书馆编纂部主任,主编《图书馆学季刊》。1930年回金陵大学,任教授并先后兼图书馆馆长、文学院院长等职。1937年随金陵大学内迁成都。1943年到兰州,任国立西北图书馆筹备主任,1944年任馆长。1945年7月至1946年9月,国立西北图书馆停办,此时刘国钧任中央大学哲学系主任。1946年9月国立西北图书馆复馆,刘国钧仍任馆长。1947年2月,国立西北图书馆更名为国立兰州图书馆,1949年该馆与省立兰州图书馆合并为兰州人民图书馆(即今甘肃省图书馆前身)。1951年任北京大学图书馆学系教授,1958年起担任系主任。1980年6月27日病逝世于北京。著有《中国图书分类法》《图书馆学要旨》《图书馆目录》《中国书史简编》《刘国钧图书馆学论文选集》等。

从以上生平介绍可以看出,李小缘、刘国钧在民国时期直接从事图书馆学教育的时间并不长,金陵大学图书馆学系囿于当时的社会和经济条件,仅开办两期就停止了。但他们的图书馆实践和学术研究,对于中国图书馆学教育和人才培养却具有重要的影响。

(二)李小缘、刘国钧的图书馆学教育活动

李小缘、刘国钧先生自回国以后,便积极活跃在国内图书馆界,直接参与图书馆学教学工作,为图书馆事业培养人才。他们认识到图书馆学专门人才的紧缺是当时图书馆事业发展的最大困难,于是奔走各地,讲授图书馆学专门知识,训练图书馆人员,并在金陵大学开设了图书馆学系。当时开设的课程有图书馆学大纲、参考书使用法、中国重要书籍研究、目录学、分类法、编目法、杂志报纸、政府公文、特种图书馆、民众图书馆、索引与序列、书史学、印刷术、图书馆问题研究、图书选择原理和图书馆史,李小缘、刘国钧先生均担任了课程的教授。李小缘先生还撰写了《中国大学图书馆教员指定参考书之研究》(载《金陵光》1927年第1期),为开展图书馆学教学搜集、选择、研究相关参考书,并为图书馆学者指明了研究的门径。

李小缘、刘国钧两位先生还积极参与了其他各种形式的图书馆学教学活动,支持各地的图书馆学办学。主要有:(一)1925年,中华图书馆协会联合中国职业教育社、江苏省教育会,连续两年开办图书馆暑期学校,由在协会中担任重要职务的刘国钧提议,暑期学校开办了"儿童图书馆"课,占0.5学分,每周2个学时,由李小缘、刘国钧两位先生担任讲授。(二)1925年8月,上海国民大学设立图书馆学系,刘国钧、李小缘曾担任临时演讲。(三)1926年夏,南京东南大学于暑期设图书馆科,毕业者给以证书。所开课程有学校图书馆及分类等,刘国钧曾担任教授。(四)1930年7月,上海私立创制中学添设图书馆科,招收初中一年级新生及二年级插班生,专为养成学校及公共图书馆适用人才。李小缘和刘国钧均担任指导委员,与其他图书馆界、教育界同人为该系的发展和推广学生出路出谋划策。(五)1940年11月6日,四川省教育厅在省立图书馆内举办中小学校图书管理人员讲习班,对在职人员进行业务培训,其中刘国钧先生负责讲授图书分类,李小缘先生负责讲授图书馆建筑与设备。此外,1927—1928年大学院制时期,李小缘先生还担任过第四中山大学区社会教育暑期讲习所民众图书馆学讲师、中央大学图书馆学教授、中大区民众教育院讲师。

李小缘、刘国钧还以讲演、提案的形式推广图书馆,引起人们对图书馆学教育的重视,促进图书馆员素质的提高。1925年,美国图书馆学家鲍士伟来华考察图书馆事业之际,李小缘先生在报章上发表了《对于鲍士伟博士来华之感想与希望》,提到希望鲍士伟能够注意到中国图书馆事业的八项需要并给予明白的指导,其中就包括人才缺乏的问题。李小缘先生指出:

现在国内知道图书馆的没有几位,知道中国书的亦日少了,能用科学方法研究目录学的更少了。只靠几位学图书馆的,是不够用的。专靠外国人供给我们人才是暂时的,不是永久的;是外国式的,不合中国用的。所以欲办图书馆的第一步,必须首先训练人才。①

可以看出,李小缘先生对当时图书馆事业发展的困难有着清晰的认识,他认为缺乏专业人才是首要问题,这类人才的培养不能只靠西方,必须开展本土化的图书馆学教育,培养适合中国需要的图书馆人才。

1928年3月,刘国钧与李小缘先生一起在金陵大学北大楼演讲"如何使用图书馆",听讲人约百人,对于提升学生利用图书的意识和技能具有积极意义。同年5月5日,大学院在南京召开全国教育会议。刘先生提交了"请规定全国图书馆发展步骤大纲案",是当日有关中国图书馆事业发展的8个知名提案之一。在该案中,刘先生将当时的图书馆事业分为四个方面,其中第一个方面即培育人才。他指出:

有图书馆而没有适当的人去管理经营,就和有琳琅满架的图书而不知道研究的方法一样,终究得不着实益。培育人才不外三个方法:一是办理专门学校,目的在养成深造的人才;二是办理专修科讲习所,以教授技术的训练为主;三是由各大学设图书馆学系或科,以教授应用之目录学与基本之图书馆学原理为主。此外尚有一种临时方法,便

---

① 李小缘:《对于鲍士伟博士来华之感想与希望》,《晨报副刊》1925年6月4日第1024号。

是派人到外国去参观和实习。①

刘国钧先生认为,培育图书馆学人才是开展其他工作的基础,为此他还制定了人才培养相关的五年计划:

第一年(民国十七年)设立图书馆专门学校讲习科(一年毕业)……第二年(民国十八年)……令各省大学区或教育厅开始设立图书馆指导专员,并由大学院颁布图书馆指导员任用条例;第三年(民国十九年)……增设图书馆学专门学校本科(二年毕业入学资格限于大学毕业,以期与欧美最优之图书馆学校颉颃),令各大学增设图书馆学科……第四年(民国二十年)完成各省立图书馆指导专员……第五年(民国廿一年)开始设立各县图书馆指导员……第五年以后应时势之需要增设图书馆学校。②

1929年1月28日至2月1日,中华图书馆协会在南京金陵大学召开第一次年会,李小缘、刘国钧入选执行委员。李小缘先生提出了29项提案,其中关于图书馆学教育的提案有4项,包括2项关于培养和保护图书馆专门人才的提案,分别是:"保障图书馆专门人才服务案""呈请教育部从速培植图书馆专门人才案";2项关于在大专院校设图书馆系及目录学课程,使师生充分利用图书馆,指导学术研究入门的提案,分别是:"各种各级学校对于学生应有有步骤的图书馆使用指导案""各大学应设实用目录学课程以为指导学术研究之入门案"。前两项提案在于发展图书馆事业,突出人

---

① 刘国钧:《图书馆事业的进行步骤》,《现代评论》1928年第165期。
② 刘国钧:《图书馆事业的进行步骤》,《现代评论》1928年第165期。

才培养和服务的专门性；后两项在于提高在校学生的图书馆利用意识，实现图书馆在学术研究中的价值。李小缘先生从专业性和普遍性两个角度提出了推动图书馆教育的解决之道。以下对各项议案作一详细说明：

图书馆事业本身清苦，如果没有保障办法，则易于造成人才流失，加之当时图书馆工作人员中滥竽充数者众多，使得专门人才没有发展的空间，为此，李小缘先生在"保障图书馆专门人才服务案"中提出了人才的选、用、任、留等办法："一、提高人选标准，严加考试；二、提高专门人才服务之酬劳及待遇；三、服务一馆有一定年度之资格者，则应有养老金办法；四、由图书馆协会设图书馆职员介绍部，作忠实之介绍。"①

针对图书馆日益增多、人才极为缺乏的现状，李小缘先生在"呈请教育部从速培植图书馆专门人才案"中提出了以下解决办法：

一、由教育部聘图书馆专家，设立图书馆专门学校，并附设图书馆函授学校；二、或由教育部指定在国立大学筹设专科，得给予津贴；三、由教育部指定中央图书馆附设图书馆专门学校，及图书馆函授学校；四、由教育部通令各大学，暑期学校中，增加图书馆学班，为已任职馆员者补修之机会；五、由教育部逐年举行考试，选及格者资送留学；六、在有图书馆学校处，设免费生额数名。②

"各种各级学校对于学生应有有步骤的图书馆使用指导案"在

---

① 中华图书馆协会执行委员会编：《中华图书馆协会第一次年会报告》，中华图书馆协会事务所，1929年，第115页。
② 中华图书馆协会执行委员会编：《中华图书馆协会第一次年会报告》，中华图书馆协会事务所，1929年，第176—177页。

于培养学生自幼稚园起至大学，主动使用图书馆的习惯，培养阅读的嗜好，以养成自主学习、自动利用图书馆研究的习惯。李小缘先生提出的办法为：

一、在幼稚园先培养爱护书籍之习惯，如洗手看书等；二、在小学则灌输关于书籍之基本造法，及图书馆目录性质功用等；三、在中学则指导图书馆管理法及其用法；四、在大学则训练目录用法及实用目录学之编制等。由教育部通令全国各级公私立学校，按照以上步骤酌量施行。如：（一）按年级分班演讲及训练——若能进一步按级正式设班，尤觉有益；（二）各学校举行入学试验，宜有此项测验。①

"各大学应设实用目录学课程以为指导学术研究之入门案"认为实用目录学为学生自主研究的重要工具，也是大学一切课程的入门方法，可以提供入学的门径。为推动实用目录学的开展，李小缘先生提出的办法为：

一、由教育部规定，各大学在第一学年，皆应有实用目录学一门，作为必修课程；二、如第一条不便施行时，各大学图书馆应自动规定于入学首数星期内，即施以图书馆及目录学等之讲演；三、由各大学教授，于其所授各课程开始时，即有关于其课程范围内之目录讲演。如近代哲学史，必有研究近代哲学史之书目。②

---

① 中华图书馆协会执行委员会编：《中华图书馆协会第一次年会报告》，中华图书馆协会事务所，1929年，第187页。
② 中华图书馆协会执行委员会编：《中华图书馆协会第一次年会报告》，中华图书馆协会事务所，1929年，第189页。

同样在中华图书馆协会第一次年会上，刘国钧先生提出了"请拟定本会事业之进行程序以资发展案"，将中华图书馆协会应该推进的事业定为研究、目录、出版、指导四个方面。研究应先集中于分类法、编目条例、分类条例、标题表及建筑原则等急需解决的问题；目录事业以编辑杂志、索引及古书索引为最合需要；指导事业以应各地方或个人之请求，协同其组织或改良图书馆为目的，如派员指导及通信问答等。① 在第二次年会上，他又与杜定友、何日章等共同提出了"请协会建议行政院及教育部指拨的款于北平设立图书馆学专科学校案"。1932年秋，刘国钧先生出席浙江省立图书馆新馆成立会，并在当地发表了题为《图书馆馆员应有之修养》的讲演，总结出"馆员修养七律"：一、明了本馆之内容；二、调查图书馆所在地之社会状况；三、自知短长；四、对阅者应持和蔼态度；五、须有丰富常识；六、尤须有耐苦之心；七、研究图书馆学之基本知识。② 这些意见对于图书馆员专业能力和服务意识提出了要求，促成了合格馆员标准的形成，对馆员职业规范的形成具有促进作用。

(三)对图书馆学术研究的贡献

刘国钧、李小缘对图书馆学教育的贡献还在于积极开展图书馆学紧要问题的研究，包括图书馆学基本理论、分类、编目等问题，以推动图书馆学理论的建设和实际工作的发展。1934年，刘国钧出版了《图书馆学要旨》，通过理论的阐发说明图书馆学的原理和

---

① 中华图书馆协会执行委员会编：《中华图书馆协会第一次年会报告》，中华图书馆协会事务所，1929年，第34页。
② 刘国钧：《图书馆馆员应有之素养》，《浙江省立图书馆月刊》1932年第9期。

应用，确定了图书馆学的内容体系。此书完全为未受过图书馆训练者说法，故每章之后附有问题和参考书，以便读者作进一步的探考。而《中国图书分类法》《中文图书编目条例》则结合西方图书学理论、中国图书的特点和刘国钧亲身的图书馆学实践经验而形成了适合中国本土需要的分类编目体系。刘国钧还发表了《美国图书馆学教育之新发展》和《今日中国图书馆之需要及馆员应有之准备》，为国内图书馆学教育和人才培养提供参考和建议。

李小缘先生从自身学术研究的实际出发，宣传、提倡图书馆学书籍的整理编纂、图书馆学术研究的规范化，为图书馆学教学和研究提供保障。在1929年中华图书馆协会第一次年会上，李小缘就提出，中国传统图书馆学文献十分丰富，如《澹生堂藏书约》《藏书纪要》等，但这些书籍不容易购得，应该由中华图书馆协会组织加以搜集，编校印成丛刊，使学图书馆者易于购置研究。此外，由于传统图书馆学资料散佚，读者研究阅读十分困难，而当时的图书馆学书籍多为英文原版，中文图书馆学书籍寥若晨星，因此必须编纂中文图书馆学书籍，作为发展图书馆学事业的基本工作。[①] 由于中国图书馆学理论知识均从西方理论翻译而来，不同的译者对同一名词有不同的译法，极易给读者研究或者从事图书馆工作造成误解，为了实现中国图书馆学学术研究的规范化，李小缘先生提出要统一图书馆学专门名词，制定标准编目条例，以便指导编目人员的实际工作。[②]

---

① 中华图书馆协会执行委员会编：《中华图书馆协会第一次年会报告》，中华图书馆协会事务所，1929年，第153页。
② 中华图书馆协会执行委员会编：《中华图书馆协会第一次年会报告》，中华图书馆协会事务所，1929年，第158页。

为了教学需要，李小缘先生先后编写了一系列教材，如《图书馆学讲义初稿》（附图书馆学书目，1927年），《民众图书馆大纲》（江苏大学民众教育学讲义，1927年），《民众图书馆讲义》（中央大学暑期学校，1928年7月），《目录学》（选读单、目录之种类，1927年7月），《图书馆学》（第四中山大学、江苏大学讲义，1927年9月），《图书馆学大纲》（建筑、设备、推广讲义，1940年2月，成都）等。① 其中《图书馆学》共十二章，280多页，综合了中西图书馆学的思想，如关于图书的选购，李小缘先生就论述了郑樵《通志·艺文略》中所论的八种图书选购方法。1927年7月，李小缘还编印了目录学大纲，拟定了目录学参考书目录。兹将该大纲的内容列于下：

前编：导言
1. 目录学之需要及其理由
2. 读书十部法；
3. 中西书籍制度之历史：（1）文字；（2）文具；（3）纸；（4）印刷；（5）装订；（6）笔画
4. 书之各部分：中籍、西籍
5. 图书馆中目录：（1）书本式；（2）卡片式（卡片之种类）；（3）字典式；（4）排列法；（5）编目；（6）分类；（7）索书号码；（8）练习单

后编：目录学
6. 目录学之定义：（甲）范围与性质；（乙）目录学与图书馆性质之不同；（丙）目录学与编目法之不同；（丁）目录学与分类法之不同；

---

① 马先阵、倪波编：《李小缘纪念文集》，南京大学出版社，1988年，第364—366页。

（戊）目录学与校雠之不同
7.中国目录学史
8.论中文目录材料来源之种类

该大纲既包括了历史部分，又包括了形制和方法，而且侧重于中文目录学的内容。李小缘的《目录学大纲》还附有《目录学选读单》，推荐图书馆学中文著作38种，西文著作17种，其中尤重中国传统目录学，推荐了马衡的《中国书籍制度变迁之研究》、叶德辉《书林清话》、王国维《简牍检署考》、孙毓修的《中国雕板源流考》等。

三、杜定友的图书馆学教育实践和思想

杜定友先生可谓民国时期图书馆领域的多面手。他1921年毕业于菲律宾大学图书馆学系，同时还获得教育学学士学位和高等师范毕业证。这样的教育背景使得他的职业活动常常在图书馆学和教育学领域交叉。杜先生专任图书馆学教席的时间不长，但他对于图书馆学教育和图书馆事业之间的关系却有着非常清醒的认识，并且笔耕不辍，集图书馆管理者、图书馆学研究者和教育者三重角色于一身，是推动我国图书馆事业发展的先驱之一。

（一）杜先生之于图书馆学教育的实践

1921年9月6日，杜定友先生从菲律宾回国不久，即被广州市教育局特聘为新成立的广州市立师范学校校长。杜先生在任职的第一学期就在该校设立图书管理科，将之定为必修科并亲任教授，为

中国师范院校设立图书馆学课程之先例。他还自设奖学金 36 元，以供爱好图书馆学者添购书籍。10月中旬，杜定友又被聘为广东省教育委员会仪器事务委员，分管图书馆事宜。对中国图书馆近代史来说，这是教育行政机关第一次设立司理图书专职。① 杜先生还拟定了《推广全省学校图书馆计划书》，提出设立教育委员会图书馆，采用新式方法管理，为学校图书馆的建设提供示范；设立图书审查会，建立书籍遴选的标准；创办图书管理员养成所，培养图书管理人才；组织图书馆研究会，以求集思而广益。②

1922年7月3日至8日，中华教育改进社第一次年会在山东济南召开，杜定友先生专程赴会，并在图书馆教育组会议上先后提出了如下议案：（1）推广全国图书馆案；（2）统一图书馆管理法案；（3）呈请教育部推广学校图书馆案；（4）大学应添设图书馆教育专科案；（5）请教育部添设图书馆教育司案。但是，这些议案中除第三条经全体讨论拟定理由及办法决议通过外，其他的议案或因"范围太广"或因条件未成熟而暂为搁置。可以看出，这个时期，杜先生从菲律宾归国未久，胸怀建设祖国图书馆事业的雄心，加之又有在广州顺利推广图书馆事业的经验，因此对图书馆事业的开展比较乐观和激进，希望在全国范围内从制度、管理和教育各方面发展图书馆事业。然而，由于各地的情况不一，加之图书馆事业刚刚起步，这些计划虽然很有前瞻性，却未能得到其他同仁的认可。为此，杜定友先生决定从广州着手，以此为据点，争取各种资源将广州的图书馆事业发展起来。

1922年7月，广东省立图书馆与教育会图书馆合并办理，杜定

---

① 王子舟：《杜定友和中国图书馆学》，北京图书馆出版社，2002年，第211页。
② 杜定友：《广东图书馆教育计划（附图表）》，《教育丛刊》1923年第6期。

友兼任省立图书馆主任;11月2日,广州市读书会成立,广东省教育委员会委员长陈伯华任主任干事,杜定友任介绍股干事;11月16日,杜定友任广东省教育委员会督学、图书馆主任。1923年初,杜定友在北京高师编的《教育丛刊》图书馆学术研究号上发表了《广东图书馆教育计划》,在原有的《推广全省学校图书馆书计划》基础上,提出增加经费,扩充范围。其具体内容包括:(1)组织图书馆教育科;(2)速谋图书馆教育之普及;(3)建筑宏大之模范图书馆。[①] 关于第二点,杜先生根据现实情况作了如下部署:

一则各校教授图书科,以教授学生,利用图书馆之方法,及养成读书之习惯。一则各地广设图书馆,以应一般人民之需用,及提高各地之文化。其教授图书科一层,今之堪任教授者,人数不多。而全省九十余县,征聘殊难,故为先急后缓之计。先行通令各师范学校,自本年下期起,一律添授图书馆学一科,其教材即将定友所编之《图书馆与市民教育》《世界图书分类法》《汉字排列法》《编目法》《目录排叠法规则》《著者号码编制法》《著者姓氏检查表》等已印行者,分发各校,再将未印行之《选择法》《购订法》等十余种,继续印发,以供资取。[②]

然而计划推出不久,1923年3月初,广东省署以省图书馆系地方文化,不应由教育委员会管理为由,裁撤杜定友省馆馆长职务,杜先生愤然离粤赴沪,于当年6月任复旦大学教授兼图书馆主任。离开广州以后,杜定友先生即脱离了教育行政部门的职务,主要在

---

① 杜定友:《广东图书馆教育计划(附图表)》,《教育丛刊》1923年第6期。
② 杜定友:《广东图书馆教育计划(附图表)》,《教育丛刊》1923年第6期。

高校从事图书馆管理和相关教学工作。然而图书馆人才的训练一直是杜先生力图改变的问题，他先后参与了各种形式的图书馆学教育活动，如讲演、开班、带学徒等。他认为，在图书馆事业发展初期，应该开展不同层级的教育形式以满足现实的需求。

1924年7月间，杜先生受河南教育厅邀请参加河南省第四届小学教员暑期讲习会，讲习会设小学图书馆管理法1科，由杜定友任课，为期3周，听讲者300余人。① 会后，杜定友还帮助整顿河南第一学生图书馆。1925年8月，章太炎、袁希涛、王云五、朱经农等人在上海发起成立国民大学，杜定友先生亦位列其中，他不仅负责该校图书馆的建设，还创办了图书馆学系。杜先生兼任图书馆馆长的同时还负责讲授图书馆学专业课程，为方便对图书馆学有兴趣之学生与有进修之需要的在职馆员，上课时间定为每周二、三、五下午7时到9时。杜先生专门主持制定了该系的发展计划，并积极寻求图书馆学教育与社会及业界的合作互动。遗憾的是，国民大学翌年即关闭，这些计划最终未能成行。然而，杜先生对推动图书馆学教育、普及图书馆学知识、培养专门人才的热情和信念始终未减，数十年来，他奔走于大江南北，在各地进行图书馆学讲学、图书馆工作演说。1925年，中华图书馆协会与东南大学、中华职业教育社等合办暑期讲习班，杜定友教授"图书馆行政""学校图书馆""图书分类法""图书流通法"等课程。同年，他还在江苏第二师范学院和上海广肇公学讲授图书馆学课程。1928年暑假，杜定友在广州中山大学图书馆工作期间，指导广东省立工专、一中、二中、女师四校所派来的练习员，教授他们关于图书管理的基本知

---

① 王安功：《书归何处：近代以来藏书文化与社会》，新华出版社，2022年，第288页。

识。他还担任武昌文华图专的特聘讲师，于 1930 年 6 月赴该校演讲一个星期，演讲题目为"中国新目录学建设论""图书馆经验谈"。1930 年和 1931 年暑假，先生还在江苏省立教育学院讲授民众图书馆学的课程。在担任广州中山大学图书馆主任并兼中大教授期间，杜定友曾一度计划在中大设立图书馆学系，后因抗战爆发而未成其事。1937 年 1 月，他从 200 余人中择优录取了 12 名出身贫寒的青年进入中大图书馆作练习生，亲自进行培养教育。1947 年 4 月，他还担任广东省图协于中山图书馆举办的图书馆学术演讲会主讲，内容包括图书馆学概论和图书分类法。

杜定友在图书馆界的实践也对图书馆学教育产生了影响。1924 年 6 月，杜定友与上海图书馆界同人发起成立了上海图书馆协会，他被推举为委员长，并于 7 月 13 日召开第一次委员会，议决了有关会费、调查上海图书馆情况和创办图书馆月刊等议案。1925 年 4 月 26 日，美国图书馆学家鲍士伟抵达上海，杜定友先生多次陪同并担任翻译。在主持上海图书馆协会期间，杜先生极力推动着图书馆学学术的发展。为方便会员研究图书馆学，他以上海图书馆协会与国民大学图书馆学系两单位的名义，组织图书馆学图书馆以及上海图书馆协会丛书的出版。其中，杜定友编写的就有《图书分类法》《汉字排字法》《著者号码编制法》《图书目录学》《图书选择法》《图书馆通论》《学校图书馆管理法》《图书馆学原理》《图书馆行政学》《图书馆学辞典》等。1931 年 5 月 24 日午，上海图书馆协会召开六届二次执监委员会，议决八项议案，其中第一项即为筹办图书馆学暑期讲习会，并推定马宗荣、孙心磐、杜定友为筹备委员。1932 年夏，杜定友先生还与上海大夏大学教授欧元怀等 120 余人发起创办上海图书馆，并四处募集资金。①

(二)杜定友先生的图书馆学教育思想

第一，分级培养图书馆学人才的思想。杜定友将图书馆学教育分成讲习所、实习班、师范科、大学科和研究科几个层级。他认为：

讲习所，养成通俗和小学图书馆学人才；实习班，辅助现任馆员；师范科，养成教员兼图书馆馆员；专门科，养成实用图书馆人才；大学科，养成专门图书馆人才；研究科，养成图书馆学师资及领袖人才。②

图书馆学短期培训是图书馆事业发展初期人才培养的必要过渡方式，但无法取代课堂教学。杜定友先生虽然积极到各处参加各种图书馆学短期培训，但是他也深刻地认识到：

那些演讲会、养成所，因为时间短促的关系，总有语焉不详之弊。而且图书馆学的功课很多是注重实习和研究的，不是讲堂上讲授可以了事。因此，历年所办的演讲会，除宣传和提倡方面，实际上的结果可算是很少。不过这是过渡时代必有的现象，即在今日欧美各国，也未能免掉呢。③

---

① 陈训慈：《最近中国图书馆事业之进展》，《浙江省立图书馆月刊》1932年第9期。
② 杜定友：《图书馆学概论》，上海商务印书馆，1927年，第63页。
③ 钱亚新、白国应编：《杜定友图书馆学论文选集》，书目文献出版社，1988年，第14页。

随着图书馆事业的繁荣，图书馆人需要面对和研究的问题日益复杂，培养图书馆学专门人才和推动图书馆学术研究需要大学学院的专门教育。图书馆学校非但要养成一般通俗图书馆或学校图书馆管理人员，而且要养成一批学问扎实的图书馆学者，以建设中国图书馆学。

第二，图书馆学专门教育与图书馆事业发展密切相关，图书馆事业不发达的原因就在于没有专门人才。人才异常缺乏是民国时期图书馆事业无法进步的一大原因。图书馆事业要发展，必须有一批办理图书馆的人形成合力，否则，"在宣传方面，在实际工作方面，都有孤掌难鸣之势。因此图书馆在社会上的功用，不容易发现，也因为效用不见，所以社会上对于图书馆学，无专门的认识，这都是互为因果的"①。先生认为，图书馆理论要极端的专门化，不仅需要普通人才，而且需要图书馆学的领导人才。图书馆人才培养的目的就在于发展图书馆事业，"所以图书馆学校的学生，一方面作死的功课，在学校里研究学术；一方面要作活的功课，在社会上提倡图书馆事业，以力谋发展"②。他自己也以这两方面要求自己，笔耕不辍，积极编写有关图书馆学课程的教材，并将图书馆学管理和技术方面的研究经验所得发表出版。1927年，他还在中山大学图书馆组织图书馆学研究会，并出版"中山大学图书馆丛书"。为满足师范学校讲授图书馆学课程的需要，1928年9月，杜先生编成《学校图书馆学》一书，并交由商务印书馆出版。据中山大学教授程焕文先生的不完全统计，民国时期杜定友先生编写的著作不低于43部，发表的论文不少于118篇。他的著述内容十分广泛，不仅涉及图书

---

① 杜定友：《今日中国图书馆界几大问题》，《文华图书科季刊》1931年第3期。
② 钱亚新、白国应编：《杜定友图书馆学论文选集》，书目文献出版社，1988年，第18页。

馆学的理论思考，还涉及图书馆工作的具体方面，如分类、编目、检字法、图书馆建筑等。除了积极投身图书馆学实践，先生还多次在不同的场合发表图书馆演讲，如《图书馆与市民教育》《图书馆与平民教育》《图书馆与党化教育》《图书馆与女子职业》《妇女与图书馆事业》《图书馆职业的快乐》等，以宣传图书馆事业，吸引更多的民众理解图书馆，利用图书馆，认可图书馆职业。

第三，在图书馆学教学和研究中要中西并重，既要研究国外图书馆管理法在中国的适用性，也要研究中国古代传统的图书馆学理论。杜定友认为，现在研究图书馆学的人，要切实研究中国固有的版本学、校雠学、目录学、提要学等传统学科。通过参考国外二十多所学校的课程，他设计出了上海国民大学图书馆学系的课程，涵盖了图书馆概论、图书馆原理大纲、图书馆行政学、图书馆实习、图书选择法、图书分类法、图书目录学、参考法、学术研究法九大类。各类课程均中西兼备，如在图书选择法这一大类中，不仅有中外图书之版本研究、版目之辨别与估价，还包括了中国传统图书馆学的专题，如研究古书校雠学、校勘学、章句学、校读法、古书选读法，研究《汉书·艺文志》、经籍志、四库书目和藏书目的中国目录学。

第四，杜定友先生与沈祖荣先生持相同的观点，认为图书馆教育还应着眼于培训学生的图书馆服务精神。在杜定友看来，虽有高深的学问，若无图书馆服务精神为其背景，于人群也是没有用的。[①]另外，他还认为，图书馆是社会教育机构，图书馆员在社会上处于教育者的地位，需面对不同的读者群体，因此必须知识丰富。馆员

[①] 钱亚新、白国应编：《杜定友图书馆学论文选集》，书目文献出版社，1988年，第18页。

除了要学习图书馆学知识外,要特别注意学习普通常识。他在《我与图书馆学教育》一文中说:

> 在大学里,尤多以"老弱残兵,姨妈姑爹"之流,推入图书馆的门,以为图书馆工作清闲,可以修心养性,敷衍塞责。所以国内图书馆老办不好,这也是其中原因之一。我为了要从根本改造馆员的素质,所以预计分期招收练习生一百人,采用半工半读制,授以普通常识及图书馆学,尤重服务态度。①

杜先生还非常提携后进,毕业于国民大学图书馆学系的钱亚新、金敏甫都从先生身上受教良多。1926年,当时还在上海国民大学读书的钱亚新,之所以选择报考位于武昌的文华大学图书科,就是受到老师杜定友先生的鼓励。杜先生当时在上海国民大学讲授图书馆学课程,是国内知名的图书馆学专家。人们常说同行相妒,而杜先生不存私心,关爱学生,以实事求是的精神鼓励爱徒报考文华,令钱亚新一辈子感激不已。② 这里借用钱亚新的评价对杜定友先生的图书馆学教育实践作一总结:

> 先生不仅是一位很好的演说家,而且是一位循循善诱的教育学家。凡听过他演讲的或上过课的,莫不受其感动,印象深刻,历久不忘。他能讲、能写、能做、能跑,为图书馆事业奔走呼号。没有这样的人才、这样的忠诚,旧中国图书馆事业的发展,或将受阻。……他为图

---

① 杜定友遗稿,钱亚新等整编:《我与图书馆学教育》(《治书生活》之三),《山东图书馆季刊》1985年第4期。
② 武昌文华图书馆学专科学校编辑:《文华图书馆学专科学校季刊》(第1册),国家图书馆出版社,2009年,第3页。

书馆事业,抛弃了一切。这就是"传道"的精神。……先生认为一种专门学问在社会上得到承认,是要经过无数人的牺牲和悠久的时间才能实现。……现在大家都知道了,图书馆学是一门专门学问,这与他的牺牲奋斗精神,尽力以赴进行宣传工作,替图书馆事业奠下的良好的基础是分不开的。①

四、王重民与北京大学图书馆学专修科

(一)王重民先生生平

王重民,字有三,曾化名鉴。1903年出生于河北高阳,1924年考入北京高等师范学校,师从陈垣、杨树达、高步瀛、黎锦熙等大家。在读期间,他在北海图书馆馆长袁同礼的介绍下到该馆兼职。1928年大学毕业后,在河北大学任教一年,此后任职于合并后的国立北平图书馆,次年任北平图书馆编纂委员会委员兼索引组组长。由于当时北平图书馆与法国巴黎国家图书馆订有互派馆员的协议,1934年8月,王重民先生赴法,搜集与研究我国流失海外的图书资料。1939年,先生受美国国会图书馆远东部主任恒慕义的邀请前往美国,为该部鉴定一批中国善本书,并写成提要1600多篇。1941年,受中国驻美大使胡适与北平图书馆袁同礼馆长的委托,王重民由美返沪,负责将北平图书馆善本书运美保存,以免遭日军劫掠。同年5月,王重民返美。年底,这批古籍善本被秘密运往美国国会图书馆,王重民对这批古籍进行了整理,作了提要,并

---

① 钱亚新著,谢欢整理:《钱亚新别集》,南京大学出版社,2013年,第241—242页。

制成微缩胶卷。1947年2月，王重民夫妇由美返国，仍任职于北平图书馆，并在北京大学中文系兼职。此前，王重民曾向当时的北大校长胡适建议设立图书馆学系，以造就高深人才，因条件尚不具备，便先在中文系办图书馆学专修班，于1947年开始招生。1948年底，北平图书馆馆长袁同礼离开北平，由王重民代理馆长之职。1949年初，北平解放，王重民被任命为北平图书馆副馆长。同年，北京大学图书馆学专修科从中文系独立出来，王重民兼任主任。1952年，他辞去北京图书馆的职务，专任北京大学图书馆学专科主任。后北京大学图书馆学专科改为图书馆学系，王重民任系主任。1957年8月，王重民被划为右派，撤销系主任之职，并于1959年被借调到中华书局参加《永乐大典》的整理工作，1960年回系继续任教，"文革"时受到冲击，于1975年含冤自缢于颐和园。[①]

(二)王重民先生等筹划开设北京大学图书馆学专修科的背景

王重民大学期间即师从陈垣、杨树达等文献学大家，打下了扎实的传统图书馆学的理论基础，其在海外访书和北平图书馆工作期间，经手整理的古籍善本数量众多，并撰写了5000余篇善本书提要，在目录学、版本学、校勘学、索引编纂方面也积累了非常丰富的实践经验。这对他执掌北京大学图书馆学专修科期间的课程设置产生了重要影响。正是因为20世纪30—40年代在海外各大图书馆访书、抄书、编写提要的切身经历，当看到国外图书馆所收藏的大批中国古代珍贵文献既缺乏力量整理、也较少认真研究、更难广为

[①] 王余光：《王重民先生的生平与著述》，《图书情报工作》2003年第5期。

世人所用时，王重民感到十分遗憾。他希望在图书馆管理及文献、目录、版本学及整理祖国文化遗产等方面有更多的人来为之作出贡献。①王重民先生创办图书馆学教育的初衷就是要培养高层次的图书馆员，不仅要保存文献，而且要研究文献，更好地揭示和利用文献。

1947年北大校长胡适发表了《争取学术独立的十年计划》，提出用国家最大力量培植五到十所大学，以"集中第一流人才，替他们造成最适宜的工作条件，使他们可以自己做研究，使他们可以替全国训练将来的师资与工作人员"②。这一口号更加坚定了王重民先生回国投身图书馆学人才培养事业的决心。他在写给胡适的信中提道："重民在欧美流落了十几年，受了不少洋气，也算看了一点洋玩意［儿］（在东方学方面），所以'图强'之心非常迫切。"③可见，出国期间王重民先生对海外汉学已有相当的了解，他希望通过培养本土人才，推动中国对传统学术的研究。

在王重民先生与胡适校长正式讨论在北大开设图书馆学专门教育之前，北平图书馆馆长袁同礼先生对此事已经有所计划，可惜因为各种原因没有实现。此外，战时美国图书馆协会启动了援华项目，其中就包括对中国图书馆员的训练。1944年3月11日，美国图书馆协会总干事米兰致函袁同礼，告知打算派一图书馆专家访问中国，同时也表示将努力争取派员赴华的资金，希望由中华图书馆协会出具经中国教育部同意的邀请函。同年4月，袁同礼回复米

---

① 金恩辉：《寻根集——东北地方志论丛》，北京图书馆出版社，1998年，第126页。
② 胡适：《争取学术独立的十年计划》，《独立时论集》1948年第1期。
③ 北京大学信息管理系、台北胡适纪念馆编：《胡适王重民先生往来书信集》，国家图书馆出版社、安徽教育出版社，2009年，第484页。

兰，代表中华图书馆协会邀请美国专家来华考察，答应确保教育部的支持，并建议来华图书馆学家以美国国务院文化关系项目下赴华专家的身份成行；5月4日，教育部长陈立夫复函，表示同意美国图书馆协会派专家来华考察。① 1946年2月王重民还在美国时，美国图书馆协会的白朗（Charles Brown）就曾致电邀请他参加关于在北平开设"图书馆学班"的筹备会议。1947年，袁同礼先生推荐北平图书馆馆员钱存训赴芝加哥大学工读，并计划两年后安排其在北京大学筹设的图书馆学系任教。②

1946年3月1日，王重民先生在致胡适的信中分析了袁同礼先生关于开办图书馆学教育的计划，并向胡适建议在北大开展图书馆学训练，造就高深人才。为与当时唯一的图书馆学专门学校——私立武昌文华图书馆学专科学校在办学目标上区别开来，他还鼓励胡适提前考虑办学的师资问题。胡适基本上接受了他的建议。同年3月13日，王重民在给胡适的信中提议：

"图书"暂不成系，多筹备一时期，最好。去年守和先生以其计划见，重民即劝其于今年寒假招生，明春开课也。先生主张缓办一年，更好。明年暑假如能开系，若经费与人才都够，未尝不可招一班为第一年级，就北大一年级生选十人，从各大学校或图书馆职员考选十人，为第二年级也。总之，开办时不要太仓卒。③

---

① Library Association. Archives. University of Illinois, Urbana—Champaign, International Relations Office, China Projects, 1946—50, Series 7/1/5.
② 钱存训：《留美杂忆：六十年来美国生活的回顾》，黄山书社，2008年，第66页。
③ 北京大学信息管理系、台北胡适纪念馆编：《胡适王重民先生往来书信集》，国家图书馆出版社、安徽教育出版社，2009年，第439页。

在王重民先生看来，既要抓住这个机会推动图书馆学教育的开办，但又不能操之过急。

(三)图书馆学专修科的开办

1947年3月初，王重民先生担任北平图书馆参考部主任的同时在北大中文系兼课，讲授"敦煌俗文学"，同时积极筹备图书馆学专科的招生工作。为了全心搞好在北大的教学工作，从当年5月起，他就征得北平图书馆馆长袁同礼的同意，将工作重心偏向北大，只在北大领薪水，并退还了3、4月份已领取的北平图书馆的部分薪水。

1947年9月，北京大学中文系图书馆学二年制专修科开始招生。北京大学文学院中文系、历史系的毕业生（据说要求成绩在75分以上者）或肄业生可以申请选修图书馆学、目录学等基本课程，修满32个学分即授予图书馆学专科的学士学位。开办初期，不仅要面对招生的问题，还有经费及师资的问题，王重民先生也积极争取着各项有利于办学的国内外政策和资源。1948年1月5日，他与北京大学图书馆馆长毛准先生联名致信给当时的北平图书馆馆长袁同礼和北大校长胡适先生，提议借用美国图书馆协会的支持在北大举办西文编目的训练，以应急需。信中提道：

> 美国图书馆协会远东委员会主席Brown就要到中国了。他曾提议由美国图书馆协会转请罗氏基金会（笔者按：洛克菲勒基金会）拿五万美金，帮助我们北京大学发展"图书馆博物馆学系"。适之先生因为我们自己还没有根基，婉辞谢绝。他这次来，又想拿Fulbright Bill的钱，假借我们北京大学，来举办"西文编目学习班"，我们应该怎样欢

迎,或者应该怎样应付呢?统观他前后这两次善意,我们愿将我们所想的写在下边:

Brown 想办的图书馆补习班是注重训练西文编目人才,我们现在正办着的"图书馆学专科",仅教授普通功课,还没有分门训练。可我们既已举办专科,他若再办一个训练班,未免重复。若从明年暑假,把我们的专科分成"中文编目"和"西文编目"两组,特别请他们来帮忙训练"西文编目"的人,以其所长,补我所短,似是最好的一种协议方式。我们的图书馆学专科于明春开校后,正想多添两门功课,先作一点准备,叫学生们能有学力来领受他们的训练。

现在"图""博"两科开课已经半年了,博物馆的馆址也已奠定,明年就可以动工了。而且光阴似箭,一年半以后,我们就有毕业的学生了。我们现在正应该为他们开创实习的机会,俾他们到毕业的时候,能有相当的经验。我们想到了"中文编目"和"西文编目"的两大计划若能实现,不但叫在校的学生们可有机会实习,毕业的学生们可继续他们的学业,且于中西学术上,还有大贡献。①

在信中,王重民、毛准二位先生提议借助美国的资助和力量训练西文图书编目人才,并且在北大建立中西书目中心,使其成为中西学术的参考中心,也能为图书馆学教育提供教学和实践的辅助。由于人才训练和书目中心的建设都需要资金,因此他们征求胡适、袁同礼对这两项工作的意见,并探询如何争取美国罗氏基金会五万美金的资助。

就在1948年的5月3日,美国国务院第339号文件面对媒体发布了《基于富布赖特法案的有关赴华援建图书馆学校的资助》的

---

① 王菡:《王重民致胡适、袁同礼的一封信》,《国家图书馆学刊》2004年第1期。

通知，其中提到美国国务院与外国奖学金委员会宣布将以富布赖特项目①的名义资助六名美国图书馆学家到中国，与美国图书馆协会合作在华建设三所图书馆学校，服务时间为八个月。这三所学校选定为北平的国立北京大学、苏州的国立社会教育学院、广东的岭南大学，因此招募愿意赴中国服务的图书馆学家。②同年，中国教育界也有新闻报道，"中美已决定合作，在平津设立图书馆学讲习会，培植图书馆学人才，已有具体计划，可能今夏开始，经费利用美国剩余物资，中国方面已委托北平图书馆馆长袁同礼主持筹备"③。可见，胡适、袁同礼对王重民、毛准的计划有所认可，然而最终可能因为次年北平解放而不了了之。

由于图博系隶属于文学院下，属于兼修的专科，学生既要修读本专业的学分，还必须再修习32个学分的图博系专业课程，很多学生没法坚持。开办一年后，生源很不稳定，教学也很难保证。1948年7月8日，王重民先生又为办学事宜与韩寿萱联名给北大领导上书：

> 敬请学校准文学院于西语系、中国语文系、史学系、教育系及哲学系五系毕业生中，有申请愿学图书馆学或博物馆学者，严格选择十人，由学校给予奖学金或公费，俾专学习。

---

① 1946年，美国参议员詹姆斯·威廉·富布赖特（J. Williams Fulbright）在国会提出一项建立国际教育交流项目的议案，旨在通过教育和文化交流来促进国家间的相互了解。该议案立获通过，这一项目因此被命名为"富布赖特交流项目"（Fulbright Exchange Program）。该项目确立了美国与外国的学者和学生到对方国家交流进修的方案，受到这一项目基金资助的学者被称为富布赖特学者。

② Library Association Archives, University of Illinois, Urbana - Champaign, International Relations Office, China Projects, 1946—50, Series 7/1/5.

③ 《国内外教育消息·中美合办图书馆学讲习》，《四川教育通讯》1948年第35期。

他们还提出了遴选学生的具体方案，以保证生源的质量和学生学习的连续性和积极性，如申请奖学金学生限定为1948年应届毕业生，具有明确、坚定学习图书馆学、博物馆学的志愿，且考试成绩总平均分数在七十五分以上者；成立由文学院院长、图书馆馆长、文学院各系主任及图博科主任、教授组成的奖学金委员会；经学校准予奖学金后，该学生须具备志愿书并保证人，除非因病有医生证明者，不得中途退学，更不得因谋得职业而退学。[①] 可以看出，图书馆学专修科在创办初期，招生办学的艰难不易。

1948年7月26日，王重民致函胡适，报告了向文学院领导申请10名公费名额的事情，并希望胡适在校务会议上予以支持。最终图书馆学、博物馆学两专科争取到每学年共计10个公费名额。对于其他没有申请到学校的公费资格而面临辍学危机的学生，王重民通过勤工俭学或老师捐资助学等办法帮助这些同学，使他们能完成学业。校勘学教授王利器曾按月定额资助一位山东籍同学，直至1950年毕业分配工作为止。当时为了继续办学，王重民先生可谓多方努力，煞费苦心。

除了争取经费支持，在师资方面，王重民先生利用北大图书馆和北平图书馆的专家资源，延揽了燕京大学图书馆的耿济安讲授西文编目，北平图书馆的赵万里讲授版本书目，傅振伦讲授档案与史料，于光远讲授图书馆学等课程。1949年7月，图书馆学专科从中文系独立出来，可直接从高中毕业生中招生，并增加了王利器、陈绍业、万希芬等专职教师。

---

① 北京大学信息管理系、台北胡适纪念馆编：《胡适王重民先生往来书信集》，国家图书馆出版社、安徽教育出版社，2009年，第516—517页。

在图书馆学专修科课程的设置上,王重民先后开设了一系列新课程,如"普通目录学""中国目录学史""目录与书刊评介""历史书籍目录学""中国目录版本学""中国书史""中国工具书使用法"等,并编写了相关教材。中国图书馆学教育虽然一直倡导本土化、中国化,但是,民国时期图书馆学教育的课程设置大部分仍以西方图书馆学管理理论和实务为主。文华图专、金陵大学等图书馆学教育机构在课程安排上虽然增加了中文书籍的编目、分类、参考以及传统目录学的一些内容,但由于各方面条件的限制,这类课程的教学并不十分系统和深入。而王重民先生因为有深厚的目录学、版本学等文献学功底,并且也深谙各大图书馆对于这类文献整理研究人才的需要,因此,在北京大学图书馆学专修科的课程设置上,传统图书馆学课程的内容占了较大的比重。

除了图书馆学科的教学,王重民先生还十分注重图书馆学与博物馆学、档案学的融合。他曾经说过:"研究图书馆、档案馆、博物馆'三馆'学,不仅要通一馆的知识,还要兼通其他两馆的知识。因为三馆资料的采集、鉴定、编目、研究、刊刻,或者复制流传、图录、书影的印行,在过程或方法上都是相通的。"在美国期间,他曾经参观过美国国立档案馆,并写了报导。他在北大图书馆学系开设了"档案与史料"课,并邀请在国外接受过档案学训练的傅振伦去讲授,使学生了解档案对于目录学、图书馆学的重要性。

经过王重民等诸位先生的积极争取,最终图书馆学专业教育由附属于中文系下的两年制专科逐步走向独立,并且获得了发展。1949年北大图书馆学专修科成为独立建制的专业,1951年由专科升为本科,直至后来研究生方向的最初建制,都凝聚着王先生的诸多辛劳与智慧。他不仅制定教学计划,延聘名师,还总是站在教学第一线，亲自开设了许多课程。在中国图书馆事业与图书馆学教育发展史上，王重民先生作出了不可磨灭的贡献。①

第三节　其他图书馆学家与图书馆学教育

一、本土培养的图书馆学教育家

图书馆学教育的目的，在于培养图书馆事业发展所需的专门人才，其中不仅包括图书馆管理人员，也包括专业教学人员。在图书馆事业发展初期，由于专业人才的缺口较大，图书馆学教学人员的培养显得尤为重要。民国时期，自文华图专培养的毕业生纷纷走上国内各图书馆管理岗位，他们在各地各种形式的图书馆学教育活动中担任教员，逐渐成为图书馆学教育事业的第二梯队。如在北大开设图书馆学相关课程的严文郁；国立社会教育学院图博系原系主任汪长炳，教员徐家麟、岳良木、周连宽、黄元福等；任教于东南大学图书馆学暑期学校的黄星辉；任教于上海大夏大学的文华毕业生吕绍虞、钱亚新；主持天津市立师范学院开设图书馆学讲习班的陆华深；安徽省立第一中等职业学校图书馆学讲习班的刘华锦、董明

---

① 王锦贵：《大师级光辉形象　高层次精神营养：在〈胡适王重民先生往来书信集〉出版发布会上的发言》，《大学图书馆学报》2009年第3期。

道；上海商务印书馆函授学校图书馆科的徐亮；中华图书馆函授学校的陈鸿飞等。他们中执教时间较长者为毛坤、徐家麟、汪长炳，这三人均担任过文华图专的教务长。

毛坤（1899—1960），字体六，四川宜宾人。1915年考入四川省立师范学校，1920年毕业后任教于四川省立师范学校附小，1922年考入北京大学预科英文班，1924年入北京大学哲学系，1926年获得免费生奖学金进入武昌文华大学图书科学习，1928年毕业后留校任教至1947年，历任助教、讲师、副教授、教授、教务长等职，先后主讲中国目录学、中文图书编目法、西洋史部目录学、中文书选读、文史哲概论、档案经营法、档案行政学等近10门课程。在抗战爆发后文华图专西迁重庆的9年间，他成为沈祖荣先生最为得力的助手之一，同时也是中国档案学教育的奠基人。毛坤先生一生笔耕不辍，先后完成著述80余种，涉及图书馆学理论、图书馆事业、西洋图书馆史、中西目录学、编目法、分类法、档案学等多个领域，其中包括约10种极其珍贵的图书馆学档案学讲义。①

徐家麟（1904—1975），字徐行，湖北江陵人。1918年毕业于中华圣公会三一学校。是年秋，考入武昌文华中学，1922年转文华大学部，专攻图书馆学。1926年以成绩"优等"获文学士学位。同年暑期，应北京中华教育改进社之聘，任该社图书馆主任。1927年转职到清华学校图书馆，编目中文书籍，不久到燕京大学图书馆任中文编目主任。1929年9月，徐家麟调回武昌文华图书馆学专科学校，任讲师、副教授兼教务主任之职。1935年，通过韦棣华基

---

① 党跃武、姚乐野主编：《毛坤先生纪念文集》，四川大学出版社，2010年，第8—9页。

金,文华图专资助徐家麟赴美深造,先到哈佛大学汉和文库半工半读,选修哈佛大学历史学相关课程。1936年,他获得美国洛克菲勒基金会奖学金入哥伦比亚大学图书馆服务学院进修,1938年获硕士学位。1939年回国,仍回文华图专。1942年以后兼任璧山社会教育学院教授。徐家麟回文华图专时,正值抗日战争时期,他除了教课外,还为校长沈祖荣草拟英文请款书和计划函件,为文华图专争取到了美国洛氏基金会、美援华会、英国文化协会、英大使馆等机构的资助,使文华图专即使在战时也维持了发展。①

汪长炳(1904—1988),字文焕,湖北汉川人。1922年考入武昌文华大学。1926年进入北海图书馆服务。1932年,汪长炳赴纽约哥伦比亚大学图书馆服务学院工读,1934年获得硕士学位后转职华盛顿国会图书馆。1935年,国际图书馆协会联盟在西班牙马德里举行第二次国际图书馆大会,他代表中国出席,开展国民外交,会后去英、法、比及瑞士考察。1936年回国,任文华图专教授兼教务主任,讲授图书馆行政和参考工具书等课程。1941年,教育部在四川璧山成立国立社会教育学院,内设图书馆博物馆学系,聘汪长炳为系主任,此后他便为该系的发展筚路蓝缕。

毛坤、徐家麟、汪长炳先生作为文华图专的优秀毕业生,传承了韦棣华、沈祖荣等对于图书馆事业的忠诚,并且进一步推进了中国图书馆学教育的本土化。徐家麟、汪长炳先生从美国留学回来后正值抗战军兴,他们随着文华图专迁往大后方,全心致力于图书馆学教育的教学和维持,著作较少。国立社会教育学院图博系为民国时期政府开办的唯一一所四年制图书馆学高等专门教育机关,创办

---

① 柯愈春:《追求中国图书馆现代化的思想家徐家麟》,《图书·情报·知识》2009年第4期。

于抗战后方,并一直坚持办学,这与专业负责人汪长炳先生的付出和努力是分不开的。这里着重介绍汪长炳先生对于图博系的贡献。

首先是延揽和培植图书馆学师资。民国时期,缺乏师资一直是图书馆学教育发展中的一个突出问题。尤其在抗战时期的大后方,合格的师资更是难以寻觅。汪长炳职掌国立社会教育学院图博系以后,利用自己在北平图书馆的人脉资源,诚恳地邀请、说服这些具有图书馆实际工作经验的老文华人到该系任教。由于当时社会教育学院设在璧山,与图书馆学人才相对集中的陪都重庆之间交通不便,很少有人愿意迁往璧山专任教职,因此大部分都是兼任。1941年,汪长炳先生首先以身作则,克服子女上学的困难,将全家从大城市重庆迁往县城璧山。他多次往返于重庆、北碚之间进行动员说服工作,终于聘请到多位有真才实学的教授到校任教或兼课。为了减少这些兼课老师的往返之劳,汪长炳先生特别将他们担任的课程分几次集中讲授。汪先生和这些兼课教师既是同事,更是朋友。据汪长炳先生的子女回忆,当时经济条件匮乏,"学校伙食较差,他宁肯自己破费,请他们在家中用膳,并叮嘱母亲要做可口的菜肴热情款待,使他们感到如同在家中一样,从而安心任教"①。他对青年教师的培养更是考虑周到,不仅主动给予备课条件,提供参考书目与资料,而且经常与青年教师商讨讲授要点和教学艺术,进行多方面的帮助。

其次是筹备教学设施、建设课程体系。开展专业教学离不开相应的文献保障,战时书报刊供应困难,汪先生不仅要筹措专业教材和书刊,还要解决图书馆的藏书问题。面对这些困难,他毫不气

---

① 汪新珏、汪新瑢:《他为图书馆事业贡献了毕生经历——怀念我们的父亲汪长炳》,载国立社会教育学院四川校友会编《峥嵘岁月第二集》,自印,1989年,第148页。

馁，积极致函国内外有关单位，以购买、征集、交换、转让等多种方式获得了一批图书和讲义，并配置了打字机和实习室。由于图博系在当时国立高等院校是首建，既无教学大纲可遵循，也无教学经验可借鉴，汪先生白天忙于商讨教学计划，晚上在家中暗淡的灯光下，孜孜不倦地编写教材。[①] 他根据工作实践体会与专科教学经验，在安排专业课程时注重理论联系实际，不仅开设了“图书馆学概论”“中国图书史”“图书馆学专著研究”“图书馆行政与设计”等理论性课程，还设有“图书编目法”“分类学”“图书馆经营法”“目录学”“参考与参考工作”“图书选择”等图书馆工作领域实践性较强的课程。由于汪先生本身接受过美式图书馆学训练，因此在课程中也非常重视外语教学与英文打字，以提高学生外语水平。每门专业课都布置有各种实习和课外作业，并提出严格的要求，以加强学生对基础理论知识和基本技能的掌握。例如在图书分类、编目的教学工作中，特别重视目录的理论和分类的实践，每讲完一章，即令学生们在校内图书馆实习，进行实际编目和分类。学生毕业前的第七学期，由学校安排半年的专业实习与工作实践，提前接受岗位专业培训。为了不断提高教学质量，汪长炳先生还经常向学生了解学习情况，十分重视学生对教学及图书馆工作的意见。[②]

最后是倡导图书馆学研究，筹谋学生出路。在教学上，他非常注意启发学生独立思考，培养学生独立工作的能力，希望通过课程设计和讲授，指示给学生入学的门径，以便日后自主研究。汪先生

---

① 汪新珏、汪新璐：《他为图书馆事业贡献了毕生经历——怀念我们的父亲汪长炳》，载国立社会教育学院四川校友会编《峥嵘岁月第二集》，自印，1989 年，第 145—147 页。

② 丘克勤、王可权：《记汪长炳先生》，载国立社会教育学院四川校友会编《峥嵘岁月第二集》，自印，1989 年，第 140 页。

认为，图书馆学不只是单纯的技术性工作，要搞好图书馆工作，首先要具备各门学科的基础知识，不但要懂得社会科学，还要熟悉自然科学。他说："唯有读书，才能懂书；学博物馆的人，一定要博物，唯有博学，才能博物。"① 为此汪长炳先生特别开设了一门"各科名著介绍"的课程，由他亲自讲授，介绍国外各科著名作品及其作者。国立社会教育学院主编的《教育与社会》季刊上有许多图博系教师发表的文章，还于1944年12月5日出过一期图书博物馆学专号，登载的文章都具有很高的学术水平。1942—1945年，图博系成立了博文壁报社，定期出版壁报《博文》。1945年，汪先生组织图博系师生成立了中国图书馆学社，以研究图书馆学术和发展图书馆事业为宗旨，并计划陆续编印各种丛书，发行刊物。1945年6月30日，该社《图书馆学报》创刊号出版，汪先生在上面撰写了一篇两万字的长文，讨论图书馆学的实质问题。图书馆事业在当时的地位不高，不被人了解和重视，汪长炳通过循循善诱的言传身教，使图博系的学生对图书馆事业慢慢有所认识，逐步树立了奉献图书馆事业的理想。战时一些图博系毕业生往往面临毕业即失业的威胁，汪长炳为了给毕业生寻找出路，在学生毕业前半年就开始东奔西走，多方联系全国各地的大图书馆，以安排学生的工作。由于他的声望，历届毕业生中的绝大多数都能由系安排就业，这在当时是难能可贵的。图书博物馆学系从创办到解放后院系调整的10多年间，为国家培养了一批图博专门人才，先后毕业学生218名。

---

① 王世芳：《难以忘却的怀念》，载国立社会教育学院四川校友会编《峥嵘岁月第二集》，自印，1989年，第138页。

二、图书馆学教育活动家

民国时期第一批留美的图书馆学家几乎不同程度地参与了图书馆学教育活动,或者以各种方式扶持图书馆学教育,如胡庆生、戴志骞、袁同礼、冯陈祖怡等人。这里特别要提出来的是曾任北平图书馆馆长及中华图书馆协会执行委员会主席的袁同礼先生。袁先生在国内外图书馆界和教育界都十分活跃,他利用自身职务便利和影响力,积极参与、推动了图书馆学教育的发展。具体表现在以下几个方面。

首先是对图书馆专门人才的培养具有深刻的认识。1934 年,袁同礼谈道:

> 一切文化事业,均须赖图书馆博物馆与文献馆而保存,此三者之管理方法,在各国均成为专门学术,养成专门人才,经过极严格之训练,然后方能将图书、古物、档案,收藏有法,使用便利。深盼我国政府及社会,于此种专门人才之养成,特加注意,庶几文化资料,得以保存,而学术研究,易于进步。①

1944 年抗战胜利前夕,在《中华图书馆协会之过去、现在与将来》一文中,袁同礼先生展望了战后图书馆事业的四项重要工作,其中第四条就提到了人才培养的问题,袁先生指出:

> 吾人欲使全国图书馆平均发展,筹募大批经费固属重要,但必须

---

① 《京市各图书馆人员前晚欢宴袁同礼》,《中央日报》1934 年 12 月 8 日第 4 版。

先有健全之图书馆专门人才，方易办理。目前国内此项专门人才，为数过少，本会现已与美国商定合作办法，于战后派遣我国人士赴美研究，并约美国人士来华协助技术上之改进，美国图书馆协会并组织一远东委员会，主持此事。吾人目前自应积极准备此项人才之供给，使其生活安定，并推广其进修之机会。俾能安心任事，以图书馆为其终身之事业，如此方能使我国图书馆事业达成专业化、标准化与技术化之目标，而完成其辅进教育文化与建国事业之使命。①

其次是积极与国外图书馆界联络和交流。通过馆际互换，本土图书馆学人获得赴海外深造的机会，同时利用海外交流之机，延揽西方图书馆学人来华教学。袁同礼与国外图书馆建立的交换馆员项目，嘉惠了一批批图书馆员。据严文郁回忆：

因为当年留学生公费尚无图书馆学名额，必须与国外大学合作，得到半工半读机会。接洽数载，这一梦想居然于民国十九年成为事实。北平图书馆与美国纽约哥伦比亚大学成立协议，由前者派员一名到哥大图书馆学研究院肄业并兼管该校中文图书，为期2年。如果成绩能令哥大满意，每2年更换一人。我（严文郁）是第一个被派出去的。此后还有汪长炳及岳良木二人，相继赴美。

1934年，袁同礼先生与纽约洛克菲勒基金会（Rockefeller Foundation）商妥专为我国图书馆界设立图书馆学奖学金，开创了洛氏基金会补助人文科学研究的先例。首次获奖学金者为李芳馥、黄维廉两君，二人赴美国哥伦比亚大学图书馆服务学院就读，回国

---

① 袁同礼著，国家图书馆编：《袁同礼文集》，国家图书馆出版社，2010年，第29页。

后分别服务于北平图书馆和圣约翰大学图书馆,此后还有曾宪三、徐家麟、岳良木等人获此项资助。另外,袁同礼还向英国文化委员会等争取资助,获资助者有徐家璧、丁濬等。徐家璧1947年进入哥大图书馆服务学院工读,亦得益于袁同礼先生的推荐。1947年,芝加哥大学顾立雅教授致函袁同礼,希望他推荐人选赴芝大远东图书馆帮助整理多年积存的中文藏书。袁同礼先生介绍了北平图书馆馆员钱存训。钱存训以交换学者的身份赴美工作,同时可在芝大图书馆学研究院选课进修。[1] 自1930年到1949年,经袁同礼先生推荐出国留学或交换的北平图书馆馆员达二十余人。[2] 虽然不少留学馆员最终并没有回到北平图书馆服务,但在袁先生看来,他所做的一切不仅仅是为北平图书馆培养人才,更是为了推动中国图书馆事业的发展。[3] 同时,袁同礼先生还利用赴美访问交流之机,帮助文华图专联络、招募外籍教员。1934年,袁同礼赴美考察图书馆事业,其间访问美国各图书馆学校,当年5月到达厄尔巴纳的伊利诺伊大学图书馆学院,与该院院长助理克里格女士(Miss Krieg)提到了文华图专需要美国图书馆学教员的事宜。最终,费锡恩(Grace D. Phillips)女士于1934年下学期来文华图专任教。

再次,袁同礼先生还积极支持促成图书馆学教育的发展。他长期担任文华图专校董,为文华图专的发展建言献策,如筹划经费,添聘教员,向教育部与中华教育文化基金董事会继续请款,招考新生及本届毕业生出路事宜等。他曾任该校"特别讲演"嘉宾,为全

---

[1] 钱存训:《留美杂忆:六十年来美国生活的回顾》,黄山书社,2008年,第66页。
[2] 吴光清:《原北平图书馆馆长袁同礼学术传略》,载袁熙慧《思忆录》,台湾商务印书馆,1965年,第141页。
[3] 严文郁:《提携后进的袁守和先生》,载袁熙慧《思忆录》,台湾商务印书馆,1965年,第74—79页。

校师生演讲国内外图书馆事业发展的最新趋势。1930年4月22日在韦棣华女士来华三十周年纪念大会之际，袁同礼联合任鸿隽、周诒春等致函学术界：

> 拟募捐六万元建筑韦氏博物馆一座，募捐五万元为其手创之图书馆学校（即文华图书科）之讲学基金，既可为韦棣华女士之永久纪念，又能促进我国图书馆事业之发展，用意良美，国人自应尽量协助以促其成素仰。①

1933年起，袁同礼先生为纪念母亲韩太夫人，在文华图书馆学专科学校设纪念奖学金额一名，每年提供国币二百元。1934年12月，袁同礼在赴欧美调查各国图书馆现状回国后，曾在南京与国民政府教育部商洽创办国立图书馆学校事宜。1935年3月，他还到文华图专进行了两次讲演，介绍欧美图书馆新趋势。1945年起，袁同礼先生即计划与北大合作开办图书馆学训练机构。1948年，袁同礼先生还赞助了北平市立图书馆举办的讲习班。

另外，在用人上，袁同礼先生率先垂范，聘用图书馆学专业人才到国立北平图书馆任职。《国立北平图书馆工作人员任用规则》规定，编纂及组长任职资格之一为"曾在公立或已立案之私立专科以上图书馆学科系毕业，曾任编辑工作或其他图书馆行政职务三年以上者"，助理编纂或者组员的任职条件之一为"曾在公立或已立

---

① 北京图书馆业务研究委员会编：《北京图书馆馆史资料汇编（1909—1949）》，书目文献出版社，1992年，第1147—1148页。

案之私立专科以上学校图书馆学科系毕业者"。①袁同礼"又将北平图书馆职员中可造之才，派往或荐往武昌接受图书馆学专门训练。先后赴鄂肄业的有童世纲、于震寰、李钟履、李永安、丁潽及张桂森诸人"②。大批文华图专毕业生被袁同礼先生聘请进入北平图书馆襄助馆务，如岳良木、李芳馥、曾宪三、何国贵、曾宪文及徐家璧、孙述万、邓衍林、张树鹄、颜泽霪等。据费锡恩回忆，"在去年有一个学生没有找到工作，一个很不错的小伙子（仅仅是因为没有足够的职位），袁说，把他送到这儿（北平图书馆）来吧，可以在这干到他找到其他图书馆的工作职位"③。

袁同礼先生还常将北平图书馆馆员借调到其他图书馆任职，支援其他图书馆的建设，增长馆员的业务经验。1933年初，由于北平协和医学院图书馆编目部长章新民生病，该馆主任戴志骞夫人托袁同礼物色替代人员，袁先生推荐了北平图书馆馆员李钟履。李从2月1日至7月31日代职半载，服膺该馆行政管理及整理图书方法既简单新颖，又周密精当，在该馆副主任赵廷范帮助下编成《北平协和医学院图书馆馆况实录》，介绍该馆组织行政、经费、藏书之范围、购书方法、登记、分类、标题、编目、庋藏方法、流通、参考事业、参考书籍、杂志管理法、现行杂志陈列法、装订、交换及捐赠图书、文件保存法等，供我国医学专门图书馆仿效借鉴。④

---

① 北京图书馆业务研究委员会编：《北京图书馆馆史资料汇编（1909—1949）》，书目文献出版社，1992年，第1082页。
② 严文郁先生八秩华诞庆祝委员会编：《严文郁先生图书馆学论文集》，辅仁大学图书馆学系，1983年，第262页。
③ Grace D. Phillips：" Behind the scenes in the Peiping National Library"，《文华图书馆学专科学校季刊》1935年第3—4期。
④ 韩朴主编：《北京历史文献要籍解题》（上），中国书店，2010年，第390页。

第七章

民国图书馆学教育的贡献与不足

1920—1949 年为图书馆学教育的开端及第一个繁荣期,这一时期的图书馆学专业教育为我国图书馆事业的发展作出了不可磨灭的贡献。[①] 的确,民国时期图书馆学教育的发展历程不到 30 年,在社会动荡和战乱之中,在缺乏政府重视和支持的情况下,一群对图书馆事业充满激情和奉献精神的图书馆学家们,筚路蓝缕,共克时艰,传播了图书馆学的知识,构建了图书馆学理论体系,推动了图书事业的发展。这是中国图书馆学教育史上弥足珍贵的一个时期,总结这个时期图书馆学教育发展的成就与不足,有助于我们更好地理解图书馆学、图书馆事业的发展变迁,并为当前的图书馆学教育提供启示。

---

① 王子舟:《中国图书馆学教育九十年回望与反思》,《中国图书馆学报》2009 年第 6 期。

第一节 民国时期图书馆事业和图书馆学教育的困难

民国时期特定的社会环境,使得图书馆事业和图书馆学教育都面临着巨大的困难。在1929年中华图书馆协会第一次年会上,杨杏佛代表大会主席蔡元培先生发言时指出:"中国图书馆不发达之第一原因,即政府与社会均忽视而不加以注意。"①

一、民国时期图书馆事业的困难

第一,社会的动荡,使得图书馆事业的发展受阻。民国时期,除了从南京国民政府成立到抗日战争全面爆发这十年间政局相对稳定,大部分时间国家社会都处于动荡不安中。战争和灾害导致经济落后,人心浇漓,图书馆事业不仅没有得到政府的保护和扶持,反遭北洋军阀与日本侵略军的损毁。战时军队占住馆舍,致使馆务停顿、图书遭到焚毁的事情屡见不鲜。兴办图书馆事业的人员亦难以施展自己的抱负。1921年,北京大学文科主任陈独秀曾在广东组织国民大学,并计划兴办大学图书馆和市民图书馆,预备由广州国民政府拨银一百万元专办此事。然陈独秀因曾宣传社会主义,被视

---

① 中华图书馆协会执行委员会编:《中华图书馆协会第一次年会报告》,中华图书馆协会事务所,1929年,第9页。

为过激派，最后不得不离开广东，办馆之事只得作罢，可谓图书馆事业之一劫运。① 在当时的许多人看来，图书馆只是太平盛世的一种装饰品，在抗战期间是不需要的。杜定友先生在演讲中就曾提道：

记得当年，回国的时候，我们竭力提倡图书馆事业，宣传图书馆主义，奔走呼号，不遗余力。但是遇着老辈的人，他们总是说："你们的意思很好，可惜中国还没有到时候。恐怕徒劳而无功罢？"……他们的说话，也不是毫无根据的。因为图书馆不能孑然独立。若国家社会不安，经济人才缺乏的时候，任你怎样提倡，力极生嘶，而执政当局，只是爱莫能助。②

第二，识字率低、教育不发达使得民众缺乏图书馆意识和需求。民国时期民众的识字率较低，受教育人群的比例也偏低，民众感觉不到图书馆的必要性，也缺乏利用图书馆的意识。林志钧先生曾分析了民国时期图书馆需求不够的原因：

中学以上，实际仍旧是讲义的教育，因此学生可以不看参考书，教习多半兼许多钟点，拿一本旧讲义到处应用，没有功夫再看书。学界以外的人，能读书识字的如政客、议员、官吏、商家之类，他们来到图书馆做什么？至于图书馆学，自更无人过问了。我国出版业向来沉寂，著作者寥寥无几。凡不急于搜集参考书的人，自然对于图书馆

---

① 沈祖荣：《民国十年之图书馆》，《新教育》1922 年第 4 期。
② 杜定友：《我与圕：我们的思想》，《中华教育界》1932 年第 7 期。

很冷淡。外国书报既不大到中国来，兼通数国语言文字的人又很少。①

虽然国民政府极力提倡民众教育，发展民众图书馆，但在当时的社会环境下，大多数人都处在求生存、求温饱的阶段，民众感觉不到图书馆的需求，这也直接导致了公共图书馆发展的缓慢。虽然高校图书馆在民国时期发展得很快，但在各校教授及研究某种专门学术之学者数量毕竟为少数，高校学生中自主研究的风气尚未形成。

第三，图书馆事业缺乏专门管理和经费保障、图书馆员待遇较低，职业吸引力有限。政府对图书馆在学术文化、社会教育上的作用的认识经历了一个从无到有却有心无力的过程，对于图书馆事业的管理始终没有给予足够的重视。1918年3月，北京图书馆协会发起时，"教育部不但不加以补助，给点津贴，并且大事摧残，连案都不能立"，直到后来才逐渐改善。但自始至终，教育行政机构未将图书馆事业视同一项专门事业。首先，教育行政机构中缺乏专门管理图书馆事业的人员，而是由社会教育司合并管理多项社教事业，图书馆事业得不到应有的指导。尤其是地方图书馆，"沉闷者无人提倡、进行者无人指导、腐败者无人督正、努力者无人协助"，其原因就是行政当局缺乏对图书馆事业的专人专司指导、监督和协助之职。其次，图书馆管理职位被视为安插官僚之处，公立图书馆中重要职员大多属于挂名兼差。②"但取薪资，徒拥虚名。甚至有数

---

① 杨昭悊编著：《图书馆学》（上），商务印书馆，1922年，"林宰平先生序"第6—7页。
② 金敏甫编：《中国现代图书馆概况》，广州图书馆协会，1929年，第44页。

月不到馆者，职务绝不过问。"① 杜定友先生曾撰文批评，接受过图书馆学培训的人员，却无法进入图书馆岗位。图书馆训练班"结业之后，实际从事于图书馆工作者不及十之一二。而现任各县市图书馆人员均不问资格，不脱一朝天子一朝臣之恶习"②。在中华教育改进社第四届年会上，浙江省立图书馆馆长章篯就提出了"请教育部通令各省区严禁上级官厅荐人于图书馆案"，这无疑是想从制度上杜绝非专业人员挤占图书馆岗位员额。③ 对于学校图书馆来说，馆长职务很多也非专任，往往由教授或行政管理人员兼任，可见对图书馆发展不够重视，缺乏长期规划。如山东大学（前名国立青岛大学）图书馆由该大学教务长代理馆长，所有馆员的工作皆由教务长派定，而真正受专门训练之馆务主任，反而无权左右。杜定友先生任上海交通大学图书馆馆长期间，也曾感到办事掣肘，对馆务无法全权处理。④ 再则，图书馆办馆经费和人员待遇得不到保障，职业吸引力和稳定性不足。民国时期图书馆事业被纳入社会教育事业之属，当时国家教育经费本身就不充裕，社会教育之下的图书馆经费，更是微乎其微，很多图书馆的购书经费常年得不到保障，连国立北平图书馆都曾发生过经费困难而由梁启超个人垫资的情况，地方公共图书馆的经费支绌更是常态。甚至有一些学校图书馆还将阅览费挪作他用，而不是用来保障图书的购买。

在人员待遇上，1927 年 6 月，南京国民政府教育行政委员会公

---

① 沈祖荣著，丁道凡搜集编注：《中国图书馆界先驱沈祖荣先生文集（1918—1944）》，杭州大学出版社，1991 年，第 12 页。
② 杜定友：《广东图书教育事业的展望》，《广东教育》1947 年第 2 卷第 1 期。
③ 章篯：《分组会议议案汇录. 图书馆教育组（乙）保留案一件（一）请教育部通令各省区严禁上级官厅荐人于图书馆案》，《新教育》1925 年第 2 期。
④ 沈祖荣：《中国圕及圕教育调查报告》，《中华图书馆协会会报》1933 年第 2 期。

布的《大学教员薪俸表》规定，大学教员薪俸分4等12级。教授月薪400—600元，副教授260—400元，讲师月薪160—260元，助教月薪100—160元。而1930年上海某大学招聘"须有专门经验、兼能英文打字者"的图书管理员，其薪资为"月薪六十元至八十元"。① 1930年，江苏各县市公共图书馆馆长的月薪最低档为10—15元，最高档为60—65元，中位数在37.5元。② 对此，沈祖荣先生的论述体现了留美归国人员选择图书馆职业的苦涩：

> 一般人员对于图书馆员的要求是如此的严格，可见他们对于图书馆员的希望是很大的，但是所给的待遇又是特例，每月的薪俸出六十元到一百元而已！留学国外，研究一门时髦的科学两三年回国，有许多的机会，即不能干阔差，至少可以充当个教授，每星期只有十多点钟课，待遇又优，权利又大。假使学图书馆学的两三年后回国，得着一个馆长或主任的位置，所享受的呢？仍是职员的待遇而已！从前我对于本校的同学说，他们是在某地方服务的时候，就是他们在牺牲，他们很表同情，到了现在，恐怕这种空言，不能安慰他们了。先前有好多人是在唱提高图书馆员的地位，说几句安慰的话，到了现在，连安慰的话也是没有的了！"③

在民国时期高等教育精英化的背景下，图书馆职业对于海外留学归国人员或国内大学毕业生的吸引力不足，且因为各地各高校图书馆员待遇存在地区差异，也使得图书馆员任职的流动性较大。

---

① 《职业介绍部消息·介绍图书馆管理员》，《寰球中国学生会周刊》1930年第380期。
② 《统计·江苏省各县市公共图书馆馆长薪俸统计表》，《民众教育》1931年第4—5期。
③ 沈祖荣：《沈祖荣文集》，武汉大学出版社，2013年，第248页。

二、民国时期图书馆学教育的困难

图书馆学教育和图书馆事业是相互依存、互为因果的关系。图书馆事业的不发达，直接导致图书馆学教育的发展面临困难。同样，图书馆学术和教育的不发达，也影响着图书馆事业的发展。1935 年，沈祖荣在《谈图书馆专业教育》中提到开办图书馆学教育过程中的几点具体困难，包括课程、师资、学生的招考和就业、经费等问题。综合来看，民国时期的图书馆学教育主要有以下困难：

第一，国家教育经费的缺乏和"重实轻文"的教育政策。按照 1912 年教育部颁布的《大学令》，当时的大学分为文、理、法、商、医、农、工等 7 科。这主要是从国家最现实的需要出发而制定的，在大学学科设置上以实用为主。1922 年，中华教育改进社第一次年会上曾有在高校增设图书馆管理科系的提议，但并没有得到政府的支持。1925 年，中华图书馆协会与中华职业教育社、江苏省教育会合组在东南大学举办图书馆学暑期学校时，还是由北京清华学校捐助 200 元才得以顺利进行。[①] 后来因经费的问题，协会组织的暑期学校未能持续。1929 年教育部公布的《大学规程》规定大学分文、理、法、教育、农、工、商、医各学院，文学院下可设其他各学系，在此之前，武昌文华大学和南京金陵大学均是在文科下设图书馆学系。同年，在中华图书馆协会第一次年会上，通过了一系列关于图书馆学教育的议案并上呈给教育部。从教育部的批复

---

① 《会务纪要·暑期学校》，《中华图书馆协会会报》1925 年第 2 期。

来看，虽然给予了支持，但仅仅只是建议性的通令，缺乏执行贯彻的力度。以关于注重图书馆专门人才的议案为例：

> 关于注重图书馆专门人才者：一、图书馆专门学校应暂缓设立，至津贴已开之图书馆学校，应照私立学校条例办理；二、准予通令各大学，于文学院或教育学院内，酌量添设图书馆学课程，或图书馆学系；三、准予通令各省教育厅，各特别市教育局及清华大学于每年考送留学生时酌定图书馆学名额。……关于规定学校图书行政独立者，因事实上困难颇多，应毋庸识。①

1931、1936、1938年中华图书馆协会年会又连续多次提案请政府教育部添设图书馆专科学校或在大学中增设图书馆学课程，但政府并未积极采取措施。

第二，图书馆员的职业不被人看好，收入较低，很难广泛招到自主投考的生源，同时也很难留住专门人才。中国长期以来自我封闭的文化传统使得官员和大批学者认为管理图书馆并不需要专门人才，图书馆员的社会地位低下。公共图书馆馆员待遇参照社会教育机关工作人员的标准来确定，基层馆员的收入低，甚至难以养家糊口，高校图书馆员与学校教员的收入差距也很大。收入低使得一般学子不愿意从事图书馆职业，很多学生都是出于图书馆学校的奖学金和公费待遇而报考的，如于1944年就读于国立社会教育学院的吴声良曾回忆：

> 因家庭经济拮据，无力进自负伙食费用的大学，只得就近报考了

---

① 《校闻·部令酌量添设图书馆学课程》，《国立浙江大学校刊》1930第21期。

当时在璧山的甲等公费待遇的国立社会教育学院图书博物馆学系。①

另外，图书馆事业发展初期在经费、办馆条件各方面合乎毕业生理想标准的图书馆也是寥寥无几。而图书馆学校在招生方面，无论是对学生的学问技能还是品行修养都有较高的要求。以文华图专为例，一般要求报考者需大学肄业两年以上，具有基本知识和外语水平；课业亦比较繁重（周学时达40个小时），相对于大学政治、法律、经济等科系，学习图书馆学者投入的时间和经济相当，而将来毕业仅可以勉强解决温饱，这种差距更使得一般学子不愿选读。图书馆学毕业生中也有不堪清贫疚苦，或以志趣做官、经商、改换职业者，造成了人才的流失。

第三，经费、师资、设备等办学的条件不足。欧美的图书馆事业发达，政府和社会慈善机构大力支持图书馆事业，图书馆的层级、类别也都十分完善，图书馆学专业经过多年的发展，已经有了学士、硕士、博士等不同层次不同方向的教学体系。而民国时期社会动荡，抗战军兴，军费浩繁，教育经费支绌。此外，民国时期高等教育尚属于精英化教育，合格的图书馆师资匮乏。我国的图书馆学教育处于发展初期，在课程设置上往往需要兼顾我国图书馆事业的现实情况。合理的图书馆学课程涉及从古至今、从中到西、从理论到事务的方方面面，加上图书馆学又是一门新兴的专业，要寻觅到既懂图书馆学，又对学校教育和教学法有素养的人员很难。另外，在图书馆专科学校任职教员所得的待遇，不及在大学里优厚，也很难留住优秀的人才。一旦教师离职而找不到合适的补充人员，

---

① 国立社会教育学院四川校友会：《峥嵘岁月第二集》，自印，1989年，第136页。

该课程也会随之受到影响。图书馆学教育的应用性和实践性较强,开展教学训练的设备和配套必不可少,如藏书、分类、编目、参考应用的种种工具书、教材及书报、馆舍、打字机、专门家具、应用格式、表册、卡片、用品、文具、工具,等等,这些都需要花费时间和相当的款项,没有足够专业的办理人员和充足的经费支持是很难实现的。在研究方面,由于专门人才缺少,相关的出版物和研究资料也很少。《中华图书馆协会会报》《图书馆学季刊》一度被认为是供给图书馆学界、教育界知识和消息的大本营,可惜因为"材料不凑手",常不能按时出版。[①] 抗日战争全面爆发后,《中华图书馆协会会报》《文华图书馆学专科学校季刊》等相继停刊。

第二节 民国时期图书馆学教育的特点

民国时期图书馆学教育从创办到发展无不受到美国的影响,因此也处处体现着美式图书馆学教育的特征。美国图书馆学教育重视学生的综合素质,一般要求专门以上学校毕业,一些图书馆学校还要求学生掌握两种以上的外语。美国的图书馆学教育发端于公共图书馆,在相当长的时间内是一种学徒制的培养方式,加之图书馆学的应用性和实践性本身很强,因此在图书馆学的课程设置中,实习

[①] 梁建洲等编:《毛坤图书馆学档案学文选》,四川大学出版社,2000年,第225页。

占了很大的比重。不仅每学期有固定的实习要求，而且每年还会由教员带领学生到周边一些重要图书馆参访，一方面加强图书馆界和图书馆学校的联系，另一方面也让学生们实地感受、体验图书馆工作的方方面面。再者，美国图书馆协会在沟通图书馆学校教育和图书馆事业发展中起到了重要作用，图书馆协会内设有专门的图书馆学校委员会，各个图书馆学校的教员和负责人与图书馆协会保持着密切交流，而图书馆协会也对美国图书馆学教育起着指导、规范和扶持的作用。

一、多层次、多主体的办学体系

民国时期的图书馆学教育虽然起步晚，还受到抗战的影响，但其办学形式多样，办学主体丰富，学生来源亦很广泛。这种多元化的办学形式是由我国图书馆事业发展的现状决定的。从具体办学形式来看，民国时期的图书馆学教育涵盖了高等教育、职业教育、中等教育、讲习班、短期培训、函授教育等不同的层次，其中短期培训又可分为暑期班、讲习会、工读、见习、实习等。办学主体包括了私立学校、国立大学、职业及师范学校、初高中等学校、图书馆协会、教育行政部门、图书馆、商业出版机构等。修业期限从两年制到半年、三个月或三周不等。从学生来源来看，既有自行招考者，也有用人单位保荐者，入学标准有大学毕业、大学肄业一年或两年、中学毕业等，培养的对象既包括研究型人才，也包括实用型人才。这种多样化的原因主要体现在：

一方面，民国时期的图书馆学教育直接移植了美国的现成模式。当时美国国内图书馆学校的招生标准一般都为大学毕业且具有一定年限的图书馆工作经验者，要求掌握一两门外语，且打字熟练。民国时期图书馆学主要办学机构文华图专是由美籍图书馆家和留美图书馆学人所共同创办的，因此在学生招考、课程设置方面均参照了美国的经验。这种培养方式相对于我国发展不久的高等教育和图书馆事业现状而言，无疑是一种精英教育。另一方面，许多基层公共图书馆、中等学校图书馆、民众图书馆，因为地位和待遇较低，无法招到大学毕业水平的图书馆学"专科生"。而在政府颁布的图书馆相关法规中，只规定了省立、市立、县立以上图书馆主任、馆长等管理职位需要有图书馆专门教育的背景，对基层的民众图书馆、流通图书馆馆长任职没有明确的专业要求。各级图书馆助理馆员的岗位，几乎都是由中等学校或师范学校毕业、没有实际图书馆工作经验的人员担任。他们对于图书馆学的原理和图书馆的实际管理，尤其是编目、分类、检索、参考、推广等各项业务工作，并不能胜任。

因此，民国时期的图书馆学教育除了办学时间比较持久的文华图专以及国立社会教育学院图博系外，大部分是由各省教育部门、各省立图书馆、各类高校及中等学校举办的短期图书馆学班或图书馆学讲习会。这些讲习会往往集中在图书馆事业相对发达的地区，课程一般由原理性的图书馆学（概论、通论）、图书馆行政（组织管理），技术类的编目、分类、索引、检字、打字，业务类的流通、参考、推广，以及最后的实习参观组成。通过各种在职培训，集中讲授兼实习，并辅以讲义参考，可以经济、高效地训练一批馆员，快速地为各级学员普及图书馆学的理论与实务，缓解在职人员专业知识不足的问题。图书馆学专业课程的内容涉及多门，师资的匮乏难以支撑图书馆学专门教育的开创和扩张。因此，短期的讲习班尤其是暑期培训可以较为容易地集中师资。

另外，由于战争以及交通的原因，并考虑到一些在职图书馆员的实际需求，一些机构也开展了图书馆学函授教育，如私立商务印书馆函授学校、中华图书馆函授学校、上海文化函授学校、上海图书馆学函授学校等。这类函授教育惠及更多对图书馆学感兴趣而又无力进入图书馆学校深造的学子，普及了图书馆知识，满足了当时民众教育的需要，为图书馆事业的发展和正规的图书馆学教育打下了基础。但无论是短期讲习班，还是函授教育，更多地在于满足民众教育馆、民众图书馆以及大学、公共图书馆的一般馆员提升编目、分类等基本业务能力所开设的，是在当时物力、师资不足的情况下的一种折衷选择，其教育的目的更多是普及性的，因此并不能成为民国图书学专门教育的主流。

二、从服务社会教育逐步推进到国立高等教育体系

美国的图书馆和图书馆学深受进步主义教育运动的影响。因此，19世纪末诞生的美国图书馆学强调实用、强调民众服务。当时美国的教育学正向社会教育发展，教育走向社会，而图书馆学正是从教育学中演绎出来并成为一个分支的。从归属来看，民国时期图书馆事业属于社会教育事业中的一部分，图书馆学教育很大程度上是为了服务于社会教育。民国时期在留学归国精英的呼吁和践行下，政府也开始重视社会教育，如社会教育行政机构的确定、通俗教育馆的成立、平民教育运动的发动，均显示着社会教育有相当的进展；一些社会教育学院、政府组织的各级民众教育馆讲习会、社教机关人员培训均将图书馆学的内容列入其中。1932年，上海大

夏大学的马宗荣在邀请文华毕业生钱亚新到该校任教时就曾提道：

> 为普及我国社会教育以利全民的幸福起见，图书馆不仅是社会教育机关中最重要的一个组成部分，而且非急求发展是不能应付目前的需要的。我们要达到这种目的，在我校的社会教育系中，只开一个"图书馆学概论"的课程，那是无济于事，必须使用图书馆学再分科讲习，方能成功。①

在马宗荣看来，逐步推进图书馆学教育的最终目的就在于发展社会教育。图书馆学家李小缘曾到美国哥伦比亚大学研究社会教育学。沈祖荣也认为"图书馆是有助于国民提高各种学问水平的重要机关，是导致国家富强的社会教育机关"。

社会教育的一个方面即对民众的图书馆教育，目的在于面向社会推广普及图书馆学知识，提升各类人群利用图书馆的意识，最终实现通过图书馆为民众提供社会教育服务、为学术研究提供参考辅助的目的。这种教育是由图书馆界人士来推动和主导的，他们一方面通过著述、演讲、展览等各种形式来宣传图书馆的作用和价值，另一方面则在各级各类学校中设置图书馆利用法、阅读指导、目录学等相关课程，以养成人们使用图书馆的意识，提升民众和学生利用图书馆的能力。专业性的图书馆学教育在于培养和训练专业化的图书馆员，其内容包括了图书馆学原理、技术和管理各个方面。民国时期，对民众的图书馆学教育和图书馆学专业教育是相辅相成的。前者能激发更大的图书馆利用需求，是图书馆学专业教育的基础；图书馆学教育的专业化又能培养更多的人才，从而更好地开展

---

① 钱亚新：《钱亚新别集》，南京大学出版社，2013年，第211页。

对民众的图书馆学教育。

为了将图书馆学课程纳入高等教育学科体系，图书馆学家们付出了不懈的努力，他们不仅通过各种议案向教育部门呈请，还利用各种条件在任职的学校开设了图书馆学选修课，并在报章上撰文积极呼吁重视图书馆学专业教育。1937年后，钱亚新在湖南大学担任图书馆主任，曾面向文学院学生开设"图书馆学"选修科，并编有《图书馆讲稿》；1941年，他前往蓝田（现称涟源）任教国立师范学院，在该校讲授"图书馆学概论"，并在《国师季刊》发表了《师范学院中的图书馆学》一文。该文指出，第一，图书馆学列为师范学院中的选修科目，是经过当时有关的各方面的讨论研究，不是偶然的，而是有相当来历的。第二，设置图书馆学的目的是使学生尽量地利用图书馆，精明地办理图书馆，竭诚地推广图书馆教育。第三，对于图书馆学系在学系上的选修不能仅限于教育系和国文系，要求能普及到各系里去，学年的设置上不能到了三年级以上才选修，要求应提早，在一年级时就能开始，学分的规定不能只有三学分，要求增加为四学分，这三方面能有所改进，才能达到设置图书馆学这一科之目的。第四，教材方面分为两组，一组是关于图书馆利用法的，一组是关于图书馆经营法的，每组分二学分，为了适应学生的需要，可以分开选习。但是未学第一组的，不得选修第二组。第五，学习的方法，除了教师编辑讲义进行教学外，还须以自修而扩充见闻，以提问而解决疑难，以实习而增加经验，并以试教而寓学于教。[①] 钱亚新一方面指出了在师范学院开设图书馆学课程的目的在于利用图书馆和办理图书馆，另一方面也指出了在这类

[①] 钱亚新：《钱亚新别集》，南京大学出版社，2013年，第219页。

院校发展图书馆学系的方法和途径,并开列了有针对性的教材,兼顾了不同学生的需求。

基于国民政府教育政策和教育经费的现实情况,在国立大学成立图书馆学科系的计划虽然多次提起,一些国立大学也酌量开设了目录学、图书馆学的课程,但在相当长的时间内,专门的图书馆学教育始终徘徊在国立大学门外,只以私立大学开设的图书馆学非学位教育,各类学校、图书馆、教育部门组织的职业教育、函授教育、短期培训为主。1939年,教育部筹设社会教育学院,以培养社会教育高级人才,训练社会教育干部。由于图书馆属于社会教育的范畴,因此国立社会教育学院中图书馆学与博物馆学合为一个系。图书馆事业历经三十载,终得以位列国立高等院校学系之一。

三、重视实践,办馆与办学相促进

梁启超在中华图书馆协会成立会上曾说过:"当推广图书馆事业之先,有培养人才之必要,培养之法,不能专靠一个光杆的图书馆学校,最好是有一个规模完整的图书馆,将学校附设其中,一面教以理论,一面从事实习。"[①] 1927年,李小缘在《中国图书馆计划书》中也建议国民政府创办五所国立中山图书馆并附设五所图书馆学校以养成专门人才。[②] 事实上,民国时期图书馆学教育办学的实际情况也契合了他们的理念。如金陵大学图书馆学系在办学上倚重金大图书馆,文华图专与文华公书林同样是资源共享,上海国民

---

① 梁启超:《中华图书馆协会成立会演说辞(续)》,《时事新报(上海)》1925年6月7日第10版。
② 李小缘:《全国图书馆计划书(附图表)》,《图书馆学季刊》1928年第2卷第2期。

大学图书馆学系和该校图书馆的发展几乎同步，北大图书馆学专修科依托国立北平图书馆和北大图书馆，甚至很多图书馆学短期培训都是由各级各类图书馆所主办的。这些学校中，往往由图书馆为办学提供场所和实践的平台，师资则由馆员兼任。上海国民大学图书馆学系成立之初就制定了发展计划，分三个阶段，其中第三阶段"完成时期"的计划就是将扩充后的图书馆学系与图书馆合并组成图书馆学院。该校还曾与上海图书馆协会合办图书馆学。这说明，图书馆学的教学和发展实际上是与图书馆的发展密切联系的。无论是师资来源，还是关于分类、编目、参考等工作流程的实践和实习，均需要有实体的图书馆提供设备和场地保障，而学生的学习、实践也直接促进了办学所依附的图书馆的建设。

图书馆学是一门应用性很强的学科，民国时期，无论是大学层次的专门教育，还是短期的图书馆学暑期班，都非常重视实践。在一些短期或函授性质的图书馆学教育形式中，也多是课程讲授和参观实习各占一半。文华公书林创办之初，即聘请学生担任文华公书林的助理和志愿工作。据沈祖荣回忆：

> 在工作紧急不能办了的时间，我们将机械的工作，如写书签、书片、目录卡等，交请学生帮助，按月或每小时给资若干津贴他们。今之在各处图书馆任馆长或其他要职之文华图书科卒业生，有几个他们从事图书馆事业之志愿，即于彼时养成，岂非数利之道吗？……在暑寒假期中，学生有许多纯粹为公书林尽义务、做工作的，他们来时，至少总有三五人。①

---

① 沈祖荣：《沈祖荣文集》，武汉大学出版社，2013年，第101—102页。

文华图书科成立后，就设有专门的实习室，并配备有专门的实习用具。公书林内图书的编目、参考咨询等工作，很多也是由学生来组织的。1929年文华图专发布的课程说明书中，第一年实习的安排即达200学时，第二年实习的时间达120学时，实习课程占据了相当大的比重。除了校内实习，文华公书林的教员们还积极为学生们开辟校外实习的机会，先后与武昌本地的湖北省立图书馆、国立武汉大学建立了联系。校外实习一般由教员专门带队，并在实习的过程中随时进行指导和讲解。这种在实践中教学的方式，使学生们增广了见闻，而且对教师讲授的知识能够很好地消化与应用。如1930年6月，文华图专派教员白锡瑞组织毕业班学生东下参观江浙各地图书馆，历时一个多月，所至图书馆二十余处。这些图书馆多为文华图专前期毕业生任职所在。这样的参访活动，不仅密切了毕业校友与母校之间的联系，而且对即将进入图书馆行业的毕业生们起到非常好的示范引导效应。实地考察和参访，也有助于教员们在研究时注重业界的实际问题。教员白锡瑞还专门撰写了报告《图书馆参观记略》发表在《文华图书科季刊》上，对这些图书馆的类别、历史、组织、建筑藏书、编目、管理方法、经费等各个方面进行了介绍和评价。

应该说文华图专向来重视实践，1949年沈祖荣所填写的一份"湖北私立文华图书馆学专科学校各学科教学情况调查表"中说：

（该校）课外配备实验、实习、调查、参观等与实际联系的一切活动情况：特别注重同学实习情形，每月每人至少编十本书目，每本须应用到各种格式之编法，每周除正式授课外，另外多加二小时督率并实际领导同学实习。①

当然，文华毕竟是一所招收大学生的高校，需要平衡好实践操作和理论研究的关系。针对文华图专课程中过于重视实习的情况，毕业生李景新曾指出：

> 实习固然要紧，然太过偏重实习而忽略学理上的探求，对于图书馆科学的研究就容易陷于外强中干，而图书馆学的研究，更无进步的可言，实习是以原理为依归，没有根深蒂固的原理组织，实习怎样能够有良好的结果呢，这是实习不能太走极端的一大原因。②

他提出，文华图专应该在扩充设备的同时，博取参考资料，走实习和研究并重的路子。

四、重视外语，与美国对接的办学思路

民国时期图书馆学教育办学机构的典型代表，武昌文华大学和南京金陵大学，均为教会学校。中国首批图书馆学师资也是通过教会大学图书馆员推荐赴美留学而培养的，这也使得民国时期的图书馆学教育从源头上就开始走向国际化。

以文华图专为例，其创办人韦棣华女士本身为美籍，而沈祖荣、胡庆生先后就读于文华中学、文华大学和美国纽约公共图书馆

---

① 周洪宇：《不朽的文华——从文华公书林到文华图书馆学专科学校》，华中师范大学出版社，2013年，第191页。
② 李景新：《图书馆学能成一独立的科学吗?》，《文华图书科季刊》1935年第2期。

学校，接受了多年的美式教育。文华图书科开设之初的入学标准、课程体系、图书馆学教材、参考书均参考美国。这使得图书馆学专业对生源的要求极高，每年只吸纳特别优秀的少量学生。文华图书科第七届学生钱亚新曾回忆他在上海报考该校的情景："1926年5月，我看见校内布告栏里武昌华中大学图书科招生广告。广告中除说明该科的沿革和招生宗旨外，提出的报考条件，要在大学肄业二年以上，考试科目有六门，要五门用英语回答。"① 直至1940年教育部要求文华图专降低对生源的要求，文华图专才开始招收高中起点的学生。

文华公书林的馆藏多为英文图书，一些课程甚至直接聘请美籍图书馆员来讲授，这使得学生必须具备良好的外语水平才能跟得上教学。沈祖荣曾说，"学校以欧美各国图书馆事业，日新月异，不可企及。如欲本校课程有所改进，本校同学得受适当的造就，作聘有西国图书馆学之硕彦，来此施教，不克有济"②。民国时期高校图书馆配套的馆藏往往中西文并存，国外教材、工具书、参考书报等也占据重要地位，因而西文图书的分类和编目也是重要的工作内容。图书馆学校的毕业生多就职于各大高校图书馆，甚至教会大学图书馆，如果没有良好的外语基础，是无法胜任这些工作的。如1933年，上海同济大学图书馆就是因为馆中所藏的图书大多数为德文书，因而特别派馆员彭明江、戚铁生来图专学习德语和图书馆学知识。

因此，文华图专不仅在招生时即强调学生的英文水平，并且在

---

① 钱亚新：《投身图书馆界的第一步——回忆我的老师杜定友先生》，《文教资料简报》，1984年第5期。
② 沈祖荣：《沈祖荣文集》，武汉大学出版社，2013年，第279—281页。

课程的设置中也根据图书馆业务管理的实际需要增设了其他各种外语选修课。据沈祖荣介绍,"除英文外,尚兼习德文、法文、日文等课程。日文为选修,其余为必修。而讲习之法,与普通学习语言目的不同,皆编有专书,专谋适合于图书馆采购分类编目之用者"①。从文华图专1937年的课程表可以看出,第一学年有日、法、德语等外语课程共计6个学时,第二年还需要继续学习6个学时。②迁渝之前,文华图专一直都聘有专兼职的外籍教师担任专业课和语言类课程的教学。曾在文华图专任教的外籍教师费锡恩这样评价文华图专的外语教学:"大多数情况下,他们英语说得很好,并且值得注意的是所有关于英语科目的课堂都是用英语讲授。他们的课程包括英语标准的图书馆经营、编目、分类、参考工作、书目和采购。"③

　　文华图专西迁后,外籍教师虽未随迁,但学校对于学生们的外语学习仍然十分重视,常组织英文会(English Speaking Society),锻炼同学们的发音、语法,提高英语听说能力。一些课程如编目法、参考书、目录学、档案学等,也都采用原版图书,并用英语讲解。学校还"放映影片图书 Microfilm Reading 等,以训练其视听之能力"④。复员回武昌后,外语课程仍占有相当比例。以1947届的课程设置为例,第一学年英文4个学分,外国语(日、法)亦占

---

① 《中华图书馆协会第九年度会务报告》,《中华图书馆协会会报》1934年第4期。
② 周洪宇:《不朽的文华——从文华公书林到文华图书馆学专科学校》,华中师范大学出版社,2013年,第295—296页。
③ Grace D. Phillips: "The Boone Library school through the eyes of a Newcomer",《文华图书馆学专科学校季刊》1935年第2期。
④ 《我国图书馆人才的摇篮——武昌文华图书馆学专科学校在重庆嘉陵江北岸建立起了新的堡垒》,《申报》1945年12月25日第4版。

4个学分,与编目法、目录学、图书分类和实习等专业核心课程的地位相当。第二学年英语则增加为 6 个学分,外国语(日、法)为 5 个学分,两个学年加起来,外语类课程的学时甚至超过了分类、编目等图书馆学专业课程的学分。①

其实,文华图专重视外语教学是为了使得更多的毕业生具有赴美深造的竞争力,进一步扩大学校的影响力。民国时期,美国的图书馆事业和图书馆教育均走在世界前列,成为各国效仿学习的对象。而美国图书馆学协会也积极地向海外输出其图书馆学理念,并援助了海外其他国家的图书馆建设。美国退还的庚子赔款部分用于图书馆事业、中美出版品交换项目、美国东亚图书馆的发展与对华采购计划,使得中美图书馆界的交流和了解更加深入。而袁同礼先生建立的哥大中文图书馆与北平图书馆的交换馆员协议,卡耐基、洛克菲基金会等对中国图书馆员奖学金资助,抗战时期美国图书馆协会的"中国项目",美国在华基督教托事部对国内各教会大学图书馆员的资助,为更多的图书馆学人留美深造提供了机会。这一时期,文华图专赴美者达 40 余人。美国图书馆学校在对中国申请者的遴选时,很重要的一个标准即外语水平。民国时期赴美的图书馆学人基本都出自以英语为主要教学语言的教会大学,而且哥伦比亚大学图书馆服务学院也认为"中国其他大学很少有像文华大学那样重视英语的训练"。由于独立后的文华图专并不能授予学位,文华图专希望能够获得美国图书馆协会的认可,以使得文华毕业生可直接进入美国图书馆学研究院攻读硕士学位。1936 年,文华图专校长沈祖荣在给哥大图书馆服务学院院长威廉姆斯的信中进一步提

---

① 周洪宇:《不朽的文华——从文华公书林到文华图书馆学专科学校》,华中师范大学出版社,2013 年,第 297—298 页。

到，希望与哥大建立固定的合作关系，使得文华毕业生能够不经过入学考试即可攻读哥大图书馆学硕士学位。虽然哥大并没有直接同意沈祖荣这一合作建议，但实际上却认可了文华图专的本科教育。从 20 世纪 30 年代在哥大攻读图书馆学位的中国馆员来看，凡是非文华毕业者，如金陵大学的吴光清、曹祖彬，上海圣约翰大学的黄维廉等，均须先从图书馆学本科学位读起，而文华图专毕业生则获得了直接攻读硕士学位的待遇。

第三节 民国时期图书馆学教育的贡献

从文华大学图书科到私立武昌文华图书馆学专科学校（简称"文华图专"），文华图专是民国时期唯一一所连续办学不曾中辍的图书馆学专门教育机构，甚至在相当长的一段时期内，也是全国唯一的图书馆学校。因此，民国时期图书馆学教育的成就，在一定程度上也是对文华图专办学价值的发掘。沈祖荣在《私立武昌文华图书馆学专科学校概况》中就曾提道，"本校对于我国图书馆界之主要贡献厥有两端：一为图书馆人才之训练，一为图书馆学书之流布。自创建以来，无论环境如何艰难，曾无一时一刻之停顿"[①]。

---

① 周洪宇：《不朽的文华——从文华公书林到文华图书馆学专科学校》，华中师范大学出版社，2013 年，第 506 页。

一、课程体系建设

虽然我国图书馆学教育的创办建立在模仿借鉴美国图书馆学教育模式的基础上，但随着本土图书馆学教学和图书馆事业的推进，课程设置不断得到调整，最终形成了较为适合中国现实国情的图书馆学学科体系。

文华大学图书科刚刚成立之时，囿于师资和办学条件，其开设的课程以图书馆学最基本的管理和技术类课程为主，如图书选择、编目、分类、图书馆经营、参考咨询、标题、欧美文学等，另外还有占较大比例的实习课程。1929年，第一次中华图书馆协会年会上文华图书科提出了《规定图书馆学校课程案》认为：

> 我国图书馆事业，尚在幼稚时代，如欲图谋发展，则首宜培植将来应用人才。查欧美各国图书馆学校课程，皆经详细审定，以应其国内图书馆界之需求。故我国亦当仿效，以提高图书馆学校程度而定标准课程。[①]

该案要求由图书馆协会拟具课程表及说明书，呈由大学院核定通令施行。随后，文华图专逐渐根据学科建设和发展的需要增设了一些课程，如版本学、古器物学、考古学、簿记学、统计学、民众教育学、军事学及日、英、法、德等各国语言。相关人员对图书馆学学科理论也在不断地思考和总结，1935年，文华图专学生李景新发

---

① 中华图书馆协会执行委员会编：《中华图书馆协会第一次年会报告》，中华图书馆协会事务所，1929年，第174页。

表了《图书馆学能成一独立的科学吗?》一文，在当时的图书馆学界产生了重要影响。李景新不仅肯定了图书馆学作为独立科学的地位，还确定了图书馆学研究的范围，将图书馆学分为"历史的图书馆学"和"系统的图书馆学"，"历史的图书馆学"包括图书学史、图书馆史和图书馆学史，"系统的图书馆学"则分为"理论的图书馆学"（图书馆学的原理、研究方法、目的与价值、与其他科学的关系）和"实际的图书馆学"（包括行政、经营和形式三个方面）。①

到1936年，文华图专的课程体系形成了四大模块：一、图书馆学专业核心课程，包括图书馆组织和管理（图书馆行政、图书馆经济、图书馆建筑等）、图书馆学技术和方法（打字、分类、编目、参考、选购、索引等）、历史方面的课程（目录学、版本学、图书馆史、印刷史）、实践类课程（如图书馆参观和实习等）；二、图书馆学相关课程，包括民众教育学、档案管理、博物馆学、应用簿记、会计等；三、语言类课程，如国文、外国语等；四、教育部门规定的一般专科学校所必须设置的课程，如党义、体育、军事等。其中，专业核心课程包括了图书馆管理理论和技术的内容，同时兼顾中西，管理、应用方面以西学为主，而历史方面的课程则以中学为主，包含中国传统的目录学、版本学以及图书馆史和书史的内容，相对于早期纯粹模仿西方的课程设置，较为合理地实现了本土化的改造。

据1935年任教于文华图专的外籍教师费锡恩回忆：

（该校）课程非常有意思，包括了西方学习的精华和中国学术的传

---

① 李景新：《图书馆学能成一独立的科学吗?》，《文华图书科季刊》1935年第2期。

统。更重要的是，对这些西式的课程进行了改造以适应中国的需要。文化研究和实践工作则手把手地教。在我们的图书馆学校学生在入学前必须掌握法语和德语。在这里他们必须有英语学习的背景并且必须在图书馆工作中逐渐学习德语和法语，并规定了很多关于图书馆实习的条款，包括图书修补和还原，每门课都有实习。对外而言，他们在各地图书馆和学校开展流通图书馆运动，以传播图书馆学理念。他们有打字、图书保存、会计、档案管理，以及美国图书馆学校里完全没有的中国金石学。有时候图书馆学校还从附近或其他大学请一些领军人物来开展讲座。除此之外，还特别重视身体锻炼，政府要求他们参加军训，学校也增加了田径和拳击课程。①

文华图专西迁重庆后，课程又进行了调整，于 1940 年以后增设了档案学课程，并最终形成了五大类课程：（一）行政科目，如图书馆经营法、图书馆行政等；（二）技术科目，如图书选购、图书分类法、比较分类法、打字、索引、汉字排检法；（三）目录科目，如中文编目法、西文编目法、目录学、西洋目录学、参考书等；（四）语言科目，如国文、英文、法文、德文等；（五）其他科目，如史地概论、自然科学概论、社会科学概论等。概论性质的课程主要考虑到 1941 年后文华图专入学资格改为招收高中毕业生，学生的基础知识较为薄弱。

1942 年成立的国立社会教育学院图博系课程包括了四大类：（一）一般性的课程，如图书馆学通论、图书馆行政与设计、图书馆史、特种图书馆学；（二）技术性的课程，如图书编目法、分类

---

① Grace D. Phillips："The Boone Library school through the eyes of a Newcomer"，《文华图书馆学专科学校季刊》1935 年第 2 期。

学、资料整理法、图书馆经营法、图书选择与订购、图书馆推广、古籍古物鉴别法、打字;(三)学术性的课程,如目录学、各科名著介绍、版本学、参考书及参考工作、史料研究、阅览调查与研究;(四)辅导性的课程,如检字索引法、问题研究方法、英法德日语等选修科目10余种。由于该校定位为四年的本科教学,也增加了诸多研究性质的课程,如图书馆学问题研究法、图书馆学专著研究、图书馆问题讨论等。

二、图书馆学术研究

民国时期为数不多的几所图书馆学专门教育机构,无论存续时间的长短,均十分重视推动图书馆学术的建设。这里以文华图专的学术研究为例作一说明。

首先是关于学术研究方法的讨论。1933年徐家麟指出,图书馆作业学术化,有两种方式:一则对图书馆自身已有之学术予以整理、累积、系统、实验、发挥之工作;二则对于图书馆学相关学科的沟通、印证、引用工作。研究方法则除应用图书馆治学方法外,更须尽量应用科学方法,及各科独具有效之方法也。[①] 1935年,文华图专在校生李景新指出,图书馆学属于一种独立的科学,因此需要科学的研究法,如发生的方法、史料的收求与鉴别、分析与综合的方法。1936年,文华图专教务长汪长炳提出,研究图书馆学的方法在于参阅书籍和实地练习。"参考与实习须并重,舍一而不可。仅用心于书本研究而缺少实地研究之功夫,则近于空疏,仅有实地

---

① 徐家麟:《论图书馆作业之学术化与事业化》,《文华图书馆学专科学校季刊》1933年第2期。

研究之经验而缺乏书本之功夫，则近于浅薄。书本研究之心得则充实工作知识之基础，思想之途径；实地研究之经验助明了内部情形，理论之证验。二者互相辅助，不可偏废。"①

其次是图书馆学研究与教学的相辅相成。文华图专师生的学术研究以翻译和著述为主体，如编写讲义、函授讲稿和正规课程教材，发表论文，创办刊物等。学校规定，学生在校期间必须在《文华图书馆学专科学校季刊》上发表2篇以上论文。而1926年入学的钱亚新在求学期间的研究成果《拼音著者号码表》和《索引和索引法》即先后被纳入"文华图书科丛书"并出版。到1940年，文华图专共出版图书20种，刊物1种：

(1)《仿杜威书目十类法》，沈祖荣、胡庆生，1917

(2)《图书馆使用法的指导》，（美）哈勒斯等著，喻友信译，1934

(3)《民众图书馆的行政》，（美）骆约翰·亚当著，章新民译，1934

(4)《图书馆的财政问题》，（美）卫迟编，戴镏龄译，1934

(5)《世界民众图书馆概况》，（美）鲍士伟编，徐家麟等译，1934

(6)《图书馆建筑与设备》，赵福来，1935

(7)《西洋图书馆史略》，（英）萨费基著，毛坤译，1934

(8)《中国十进分类法及索引》，皮高品，1934

(9)《图书分类指南》，（美）美利尔著，张鸿书译，1935

(10)《简明图书馆编目法》，（美）爱克斯著，沈祖荣译，1929

---

① 汪长炳：《一种研究图书馆学之方法》，《文华图书科季刊》1936年第4期。

(11)《普通图书编目法》，黄星辉，1933

(12)《标题目录要论》，(日)加藤宗厚著，李尚友译，1934

(13)《标题总录》，沈祖荣，1937

(14)《拼音著者号码表》，钱亚新，1928

(15)《字典简论》，戴镏龄，1935

(16)《德文图书馆学名词汇编》

(17)《乡村图书馆经营法之研究》，李钟履，1931

(18)《分类之理论与实际》，刘子钦，1934

(19)《目录学概论》，(英)福开森著，耿靖民译，1934

(20)《图书之体系》，吴鸿志，1934

(21)《文华图书馆学专科学校季刊》，共9卷，1929—1937

这其中，《文华图书馆学专科学校季刊》自第4卷起，订阅量即快速增加，不断有人来补购过刊，还有国外机关来函请求交换，可见当时的影响力之广。[①] 另外，文华图专教师还编写有如下10种讲义：

(1) 图书行政：汪长炳撰写

(2) 目录学：毛坤撰写

(3) 中文参考书：毛坤撰写

(4) 中文编目法：毛坤撰写

(5) 档案经营法：毛坤撰写

(6) 档案编目法：毛坤撰写

(7) 西洋目录学：徐家麟撰写

(8) 图书分类法：汪应文撰写

---

① 《编辑余墨》，《文华图书科季刊》1933年第1期。

(9) 档案分类法：汪应文撰写

(10) 书籍选择：汪应文撰写

徐鸿曾根据李钟履编的《图书馆学论文索引第一辑（清末至1949年9月）》对1949年以前文华图专学者发表与出版的论著在中国全部图书馆学论著中所占的比例作了详细的计量统计。她的统计结果如下：1949年以前全国共221位论文作者，共发表图书馆学著译论文1039篇，而文华图专则有82位学者发表了其中的598篇，约占全部作者总数的37.1%和发表文章总数的57.56%。1949年以前全国共108位图书著者，共出版图书馆学译著212种，而文华图专有29位学者出版了其中的61种图书，约占全部作者总数的26.85和著作总数的28.77%。[①] 其中《文华图书馆学专科学校季刊》从1929年创刊到1937年停刊，一共发行9卷，学术论文达300余篇，成为文华人发表研究心得的阵地。该刊上不仅有在校生撰写的小论文，也有毕业生以及各教员的研究成果。自1935年第7卷第2期起，该刊每期都有1—2篇英文文章。《季刊》不仅在图书馆界产生了重要的影响，还将中国图书馆学事业和图书馆学教育的讯息传递到了国外。

最后，图书馆学研究与图书馆业务需要的结合。文华图专的学术研究由师生共同参与，不避琐碎题目，以解决当前图书馆工作和图书馆学教育中的切实需要为目的。其研究的题目广泛涵盖了图书学基本理论、分类、编目、索引、图书馆经营、推广、阅读以及专门图书馆等方面。文华图专师生撰述的不少论著都具有开创性与应用性，在当时的图书馆学研究方面引领了潮流。

[①] 徐鸿：《文华图专对现代中国图书馆学的影响》，载马费成主编《世代相传的智慧与服务精神——文华图专八十周年纪念文集》，北京图书馆出版社，2001年，第266页。

以图书馆分类法的研究为例，包括西文分类理论、分类法的介绍、中国传统分类法的继承和介绍，对各种分类法的评价和比较等。1917年沈祖荣、胡庆生先生合编的《仿杜威书目十类法》引进了杜威十进制分类法，是第一个为介绍中文图书而编的新型分类法，此后引发了一系列改杜、仿杜的分类法。文华图专学生亦积极翻译、评价西方图书分类法，研制适合中国需要的分类法，并在《季刊》上陆续发表了20余篇关于分类法的文章，如吴立邦的《布朗及其学科分类法》，吕绍虞《图书分类的原理与方法》，章新民译《图书法分类的理论》，张鸿书译《图书分类指南》，钱亚新译《布鲁塞尔分类法》，胡延钧《蓝氏双点分类法各类之说明》《介绍蓝氏双点分类法》，戴镏龄《西洋分类法沿革略说》等。"文华图专丛书"中也收录了文华学子关于分类法的研究著作，如《中国十进分类法及索引》（皮高品，1934），《分类之理论与实际》（刘子钦，1934），《图书分类指南》（美国美利尔著，张鸿书译，1935）等。《中国十进分类法及索引》以其类目详尽、编制技术相对完善而著称于世，被多家图书馆所采用，被誉为我国近代四大图书分类法之一。刘子钦《分类之理论与实际》全面系统地讨论了分类的概念、历史、基础理论和应用问题。俞君立在总结文华学者对图书分类理论与方法的成就时评论道："一方面，面向世界，合理地吸取与借鉴西方图书分类理论与方法研究的新成果；另一方面，注重总结历史经验，批判地继承我国古代图书分类理论与方法。"[1]

从编目方法的总结和规则的研制来看，著作方面有沈祖荣译的《简明图书馆编目法》、杜定友的《编目规则法》、刘国钧的《中文

---

[1] 俞君立：《文华图专学者对图书分类理论与实践的贡献》，载马费成主编《世代相传的智慧与服务精神》，北京图书馆出版社，2001年，第220页。

图书编目条例草案》、金敏甫译的《现代图书馆编目法》,文华图专学子所编著的则有裘开明的《中国图书编目法》、黄星辉的《普通图书编目法》、李尚友译的《标题目录要论》、查修的《编制中文书籍目录的几个方法》、邓衍林的《中文编目法中的著者问题》、钱亚新的《拼音著者号码编制法》、刘子钦的《官书编目法》等。文华图专教师毛坤早期从事图书编目的研究,曾有《译书编目法》《编目时所要用的几种参考书》《主片问题》等文章。沈祖荣译《简明图书馆编目法》开全面研究编目法之先,为图书馆中未受专门教育又缺乏专门指导的馆员自学而作,编写上简明通俗,极力避免引用专门术语,得到了广泛的应用。中国传统学术研究中并没有标准的中文标题录,各图书馆在标题编制上芜杂,没有统一的根据,沈祖荣的《标题总录》以美国图书馆协会和美国国会图书馆的标题目录为蓝本,结合中文书籍的需要编成,被推崇为我国标题法的起源之作。

其他方面包括关于图书馆行政管理、图书馆业务（书籍应用、流通、阅览及参考方面）、专门图书馆学的研究,如章新民译《民众图书馆的行政》、喻友信译《图书使用法的指导》、李钟履的《图书馆参考论》、戴镏龄译《图书馆的财政问题》、赵福来的《图书馆建筑与设备》、徐家麟等译《世界民众图书馆概况》等。1930 年钱亚新的《索引和索引法》是最早的索引法理论专著,标志着中国现代索引体系的正式建立。文华学子吴立邦、舒纪维、董铸仁、邓衍林四人花费了一年时间,编制了《四角号码四库全书著者书名混合索引》,共索引二万五千余条,三十余万言。① 专门图书馆学的研究

---

① 《本校消息：四库全书著者书名索引的编制》,《文华图书科季刊》1931 年第 1 期。

包括林斯德的《儿童读物选择法》、曾宪文《儿童图书馆之研究》《儿童图书之分类与编目》、张鸿书的《监狱图书馆研究》等。其中1934年发表的《监狱图书馆研究》提出了中国监狱图书馆存在的实际问题，对监狱图书馆为什么要设立、如何设立、如何开展相关工作进行了详细论述，可谓国内首次对监狱图书馆进行系统的研究。

三、人才培养

民国时期图书馆学专门教育所培养的人数并不多，但是从质量和影响力来说，却足可称道。他们分布海内外，成为各类图书馆的骨干力量。1936年，李小缘先生曾总结了当时图书馆界专门人才数量及质量提升的现状及影响：

> 图书馆学专门人才增多，此十一年中非特人才之增加也，人才之学识亦有相当之增进，无论专门或普通，皆有所增进。专门方面则在海外专攻图书馆学者，已由五六人而增多至十余人矣。国内图书馆专校卒业者，亦由十余人增加至百人以上，其他大学附设专科或训练班，亦有相当成绩，分道扬镳，各贡所长于社会国家，方克有底于今日，所谓图书馆界地位。①

以文华图专为例，据沈祖荣统计，自文华图专开办至1940年暑假，共有毕业生182人，其中专科班学生有122人，讲习班学生有60人，专科班毕业生中赴国外深造获博士、硕士学位者有25

---

① 李小缘：《中国图书馆事业十年来之进步》，《图书馆学季刊》1936第4期。

人，其职业统计如下：

（1）专科以上学校图书馆服务者 52 人；

（2）中等学校图书馆服务者 10 人；

（3）公私立普通图书馆服务者 29 人；

（4）机关参考图书馆服务者 17 人；

（5）在政府机关管理档案者 15 人；

（6）从事图书馆学教育者 6 人；

（7）其他（在教育及行政机关服务者，以及在外国图书馆服务者）33 人；

（8）去世者 6 人；

（9）在国内外继续求学者 14 人。①

中华人民共和国成立后，大批文华图专毕业生成为各公共图书馆和高校图书馆的骨干力量，他们凭借过硬的专业知识和无私的奉献精神，为新时期图书馆事业的发展做出了贡献。如汪长炳、钱亚新分别任南京图书馆馆正、副馆长，李芳馥、陈石铭分别任上海图书馆馆正、副馆长，张遵俭任湖北省立图书馆副馆长，彭明江任武汉同济医学院图书馆馆长，顾家杰任中科院图书馆副馆长，等等。有的则进一步把图书馆学教育发扬光大，如徐家麟、吕绍虞等一批文华学子继续服务于武汉大学图书馆学系，汪应文建设了西南师范学院图书馆学专修科，周连宽参与了中山大学图书馆专修科的教学等。

一批居留美国的文华学子也为美国大学东亚图书馆的发展奠定了基础。他们不仅为汉学研究提供了文献保障和利用服务，而且本

---

① 教育部：《全国专科以上学校要览》（上册），正中书局，1942 年，第 409—410 页。

身所具备的丰富的图书馆学、版本学和目录学等传统文化知识，也给从事汉学研究的人员指引了治学的门径。余英时曾回忆道："在上世纪五十年代到六十年代，哈佛燕京图书馆首任馆长裘开明先生对于许多博士研究生都曾给与启蒙和指引，这是我亲眼目睹的事。"① 1964 年，哈佛大学历史学家费正清（John K. Fairbank）和赖世和（Edwin O. Reischauer）特地把他们合写的《东亚：现代的转变》（East Asia: The Modern Transformation）献给裘开明，感谢他为美国好几代学人提供了研究的便利。

而文华图专毕业生中迁到台湾的一支，也使得台湾地区的图书馆学教育得以延续和发展。如严文郁先生所言：

> 蓝乾章、沈宝环、周骏富三位教授在台大、师大、辅仁、淡江及世新五个图书馆学系组造就专业人员数千人，这些后起之秀，也可以说是韦、沈二师的再传弟子，薪火相传，一脉相衍，若是寻根，当追溯到武昌文华。②

沈宝环教授则进一步发扬了父亲沈祖荣对于图书馆事业的开创精神，在台湾地区率先提倡开架式、图书馆自动化及资源共享，在台湾地区和美国华人图书馆界获得多项殊荣，如台湾地区教育行政部门"最优教授奖"、美国华人图书馆协会（CALA）"杰出服务奖"、"台湾图书馆学会"杰出服务奖、美国资讯学会（ASIA）"杰

---

① 李国庆、邵东方主编：《天禄论丛——北美华人东亚图书馆员文集，2010》，广西师范大学出版社，2010 年，第 56—57 页。
② 严文郁先生八秩华诞庆祝委员会编：《严文郁先生图书馆学论文集》，辅仁大学图书馆学系，1983 年，第 255 页。

出服务奖"等。

1942年成立的国立社会教育学院图博系办了近十年，该系图书馆学的专业教师很多都出自文华图专，如系主任汪长炳教授及任教的徐家麟、钱亚新、岳良木、周连宽、黄元福等，从师资上说该系的发展也是与文华图专一脉相承的。同时，该系又进一步在图书馆学人才培养上开枝散叶，其培养的学生中不少人在图书馆岗位上做出了成绩，如曾任南京图书馆副馆长的邱克勤、曾任南京医学院图书馆馆长的吴观国、曾任上海图书馆馆长的韩静华、曾任苏州图书馆馆长的许培基等。

此外，民国时期的通过图书馆学人推动或倡导，在中学、职业学校、师范类学校以及大学开设图书馆学的课程，使得受教育者了解了图书馆的作用、掌握了目录及参考工具等利用图书馆的方法。这种不成体系的图书馆学教育，对图书馆事业的发展、社会图书馆意识的增强上也起到了重要作用。

第四节　民国时期图书馆学教育的不足

民国时期图书馆学教育的发展处于萌芽阶段，各种图书馆学教育和训练机构以及人才的分布很不均衡。民国时期开展过图书馆学教育的五所机构，即私立武昌文华大学图书馆学专科学校、上海国民大学图书馆学系、南京金陵大学图书馆学系、国立社会教育学院图书馆博物馆学系、北京大学图书馆专修科，基本都是在文化政治、经济、文化发达之地。即使有的机构西迁重庆，也是同国民政府和大批文化单位随迁。而在东北、西北、西南等地，图书馆事业既缺乏专门的人才，更找不到专门的训练机构，这在一定程度上也加剧了图书馆事业发展的地区差距。

民国时期图书馆学教育的层次不高，偏重职业型人才的培养。如前所述，民国时期的图书馆学教育是与图书馆事业的发展紧密联系的，倡导办馆的同时也要办学。这一方面有助于培养学生的职业精神和学以致用的能力，但另一方面也限制了图书馆学校的发展，使其难以获得正规大学所具有的资源与条件。这一点，袁同礼先生基于美国图书馆学教育走过的历程，也曾明确地指出："中国过去极不重视图书馆专门人才的培养。……未来应该有足够多的高水平的图书馆学校以满足图书馆事业的人才需求。这些学校将附设于领先的大学，而不是图书馆，即使是大型的图书馆。"[1] 在民智待开、民权未兴的时代背景下，图书馆被纳入社会教育事业的一部分，成为开启民智、服务民众的重要空间载体和阵地，其根本的职责在于服务社会教育的目标，保存文献、供众阅览。即便是高等教育机构所附设之图书馆，其最重要的职能仍然是服务师生。从政府颁布的系列图书馆法规、章程来看，除担任省市立图书馆馆长职务或许需要"学术上确有贡献，并对于图书馆学素有研究者"（此条件往往是作为若干任职条件的选项之一），其他各级各类图书馆员的任职要求大多在有襄理馆务的知识和经验。这本身也体现了图书馆职业服务性、事务性的特点。而在民国时期图书馆事业初兴的背景下，

---

[1] Yuan, Tung-li. The Next Twenty-Five Years in the Development of Chinese Libraries, https://hdl.handle.net/2142/35647.

馆长或者主任的岗位需求是相对有限的，更需要的是培养普通的基层图书馆员。文华图专的课程设置中，有大量有关编目、分类、行政等业务知识的学习与实习的课程，尤其是对西文编目知识的传授与应用。因此有学生"对于一周卅点钟西方发酵知识硬性的接受"颇有怨言。从国民政府教育部对高等教育实施目标的定位来看，专科学校教育"应为培养各业专门技术人才之教育，应由省市视需要在企业之附近地区，设立各种专科学校，以造就各项事业应用之专门人才"，而大学教育"应为研究高深学术，培养能治学、治事、治人、创业之通才与专才之教育"。① 图书馆学教育与大学"造就高深学问"的定位似有落差，具有较强的职业性，因此难以跻身国立大学学科建制。1945年袁同礼、王重民先生积极推动北大设立图书博物专科，②北大代校长傅斯年给袁同礼的回复即是不赞成太职业化。1947年上半年，胡适对外发布了成立图书馆学专修科的消息时特别提道："从不主张办理职业训练，此仅从事试验。"③

图书馆学教育人才培养规模和数量有限，无法满足图书馆事业发展的需求。图书馆教育发展初期，无论是克乃文在金陵大学开设的图书馆学课程，还是韦棣华等人创办的文华图书科，均起步于高等教育体系内，这些具有美国背景的早期图书馆学教育家们，直接移植了同期美国图书馆学教育的模式，省却了美国图书馆事业发展早期的学徒式的、以培养初级助理馆员的阶段。这使得我国图书馆学教育一开始就是一种高门槛的精英教育，录取标准为大学二年级

---

① 李华兴主编：《民国教育史》，上海教育出版社，1997年，第607—608页。
② 北京大学信息管理系、台北胡适纪念馆编：《胡适王重民先生往来书信集》，北京图书馆出版社，2009年，第438页。
③ 《图书馆界·二、国内·北大考虑增开图博职业专科》，《中华图书馆协会会报》1947年第1—2期。

肄业或者大学毕业生，学生需要通过口试、笔试，意志力、心理各方面的测验才能入学，课业任务较重，对教学配套的要求较高，这不仅与当时我国高等教育的普及程度不符，与当时我国图书馆事业发展的现状也是不相匹配的。这样的人才培养模式使得图书馆学校的毕业生数量远远不能满足各级各类图书馆的需要。在这种宁缺毋滥的录取标准下，有的年份，图书馆学校很有可能就招不到满意的学生。对此，文华图专校长沈祖荣曾提出，"譬如设在今不能招收适当质量图书馆训练之学生者，图书馆学校可否转移其工作，于图书馆学研究、编纂、出版方面，即为一甚可注意之问题也"[1]。实行精英教育，势必使得一些为中小图书馆服务的讲习班保送生入学后，无法跟上教学进度，也难以得到合适的训练效果。1938 年，在国民政府教育部的要求下，文华图专图书馆学专修科将入学要求改为高中毕业，修业两年。但由于报考者对图书馆学的了解不足，投考的人数和一般的大学与专科学校比，亦有较大差距。由于培养的人数不够多，造就的人才亦有限，校友自诩文华图专为"袖珍型"学校。据不完全统计，自 1920 年始创到 1953 年并入武汉大学 33 年的时间内，文华图专图书科毕业的本科生有 130 人，专科生 180 人，讲习班结业人数 61 人，共约 371 人。西迁之前，由于录取标准高、入学人数少，因此培养的高层次人才更加有限。金陵大学文学院图书馆专科共毕业学生 16 人。国立社会教育学院图博系 1942—1947 年毕业 4 届学生，共 62 人。[2] 而北大图博专科创办后，

---

[1] 王余光主编，范凡等选辑：《清末民国图书馆史料汇编》（第 1 册），国家图书馆出版社，2014 年，第 326 页。

[2] 周洪宇：《不朽的文华——从文华公书林到文华图书馆学专科学校》，华中师范大学出版社，2013 年，第 366 页。

由于招生要求为大学本科毕业或二年级肄业生，学生的稳定性不足。在校生因为修课负担重而有畏难情绪，毕业生报考者则纯粹来挂名，一旦找到工作即退出。① 以至于到最后不得不申请学校给予公费奖学金来稳定生源。各级各类暑期学校、讲习班或者其他形式的图书馆学职业培训，虽然人员数量相对较大，但更多侧重图书馆业务的普及性教育，且往往因为时局或者经费，无法持续，使得图书馆学教育对图书馆人才素质提升的影响无法扩大。图书馆职业的清苦也造成了培养的人才流失，不少学生离开图书馆界而转入政界、商界。

民国时期图书馆学教育机构要么存续的时间较短，要么起步的时间较晚，办学时间最长最为持久的即文华图专。该校因创办人韦棣华女士和文华大学（后称华中大学）意见不合而分道扬镳，韦女士于 1930 年 12 月 10 日所立遗嘱中强调：1. 文华公书林不作为华中大学图书馆而存在，必须保持独立，为民众服务；2. 文华图专必须单独办理，而不属于华中大学，以免受其限制；3. 她的住宅（Woodfere Collagen）另作用途，不得由华中大学处理；4. 韦棣华董事会基金的收入，应作她所办事业之用，华中大学不得享受。此后，沈祖荣一直秉承韦棣华遗愿，历经艰难曲折，坚持单独办理图书馆学教育，这体现了沈祖荣先生对先师和创办人的尊重。但是，这却对文华图专的发展不无影响。文华图专在脱离文华大学之后，成为独立的专科学校，"而民国教部以及大学掌教者之流，未能给予图书馆学以正当学制地位"，因此图书馆学专科学校并不能授予

---

① 北京大学信息管理系、台北胡适纪念馆编：《胡适王重民先生往来书信集》，北京图书馆出版社，2009 年，第 516 页。

学位。① 文华图专在相当长时期里的招生标准为大学二年修满的学生，这些学生在大学已读了二年，多愿意再继续两年，修完大学教育后拿到大学毕业证书或学位。这使图书馆学专业很难招到适当的学生。② 虽然独立后的文华图专在课程上有了一些本土化的改造，但由于规模小、学科单一，无法提供全面的、基础的课程，在师资、经费方面又力不从心，加之无法为学生授予学位，因此其发展亦难以扩大。

无论是在校师生还是外部的力量，都表现了希望文华图专合并到大学的意愿。1929年，毛坤在《华中大学文华图书科十周年纪念》一文中写道："当时之分，势也；此日之合，情也；揆其情而度其势，本无意见之可言。顾今日势有不能有十分水乳相容之相。识者颇以为忧。合之则双美，离之则两伤。愿重思之。"③ 美国图书馆协会自1920年代起就制定了图书馆学校的认证标准，在他们看来，如果图书馆学校脱离大学的话，在课程组织方面容易松散，同时也容易缺少明确的教学标准，并难以吸引有经验的教师，这样不仅会导致师资薄弱，也会影响学生的就业。抗战胜利后，美国方面曾多次提出要求文华图专与大学合并。战时文华图专的校园遭到严重损毁，1947年，其复员回武昌之前，美国圣公会就先后多次致函沈祖荣，希望文华图专复员后与华中大学联合。1946年4月18日到5月28日，韦棣华基金会的董事之一格兰（John M. Glenn）与沈祖荣的往返信函中一再建议文华图专必须与一所大学或专科学

---

① 王余光主编，范凡等选辑：《清末民国图书馆史料汇编》（第1册），国家图书馆出版社，2014年，第323页。

② 沈祖荣：《沈祖荣文集》，武汉大学出版社，2013年，281页。

③ 毛坤：《华中大学文华图书科十周年纪念》，《文华图书科季刊》1930年第2期。

校取得联系,才可能更好地培养图书管理专门人才。① 迫于当时战后重建的经济压力,沈祖荣先生决定考虑与华中大学合并的建议,以获得来自圣公会的临时经费支持。

1948年1月,美国图书馆协会远东及太平洋事务主席白朗(Charles L. Brown)来华,中美两国图书馆界举行合作谈判,白朗提出将重点扶持中国的五所大学建立图书馆学院,而沈祖荣先生则持以下观点:1. 因为师资不足,成立五所图书馆院校,时机尚未成熟,宜缓议;2. 目前中国图书馆事业最迫切需要者为图书设备;3. 文华图专创办人韦棣华女士遗命学校保持独立,不得与华中大学合并。双方各持己见,谈判陷入僵局。当时文华图专的专业图书由美国图书馆协会供应,白朗甚至以断绝捐书供应向沈祖荣先生施压。后来沈祖荣先生授权其子沈宝环与白朗继续谈判,最终达成一致并签订了《关于文华图专与某所大学合并的纲要》(具体内容见附录2)。1949年中华人民共和国成立后,政府曾对文华图专学生作过一次调查:"对与华大合并的意见:同学们一致赞同,而且要求迫切,理由是图专规模太小,外界不了解学校性质,图书又少,但如校方不赞许或客观条件不成熟也作罢论。"② "学校对于经费问题从不公开,在现在情形下都表示着相当贫困,因此我们愿意将本校(1)改成国立(2)合并北大图书系(3)合并华中大学。"③ 1953年,根据全国高等学校院系大调整的决定,文华图专在独立

---

① 周洪宇:《不朽的文华——从文华公书林到文华图书馆学专科学校》,华中师范大学出版社,2013年,第130页。

② 周洪宇:《不朽的文华——从文华公书林到文华图书馆学专科学校》,华中师范大学出版社,2013年,第523页。

③ 周洪宇:《不朽的文华——从文华公书林到文华图书馆学专科学校》,华中师范大学出版社,2013年,第250页。

办学 20 余年后，最终并入武汉大学图书馆学专修科。

第五节　民国时期图书馆学教育的启示

图书馆学教育在民国时期是孱弱的，但也顽强地寻求着生存和发展机会。相较于今天广泛存在于高等教育体系内的图书馆学教育，民国时期图书馆学教育的产生和存在与社会教育具有密切的关系，其初衷是为宗教服务、为社会服务。文华图书科的校训即"智慧与服务"，而沈祖荣先生将"研究图书馆学，服务社会"定为私立武昌文华图书馆学专科学校的办学宗旨。但恰是这种应用型的教育宗旨，使得图书馆学教育在大多数教育管理者眼中，隶属于职业教育，长期以来无法被纳入正规的国立大学体系。在官方教育资源支持有限的背景下，图书馆学教育与图书馆事业的依存关系更为紧密，经由内生力量、行业组织和国际力量推动着教育和专门化人才的培养，而这些人又反哺着图书馆学教育和图书馆事业。对于当代的图书馆学教育而言，民国时期的经验启示在于：

第一，图书馆学家筚路蓝缕、矢志不渝的职业精神。兴办教育的重要前提是办学经费的筹措。文华图专创办人韦棣华女士通过教会的力量募集办学基金、募捐图书器材，又通过争取美国退还庚子赔款用于图书馆事业为文华图专教席薪金和免费生招募提供保障。文华图专单独立案后，由于属于私立专门学校，从中央获得的补助有限,在社会动荡、经费无着的情况下,民国时期的图书馆学家们却从未放弃过为图书馆事业培养人才的信念。图书馆学家们通过在各处演讲、提案和在报章上发文等各种形式强调图书馆事业的价值,提倡图书馆学专门人才的培养,唤起知识界的同情、争取政府的认可,并抓住一切条件在各类学校推行图书馆课程。沈祖荣在《战后图书馆发展之途径》中提到,自己四十年来始终是中国图书馆运动中一忠实的队员:

> 从事于图书馆事业的人,要有坚强的信心与恒心。我们择业,应不计名位而首应问其能否为多数人作有益的服务。而图书馆事业正是有利于人群有助国家建设的高尚事业。可惜许多同志因此业的清苦,而转移了职业,以致此业少进步。今后我们要提高事业兴趣,增加信心,从有恒来策成功。①

杜定友先生认为,

> 图书馆为慈善事业、教育事业、社会事业、文化事业。所以服务其中者,应有特殊的服务精神。一方面要像处女一般,埋头伏案;一方面又要各处奔走,提倡文化,其中包含着无限的奋斗、牺牲、忍耐、沉默的精神,高尚、清洁的人格,和谐、慈善的态度。不然,虽有高深的学问,若无图书馆服务精神为其背景,于人群也是没有用的。②

这些图书馆学家不仅是图书馆事业的主要参与者,而且也是图

---

① 沈祖荣:《战后图书馆发展之途径》,《中央日报》(重庆) 1944年5月5日第6版。
② 钱亚新、白国应编:《杜定友图书馆学论文选集》,书目文献出版社,1988年,第18页。

书馆学教育的开创者。他们苦心孤诣地为办学经费奔走，身体力行地开展图书馆学中紧要问题的研究，为师资的延揽、教材的编写、课程的设置、学生的出路等方方面面的问题呕心沥血，却从未想过中途放弃，目的就是要延续图书馆学人才培养的火种。杜定友先生创办了中国第一个图书馆管理员养成所，又在国民大学创设图书馆学系，但都未能持续下去。为培育人才，发展图书馆事业，他屡次建议设立专校，但当局都认为不是当务之急。即便如此，杜定友也并未放弃过，只要有机会，无论是面向民众，还是在各类学校，或是在他任职的图书馆，他都会在力所能及的情况下努力开展图书馆人才的培养工作。另外，在办学的过程中，图书馆学家们也不断地总结和反思，不断调整课程设置、实习安排、编纂出版选题、入学标准甚至学制，以满足社会的现实需要。他们既是图书馆事业的宣传鼓动者、实践者，又是图书馆学教育的开创者、改革者。他们把一项新的事业带入中国，在外部环境极为不利、困难重重的情况下，争取着来自中国政府、国际社会乃至普通民众的支持和认可。可以说，民国时期的图书馆教育正是经过这样一群图书馆学家不懈的努力，通过自下而上、由外而内的推动，才实现了图书馆事业和图书馆学教育从无到有、由点到面、由服务社会教育、培养民众利用图书馆的意识和技能到研究图书馆领域专门学问，逐步并最终发展为国立高等教育体系内的学位教育。

第二，与图书馆事业和图书馆界的紧密结合、互动。民国时期，图书馆学教育者绝大多数都具有图书馆实际的从业经验，甚至本身就身兼双重角色。图书馆学教育家们在开展图书馆学研究、图书馆学教育时，也以满足图书馆事业人才缺口、解决图书馆领域的现实问题为导向。沈祖荣先生认为：如果仅仅靠宣传，"依然不足以发展图书馆之事业。最关键的一步，是要有专门人才起来兴办此种事业"。"图书馆之发展，非一蹴所能致，必先培养图书馆管理人才，研究专门学识，庶能办理得法，有条不紊。"① 没有专门人才，再好的物质设备和推广规划都达不到实际效果。汪长炳指出，图书馆学即为办理图书馆事业之一切学问。② 杜定友先生指出，图书馆学校的宗旨和目的之一则为"图谋图书馆事业之发展……图书馆学校的学生，一方面作死的功课，在学校里研究学术；一方面要作活的功课，在社会上提倡图书馆事业，以力谋发展"③。

在办学目标上与图书馆事业的密切结合，反映在具体的教学研究中则是要研究图书馆事业的现状，注重实际问题。民国时期图书馆学教育者大多具有图书馆实际工作经验，因此往往从图书馆管理的实际出发来指导学生的理论学习和业务能力的培养。如1931年，钱亚新在《文华图书馆学季刊》上发表了《图书馆中的几个实际问题》，其中不仅提到了图书馆日常事务中关于杂志的管理、小册子的管理、编目的问题，还特别提出了馆员如何面对图书馆事业发展初期的各种具体问题："这些阅者的见解、批评和馆员的冲突，实实在在足使我们随时随地当心的。我们该怎样容纳人们的意见？我们该怎样接受人们的批评？我们该怎样避免和人们冲突？我们对于分类的原理该怎样的有研究？我们对于每一本书给以类码时该怎样的小心翼翼和有依据？我们又该怎样去应付环境和待人接物呢？"④ 民国时期图书馆学校非常注重与图书馆界的联系，文华图专师生大

---

① 沈祖荣：《民国十年之图书馆》，《新教育》1923年第4期。
② 汪长炳：《一种研究图书馆学之方法》，《文华图书科季刊》1936年第4期。
③ 钱亚新、白国应编：《杜定友图书馆学论文选集》，书目文献出版社，1988年，第18页。
④ 钱亚新：《图书馆中的几个实际问题》，《文华图书科季刊》1931年第1期。

都为中华图书馆协会会员，沈祖荣、毛坤、徐家麟等教职员长期在中华图书馆协会任职，历届年会都有文华图专代表，而且多次在协会年会上宣读论文，提出议案。如 1929 年第一次年会上以文华图书科全体名义所提的议案就有"由中华图书馆协会拟定图书馆学课程请教育部核定施行案""规定中国图书馆编目规定案"，另外还有文华图专师生的个人提案，如毛坤提案 1 件，田洪都提案 4 件，于震寰提案 3 件、黄星辉提案 3 件等。① 1933 年中华图书馆协会第二次年会时，文华图专学子宋友英、曾宪文等五人提出"请将世界语及国语罗马字作为图书馆学校或班级中之必修科目"一案，认为图书馆所收藏的书籍包罗各种语言，馆员应该具备各种外语的阅读能力，并熟练掌握国语罗马字，以应编目分类的需要。② 该案经讨论，修正为"由本会函请图书馆学校应注重语言案"一致通过，由中华图书馆协会执行委员会专函武昌文华图书馆学专科学校。

除了积极活跃于中华图书馆协会，文华图专校长沈祖荣也时常邀请图书馆界人士到校演讲，向在校师生传递国内外图书馆界的最新动向，先后在该校担任演讲嘉宾的图书馆界名人有袁同礼、杜定友、蒋复璁、刘国钧等。1932 年，曾任国立北平图书馆编目组长的蒋复璁留德归来，在文华图专发表演讲《德国图书馆情形与目录事业之进步》。1935 年，北平图书馆馆长袁同礼从欧美考察图书馆事业回来后，该校师生专函奉请其至该校演讲两次，介绍欧美图书馆事业的新趋势。1937 年全面抗战爆发后，图书馆学家刘国钧到该校演讲了《图书馆与民族复兴》，宣传图书馆事业与战时教育的

---

① 中华图书馆协会执行委员会编：《中华图书馆协会第一次年会报告》，中华图书馆协会事务所，1929 年，第 37—62 页。
② 《图书馆界：一、协会：圕学校注重语言》，《中华图书馆协会会报》1933 年第 3 期。

作用，使得文华学子认识到自己身上的责任和使命，鼓舞了在校学生们投身图书馆事业的士气。另外，一些任职于图书馆界的校友在回乡省亲、差旅之际，往往也会受邀到文华图专与师生叙谈或演讲，使得在校学生和图书馆职业界始终保持互动。

第三，从步武欧美到本土化的办学思路。中国第一批图书馆学教育者是由美国辅助培养的，从图书馆学教育机构创办初期，即带有明显的美国烙印。无论是对纽约州立图书馆学校课程的简单模仿，还是对美国图书馆学教材和论文的大量翻译，甚至直接从国外引进图书馆学家担任教职，都体现了将美国图书馆学理论和资源拿来为我所用的思想。文华图专师生们重视对国外图书馆学论著的译介，也非常注重向国外图书馆界传递中国图书馆事业和图书馆学的情况。自1935年第7卷起，文华图专《文华图书馆学季刊》编委会计划增设英文之部，每期发表2—3篇英文文章，"希望把我们专业的观点与那些不能阅读中文的同行们结合起来"，既给学生们提供锻炼英语写作的机会，又使得文华图专更广泛地得到国内外的认可。[①]《季刊》上由文华图专在校生撰写的英文文章有严文郁、杨漪如翻译的《北京大学图书馆新建筑概略》，章新民的《中国图书馆宣传藏书之方法》，胡延钧译的孙从添《藏书纪要》之鉴别篇和收藏篇，戴镏龄的《佛教目录在中国目录学上之影响》《我们需要一部中文百科全书》《略谈中国政府出版品》等。其中，章新民撰写的《中国图书馆宣传藏书之方法》于1935年在国际图联大会民众图书馆组宣读，是中国图书馆界提交的唯一一篇论文。1936年，中华图书馆协会为使世界各国了解我国图书馆状况，特请袁同礼主

---

① Samuel T. Y. Seng: "Looking To the Future"，《文华图书馆学专科学校季刊》1935年第2期。

编《中国之图书馆》（Libraries in China）一书，邀请当时图书馆界名家用英文撰写 9 篇论文，其中 4 篇为文华图专师生所著，包括沈祖荣的《中国图书馆员专门教育》、裘开明的《近代中国图书馆运动》、查修的《中国图书馆与立法》、严文郁的《中国图书馆间之合作》。①

在对图书馆学专门人才的培养方面，图书馆学家并没有照搬外国的理论和实践，而是一直坚持走中西结合的道路。文华图书科创设之初，沈祖荣先生就曾说过：

> 海外留学，所费不赀，远涉重洋，谈何容易？纵令虚往实归，而橘枳变异，势所必然，所学之件，在外国虽称合法，在中国不能完全采用。由是言之，欲推广图书馆之事业，务须在中国组织培养人才机关，将来学业有成，可以充图书馆之应用。是以武昌文华大学于民国七年，首先组织图书科。②

此语即道出了兴办图书馆学专门教育的初衷，也指明了中国图书馆学教育的方向：培养本土化的图书馆学专才，以推动中国图书馆事业之发展。同样，1925 年 6 月，梁启超在中华图书馆协会成立会演说辞中，则更为明确地提出中国图书馆学界的任务之一即建设中国的图书馆学，这也成为民国时期图书馆学教育的主要办学方针。③ 因此，此后的各类图书馆学教育形式，均十分重视传统图书馆学理论和西方图书馆学的平衡，并结合中国图书馆事业发展的实

---

① 严文郁：《中国图书馆发展史：自清末至抗战胜利》，台湾枫城出版社，1983 年，第 203—204 页。
② 沈祖荣：《民国十年之图书馆》，《新教育》1922 年第 4 期。
③ 沈祖荣：《我国图书馆事业之改进》，《文华图书馆学专科学校季刊》1933 年第 3—4 期。

际逐步对西方图书馆学管理、分类、编目等方法进行修正和吸收，从而形成了有中国特色的图书馆学理论。1935年，沈祖荣在中华图书馆协会第二次年会图书馆教育组报告书中指出了发展本土图书馆学教育的方式：

> 教材以编纂适合我国图书馆需要之题材为原则，理应由各专家逐渐编出图书馆学教学适用之教本、工具、参考物若干种应用，又除专门某科编纂外，更编制综合式之图书馆学概论及图书馆学术讨论与研究等课程适用之课本，其机杼、其系统，可自我而出之，不必尽仿外国课本之教材内容。①

总的来看，民国时期的图书馆教育起源于教会大学图书馆，由外籍馆长学徒式的培养模式到取道欧美，通过留学教育培养了第一批本土的图书馆学教育家，继而逐步走向本土化、学院化。在社会动荡，图书馆事业不发达、缺乏经费和师资等办学条件的时代背景下，图书馆学教育走过了不寻常的三十年，无论是在学科建设、理论研究还是人才培养方面，都为我们今天的图书馆学教育奠定了基础，并且树立了典范。今天，随着社会环境的改变、技术的发展，图书馆学教育面临着新的问题。有学者将现今图书馆学教育中存在的生源不足、教学目标的迷失、课程体系的薄弱、教师职业自信心的丧失等问题称为图书馆学教育的破坏性因素，同时也是图书馆职业的破坏性因素。② 图书馆学研究、图书馆学教育与图书馆事业的

---

① 沈祖荣：《图书馆教育组报告暨意见书》，载王余光主编，范凡等选辑《清末民国图书馆史料汇编》（第1册），国家图书馆出版社，2014年，第321页。
② 于良芝：《图书馆学教育呼唤战略思维》，《图书与情报》2006年第4期。

发展密不可分。今天我国图书馆事业已经进入了一个新的发展期，图书馆服务于社会、服务于读者的能量正在集聚并散发，但图书馆学教育领域在整体上没有与图书馆事业繁荣发展同步。① 在今天图书馆事业逐步转型、深度融入社会公共文化服务体系、贴近民生福祉的时代背景下，图书馆学教育者更加要关注社会需要什么样的图书馆专门人才、如何才能提高图书馆职业的专业认可度、如何凸显图书馆学专业教育的价值？回顾民国时期图书馆学教育的发展历程，探究图书馆学教育产生与发展的内外部动因，反思与"互鉴"民国图书馆学教育的成就与不足，对今天的图书馆学术研究和图书馆学教育可谓意义深远。

---

① 吴建中：《图书馆学教育的反思》，《大学图书情报学刊》2019年第2期。

附 录

附录1 民国时期图书馆学教育年表

1913年，金陵大学英语系教师兼图书馆馆长克乃文在该校开设了图书馆学课程。

1914年，沈祖荣受韦棣华派遣赴美国纽约公共图书馆学校学习。

1917年，胡庆生受韦棣华派遣赴纽约公共图书馆学校学习。

1920年3月，武昌文华大学图书科成立。

1920年8月，在北京图书馆协会的策划下，北京高等师范主持开办了暑期图书馆学讲习会，第一次对图书馆在职人员进行业务培训。讲课人员有李大钊、沈祖荣、戴志骞、李贻燕、程伯庐等。

1920年冬，全国中华教育改进社成立，其下设"图书馆教育组"，1922年7月召开的第一届年会上决定成立图书馆教育研究委员会，宗旨是研究图书馆教育问题。这是最初的图书馆学研究组织。

1922年7月3—8日，中华教育改进社在济南召开第一次年会，图书馆教育组议决案有 8 条。

1922 年 12 月，广州市立师范学校校长杜定友，根据当年中华教育改进社第一次年会图书馆教育组决定的"中国师范学校及高等师范应增设图书馆管理科"精神，增设了图书馆学课程。次年 2 月，广东全省教育委员会在广州创办"图书馆管理员养成所"，为期 24 日，学员共 63 人，由省内各中等以上学校选派教职员参加。杜定友兼任所长，穆耀枢、陈德芸为教员，效果颇佳。

1923 年 8 月 20—24 日，韦棣华和胡庆生代表文华图书科赴京参加中华教育改进社第二次年会，会上提出了"呈请中华教育改进社转请政府及美国政府以美国将要退还之庚子赔款三分之一作为扩充中国图书馆案"。

1923 年夏，南京东南大学暑期图书馆讲习科开办，由洪有丰主讲，为期 1 月，每日授课 2 小时，由洪氏自编讲义，并安排学生在孟芳图书馆实习，听讲者达 80 余人。1924 年夏，洪氏依照上年办法，作第二次讲授，1925、1926 年又续办。

1924 年 3 月 30 日，北京图书馆协会成立。该协会由中华教育改进社敦请戴志骞先生发起，组织成立后，推举戴志骞为会长，冯陈祖怡为副会长，查修为书记。会址设于清华学校图书馆，会员有团体 20 个，个人 30 余人。1925 年间，改选职员，袁同礼当选为第二届会长，冯陈祖怡为副会长，查修为书记。1926 年 10 月，复推举徐鸿宝为第三届会长，钱稻孙为副会长，蒋复璁为书记。该会为全国最早的图书馆联合团体。

1924 年，上海圣约翰大学馆长海施女士举办图书馆讲习会。

1924 年，河南开封小学校教员讲习会设图书馆管理课程，由杜定友主讲。为期 3 周，每日上课 2 小时，由杜氏编发大纲，听讲者达 200 余人。

1924 年夏，四川成都举办暑期图书馆讲习会，由穆耀枢主持演讲。

1925 年 7 月中华图书馆协会与东南大学、中华职业教育社、江苏省教育会合组暑期学校，内设图书馆学组，上课时间为 1 个月。

1925 年 8 月，上海国民大学设图书馆学系，杜定友为系主任，规定学生凡修满 160 学分者，即授予学士学位。次年该校停办，图书馆学系亦结束。

1925 年 8 月 6 日，穆耀枢在四川成都创办图书馆专门学校，次年春天毕业，第一班学生共 6 人。

1926 年 2 月 26 日，中华教育文化基金董事会举行第一次年会，其中议决补助武昌华中大学文华图书科设图书馆学教席及助学金 3 年，每年 1 万元。

1926 年 7 月 8 日，华东基督教暑期学校设图书馆科，至 8 月 7 日止，学生共 8 名，由李小缘、黄星辉等担任教授。此后每届暑期学校，均开设图书馆学组。

1927 年，湖北省立图书馆举办的暑期图书馆学讲习科。1931 年及 1935 年又各举办一次，均由沈祖荣担任教授。

1927 年秋，金陵大学图书馆刘国钧、李小缘、万国鼎在该校文学院设立了图书科，开始了正规的专业教学，然而不久即停办。1929 年起又继续办学，十余年间断断续续，1940 年又成立图书馆学专修科，仅办了两届即又停办。

1928 年 5 月 5 日，大学院召集全国教育会议，上海图书馆协会提出请国立大学设图书馆学专科。

1928 年 7 月 9 日—8 月 18 日，上海商务印书馆开办暑期图书馆讲习班，由王云五、孙心磐、沈丹泥、陈伯逵、宋景祁、陈友松等讲授检字法、编目法、中外图书统一分类法等，各机关及各学校派职员146人前往学习。

1929年1月28日—2月1日，中华图书馆协会在南京金陵大学召开第一次年会，图书馆教育组通过了多项有关图书馆学专门人才培养的提案。

1929年文华图书科单独立案的申请得到教育部批准，华中大学文华图书科更名为"私立武昌文华图书馆学专科学校"。

1930年，上海私立清心中学开设图书馆学班。

1930年7月，上海私立创制中学添设图书馆科，招收初中一年级新生及二年级插班生，专为养成学校及公共图书馆适用人才。

1930年10月30日，安徽省立第一中等职业学校图书馆学讲习班，招生33名，修业时期为6个月，教员为刘华锦女士（文华图专毕业）、董明道（安徽省立图书馆编藏股主任）、鲍哲文（安徽大学文学院讲师）。该班之成立，承文华图专教员毛坤先生之协助最多，金陵大学刘国钧先生对课程亦详有指示。

1930年11月，天津市立师范学院开设图书馆学讲习班，讲师为陆华深。

1930年12月，广州市立职业学校添设图书管理科，教育局准予本年设立。

1930年12月，江苏省立教育学院设民众教育系，招收高中毕业生。内分6组，其一为图书馆组，学生在三年级第一学期开始分组，如选图书馆组为主组，须另选一组为副组。

1930年12月，美佛里特著，杨昭悊、李燕亭合译《图书馆员之训练》由上海商务印书馆印行。

1931年7月，浙江省教育厅举办教育服务人员暑期进修讲习会，由大夏大学马宗荣讲授图书馆学课程。同年夏，湖北省教育厅举办暑假图书馆学科讲习会。

1932年5月—7月，浙江省立杭州师范和省立民众教育实验学校开设图书馆学课程。

1932年夏天，河北省教育厅在天津举办图书馆讲习会。同年，山东省立民众教育馆举办图书馆学讲习会。

1933年初，袁同礼为纪念其母韩太夫人，并培植国内图书馆专门人才起见，特自本年秋起在武昌文华图书馆专科学校设纪念奖学金一名。

1933年8月28日，中华图书馆协会在北平清华大学举行第二次年会，通过"请教育部令国立大学添设图书馆学专科"的重要决议。

1934年4月，浙江省立图书馆制定《馆员进修办法》，由本馆馆长及主任担任主讲，于4月4日—5月23日组织主任组员以外的职员进修，科目多关于图书馆学及基本常识之训练。

1934年7月16日，中华图书馆协会与私立武昌文华图书馆专科学校合办招考图书馆免费生，除招考专科正班学生外，并招收民众班，其入学程度为中学毕业，该民众班免费生6人，在学期间为一学年。

1934年暑假，上海图书学校于本年暑期开办，由中国国际图书馆李石曾、吴稚晖诸人与世界书局合作创办，该校分设图书、出版、印制、组织四科，图书及出版修业期限6年，其他两科3年，学生程度分初中毕业和高中毕业两种，采用半工半读制。

1935年，湖北省教育厅举办中小学讲习会，次年举办全省民众教育馆讲习会，均设图书馆学课程。

1935年，大夏大学招收图书馆分类及实习班学生。

1937年，上海商务印书馆函授学校设图书馆学科，科主任为徐亮，校长为王云五。

1939年，上海中华图书馆服务社有鉴于各地图书馆服务人员，大多未受专门训练，为增进其工作效能起见，创设函授学校，聘上海鸿英图书馆主任吕绍虞主持其事，授以各种图书馆主要课程，毕业期限定为1年。

1940年3月，重庆蟾秋图书馆举办图书馆学短训班，委托文华图专学生担任教员。

1940年11月6日，四川省教育厅委托四川教育学院、省立图书馆联合举办中小学校图书管理人员讲习班，对在职人员进行业务培训，共有25名学员参加培训，其中23名获结业证。

1941年春，文华图专应国民政府对专科学校的学制要求，改为招收高中毕业生，并增春、秋季招生。

1941年8月15日，国民党教育部成立社会教育学院，内设图书馆博物馆学系，汪长炳任图博系主任。

1941年11月，四川省教育厅委托省立图书馆举办中等学校图书管理员讲习班，以改进中等学校图书管理工作，训练专门人才，学员共25人。由省教育厅调派、聘请当时入川的专家刘国钧、李小缘、戴安邦等讲课，并以金陵大学图书馆为主要实习场所。第1期学员结业后，又继续开办第2期讲习班。

1942年，中央图书馆举办图书馆学补习学校，教学时间共10周。

1943年4月12日，杜定友在广东曲江主办广东省图书馆教育人员训练班,学员共 38 人,学习时间为 8 周。

1943 年 6 月,四川省成都女子职业学校图书馆管理科第一届学生 14 人毕业。

1943 年,广西省立民众教育馆函授民众图书馆学。

1945 年 9 月,浙江省教育厅委托浙江省立图书馆举办图书教育人员函授训练班。

1946 年 4 月,上海文化函授学校添设图书馆学习,聘请钱亚新为主任。

1946 年 7 月,教育部举行图书馆学留学考试,录取公费生 2 名,自费生 1 名。

1947 年,文华图专改学制为三年。

1947 年 9 月,北京大学中文系下设图书馆学专修科,王重民任主任。

附录2　沈宝环与美国图书馆协会白朗签订的文华图专与某所大学合并的纲要[①]

目的

1.我们一致认为文华图专合并到一所大学有利于中国图书馆事业的发展；

2.这里所说的"合并"并非指统一的意思；

3.合并的目的在于给文华学生更为全面的教育，使得他们能够得到大学的学位，并且能够在就业上有所保障。

合并的名称

4.在合并的条件下，文华图专的原名予以保留，合并以后，名称改为"XX大学文华图书馆学校"。

经费

5.合并以后，大学应该共担文华图书馆学校的所有费用；

6.合并以后，来自国内外对于文华图专的所有资助都应该由大学分配与文华图书馆学校使用。

---

① 此纲要是笔者根据在美国图书馆协会档案馆查到的英文原件翻译而成。其背景是沈宝环在美留学，受父亲沈祖荣委托与美国图书馆协会远东与西南太平洋委员会负责人白朗就战后文华图专合并到某所大学的问题开展了谈判。

学生

7.文华图专当前录取的学生毕业后仍被称为文华图书馆学校毕业生，今后录取的学生若达到大学入学标准，即可称为XX大学毕业生；

8.从1949年到合并完成，我们建议文华图专暂时停止招收新的学生；

9.所有正常完成课程的文华毕业生须被称为XX大学校友。

教职人员

10.文华图专现任负责人于1910年进入图书馆领域，1916年赴美留学归来，虽然在本领域已经有38年的资历，但对于当前美国图书馆学教育的现状已经长期缺乏了解，如果合并成功后，应安排该负责人前往美国考察图书馆教育，考察的费用由大学全额承担；

11.合并以后，在文华图专工作多年的教职员应该得到保护，并且应该有足够的薪水；

12.合并以后，文华图书馆学校在教职工的招聘与解聘上，必须通过文华图专校长和现任大学校长的共同决定。

时间

13.我们希望关于合并的对话于1948年年底开始，或者始于1949年春季，在三年内完成。

研究机构

14.白朗博士的图书馆学教育机构应该在文华图专与大学合并以后扩展到武昌。

步骤

15. 当文华图专同意并开始实质性的合并时，白朗博士将给予全面的支持；

16. 本大纲将作为合并会谈的基础；

17. 沈宝环先生将尽最大的努力促成双方考虑本次拟出的合并建议；同时，白朗博士应该利用其自身的影响力促使大学接收本建议中的合并原则。

修正条款

18. 关于本建议中的任何修正或者补充，均可以通过白朗博士和沈宝环先生的通信予以增改。

1948 年 9 月 8 日

主要参考文献

中文文献

（美）费正清.费正清对华回忆录.陆惠勒等译,北京：知识出版社,1991.

（美）郝露斯.中国之儿童图书馆事业.文华图书馆学专科学校季刊,1937V9（1）：155—163.

（美）海波士.沪江大学.王立诚译.珠海：珠海出版社,2005.

（美）费玛丽.圣约翰大学.王东波译.珠海：珠海出版社,2005.

（美）杰西·格·卢茨.中国教会大学史（1850—1950年）.曾钜生译.杭州：浙江教育出版社,1987.

《公共图书馆》编辑部编.公共图书馆文萃：2010.深圳：海天出版

社，2010.

Grace D. Phillips. Behind the scenes in the Peiping National Library. 文华图书馆学专科学校季刊，1935V7（3—4）：569—579.

Grace D. phillips. The Boone Library school through the eyes of a Newcomer. 文华图书馆学专科学校季刊，1935V7（2）：315—318.

白国应. 杜定友图书分类思想的发展. 晋图学刊，2000（04）：1—9.

北大考虑增开图博职业专科. 中华图书馆协会会报，1947V21（1—2）：20—21.

北大文学院增设两专科. 中华图书馆协会会报，1947V21（3—4）：17.

北京大学信息管理系，台北胡适纪念馆编. 胡适王重民先生往来书信集. 北京：国家图书馆出版社，合肥：安徽教育出版社，2009.

《北京图书馆同人文选》编委会编北京图书馆同人文选（1912—1987）. 北京：书目文献出版社，1987.

蔡元培. 裨补学界　潜滋暗助——纪念美国友人韦棣华女士. 图书馆学通讯，1980（03）：85—86.

昌少千. 忆恩师沈祖荣. 江苏图书馆学报，1987（02）：67.

陈剑光，瞿云仙. 教会大学与中国近现代图书馆事业. 北京图书馆馆刊，1999（02）：134—137.

陈林. 沈祖荣图书馆学专业教育思想与现实意义. 图书馆理论与实践，2004（04）：99—101.

陈卫红. 著名图书馆学家杜定友先生与广州国立中山大学图书馆. 图书馆论坛，2002（01）：109—112.

陈湘. 浅析刘国钧对当代国外图书馆学的研究. 图书馆论坛，2010（01）：169—170.

陈学恂，田正平编.中国近代教育史资料汇编：留学教育.上海：上海教育出版社，1991.

陈雁.巴伯奖学金与近代中国女性留美：途径、专业与意义.妇女研究论.2007（05）：33—41.

陈准.谈设立图书馆专科学校之必要.中华图书馆协会会报，1941V15（5）：2.

程焕文，刘继维.文华精神——在纪念文华图专成立80周年大会上的讲演.图书馆建设，2001（06）：101—102.

程焕文.跨越时空的图书馆精神——"三位一体"与"三维一体"的韦棣华女士、沈祖荣先生和裘开明先生（续上期）.中国图书馆学报，2002（06）：66—70.

程焕文.跨越时空的图书馆精神——"三位一体"与"三维一体"的韦棣华女士、沈祖荣先生和裘开明先生.中国图书馆学报，2002（05）：61—65.

程焕文.民国时期图书馆事业的发展与评价.图书情报知识，1986（03）：37—38+36.

程焕文.文华图专名称考释.图书情报知识，1987（02）：42—43.

程焕文.一代宗师千秋彪炳——记中国图书馆学教育之父沈祖荣先生.图书馆，1990（04）：54—58.

程焕文.中国图书馆学教育之父：沈祖荣评传.台北：台湾学生书局，1997.

程焕文编.裘开明年谱.南宁：广西师范大学出版社，2008.

程祺.穆耀枢对四川图书馆事业的贡献.图书馆员，1988（03）：12—16.

崔彤.韦棣华基金会与中国图书馆事业的发展.国家图书馆学刊，2004（02）：50—53.

戴煜滨.论中国图书馆学的形成与发展.中国图书馆学报,1996(06):7—14.

戴煜滨.中国图书馆学的萌芽与形成(1840—1930).北京大学,1996.

党跃武,姚乐野主编.毛坤先生纪念文集.成都:四川大学出版社,2010.

丁道凡搜集编注.中国图书馆界先驱沈祖荣先生文集(1919—1944年).杭州:杭州大学出版社,1991.

杜定友遗稿,钱亚新等整理.我与图书馆学教育(《治书生活》之三).山东图书馆季刊,1985(04):43—47.

杜定友.图书馆学概论.上海:商务印书馆,1927.

杜定友纪念室编.杜定友学术思想研讨会论文集.广州:广东省中山图书馆,1988.

范并思.他选择图书馆学教育——记陈誉先生.黑龙江图书馆,1990(01):61.

范凡.民国时期图书馆学著作出版与学术传承.北京:国家图书馆出版社,2011.

范国仁译.美国图书馆学校史略.文华图书馆学专科学校季刊,1937V9(2):289—301.

芳卫廉.基督教高等教育在变革中的中国(1880—1950).刘家峰译.珠海:珠海出版社,2005.

冯陈祖怡.图书馆教育急宜发展之理由及其计划.教育丛刊,1923V3(6):4—9.

高俜贤.我国高校图书馆开展国外中国学的参考工作之研究.北京大学,1984.

管理中英庚款董事会本年度对于图书馆事业之补助.中华图书馆协

会会报，1939V14（2—3）：14.

广州市政协学习和文史资料委员会编.广州文史资料存稿选编：第六辑.文化教育类.北京：中国文史出版社，2008.

郭旗.从杜定友探讨图书馆员素养.科技情报开发与经济，2014（09）：46—48.

国立社会教育学院四川校友会编.峥嵘岁月：第二集.自印，1989.

国立社会教育学院图书博物学学系概况.中华图书馆协会会报，1943V18（1）：5—6.

韩继章.武汉大学举办文华图专80周年纪念学术活动.图书馆，2000（06）：17—18.

洪焕椿.美国退还庚款补助图书馆事业之由来及经过.图书展望，1947（2）（复刊）：18—19.

洪有丰.洪有丰先生图书馆学论文集.台北：台湾学生书局，1965.

黄少明.略论民国时期图书馆学论文的若干分布特点.图书馆杂志，1991（4）：56—58.

黄晓斌.杜定友先生的图书馆学教育思想及其现实意义.图书情报工作，2001（04）：89—92.

黄晓斌.论杜定友先生的图书馆精神及其现实意义.图书馆学研究，1998（06）：75—80.

黄宗忠.试论我国图书馆学教育的发展与改革.武汉大学学报（社会科学版），1983（03）：71—75.

黄宗忠.武汉大学图书馆学系六十年——兼评文华图专和韦棣华在我国图书馆事业史上的作用.武汉大学学报（哲学社会科学版），1980（06）：78—85.

黄宗忠.中国图书馆学世纪评.图书与情报，2001（01）：2—8+14.

黄宗忠.中国新型图书馆事业百年（1904—2004）.图书馆，2004（02）：4—8.

霍国庆.百年沧桑、三次高潮、四代学人——20世纪中国大陆和台湾地区图书馆学史总评（续）.图书馆，1998（04）：5—9.

霍国庆.百年沧桑、三次高潮、四代学人——20世纪中国大陆和台湾地区图书馆学史总评.图书馆，1998（03）：1—9.

简耀东编.中日韩三国图书馆法规选编.台北：文华图书馆管理资讯股份有限公司，1994.

蒋致远.中华民国教育年鉴（第二次）：第9册.台北：宗青图书公司，1991.

教育部编.教育法令汇编（第一辑）.上海：商务印书馆，1936.

教育部社会教育司编.社会教育法令汇编（第二辑）.上海：商务印书馆，1939.

金敏甫.上海国民大学图书馆学系概况.图书馆学季刊，1926V1（1）：141—148.

柯平.中国图书馆学教育年表.山东图书馆季刊，1987（03）：77—79.

柯愈春.文华师长访谈录.图书情报知识，2010（04）：112—124.

来新夏等.中国近代图书事业史.上海：上海人民出版社，2000.

李大钊.在北京高等师范学校图书馆二周年纪念会上的演说辞.平民教育，1919（10）

李刚，叶继元.中国现代图书馆专业化的一个重要源头：中华教育改进社图书馆教育组的历史考察.中国图书馆学报，2011（03）：79—91.

李景新.图书馆学能成一独立的科学吗?.文华图书馆学专科学校季刊，1935V7（2）：263—302.

李良佑.美国国会图书馆中文藏书介绍——记与王冀博士的一次谈话.外国语，1990（01）：74—76.

李满花，傅荣贤.20世纪初我国图书馆学研究中国化诉求得失评.图书情报工作，2008（12）：51—54.

李敏.杜定友先生图书馆学学术成就初探.图书与情报，2007（02）：128—131.

李彭元.寻觅廖家花园——抗战时期文华图专重庆办学旧址廖家花园考.图书情报知识，2008（06）：123—127.

李希泌，张椒华编.中国古代藏书与近代图书馆史料（春秋至五四前后）.北京：中华书局，1982.

李晓新.图书馆职业边缘化分析——兼谈对图书馆学教育的启迪.图书与情报，2006（04:）34—38＋43.

李严.我国解放前图书馆学教育概况.图书馆理论与实践，1988（01）：45—49.

李钟履编.图书馆学论文索引.第一辑（清末至1949年9月）.北京：商务印书馆，1959.

梁建洲，梁如.我国图书馆学、档案学专业教育的摇篮——记武昌文华图书馆学专科学校.四川图书馆学报，1996（05）：68—85.

梁建洲.文华图书馆学专科学校毕业生就业的优越条件.图书情报知识，2007（06）：108—110＋85.

梁建洲.我对文华图专校史资料中一些异载的看法.图书情报知识，2010（01）：110—112.

梁建洲.中国档案管理专业教育的开拓者——记文华图书馆学专科学校（上）.档案与史学，1998（03）：73—80.

梁建洲.中国档案管理专业教育的开拓者——记文华图书馆学专科学校（下）.档案与史学，1998（04）：71—78.

梁启超.论图书馆为开进文化之一大机关.清议报,1899-06-10(17).

梁启超.中华图书馆协会成立会演说辞.中华图书馆协会会报,1925V1(1):10—14.

廖洛纲.文华图专毕业生自抗日战争开始后对四川地区各图书馆做出的贡献.图书情报知识,2007(01):110—111.

林斯德.师范学校课程应增设图书馆学科之商榷.文华图书科季刊,1931V3(2):217—221.

凌凌.杜定友先生的母校——菲律宾大学的图书馆学教育.广东图书馆学刊,1982(01):31—32.

凌一鸣.孙心磐及其图书馆活动.大学图书馆学报.2011(05):122—125+121.

岭南大学图书馆编.岭南大学图书馆一览.广州:岭南大学图书馆印行,1936.

刘宝瑞,秦亚欧,朱陈涛编校.民国图书馆学文献学著译序跋辑要.北京:国家图书馆出版社,2012.

刘国钧.发刊词.图书馆学季刊,1926(1):1.

刘劲松,张书美.中基会对民国图书馆学教育的赞助.图书馆学研究,2010(03):13—15.

刘美文.文华图专的兴起及其背景分析.云南档案,2011(01):22—23.

刘美文.文华图专的兴起及其历史、社会背景分析.档案学研究,2011(01):94—96.

刘耀华.难忘文华图专和文华师友.图书情报知识,2008(04):110—112.

刘应芳.杜定友对我国图书馆学本土化的贡献.图书馆建设,2014

(05): 91—94.

刘应芳.沈祖荣图书馆学本土化的理念及实践.图书情报工作, 2010 (19): 145—148.

刘兹恒.20世纪初我国图书馆学家在图书馆学本土化中的贡献.图书与情报, 2009 (03): 1—7.

刘兹恒.20世纪中国的图书馆学本土化研究.北京大学, 2005.

刘子钦.分类之理论与实际.文华图书馆学专科学校季刊, 1934 V6 (3): 563—584.

卢浩.中华教育改进社——中国近代教育模仿美国的主要推动者.华东师范大学, 2003.

卢荷生.四十年来台湾的图书馆学教育.图书馆工作与研究, 1993 (02): 4—13.

路林.韦棣华与文华公书林及文华图专.河南图书馆季刊, 1982 (04): 9—10.

路茂林.论杜定友对图书馆学事业发展的贡献.河南图书馆学刊, 2009 (06): 29—30.

罗德运,黄宗忠.刘国钧先生和中国图书馆事业.图书馆工作与研究, 1999 (06): 1—7.

罗德运.沈祖荣先生与中国图书馆事业.图书与情报, 1993 (03): 1—6.

罗德运.薪火相接 世代相传——读《文华图专80周年纪念文集》.图书情报知识, 2003 (05): 95—96.

罗忆.文华图专经费来源考.中国档案, 1998 (01): 46—47.

麻嘉瑞.重读刘国钧先生的《图书馆馆员应有之素养》.北京图书馆馆刊, 1999 (01): 120—122.

马费成主编.世代相传的智慧与服务精神——文华图专八十周年纪

念文集.北京：北京图书馆出版社，2001.

马先阵，倪波编.李小缘纪念文集.南京：南京大学出版社，1988.

马宗荣.图书馆教育独立论.中华学艺社报，1931V2（1）：8.

马宗荣.现代图书馆教育论.教育与民众，1929—1930V1（3、4、8）.

马宗荣.现代图书馆序说.上海：中华学艺社，1928.

毛坤.华中大学文华图书科十周年纪念.文华图书科季刊，1929V1（2）：137—139.

毛坤.图书馆当前的问题.文华图书馆学专科学校季刊，1935V7（2）：165—166

毛相麟.文华图专旧事——从公书林到廖家花园.图书情报知识，2007（05）：107—108.

孟广均.对图书馆学教育的几点看法.大学图书馆学报，1995（01）：36—39.

孟雪梅.近代中国教会大学图书馆研究.北京：国家图书馆出版社，2009.

南京大学信息管理系编.李小缘纪念文集.2007.

南京图书馆编.汪长炳研究文集.南京：南京大学出版社，2007.

潘梅.袁同礼与中国图书馆事业.北京大学，2011.

彭斐章，彭敏惠.文华图专目录学教育与目录学思想现代化.图书馆论坛，2009（06）：9—18.

彭斐章.文华图专和中国图书馆学教育的发展.图书馆，2001（02）：2—6.

彭敏惠.从庚午级学生状况看文华图书科的教学.图书情报知识，2008（04）：105—109+112.

彭敏惠.文华公书林与文华图专的巡回文库.图书馆论坛，2008

(04)：115—117.

彭敏惠.文华图专办学资金来源考.国家图书馆学刊，2013（02）：96—105.

彭敏惠.文华图专面向职业的人才培养方法探析.图书馆，2014（04）：109—112.

彭敏惠.文华图专研究部的作用与启示.大学图书馆学报，2014（02）：97—103.

钱存训.吴光清博士生平概要.国家图书馆学刊，2005（03）：82—84.

钱存训.中美书缘.台北：文华图书馆管理资讯有限公司，1998.

钱亚新，白国应编.杜定友图书馆学论文选集.北京：书目文献出版社，1988.

裘开明.哈佛大学中国图书分类法凡例.文华图书科季刊，1929V1（3）：271—275.

裘开明.美国图书馆协会五十周年纪念大会.图书馆学季刊，1926V1（4）：710—721.

裘开明，章新民.世界民众图书馆概况——中国.文华图书馆学专科学校季刊，1934V6（2）：190—197.

璩鑫圭，唐良炎编.中国近代教育史资料汇编·学制演变.上海：上海教育出版社，1991.

瞿成雄，查启森.文华图专重庆办学实录.图书情报知识，2010（05）：18—22.

曲丹秋，刘成立.近代图书馆学家韦棣华的图书教育活动.兰台世界，2014（31）：151—152.

全国教育会议发展图书馆议决案.国立中山大学图书馆馆刊，1928V2（02）：29—30.

山东省立民众教育馆盛大图书馆讲习会.山东民众教育月刊，1932V（3）：87—88.

沈固朝，刘树民.涓涓成川有师承——1913—1948年间金陵大学图书馆学教育的发展历程.图书情报工作，2005（11）：139—141.

沈祖荣.公立图书馆在行政上及事业上应有之联络.中华图书馆协会会报，1936V12（03）：1—3.

沈祖荣.沈祖荣文集.武汉：武汉大学出版社，2013.

沈祖荣.我对于文华图书科季刊的几种希望.文华图书科季刊，1929VI（01）：3—6.

沈祖荣.中华图书馆协会图书馆学暑期学校之经过.中华图书馆协会会报，1926V1（04）：3.

沈祖荣.在文华公书林过去十九年之经验.文华图书科季刊，1929V1（02）：159—175.

沈祖荣.中国图书馆及图书馆教育调查报告.中华图书馆协会会报，1933V9（02）：1—8.

史永元，张树华编.刘国钧图书馆学论文选集.北京：书目文献出版社，1983.

舒新城编.近代中国教育史料.北京：中国人民大学出版社，2012.

私立武昌文华图书馆学专科学校招生简章.中华图书馆学协会会报，1937V12（6）：53—54.

宋恩荣，章咸选编.中华民国教育法规选编（修订版）.南京：江苏教育出版社，2005.

宋建成.清代图书馆事业发展史.台湾油印本，1972.

宋建成.中华图书馆协会.台湾：育英文化事业有限公司，1980.

宋景祁.中国图书馆名人录.上海：瑞华印书局，1930.

图书馆学书目举要.中华图书馆协会会报，1929V1（03）：4—7.

汪时蔚.我所知道的文华图专校.图书情报知识,2009(02):112—116.

汪应文.图书馆学教育的过去、现在和未来.四川图书馆学报,1980(04):1—10.

汪长炳.哥伦比亚大学图书馆学研究院五十周年纪念.文华图书馆学专科学校季刊,1937V9(01):1—8.

汪长炳.一种研究图书馆学之方法.文华图书馆学专科学校季刊,1936V8(04):455—462.

王阿陶.中华图书馆协会研究(1925—1949).四川大学,2012.

王邢华.中国现代图书馆事业奠基人之一韦棣华.民国春秋,1995(02):35—36.

王焕琛编.留学教育:第2册.台北:台湾编译馆,1980.

王可万.易均室任职湖北省图书馆辨考——兼论孙述万、冯汉骥任职时限.图书情报论坛,2012(06):49—57.

王余光.张舜徽致刘国钧的一封信.图书与情报,2011(06):136—137.

王植.中国近代高校图书馆事业述论.北京大学,1984.

王子舟.杜定友和中国图书馆学.北京:北京图书馆出版社,2002.

王子舟.图书馆学研究启示录——读《中国图书馆学教育之父——沈祖荣评传》.江苏图书馆学报,1998(06):3—6.

王子舟.推动中国现代图书馆学教育的韦棣华女士.中国图书馆学报,2013(04):15.

魏成刚.论刘国钧先生的学术成就.北京大学,2008.

文华图书科同学录.文华图书科季刊,1930V2(01).

吴鸿志.武昌文华图书科之过去与将来.文华图书科季刊,1929V1(01):165—171.

吴稌年，顾烨青.论刘国钧先生早期的图书馆学思想.中国图书馆学报，2011（05）：93—100.

吴稌年.30年来对刘国钧学术思想的研究.国家图书馆学刊，2011（04）：76—81.

吴稌年.刘国钧先生早期学术译介特征.图书与情报，2013（01）：137—141.

吴永贵，林肖海.文华图专与中国近代图书馆学学科建制.图书情报知识，2009（03）：122—127.

肖东发.中国图书馆学教育.图书馆学刊，1988（01）：7—12.

肖卫红.图书馆学家杜定友先生的学术思想研究.图书馆，2010（04）：29—31.

萧林来.解放前我国的图书馆学教育史料.图书馆学研究，1985（05）：64—68.

谢灼华，贺子岳.文华图专与中国图书馆学研究.高校图书情报学刊，2002（01）：14—18.

谢灼华.特点和影响：20世纪上半叶的文华图书馆学专科学校.图书情报知识，2009（01）：125—129.

谢灼华主编.中国图书和图书馆史（修订版）.武汉：武汉大学出版社，2005.

熊月之，周武主编.圣约翰大学史.上海：上海人民出版社，2007.

徐鸿.中国现代图书馆学的产生与发展.武汉大学，1987.

徐家璧.庚款留学考试学门之检讨.华中大学图书馆馆刊，1941V1（01）：5.

徐雁，谭华军.金陵大学图书馆和中国图书馆学教育.文史知识，2002（05）：112—116.

徐雁，谭华军.刘国钧先生任职金陵大学时期的专业建树.江苏图书馆学报，2000（05）：53—57.

徐仲迪等译.美国退还庚子赔款余额经过情形.上海：商务印书馆，1924.

袁同礼著，国家图书馆编.袁同礼文集.北京：国家图书馆出版社，2010.

严文郁.中国图书馆发展史：自清末至抗战胜利.台北：枫城出版社，1983.

严文郁等.庆祝蓝乾章教授七秩荣庆论文集.台北：文史哲出版社，1984.

严文郁先生八秩华诞庆祝委员会编.严文郁先生图书馆学论文集.台北：辅仁大学图书馆学系，1983.

杨海平，张厚生.钱亚新先生与我国图书馆学教育.新世纪图书馆，2004（03）：17—19.

杨硕.一生只做一件事——"中国现代图书馆运动之皇后"韦棣华.文化月刊，2014（32）：104—107.

杨子竞，张珅.20世纪上半叶"海归派"对中国图书馆事业的贡献.图书与情报，2008（1）：125—129.

叶继元，徐雁.南京大学在西方图书馆学中国本土化过程中的贡献.中国图书馆学报，2002（05）：17—20+24.

俞君立.文华图专学者对图书分类理论与实践的贡献.高校图书馆工作，2001（01）：1—8+52.

禹成明.热心中国图书馆事业的美国人——关于韦棣华的评价问题.广东图书馆学刊，1983（04）：40—45.

喻友信.我国图书馆应有之法规.中华图书馆协会会报，1938V13（03）：2—4.

袁慧熙.思忆录.台北：台湾商务印书馆，1968.

岳传龙.忆文华早期毕业生岳良木先生在图书馆界中几件事.图书情报知识,2011(04):127—129.

翟淑君.韦棣华与近代中国的图书馆事业.科技情报开发与经济,2009(31):39—40.

张书美,刘劲松.民国时期美国对我国图书馆学教育的影响.江西图书馆学刊,2008(03):29—30+37.

张树华.早期的北大图书馆学系.黑龙江图书馆,1987(05):64—65.

张遵俭.回忆沈绍期师.图书馆学通讯,1982(02):86—88.

曾果果.中美早期图书馆学教育比较研究——以金陵大学为例.图书馆工作与研究,2014(05):4—8.

查启森,赵纪元.所见"文华图专"校史资料中若干异载的辨析.图书情报知识,2008(02):105—110.

查启森.从文华图专到武汉大学图书情报学院的档案教育.图书情报知识,1990(03):11—13.

查修.北京图书界见闻纪录.文华温故集,1920V15(4):32—37.

查修.暂定本校研究及编纂工作之计划.文华图书馆学专科学校季刊,1933V(5)1:127—128.

赵婧.民国时期图书馆学专业教育的尴尬与反思.图书馆理论与实践,2011(01):88—90.

赵平.杜定友先生对我国图书馆事业的卓越贡献.国家图书馆学刊,1988(02):65—70.

赵长林.对现代中国图书馆学教育的反思.图书与情报,1994(04):30—32.

赵长林.民国时期图书馆学教育滞缓之剖析.图书馆杂志,1994(06):54—56.

郑锦怀.中国图书馆学教育的肇始者——克乃文生平考略.图书馆，2013（01）：93—95.

中国第二历史档案馆编.中华民国史档案资料汇编　第五辑第一编（教育一）.南京：江苏古籍出版社，1994.

中华图书馆协会第三次年会图书馆教育委员会报告.中华图书馆协会会报，1936V12（2）：1—2.

周洪宇.不朽的文华——从文华公书林到文华图书馆学专科学校.武汉：华中师范大学出版社，2013.

周棉主编.留学生与中国的社会发展：第1卷.北京：中国矿业大学出版社，1997.

周文骏，杨晓骏.光辉的业绩　不朽的贡献——刘国钧教授与中国图书馆学.图书与情报，1994（01）：1—7.

周玉玲.图书馆学教育的起源与发展.图书情报知识，1989（03）：40.

朱家治.图书馆教育组报告.新教育，1924V 9（05）：1131—1147.

朱立文.从厦门大学图书馆主任到哈佛燕京图书馆馆长——谈裘开明博士对中外图书馆事业的贡献.上海高校图书情报工作研究，2004（04）：50—52

朱晓梅.论杜定友《校雠新义》的图书分类观念.图书馆建设，2014（10）：88—91.

外文文献

[Editorials]. Bulletin of the American Library Association, Vol. 21, No. 5 (May, 1927), pp. 71—73

"The Spirit Giveth Life": Louis Round Wilson and Chicago's Graduate Library School Author (s): Jesse H. Shera Source: The Journal of Library History (1974—1987), Vol. 14, No. 1 (Winter, 1979), pp. 77—8

A History of the School of Library Service, Columbia University. Ray Trautman, New York: Columbia University Press, 1955

A Total Program of Professional Education Author (s): Helen M. Harris, Charles H. Compton, Donald Coney, L. Marion Moshier, Miriam D. Tompkins and Anita M. Hostetter Source: ALA Bulletin, Vol. 35, No. 10, Annual Reports (October 15, 1941), pp. 554—558

A. K' aiming Ch' iu. Reminiscences of a Librarian. Harvard Journal of Asiatic Studies, Vol. 25 (1964—1965), pp. 7—15

Alfred K. Chiu, John C. B. Kwei. LIBRARIES IN CHINA. Bulletin of the American Library Association, Vol. 20, No. 10, PAPERS AND PROCEEDINGS of the FORTY—EIGHTH ANNUAL MEETING of the American Library Association (October, 1926), pp. 194—196

Alfred Kaiming Chiu and Chinese American Librarianship, college and reseach libraries, 39 (5) Jul1978, Vol. 39 Issue 5, pp. 384—388.

American Library Association. Archives. University of Illinois, Urbana—Champaign, Graduate School of Library and Information Science. Director's office, Alumni File, 1893—1999, Series18/1/42

American Library Association. Archives. University of Illinois, Urbana—Champaign, International Relations Office First (Old) Office Subject File, 1922—1933, 1936—1952, China Projects, I. R. B. China, Orient, and the Far East, 1946—50, Series 7/1/5

Annual report of the director of the school of library service, 1926—1927, New York,

Annual Report of the Library School, New York public library, 1921

AU, C. C. T. American Impact on Modern Chinese Library Development (China). (The University of Chicago). 1964.

Bernard Berelson. Education for Librarianship: Papers Presented at the Library Conference, University of Chicago August 16—21, 1948. Chicago: American Library Association, 1949

Bibliography of The Works of Dr. A. Kaiming Chiu. Harvard Journal of Asiatic Studies, Vol. 25 (1964—1965), pp. 16—18

Bobinski, George S. Carnegies [J]. American Libraries, 1990v21 (4): 296

Bulletin of the American Library Association, Vol. 9, No. 4, PAPERS AND PROCEEDINGS OF THE THIRTY—SEVENTH ANNUAL MEETING OF THE AMERICAN LIBRARY ASSOCIATION (July, 1915), pp. 214—247

Cheng HuanWen. The Impact of American Librarianship on Chinese

Librarianship in Modern Times (1840—1949). Libraries & Culture, Vol. 26, No. 2, Reading & Libraries II (Spring, 1991), pp. 372—387

Cheryl Boettcher. Samuel T. Y. Seng and the Boone Library School. Libraries&Culture [J]. 1989V24 (3): 286

Churchwell, Charles Darrett. Education for Librarianship in The United States: Some Factors Which Influenced Its Development Between 1919 and 1939 [D]. University of Illinois at Urbana—Champaign, 1966

Circular of Information, Los Angles Public library, library school. 1914.

Columbia University School of Library Service Records 1926—1970. Columbia University.

Davis, Donald Gordon, Jr. The Association of American Library Schools: An Ana HISTORY. [D]. University of Illinois at Urbana-Champaign, 1973

Don R. SWANSON. The Intellectual Foundations of Library Education: The Twenty-ninth Annual Conference of The Graduate Library School July 6—8, 1964. Chicago & London, 1965

Dwight Carroll Miner. The Bicentennial History of Columbia University: A history of the School of Library Science, Columbia University. New York: Columbia Universty Press, 1954

Education for Instructional Librarians: Development and Overview Author (s): Robert E. Brundin Source: Journal of Education for Library and Information Science, Vol. 25, No. 3 (Winter, 1985), pp. 177—189

First Chinese-American Exchange of Publications Author (s): Tsuen-hsuin Tsien Source: Harvard Journal of Asiatic Studies, Vol. 25 (1964—1965), pp. 19—30

主要参考文献

Foreign Students in American Library Education: Impact on Home Countries. By MAXINE K. ROCHESTER. Contributions in Librarianship and Information Science, Westport, Conn. : Greenwood Press, 1986.

Francis L. Miksa. The Columbia School of Library Economy, 1887—1888. Libraries & Culture, Vol. 23, No. 3 (Summer, 1988), pp. 249—280

John Vinson Richardson Jr. The spirit of Inquiry in Library Science: the Graduate Library School at Chicago, 1921—1951. Indiana University [D]. 1978

Laurel Grotzinger. The University of Illinois Library School. The Journal of Library History [J]. 1967 V2. NO. 2: 130—135

Library Education Author (s): Louis Shores Source: Peabody Journal of Education, Vol. 12, No. 2 (Sep. , 1934), pp. 98—99

Library Education in the University Setting Author (s): Abraham Bookstein Source: The Library Quarterly, Vol. 56, No. 4 (Oct. , 1986), pp. 360—369

Library Education: Setting or Rising Sun? Author (s): Larry J. Ostler and Therrin C. Dahlin Source: American Libraries, Vol. 26, No. 7 (Jul. —Aug. , 1995), pp. 683—684

Library School APPENDIX A Source: ALA Bulletin, Vol. 41, No. 11, ANNUAL REPORTS (OCTOBER 15 1947), pp. 429—430

Library school bulletin, New York State Library, Albany, the University of the State of NewYork, 1891—1926.

Louis Shores. Library-Trained Teachers. The Phi DeltaKappan, Vol. 22, No. 6, The Library in the School (Feb. , 1940), pp. 303—306

Mary Elizabeth Wood. RECENT LIBRARY DEVELOPMENT IN

CHINA. Bulletin of the American Library Association, Vol. 18, PAPERS AND PROCEEDINGS of the FORTY-SIXTH ANNUAL MEETING of the American Library Association (August 1924), pp. 178—182

Mengxiong Liu, "The History and Status of Chinese Americans in Librarianship," Library Trends, v49, no. 1 (Summer 2000): p109, 29p.

Ming-yueh Tsay. The influence of the American Library Association on Modern Chinese Librarianship, 1924—1949. Asian Libraries, Vol. 8 No. 8, 1999, pp. 275—288.

New York Public Library Library School Records, [ca. 1900] — 1927. New York Public Library. Library School. Columbia University

New York State library school register 1887—1926. New York State Library School Association. 1928

News letter—University of Illinois Library School...1923—1965.

P. W. Kuo. THE EVOLUTION OF THE CHINESE LIBRARY AND ITS RELATION TO CHINESE CULTURE. Bulletin of the American Library Association, Vol. 20, No. 10, PAPERS AND PROCEEDINGS of the FORTY-EIGHTH ANNUAL MEETING of the American Library Association (October, 1926), pp. 189—194

Philip C. Brooks. News Notes. The American Archivist, Vol. 1, No. 2 (Apr., 1938), pp. 100—103

Priscilla C. Yu, Donald G. Davis, Jr. Arthur E. Bostwick and Chinese Library Development: A Chapter in International Cooperation. Libraries & Culture, Vol. 33, No. 4 (Fall, 1998), pp. 389—406

Robbins, Louise S. LiuGuojun's American Studies [J]. American Libraries, Vol. 30, No. 11, 1999: 61—62

Samuel T. Y. Seng. Thanks from China. ALA Bulletin, Vol. 38, No. 12 (DECEMBER 1, 1944), pp. 518—519

Seng, Harris Bao-Hwan. A Suggested Curriculum for Boone Library School. [D]. University of Denver, 1953

Sharon Chien Lin. Historical Development of Library Education in China. The Journal of Library History (1974—1987), Vol. 20, No. 4 (fall, 1985), pp. 368—386

Shu Chao Hu. The Development of the Chinese Collection in the Library of Congress [D]. Westview Press, Boulder, Colorado

Student register: 1911—1923. New York Public Library. Library School. 1924

Susan Freiband. "Library Planning" in the Interamerican Library School Curriculum. Journal of Education for Librarianship, Vol. 17, No. 1 (Summer, 1976), pp. 47—54.

The Development of Professional Education for Librarians and Archivists in the United States: A Comparative Essay Author (s): Robert Sidney Martin Source: The American Archivist, Vol. 57, No. 3 (Summer, 1994), pp. 544—558

The First Hundred Years: Library Education: A Mini-History Author (s): Haynes McMullen and Lee Shiflett Source: American Libraries, Vol. 17, No. 6 (Jun., 1986), pp. 406—408

The Graduate Library School at Chicago Author (s): Douglas Waples Source: The Library Quarterly, Vol. 1, No. 1 (Jan., 1931), pp. 26—36

The University of Illinois Library School, 1893—1942 Author (s): Laurel Grotzinger Source: The Journal of Library History, Vol. 2, No. 2

(Apr., 1967), pp. 129—141

Tse-Chien Tai. Professional Education for Librarianship. New York: The H. W. Wilson Company, 1925

Tsuen-Hsuin Tisen "Western impact on China through translation" Far Eastern Quarterly13 (May 1954), pp. 136—147

Tu, Kuang-Pei. Transformation and dissemination of Western knowledge and values: The shaping of library services in early twentieth century China. [D]. University of California, Los Angeles, 1996

Two Decades in Education for Librarianship Author (s): Harriet E. Howe Source: The Library Quarterly, Vol. 12, No. 3 (Jul., 1942), pp. 557—570

Vi-LienWong. A Study of Chinese College Library Personnel. The Library Quarterly, Vol. 7, No. 3 (Jul., 1937), pp. 401—432

Yuan, Tongli, A Guide to doctoral dissertations by Chinese students in America, 1905—1960. Published under the auspices of the Sino-American Cultural Society, 1961

索　引

【人　名】

A

安德森 82，116，366

B

白朗 200—202，405，463，480—482
包文 149，150
鲍士伟 59，75，82，95，97，162，183，361，363，366，385，397，449
毕爱莲 303，305
毕晓普 196，197，365
波尔卡 131

C

蔡元培 16，22，29，44，46，65，131，152，319，423
曹祖彬 176，184，195，207，222—225，265，370，444
常春明 178
陈伯逵 95，231，267，268，278，475
陈长伟 79，193，223—225，265
陈东原 176
陈独醒 266
陈鸿飞 108，273，284，316，344，412
陈鸿舜 178，195，244
陈晋贤 175
陈准 273
程时学 193，316

D

戴镏龄 108，335，350，449，450，452，453，469
戴罗瑜丽 130

戴志骞 37—39，70，74，77，79—81，83，89，126—128，130，145—149，152，169，213，236，246—249，251，290，295，302，364，372，417，421，473，474

邓光禄 177，184，199，225，319，345

邓衍林 108，178，421，453

丁溶 193，318，419，421

丁龙 124

董明道 40，241，476

杜定友 3，14，31，37—39，41，42，47，66，70，81，91，95，96，104，112，125—127，130—132，170，229，231—233，246，253，254，256—261，266，269，276，278，284，302，372，390，393—401，424，426，452，465，466—468，473—475，478

杜联喆 174

杜威 2，65，82，113—117，145，154，169，220，251

F

房兆楹 4，123，174，189，313

费锡恩 304，305，321，419，421，442，446

费正清 456

冯陈祖怡 71，75，76，126，127，132，133，169，417，474

冯汉骥 107，173，189，290，350，352

傅增湘 83

傅振伦 243，409，410

富兰英 181

富路德 123，192

G

戈鲲化 124

葛受元 172，189

耿靖民 107，177，190，336，450

顾家杰 41，60，179，193，455

顾立雅 419

顾盛 122

桂质柏 4，112，171，183，207，208，213，215，290，

307，309，310，361，362

H

哈斯克尔 196

海施 26，129，184，195，255，474

韩寿萱 242，245，408

豪森 190，191

郝露斯 304—306，328

黑泽尔 165—168，369

恒慕义 122，123，177，402

洪有丰 37—39，65，66，71，77，79，80，82，86，91，123，126—129，145，170，185，221，222，231，233，236，246，253，254，259，302，368，370—372，474

胡朴安 231，233

胡庆生 4，13，37，75，82，83，111，126—129，134，139，140，142—144，169，183，219，225，227，266，299，300，309，325，332，340，341，350，353，355，359—362，372—374，417，440，449，452，473，474

胡绍声 180，193，199

胡适 16，33，42，80，123，242，402—409，459

胡延钧 108，179，452，469

华玛丽 303

黄凤翔 180，350

黄慕龄 181，284

黄维廉 27，169，175，184，195，199，204，205，418，444

黄星辉 40，174，255，275，411，450，453，468，475

黄元福 238，411，457

黄作平 181

霍顿 154—156，158

J

姬振铎 126

江亢虎 122，127，133

姜文锦 181，302，316，335

蒋复璁 4，17，86，193，223，468，474

蒋梦麟 131，242

蒋元枚 178

金敏甫 2，111，401，453

金云铭 180，199，209

K

卡尔·米兰 196

凯瑟琳·卢森达·夏普 117

凯瑟琳·卫德 123

柯若维 302

克莱普 201，202

克里格 304，419

克乃文 26，37，129，150，166，184，196，221，353，354，367—371，383，459，473

孔敏中 235，236

L

郎登 166

李大钊 16，31，112，133，246，249，251，473

李芳馥 123，174，190，191，195，204—206，213，418，421，455

李继先 180，189，336

李小缘 14，31，37—39，41，42，83，91，92，123，126—129，145，149—151，170，221—223，225，231，233，236，253，255，259，265，266，302，353，368—372，383—393，435，437，454，475，478

李燕亭 112，127，132，133，154，155，476

梁启超 8，9，65，81，82，101，426，437，470

梁思庄 173

林赛夫人 184

刘国钧 3，14，31，37，38，41，42，45，89，91，123，126—129，164—168，170，221—225，231，233，236，244，253，254，259，263，265，302，353，368—372，383—387，390，391，452，468，475，476，478

刘华锦 40，262，336，411，476

刘楷贤 181

刘廷藩 173，350，352

刘修业 177

卢震京 222

鲁池 139

鲁光桓 182

陆华深 40，256，264，411，

476

陆秀 76，175，189，321，352

吕绍虞 4，96，111，273，284，310，314，316，344，346，352，411，452，455，478

罗振玉 9

M

马歇尔 204

马宗荣 31，32，96，256，266，397，435，476

玛丽·怀特·普拉默 115

玛瑞安·埃文 26

毛坤 41，82，99，104，105，108，109—111，258，307，308，316，324，337，338，341，351，353，374，412，413，449，450，453，462，468，476

孟良佐 37，225，290，295，302，360

孟禄 65

穆耀枢 260，276，277，474，475

P

皮高品 4，238，307，335，338，352，449，452

普特兰 82

Q

钱存训 179，214，222，314，405，419

钱亚新 31，105，108，111，231，238，246，257，274，307，310，316，335，337，338，352，353，401，411，435，436，441，449，450，452，453，455，457，467，479

裘开明 4，76，106，107，171—174，177，185，186，189，208，214—216，308，351，352，453，456，470

R

柔克义 122

瑞斯 186

S

沙本博士 199

沈宝环 180，193，214，381，382，456，463，480—482

沈祖荣 3，4，12—14，31，37，39，62，65，66，68，71，74，75，79，81—83，86，89，94，109，125，127—129，134—137，144，169，183，185—187，195，214，219，225—227，231，242，250，251，259，266，288，290，297—301，304，307—309，311，312，325，332，334，338—341，346，353，355，357，359—362，372—382，400，412，413，427，428，435，438—444，449，450，452—454，456，460，461—465，466，468，470，471，473，475

施廷格 122，123

舒纪维 181，453

孙心磐 65，70，95，96，231，278，397，475

孙雁征 181

孙毓修 393

孙云畴 41，60，179，193，194，244

T

塔特 159

谭卓垣 172，184，196，213

唐文治 131

陶述先 265，336

陶维勋 181

特嘉 27

田洪都 172，189，310，352，468

童世纲 178，316，321，344，352，421

W

万国鼎 38，222，223，475

汪长炳 4，106，113，123，173，190—192，195，208，216，238，240，302，307，308，321，351，353，411—416，418，448，450，455，457，467，478

王恩保 178

王京生 127，132，156，163，164，170

王文山 123，171，183，321，340，361

王肖珠 179，199

王云五 54，229，254，277，278，331，396，475，478

王重民 42，123，177，242—245，402—411，459，479

威廉姆斯 120，121，191，443

韦德生 342，355

韦棣华 13，26，34，37，59，71，74，75，82，97，125，129，134，135，171，183，186，187，219，225—227，242，248，266，288，290，294，296，299—303，306，308，332，337，340，342，345，351，353—366，371—373，375，382，412，413，420，440，459，461—464，473，474

韦卓民 37，225，355，360

温莎 162

吴光清 173，184，196—198，213，214，221，222，370，444

吴元清 179，321，342，344，352

X

辛普森 155，158，161，164

徐家璧 58，178，190，192，209，211，212，302，336，352，419，421

徐家麟 82，175，186，187，189，195，238，240，291，294，300，307，308，337，338，345，352，353，374，411—413，419，448—450，453，455，457，468

徐亮 40，175，271，314，352，412，478

徐燮元 126—129，134，138，139，169

徐信符 284

徐行可 104，310，311

徐旭 3，31，234，235，256

Y

严文郁 111，172，190—192，

203，238，240，241，321，351，352，411，418，456，469，470

杨昭悊 3，37，38，81，109，112，126，127，130，132，133，154—159，161—164，170，476

易均室 104，311，338

殷格荣 302，303

于震寰 177，264，316，421，468

余日章 12，34，355，362

喻友信 3，180，199，206，207，284，449，453

袁同礼 37，38，42，78，81，86，91，94，123，126，127，130，131，145，152，170，190—193，195，200，213，241，242，244，253，275，282，290，295，302，304，372，402—408，417—421，443，458，459，468，469，474，477

岳良木 174，190—192，203，204，238，321，351，352，411，418，419，421，457

Z

查修 4，75，171，251，284，307，309，337，338，374，453，470，474

曾宪三 123，176，189，195，208，323，324，328，352，419，421

曾宪文 176，189，198，336，352，421，454，468

翟雅各 128，139

张葆箴 175，314，352

张伯苓 65，152，264

张鸿书 449，452，454

张铨念 41，60，179，193

张之洞 21，106，300，352

张遵俭 310，316，352，455

章新民 111，282，338，351，421，449，452，453，469

赵廷范 176，421

赵万里 243，244，248，409

周连宽 107，336，411，455，457

周诒春 130，140，147，152，290，420

朱家治 65，70，78，80，82，

222，223，254

朱士嘉 123，177

【文献名】

《分类之理论与实际》450，452

B

G

《比较图书馆学》3

《古今图书集成》122，124，233
《国立北平图书馆之内部情形》305

C

《参考书指南》111
《藏书纪要》103，106，391，469
《丛书集成》17

J

《简明图书馆编目法》374，449，452，453

D

Q

《大学令》21，56，428
《大学规程》21，23，54，56，428
《档案管理法》308
《档案经营法》308
《对于鲍士伟博士来华之感想与希望》385

《清代名人传略》123，173，174

S

《上海图书馆协会会报》267
《书目答问》106
《索引和索引法》111，337，449，453

F

《分类与编目》338
《教育与社会》240，416

T

《通俗图书馆规程》12，46，47
《图书馆规程》12，47—53
《图书馆学要旨》3，384，390
《图书馆学》3，112，132，392
《书林清话》103，393
《图书分类法》272，397
《图书馆学季刊》82，91—93，103，119，222，223，228，383，431

W

《文华图书科季刊》107，109，110，228，302，336，339，373，374，439

X

《西人论华书目》150

Z

《中国善本书提要》123
《中国图书馆界名人录》258
《中国图书馆声》268，269
《中国之儿童图书馆事业》305，306
《中华图书馆协会会报》82，91—93，103，224，228，380，431
《中美文化关系中关于图书馆事业的计划草案》201

【专有名词】

B

巴达维亚图书馆 125
巴黎国家图书馆 402
北京图书馆协会 75，81，169，249，425，473，474
波罗拉学院图书馆 26

C

草堂图书馆 276，277
蟾秋图书馆 41，478
成都通俗图书馆 276，277

东方图书馆 40，95，103，178，179，268，271，277，278

G

葛思德图书馆 124
国会图书馆 82，111，122，123，126，133，135，142，150，171，173—178，181，182，187，195，198，201，211，213，238，299，300，308，329，330，340，347，383，402，413，453

H

哈佛燕京图书馆 124，171，174—178，181，183，185，189，211，214，215，456
汉和图书馆 178，181，182
汉和文库 106，124，171—174，176，178，189，211，214，216，308，413
洪年图书馆 23
鸿英图书馆 273，284，478
胡佛图书馆 180，181，189

J

加利福尼亚图书馆学校 133

L

里奇蒙德图书馆 26，355
岭南大学图书馆 24，27，184，196，320，348
留美学生监督处 130，140
流通图书馆 13，165，266，318，433，447
洛克菲勒基金会 175，176，188，194—196，198，204，207，295，296，308，406，413，418
洛杉矶公共图书馆学校 113，126，127，133，154，155，158，159

M

美国图书馆协会 34，69，82，94，96，97，113，116，118，121，147，148，162，184，185，196，200，201，216，217，238，294，356，357，

363，364，367，370，375，
404—406，408，418，432，
443，453，462，463，480，
481
孟芳图书馆 23，254，474
木斋图书馆 23

N

纽约公共图书馆学校 37，
113，115，116，125，126，
134—140，143，144，171，
183，185，187，208，227，
299，312，359，361，372，
375，473
纽约州立图书馆学校 37，
113，115—117，120，126，
129—131，144—152，154，
183，185，207，225，361，
368，370，383，469

P

普拉特学院图书馆 125，141

Q

全国教育会联合会 28

S

上海图书馆协会 81，95，96，
232，258，267，278，397，
438，475
上海图书馆学函授学社 267
圣路易公共图书馆学校 113
私立商务印书馆函授学校
271，434
私立武昌文华图书馆学专科学
校 35，39，225，323，338，
373，405，444，464，476

T

昙华林 225，226，287
图书馆服务十年计划 121
图书馆管理员养成所 38，
260，276，466，474
图书馆讲习会 39，251，284，
332，378，474，477
图书馆学专班 40，245

W

文华大学 3，12，26，34，37，
39，61，62，71，104，128，

135，139，170—174，183，185，187，191，195，219，225—227，248，250，255，257，286，287，289，299，312，313，315，321，343，345，354，356，359，360，362，366，372，373，382，401，412，413，428，440，443—445，457，461，470，473

文华公书林 34，37，77，110，125，128，134，135，139，144，183，219，225，228，288，294，295，299，301，307，315，332，333，346，354，355，357—360，366，372，373，376，437—439，441，461

文华图书馆学专科学校 3，35，39，50，62，82，85，89，97—99，107，123，191，225，226，228，308，317，338，342，364，373，405，412，420，439，464，468，476

X

新图书馆运动 3，12—14，78，169，219，361，362，372，373，382

Z

政治学会图书馆 120，332，346，360

中国国际图书馆 40，273，278，279，477

中国基督教联合会 25，180

中华教育改进社 4，13，28，34，39，64—66，69—76，78，79，81，192，236，362，363，378，379，394，412，426，428，473，474

中华教育文化基金委员会 83

中华圣公会 139，226，294，295，301，359，412

中华图书馆服务社 40，41，273，478

中华图书馆协会 59，79，81—89，91，93—95，98，99，109，192，197，201，

210，215，216，224，228，236，248，253，254，266，275，304，316—318，320，322，351，361，367，373，379，380，385，387，390，391，396，404，405—417，423，428，429，437，445，468—471，475—477

中华图书馆学函授学校 273
中华职业教育社 28，72，89，396，428，475
中央图书馆 17，35，47，86，178，193，223，266，275，319，348，388，478
中英庚子赔款委员会 296

后　记

本书是在笔者2015年6月北京大学信息管理系博士毕业答辩论文的基础上修改而成的，付梓之际，感慨良多，散记如下。

我的博士论文题目为"民国时期的图书馆学教育"，于2013年上半年确定。这个题目可以说是导师王余光教授给的"命题作文"。当时博士二年级的我即将迎来下学期的开题环节，在寻觅选题的瞻前顾后与纠结中，王老师给了我这样的建议。我在图书馆泡了十来天，阅读了严文郁《中国图书馆和图书馆史：自清末至抗战胜利》、谢灼华《中国图书和图书馆史》、王子舟《杜定友和中国图书馆学》《中国图书馆学教育九十年回望与反思》、程焕文《中国图书馆学教育之父——沈祖荣评传》等前辈的相关论著后，我近乎笃定地确认了这个题目。我国的图书馆学教育肇始于民国，这一时期奠定了我国图书馆学专门教育的基础。而此前关于图书馆学教育史的研究，多被作为民国图书馆事业史的一部分，或是基于个案或特定视角的史实考述，并无专门化、系统化的学术梳理和评价。如何在教育史的研究框架下，将民国图书馆学教育史的研究与中国社会从传统向现代转变的时代背景结合，从宏观考察到微观探索、从史实溯源到理论阐述、从现象考述到实质评价，勾勒出其发生、发展的内生动力、外来影响、动态过程、得失镜鉴？无论理论的应用与构建、还是史料的挖掘和运用，这个题目都值得挑战。至于当时为何没有看到这一选题的专门性论著，我想并非方家有意忽视，而是论从史出，大约是史料"不足征"的缘故吧？

民国近卅载的图书馆学教育史，仅在中观和微观的层面，就包含了办学机构、教学内容、师资、生源等方方面面的内容，涉及机构变迁、人物活动、课程设立与调整、招生与就业……如何从一个个独立、分散的个体研究中提炼出共性的内容，需要充足的史料支撑，而如何将零碎的史料整合运用，则需在研究视角和视野上有所突破。回顾写作过程，教育史研究专家周洪宇教授与图书馆学史研究专家程焕文教授的相关论著给了我很大的启发。周洪宇教授将教育史学的研究分为教育活动史、教育制度史、教育思想史三个部分。从学科和时间维度来看，民国图书馆学教育史属于断代的教育专题史。我在文献搜集阶段，就有意识地结合这三个维度来锚定和梳理资料，避免单一地就"教育"而谈"教育"。周洪宇教授的《不朽的文华——从文华公书林到文华图书馆学专科学校》一书其实就是关于民国时期最重要的图书馆学办学机构的个案研究，是书史料翔实，包含了湖北省档案馆、武汉市档案馆的十多卷有关文华图专的珍贵历史档案，成为我写作过程中常翻常新的工具书。程焕文教授将图书馆学的引领者分为四代人，并指出第一代学人作为开创与奠基者，其特点是清一色的留美人士。在查阅资料的过程中我注意到，留美的图书馆学人既是西方现代图书馆学教育的亲历者和接受者，也是中国本土图书馆学教育的推动者和实践者。图书馆学留学教育培养了首批本土图书馆学教育的师资。因此，研究民国图书馆学教育史，绝不能忽视早期图书馆学人的留学史。虽然很多关于图书馆家的回忆录或者纪念性文章中也提及其留学经历，但对于过程和细节往往语焉不详。因此，留学教育是民国时期图书馆学教育的重要组成部分,研究民国时期的图书馆学教育史,应从早期留美的图书馆学人研究上寻求突破,不仅要挖掘国内史料,还要拓展域外史料。当然,2013年的时候已有学界同行在做图书馆学人海外经历的史料搜集与研究工作,如泉州师范学院图书馆的郑锦怀已发表谭卓垣、戴志骞、喻友信、克乃文等的图书馆生涯考辨文章,列举了人物的英文姓名、籍贯、出生或入学年份等相关信息,作者对中英文史料细节"上穷碧落下黄泉"般的追索与爬梳让人敬佩。而我对于这种琐细的考据工作,竟觉得十分"痛苦",于各种数据库、"故纸堆"披沙沥金而不得的时候,也对史料是否能够支撑下一步研究的问题充满了担忧。

在搜集文献的过程中,我偶然读到了涂光霈(Tu Kuang-Pei)1996年在加州洛杉矶分校的博士论文 *Transformation and dissemination of Western knowledge and values: The shaping of library services in early twentieth century China*,该篇论文中引用了洪有丰、李小缘等多位图书馆学人留美期间的英文书信。遇到这篇论文真是我天大的幸运,因为其正好提供了图书馆学人海外留学档案的线索。虽然彼时我已经进入了博三,但是内心有一种强烈的愿望,就是一定要到美国去,去看看这批档案的原件。2013年下半年,我幸运地获得了北京大学的短期访学资助,来到美国伊利诺伊厄巴纳—香槟分校(以下简称UIUC)图书信息学院访学。在美期间我给涂光霈博士去信,求教当时她引用的这些图书馆学人档案的保存地。她告知我这批档案后来移交给了美国图书馆协会,而美国图书馆协会的档案在很久以前就从芝加哥转移到厄尔巴纳—香槟。于是我花了很多时间泡在厄尔巴纳的UIUC档案馆,同时也前往了加州大学Bancroft图书馆、纽约哥伦比亚大学档案与手稿馆等地查阅补充档案,还在加州伯克利拜会了民国时期女图书馆学家冯陈祖怡的后辈。在探寻史料的过程,有一无所获的颓丧,也有柳暗花明的惊喜,最终我查找到一批图书馆学人的学籍档案,并拍回了千余张档案照片。正是基于这些档案的整理翻译,我完成了博士论文第四章《民国时期图书馆学教育的影响因素》关于代表性图书馆学人留美教育部分的写作。回忆这段从寻觅题目、定题、搭建框架到拓展史料的经过,时有略有所得的快乐,也真正体会到了学术研究就是站在前人肩膀上不断向前探索的过程。

答辩时论文获得了评委的认可,而我也不无期待地在当年的后记中写道:"博士论文的完成既是对四年学习成果的见证,也是将来真正学术生涯的崭新开始。"然而,毕业后我并未找到一份专业对口的京内高校教职,近十年的光阴埋首于如民国时期图书馆学一样的新设小众专业。博士论文期间的积累,本可以进一步地深入和推进,但工作后教学科研方向和博士原有方向截然分离的无奈,生存的现实与自身的徘徊,让我再没有好好地回过头来整理与发表。毕业不久,我意外地收到清华大学图书馆韦庆媛老师的邮件,欲讨论图书馆学家沈祖荣先生和冯陈祖怡女士的海外求学细节。而我当时却早已将博士论文的资料打包封存于工作电脑之外的硬盘,将精力转到下一个战场,正忧虑重重地学习和准备9月份即将讲授的几门新课。韦老师友善地指出了我博士论文第87页的两处注释错误,并善解人意地说:"你的孩子小,课程多,压力大,注意劳逸结合,别累坏了。"简单的几句安慰,却给即将走向讲台的我莫大的宽心。此后,又有多位青年学人同侪联系交流博士论文电子全文及档案资料。由于自感论文写作仓促,史料细节尚有疏漏和不足,我未敢将博士论文及时拆解发表,论文也没有公开上网,但论文中的一些海外档案已被相关研究者所转引,由此我深深地感受到学界同行对于新史料的敏感。2022年,郑永田等在《高校图书馆工作》的述评文章中指出:"2015年北京大学图书馆学博士郑丽芬的博士论文《民国时期的图书馆学教育》首次对民国时期图书馆学教育进行了深入而系统的研究,可惜该论文到目前为止仍未公开出版,国内绝大多数学者因而无法获知该论文的具体内容。"看到此文,再结合近年来自己投稿的几篇民国留美图书馆学人研究的论文屡屡被拒的窘迫,我的内心充满悔憾。虽然我一度觉得史料研究不怕沉淀,但在"只争朝夕"的学术道路上,真不容惰怠啊!

博士毕业后,我从图情档案学科跨入到中国语言文学学科下的一个特设小众专业,入职以后相继承担了12门专业课程的教学工作。为了站稳讲台,我将博士方向的科研暂时缓置,将更多的精力放在了教学这个"良心活儿"上。新设课程需要从头开始查找资料、搭建体系、编写讲义和教材。每至艰难之处,便想起民国时期图书馆学教育草创之时,为求图书馆学科(系)的生存与发展,沈祖荣、杜定友等先生筹谋办学经费、培育稳固师资,面对抗战军兴以后校舍、图书馆和设备资料被损毁的状况,他们绝不轻言放弃、达观赓续教育火种。他们往往身兼多职,办馆的同时还要办学,边实践边研究,编写讲义的同时建设课程。正是这些图书馆学人筚路蓝缕、共克时艰的图书馆职业精神、教育家精神,才有了今天的图书馆事业和图书馆学教育。钱穆先生语,做历史研究应充满"温情与敬意"。回望博士论文的写作,这段经历除给予我学术探索的训练,更是对我从教工作的精神指引。2017年,基于博士论文的史料基础,我申报的国家社科基金青年项目"民国时期图书馆学人留学史料整理与研究"获得立项。近年来我开始陆续地整理、拓展相关资料，从图书馆学术史、图书馆学教育史的范畴，基于知识社会史视角考证域外汉籍、汉学研究与图书馆学术与教育的互动，尝试探析文献的聚散流变与阅读接受之于中西学术发展的影响。

2021年，导师王余光教授主持的国家社科基金重大项目"中国图书馆学史"经审核准予结项，等级良好。"民国时期的图书馆学教育研究"有幸忝列其中作为"中国图书馆学史"专题卷之一。博士论文完成近十年终于付梓，也算是对自己博士求学生活的一个迟来的交代。王汎森先生曾提到，自己有一本书放了十年才出版，原因竟是"太怕校对"。虽然我没有汎森先生的大手笔，但在校对的过程也是拖延症和"懒癌"频发。我想，最大的问题就是搁置太久，查找比对原始材料的工作烦琐。2015年6月笔者完成博士论文答辩后，亦有民国时期的图书馆学教育研究专著出版。秉承"修旧如旧""百家齐放"的原则，本书亦未在后来所出版的新著基础上作补订，但在博士论文的基础上附加了四十余张原始档案照片。由于拍摄原件时更多在于抓取文本，缺乏将来出版图录的远见，因此有些照片较为模糊。笔者敝帚自珍、不揣谫陋地仍将之置于前页，更多地希望能给相关研究者的考据提供参考互证（笔者犹记得撰写博士论文期间曾读到彭敏惠关于文华公书林建筑的考据文章，挑选照片时特意将文华公书林正面、侧面背面的外景照片特附于图录之中）。最后，感谢校对过程导师王余光教授和师姐熊静教授的敦促与包容，感谢安徽教育出版社为本书出版所做的工作。书中难免有错讹之处，敬请专家学者及各位读者批评指正。

郑丽芬

2024年4月